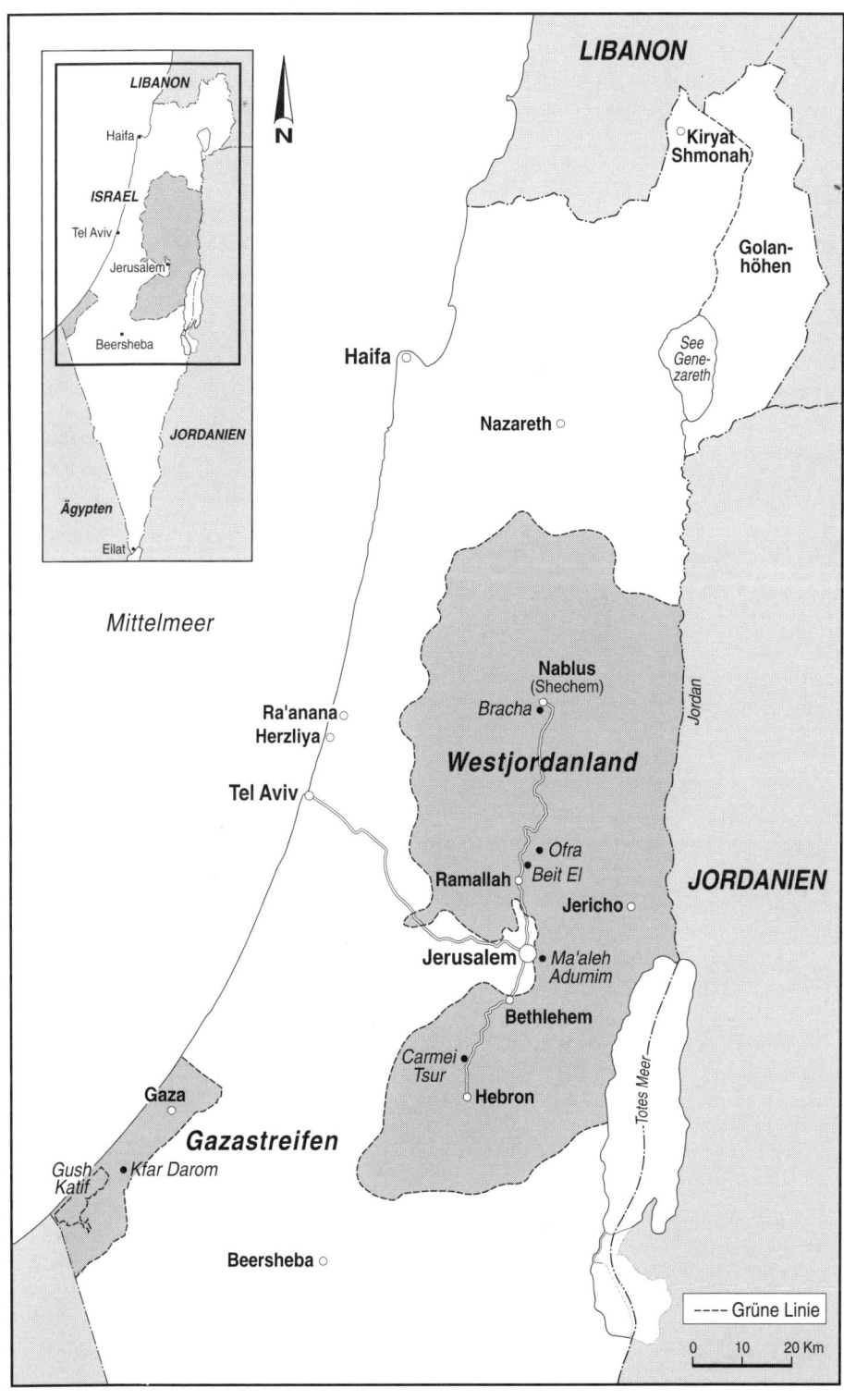

LIBANON

ISRAEL

Haifa

Tel Aviv

Jerusalem

Beersheba

JORDANIEN

Ägypten

Eilat

N

LIBANON

Kiryat
Shmonah

Golan-
höhen

See
Gene-
zareth

Haifa

Nazareth

Mittelmeer

Jordan

Nablus
(Shechem)

Bracha

Ra'anana
Herzliya

Westjordanland

Tel Aviv

Ofra
Beit El

Ramallah

Jericho

JORDANIEN

Jerusalem

Ma'aleh
Adumim

Bethlehem

Carmei
Tsur

Gaza

Hebron

Totes Meer

Gazastreifen

Gush
Katif

Kfar Darom

Beersheba

---- Grüne Linie

0   10   20 Km

Michael Karpin
Ina Friedman

Der Tod
des Jitzhak Rabin

Anatomie einer Verschwörung

Deutsch von Klaus Fritz
und Reiner Pfleiderer

Rowohlt

1. Auflage September 1998
Copyright © 1998 by Rowohlt Verlag GmbH,
Reinbek bei Hamburg
«Murder in the Name of God»
Copyright © 1998 by Michael Karpin
und Ina Friedman
Umschlaggestaltung: Ingrid Albrecht
(Fotos: Deutsche Presse-Agentur;
AP Photo, Nati Harnik)
Alle deutschen Rechte vorbehalten
Satz aus der Sabon und der Univers:
Dr. Ulrich Mihr GmbH, Tübingen
Druck und Bindung: Clausen & Bosse, Leck
Printed in Germany
ISBN 3 498 03496 0

Tatsachen könnt ich Dir zeigen klar wie der Tag,
Doch blind bist Du und würdest nur sagen:
«Wo? Was?» – und mir den Rücken kehren.

Christina Rosetti

Inhalt

Einleitung

Professor Yehoshafat Harkabi, einer der angesehensten israelischen Intellektuellen, sagte im Januar 1994 die Ermordung Jitzhak Rabins voraus. Harkabi kannte den Ministerpräsidenten schon seit dem israelischen Unabhängigkeitskrieg, in dem sie zusammen gekämpft hatten. Wie Rabin hatte er zunächst in der Armee Karriere gemacht und war dann für eine Zeit Chef des Militärischen Geheimdienstes gewesen. In seiner zweiten Laufbahn als Historiker und Politikwissenschaftler erwarb er sich einen Ruf als scharfsichtiger Beobachter. Sein Land verlieh ihm die höchste Anerkennung, die es zu vergeben hat, den Israel-Preis. Harkabi war ein Mann, dem die Israelis Gehör schenkten.

Acht Monate vor Rabins Tod und vier Monate nach der Unterzeichnung des Osloer Abkommens gewährte Harkabi zwei jungen israelischen Wissenschaftlern ein Interview. Im schneidenden und düsteren Ton seiner Spätschriften zeichnete er ein Bild der israelischen Gesellschaft, die zerrissen war durch den Kampf um Rabins Entscheidung, einen Kompromiß mit den Palästinensern zu schließen und Gebiete zurückzugeben, die Israel 1967 erobert hatte. «Die innere Zwietracht wird furchtbar sein», warnte er. «Es wird Attentatsversuche geben. Rabin wird keines natürlichen Todes sterben. Das Land wird einen ungeheuren Schock erleben. Ein Teil der Nation wird sagen: ‹Wir haben doch recht gehabt› und Rabin Nachgiebigkeit vorwerfen.»

Der jüdische Fanatismus ließ Harkabi keine Ruhe. Er hatte eine Studie über eines der traumatischsten Kapitel der israelischen Geschichte geschrieben, den Bar-Kochba-Aufstand gegen die Römer 132–135 n. Chr. Die jüdischen Zeloten entfachten ihn zweiundsechzig Jahre nachdem die Römer Jerusalem wegen einer vorangegangenen Rebellion zerstört hatten. Dieser zweite Aufstand wütete über drei Jahre und kostete – die Opfer des Hungers nicht mitgezählt – über eine halbe Million Juden das Leben. Er mündete in eine der größten Katastrophen der jüdischen Geschichte. Doch seine tragische Lehre war längst vergessen. In der Vorstellungswelt des Volkes galt er als leidenschaftlicher Akt des Heldenmuts und als Kampf um die Freiheit der Nation, mochte er auch zum Scheitern verurteilt gewesen sein. Harkabi hatte versucht, den Mythos des glorreichen Kampfes zu erschüttern. Gern zitierte er Winston Churchills Bemerkung, zwei Völker der Alten Welt hätten unter einem starken Drang zur Selbstzerstörung gelitten, die Griechen und die Juden. Angesichts der Welt von 1994 fürchtete er, diese Feststellung treffe immer noch zu.

Am 10. Oktober 1995, weniger als einen Monat vor der Ermordung Jitzhak Rabins, veranstaltete die Vereinigung der Amerikaner und Kanadier in Israel, eine wohltätige Organisation von in Israel lebenden Nordamerikanern, an der Küste nördlich von Tel Aviv einen Jahrmarkt. Zu dieser Veranstaltung, die nichts als eine vergnügliche Sache sein sollte, war auch der Ministerpräsident eingeladen. Doch bei seiner Ankunft erwartete ihn eine Gruppe rechter Demonstranten, die sich bereits heiser geschrien hatten, mit den Rufen «Rabin hau ab!» und «Der Hund ist angekommen!». Einer der Demonstranten, Dr. Naftan Ofir, Rabbiner an der Hebräischen Universität, stürmte kreischend und fluchend auf den Ministerpräsidenten zu und keilte sich zu dem Leibwächter an Rabins Seite durch. Als der Leibwächter den Angriff abwehrte, biß ihm Ofir in die Hand. Gegen Rabin hatte es schon viele Demonstrationen gegeben, doch diese machte erstmals offenkundig, in welchem Maße sein Leben in Gefahr war. Unter dem Schock des Geschehens beschrieb Ze'ev Schiff, bei der angesehenen Tageszeitung *Ha'aretz* zuständig für Verteidigungsfragen, den Vorfall düster als «Der Mord an Rabin – ein Probelauf».

Zwei Wochen vor dem Attentat setzte sich Victor Cygielman, Korrespondent der französischen Wochenschrift *Le Nouvel Observateur*, an seinen Computer, um die Entwicklungen der letzten Monate zusammenzufassen. Als langjähriger erfahrener Beobachter der israelischen Gesellschaft zählte er eine Reihe merkwürdiger und beunruhigender Vorfälle auf. Zunächst beschrieb er eine schaurige Zeremonie, bei der eine kleine Gruppe religiöser Fanatiker sich vor Rabins Haus aufgestellt und das mystische *Pulsa DaNura* angestimmt hatte, einen kabbalistischen Todesfluch. Dann war da der offene «Auftrag», Rabin zur Strecke zu bringen, erteilt von Rabbinern, die sich auf das talmudische *Din Rodef* beriefen, die für jüdische Verräter vorgesehene Strafe. Cygielman erwähnte auch das Flugblatt, das bei Massendemonstrationen verteilt wurde und Rabin in einer SS-Uniform zeigte. Und er schloß mit der öffentlichen Warnung des Shabak (Israels Dienst für innere Sicherheit), die durch Hetze vergiftete Atmosphäre könne sich in einem Attentat entladen. Diese gewaltträchtige Stimmung, so Cygielman, sei für Israel bislang beispiellos. Die Bühne für den Mord am Ministerpräsidenten war vorbereitet. Es war nur noch eine Frage der Zeit, bis es zu einem wirklichen Anlauf kommen würde.

Durch eine technische Panne in Paris verzögerte sich die Veröffentlichung, und der Artikel erschien erst am Donnerstag, dem 2. November. Zwei Tage später wurde Jitzhak Rabin erschossen.

1 Der Retter

Vor Ihnen sitzt ein höflicher junger Mann, entspannt, selbstbe-
herrscht, nahezu heiter gestimmt. Er spricht mit sanfter Stimme
und lacht einnehmend; nichts an seinem Gebaren läßt an Gewalt
denken. Zu Beginn murmelt er bloß, flüstert fast, und zwingt Sie,
aufmerksam zuzuhören. Er klingt wie ein Missionar, der sich über
einen reuigen Sünder beugt. Und dieser Sünder sind Sie – weil es
Ihnen an Glauben fehlt; weil Sie spirituell schwach sind; weil Sie
nicht fähig sind, seine Gedankengänge nachzuvollziehen und seine
Großtat anzuerkennen. Auf den zweiten Blick wirkt er fast
euphorisch, im Frieden mit sich selbst, durchdrungen vom Gefühl
großer Macht, trunken von seinem Erfolg. Er bezweifelt nicht im
mindesten, daß er die Tat des Jahrhunderts vollbracht hat.

Zu einem geistigen Kräftemessen ist er gerne bereit. Geschult im
talmudischen Disput, ist er ein behender Gegner. Wird sein Angriff
abgeblockt, zieht er sich niemals zurück, sondern attackiert von
einem anderen Winkel aus. Das Formulieren fällt ihm leicht, er hat
Sinn für Humor und zeigt einen Zug zur Selbstironie. Manchmal
kichert er auch verlegen, fängt sich dann aber und greift erneut an,
von einer seichten Phrase aus hinüberspringend zu quälend schwierigen talmudischen Gedankengängen. Von der eigenen Redekunst
eingelullt, ist er überzeugt, daß er für diesmal gewonnen hat. Seine
Augen leuchten vor Befriedigung, und ein selbstgefälliges Lächeln
spielt um seinen Mund.

Yigal Amir ist ein starker Mensch, dem Selbstdisziplin nicht
fremd ist. Im kaltblütigen Alleingang hat er den Ministerpräsidenten Israels ermordet, und er weigert sich, um Vergebung zu bitten.
Reue ist eines der Zeichen, nach dem Kriminalisten und Psychiater
suchen, wenn sie das Profil eines Täters untersuchen. Fehlt es,
deutet sich eine gestörte Persönlichkeit an. Fehlende Reue ist der

auffälligste Zug an Psychopathen, die häufig klug, charmant und beliebt sind. Doch Strafe schreckt sie nicht ab, und niemals drücken sie Bedauern aus. Ist Yigal Amir ein Psychopath? Die Gerichtspsychiater, die ihn untersucht haben, verneinen dies. Amir wuchs in einer intakten Familie auf, er fügte sich gut in die sozialen Verbände der Schule, der Freiwilligengruppen und der Armee ein. An der Universität war er unter seinen Altersgenossen eine herausragende Leitfigur.

Amir hat sich mit einer Avantgarde jüdischer Zeloten verbunden: eine Elite in den eigenen Augen, Fanatiker in den Augen anderer. Sie haben sich in kleinen Jeschiwas (Talmudschulen) abgeschottet, in Siedlungen auf den Hügeln von Samaria, in den Höfen und Gassen von Hebron, in der Jeschiwa Josefsgrab in Nablus. Wie sie hat Amir nur Verachtung übrig für alles, was nach Establishment riecht. Die Siedler sind von der Regierung eingeschüchtert. «Ein Siedler hätte es nie gewagt, Rabin zu töten», höhnte er bei der Vernehmung gegenüber dem Polizeibeamten. «Ich bin nicht in deren Gewächshaus aufgewachsen. Ich sehe nicht zu ihnen auf. Ich denke, sie sollten die Köpfe nicht andauernd gesenkt halten. Die Siedler sind besorgt um ihr Bild in der Öffentlichkeit. Es sind ängstliche, verschreckte Leute.»

Im Gegensatz zum Establishment der Siedler sind die Zeloten nicht willens, Kompromisse einzugehen. Sie sind entschlossen, getreu ihren Glaubenssätzen zu leben, und Amir verehrt sie dafür. Wie sie ist er bereit, nur dem Gesetz der Thora* zu folgen, denn die Thora ist die absolute Wahrheit. Niemals darf man von ihrem Weg abweichen oder seinen Frieden mit jenen machen, die ihre Wahrheit bestreiten. Die vom Menschen gemachten Gesetze sind wandelbar und vergänglich, doch die 613 Gebote der Thora sind unveränderlich und zeitlos. Am Ende aller Tage, dessen ist er sich gewiß, werden die «Gläubigen», die Söhne des Lichts, den Sieg davontragen über die Häretiker, die Söhne der Dunkelheit. Denn

* Die ersten fünf Bücher des Alten Testaments.

die Gläubigen befolgen die Halacha, den Kanon des religiösen Gesetzes der Juden, und die Gebote Gottes. «Es gibt hier eine kleine Minderheit», sagt er über die meisten seiner Landsleute, «eine kleine Gruppe, die vollkommen atheistisch ist. Ihr Ziel ist ein absolut säkularer Staat, das heißt, Israel soll eine ‹Nation wie jede andere› werden.» Diese kleine Minderheit versuche, alle Machtinstrumente an sich zu reißen, besonders die Justiz und die Medien. Die Katastrophe, die vor den Toren warte, sei die Vernichtung des jüdischen Volkes durch jene, denen die Religion zuwider sei. Dem Volk Israel drohe keine Krise, auch keine Tragödie, sondern ein Holocaust.

Einer von Amirs Freunden, Yaron Yehoshua – selbst ein praktizierender Jude –, ist überzeugt, daß Amirs Glaube besonders stark ist. «Ich hatte viele Auseinandersetzungen mit ihm über seinen Glauben, und seiner war viel stärker als meiner», sagt Yehoshua. «Ich hatte Fragen und Zweifel angemeldet, doch er sagte, alles, was in der Halacha geschrieben steht, müsse befolgt werden.» Wenn das weltliche Recht mit dem religiösen Recht kollidiere, hörte Yehoshua Amir verkünden, dann sei das weltliche Recht nichtig. Dasselbe gelte für alles andere im Leben und ganz gewiß auch für die Festlegung der Landesgrenzen.

Wie die Zeloten glaubt Amir, es gebe nur eine Richtlinie, um die Grenzen des Landes Israel festzulegen: Gottes Versprechen gegenüber dem Erzvater Abraham: «Deinen Nachkommen will ich dies Land geben, von dem Strom Ägyptens an bis an den großen Strom Euphrat» (1. Mose 15, 18). Heute umfassen diese Grenzen den größten Teil des Nahen Ostens, von Ägypten bis zum Irak. Doch die Zeloten deuten diese Stelle als Gottes Wille, und Gottes Wille muß um jeden Preis befolgt werden. Ein Friedensabkommen mit den Nachbarn Israels auszuhandeln ist daher undenkbar. Schließlich wurde die offenbarte Bestimmung des jüdischen Volkes noch nicht verwirklicht, sagen die Zeloten, und worin solle dann die Grundlage für den Friedensschluß bestehen? Doch selbst wenn ihre Gebietsforderungen durchgesetzt wären, sei fraglich, ob eine Ver-

15

söhnung mit den Arabern möglich wäre. «Esau haßt Jakob», sagt der Talmud*, und man kann nicht mit jenen Frieden schließen, die einen hassen.

Amir bekannte sich gegenüber der staatlichen Untersuchungskommission (Shamgar Commission), die die Hintergründe des Mordes aufklären sollte, zu dieser Überzeugung. «Es kann hier keinen Frieden geben», erklärte er. «[Die Araber sind] in jeglicher Hinsicht unsere Antithese. Wir können mit ihnen nicht in Frieden leben. Drei Jahre lang haben sie [die Regierung Rabin] ihre Visionen durchgesetzt und dabei neue Begriffe geschaffen. Ich denke, das Wort Frieden hat eine neue Bedeutung angenommen. ‹Frieden› ist für mich zunächst einmal Frieden innerhalb der Nation. Man muß das eigene [Volk] lieben, bevor man andere lieben kann. Der Friedensbegriff ist in ein zerstörerisches Werkzeug verwandelt worden, mit dem alles mögliche angerichtet werden kann. Ich will sagen, man kann Leute umbringen, Menschen [ihrem Schicksal] überlassen, Juden in Ghettos sperren und sie mit Arabern umgeben, der Armee [der palästinensischen Polizei] Gewehre geben, eine [palästinensische] Armee aufbauen und behaupten: das alles geschieht um des Friedens willen. Man kann Hamas-Terroristen aus dem Gefängnis entlassen, Mörder mit Blut an den Händen freilassen, und dies alles im Namen des Friedens.»

Amir bemühte sich, Shlomi Halevy, einen politisch liberalen Philosophiestudenten, auf die Seite der Opposition gegen das im September 1993 von Israel und den Palästinensern unterzeichnete Osloer Abkommen zu ziehen. «Sein Argumentationsgang ist rational und frei von Emotionen», sagte Halevy nach dem Mord. «So etwas wie Pluralismus gibt es für ihn nicht, keine Nuancen, keine Offenheit; es geht um alles oder nichts. Es gibt nur eine Wahrheit, und er ist in sie eingeweiht. Er konnte bestimmte Vorstellungen philosophisch auseinandernehmen, ohne philosophisch ausgebildet

---

* Nachbiblische Auslegung des religiösen Gesetzes, geschrieben sowohl in Babylonien, nachdem die Juden des Königreichs Israel dorthin ins Exil gegangen waren, als auch im Land Israel.

zu sein. Das ging ihm ganz leicht von der Hand.» Halevy beschreibt Amir als «Fanatiker der heiligen Dreifaltigkeit: Volk von Israel, Thora von Israel und Land von Israel. Mit der Demokratie oder dem säkularen Staat Israel, mit seiner Hymne und seinen Symbolen kann er nicht viel anfangen. Was die Gojim [Nichtjuden] tun oder sagen, verwirft er. Israel müsse tun, was es könne, und darauf vertrauen, daß Gott sich um den Rest kümmern werde.»

Die Hardliner unter den Zeloten teilen sich grob in zwei Gruppen: Militante und Ideologen. Zu den von Amir geachteten Militanten gehört Dr. Baruch Goldstein, ein Arzt aus der Siedlung Kiryat Arba bei Hebron, der am 25. Februar 1994 in der Höhle der Stammesväter während des Morgengebets 30 Palästinenser erschoß. Unter den Ideologen bewundert Amir vor allem Noam Livnat, einen großen, bärtigen, sanft wirkenden Siedler in den Vierzigern, der auffällig hinkt (infolge eines Autounfalls, der ihn zunächst vom Hals ab lähmte). Er wandte sich als Jugendlicher der Religion zu und wurde ein außerordentlich frommer Mann. Heute ist sein Name in rechten Kreisen und im national-religiösen Lager gut bekannt.* Er wurde vom Shabak, Israels Dienst für innere Sicherheit, eine Zeitlang beobachtet. Seit seine Schwester Limor Livnat im Juni 1995 Ministerin in der Regierung wurde, versammeln sich die Journalisten vor seiner Haustür. Doch der vorsichtige Livnat gibt selten ein Interview. Er sieht sich selbst als «radikal rechten Messianisten», und vielen jungen religiösen Juden gilt er als nachahmenswerte Figur. Die sanfte Stimme und sein vollkom-

---

* Die glaubenstreuen Juden teilen sich grob in drei Lager: die Haredim oder ultra-orthodoxen Juden, die leicht an ihren schwarzen Kutten oder Anzügen und den schwarzen Gebetskäppchen zu erkennen sind; die religiösen Nationalisten, weitgehend Anhänger der Nationalreligiösen Partei, die im allgemeinen an ihren bunten, gehäkelten Gebetskäppchen zu erkennen sind; und die «traditionellen Juden», von denen einige gehäkelte Gebetskäppchen tragen und die religiöse Tradition beachten, sich jedoch nicht buchstabengetreu an das jüdische Gesetz halten. Viele Haredim erkennen die souveräne Autorität des Staates Israel nicht an. Die religiösen Nationalisten sind in den letzten Jahrzehnten weit nach rechts gerückt.

men selbstsicheres Auftreten stehen in scharfem Gegensatz zu seinem politischen Image. Selbst Rechtsradikale betrachten ihn als Extremisten.

Livnat gilt als Intellektueller. Träfe man ihn auf dem Campus einer Universität, als Dozent für Geschichte oder Philosophie, würde man nie daran zweifeln, daß er in seinem Element ist. Doch häufiger sieht man ihn in der palästinensischen Stadt Nablus (dem biblischen Sichem) in einem alten arabischen Gemäuer über den Talmud gebeugt – es handelt sich offenbar um das Grab eines Scheichs, an das sich weitere düstere und feuchte Räume anschließen. Laut einer spätjüdischen Tradition gilt diese Stätte als Josefsgrab, denn «die Gebeine Josefs ... begruben sie zu Sichem» (Josua 24, 32). Das Gebäude beherbergt nun eine Jeschiwa namens «Josef lebt noch» (Od Yosef Chai), und dort versammeln sich täglich die fanatischsten religiösen Siedler des Westjordanlands (Westbank). Die Studenten dieser Jeschiwa sind so angriffslustig, daß der Rabbiner Yoel Bin-Nun, selbst ein religiöser Siedler, seine Kollegen warnte: «In der Jeschiwa von Sichem gibt es ein mörderisches Potential. Versagt ihr euren Schutz.»

Bin-Nun verlangte daher auch die Schließung der Jeschiwa. Er verurteilte das rassistische Dekret seines Förderers, des Rabbiners Jitzhak Ginzburg, wonach «jüdisches Blut und nichtjüdisches Blut nicht dasselbe» seien. Ginzburg verteidigte die Aktion eines Jeschiwa-Schülers, der wahllos arabische Arbeiter niedergeschossen hatte, die entlang einer Straße bei Tel Aviv standen, und er lobte später Dr. Baruch Goldstein für das Massaker an den Arabern in Hebron. Jitzhak Ginzburg trägt einen langen, schwarzen Mantel, dilettiert in jüdischer Mystik und wirkt als Magnet für die «wiedergeborenen» Juden. Vor ein paar Jahren diskutierte er vor einer kleinen Gruppe von Schülern an der Josefs-Jeschiwa über drei Stunden lang mit Bin-Nun. Zwischen dem Mord an einem Nichtjuden und an einem Juden sei zu unterscheiden, verkündete Ginzburg, weil die Thora über ersteren ein «leichtes» Verbot, über letzteren ein «schweres» Verbot verhänge. Bin-Nun erwiderte,

Mord sei schlicht und einfach Mord, und der Mord an einem Nichtjuden sei eine Entweihung der jüdischen Religion. Doch die meisten Schüler Ginzburgs unterstützten die Haltung ihres Rabbiners. Manche behaupteten sogar, der Mord an einem Nichtjuden sei des Titels einer «Heiligung Gottes» würdig.

Bin-Nun war bestürzt. Wie ist es möglich, fragte er sich, daß der Yesha*-Rat, der die jüdischen Siedler im besetzten Westjordanland und im Gazastreifen vertritt, dieser rassistischen Jeschiwa seine Schirmherrschaft gewährt? Schließlich füge Ginzburg der Sache der Siedler immensen Schaden zu, wenn er seine rassistischen Ansichten verbreite. «Ich zweifle nicht daran, daß Rabbiner Ginzburg und seine Lehre eine Gefahr für unser gesamtes Unternehmen sind: für die Siedlungstätigkeit, die Jeschiwas, die Gesellschaft und den Staat insgesamt», schrieb er an den Rat und verlangte, Ginzburg müsse entlassen und seiner Jeschiwa die Gelder gestrichen werden. «Wenn Sie dem nicht folgen», warnte er seine Mitstreiter, «ist klar, daß das Morden weitergeht. Und selbst wenn [solche Taten] von der arabischen Seite provoziert werden, werden Sie sich nicht von der Schuld am Blutvergießen reinwaschen können. Denken Sie daran: weitere Mordtaten werden die verbleibende moralische Grundlage und die öffentliche Unterstützung für unseren Kampf um die Bewahrung der Siedlungen in Yesha zerstören.»

Der Yesha-Rat hat bis zum heutigen Tag nicht auf diesen Appell geantwortet. Die Josef-lebt-noch-Jeschiwa bleibt unter scharfer Bewachung geöffnet. Israelische Soldaten bilden einen Kordon um sie, der wiederum von einem Gürtel palästinensischer Polizisten und Heckenschützen umgeben ist. Die israelische Armee (IDF) hat beeindruckende Kräfte zusammengezogen, um diese Gruppe von Extremisten inmitten des von der Palästinensischen Autonomiebehörde kontrollierten Nablus zu schützen. Tagtäglich werden die

---

* Hebräisches Kürzel für Judäa und Samaria (die das Westjordanland bilden) und Gaza.

Studenten, ebenfalls unter scharfer Bewachung, in die Stadt verfrachtet und allabendlich wieder herausgeholt.

Bevor die Kontrolle über die Städte des Westjordanlands an die
Palästinensische Autonomiebehörde übergehen sollte (wie in dem
am 28. September 1995 unterzeichneten Interimsabkommen vorgesehen), wollte Rabin auf Anraten des Stabschefs Amnon Shahak
die Josef-lebt-noch-Jeschiwa schließen. Doch dann trat die Siedlerlobby in Aktion, und Rabin gab nach. Die Folgen dieser Entscheidung wurden ein Jahr später deutlich, als Rabin schon ermordet
worden war und der neugewählte Ministerpräsident Benjamin
Netanjahu beschloß, die israelische Herrschaft über Jerusalem zur
Schau zu stellen und einen Zugang zu einem Tunnel in der Nähe
der Westmauer zu öffnen. Die Palästinenser behaupteten, der
Tunnel untergrabe die Fundamente der Al-Aqsa-Moschee, und
reagierten zornig. Am 26. September 1996 brachen in den gesamten besetzten Gebieten Unruhen aus, und als israelische Soldaten
das Feuer auf steinewerfende Demonstranten eröffneten, wurde es
von palästinensischen Polizisten erwidert.

Ein Brennpunkt der Kämpfe war Josefsgrab in Nablus, wo die
aufrührerischen Palästinenser die Jeschiwa umzingelt hatten und
sie zu überrennen drohten. Die Soldaten setzten Notrufe ab,
woraufhin der Generalstab den Befehl gab, die belagerten Israelis
zu evakuieren. Doch die Jeschiwa-Schüler weigerten sich, aufzugeben. Noam Livnat ließ seine besonderen Beziehungen zur Regierung spielen, sprach per Handy mit seiner Schwester Limor Livnat
und bat sie, dafür zu sorgen, daß der Befehl widerrufen werde. Sie
rief das Büro von Verteidigungsminister Jitzhak Mordechai an, wo
man ihr sagte, falls es einen solchen Befehl gebe, werde er zurück-
genommen. Anstatt also die Jeschiwa zu räumen, schickte die
israelische Armee Verstärkung, um sie zu verteidigen. Sechs israelische Soldaten und zwei Palästinenser fielen im Kampf um Josefsgrab, acht weitere israelische Soldaten und 181 Palästinenser
wurden verwundet. Der Yesha-Rat rechtfertigte seinen Eifer, diese
isolierte «Position» im Herzen des Palästinensergebietes unter so

hohen Kosten an Menschenleben zu halten, mit dem Argument, die Aufgabe dieser Stätte, so entlegen sie auch sei, würde zur Aufgabe weiterer Orte führen, und in welcher Hinsicht unterscheide sich denn Sichem von Jerusalem? Dennoch ist es zweifelhaft, ob der Räumungsbefehl widerrufen worden wäre, wenn es nicht den «heißen Draht» zwischen Livnat und seiner Schwester im Ministeramt gegeben hätte. Wenige Monate nach dem Kampf um Josefsgrab erklärte Livnat einem Journalisten: «Gott sei Dank habe ich eine Schwester, die Nationalistin ist und [deren Ansichten] sich von den meinen nicht groß unterscheiden. Ich liefere ihr ständig Informationen, und sie gibt mir Rückmeldungen.»

Noam Livnat wurde in eine Familie stolz nationalistischer, der Religion jedoch fernstehender Juden hineingeboren. Sein Urgroßvater war im Jahr 1888 nach Palästina ausgewandert, und seine Eltern waren Mitglieder der Stern-Gang, einer Untergruppierung des rechten jüdischen Untergrunds, die in den vierziger Jahren gegen die britische Mandatsherrschaft kämpfte. Noam entdeckte die Religion im Jungenalter. Später studierte er unter einem Verwandten, Rabbiner Zalman Shlomo Orbach, der führenden Autorität der Haredim, und wurde streng religiös. Doch obwohl sein Mentor vehement antizionistisch war, verschmolzen bei Livnat Nationalismus und Religion zu einer kraftvollen Spielart des Extremismus. Inzwischen lebt er in der Siedlung Elon Moreh im Westjordanland und engagiert sich in einer messianischen Bewegung namens Chai Ve-Kajam («lebt und erduldet»).

Einer seiner Mitstreiter in dieser Gruppe ist Yehuda Etzion, der in den frühen achtziger Jahren eine Bande von militanten Siedlern angeführt hatte, die im Westjordanland aktiv war und sich den Namen «jüdischer Untergrund» erwarb. Im Jahr 1986 wurde Etzion zu sieben Jahren Haft verurteilt, weil er an einer Verschwörung teilgenommen hatte mit dem Ziel, zwei Moscheen auf dem Jerusalemer Tempelberg in die Luft zu jagen. Andere Mitglieder des Untergrunds ermordeten palästinensische Studenten in der Islamischen Universität von Hebron, deponierten Bomben in den

Autos von zwei palästinensischen Bürgermeistern, die bei den Anschlägen schwer verletzt wurden, und planten, palästinensische Busse in die Luft zu jagen.

Etzions Vorhaben, den Tempelberg zu «reinigen», stimmt mit Livnats Wunsch überein, dort den dritten Tempel zu errichten – ein Ziel, das auch den Zeloten von der Josef-lebt-noch-Jeschiwa zupaß kommt, denen es darum geht, die Erlösung zu beschleunigen. Der erste Tempel wurde von König Salomo im 10. Jahrhundert v. Chr. gebaut und vom babylonischen König Nebukadnezar zerstört. Den zweiten Tempel baute König Herodes im ersten Jahrhundert v. Chr.; er wurde von den Römern 70 n. Chr. zerstört. Die Zeloten schlagen einen Bogen über drei Jahrtausende und träumen von der Wiedererrichtung des alten Königreichs von David und dem Aufbau eines Regimes, das einzig und allein auf dem jüdischen Gesetz beruht – eines Staates gemäß der Halacha. Livnat bestimmte die Grenzen dieses Königreichs in der Zeitschrift der Chai Ve-Kajam unter dem Titel «Gegen einen Frieden zum jetzigen Zeitpunkt». In diesem Beitrag zieht er den Schluß, Israel müsse an einem Krieg mit den Arabern interessiert sein. «Offen gesagt sind wir überhaupt nicht an einem Frieden interessiert, wie er in der breiten Öffentlichkeit verstanden wird», schreibt er. «Als Speerspitze der rechtsradikalen Messianisten freuen wir uns auf die Erlösung, auf [die Herrschaft über] das wirklich Ganze Land Israel, vom Strom Ägyptens bis zum Euphrat …, [und] diese Einheit wird zweifellos durch Eroberungen und Kriege erlangt werden.»

Vor ein paar Jahren noch, als sich Livnat den Zeloten von Josefsgrab anschloß, galt seine Vision der Erlösung als abstruse Idee. Heute glaubt er, daß Zehntausende ihm Gehör schenken, und es gibt deutliche Anzeichen dafür, daß er recht hat. Die israelische Gesellschaft hat sich in den vergangenen Jahren stark gewandelt. Breite Kreise, darunter die Mehrheit der orthodoxen Rabbiner in Israel, scheuen sich nicht länger, ihren Glauben an die göttliche Erlösung zu verbreiten, und werden keine Regierung unterstützen, deren Politik diesen Glauben untergräbt. «Man kann den Beginn der Erlösung schon spüren. Sie zieht am Horizont herauf», sagt Livnat und fährt seine Besucher in ein enges, grünes Tal südlich von Nablus, wo er zwischen zwei hohen, felsübersäten Bergen anhält: dem grünen Berg der Gnade im Süden und dem kahlen Berg des Fluches im Norden. «Welcher von beiden wird am Ende obsiegen?», fragt er sich laut. «Der Berg der Erlösung oder der Berg der Zerstörung?»

Livnat erinnert an das vergangene Jahrhundert, als die Juden in großer Zahl in die Heimat ihrer Vorväter zurückkehrten, und sieht zwei parallele Entwicklungen, eine positive und eine negative: die eine in Übereinstimmung mit Gottes Willen, die andere ihm zuwiderlaufend. Die erste Entwicklung führt zur Erlösung: ein Krieg, mit dem das Ganze Land Israel erobert werden soll und der die Juden von den fernsten Orten der Diaspora nach Hause holt. Die andere Entwicklung bedeutet den Ruin: die Säkularisierung des jüdischen Lebens, die Hingabe an die hohle Kultur des Westens, das Festhalten am Friedensabkommen mit Ägypten, die Aufgabe von Teilen der Heimat nach dem Osloer Abkommen. «Wir, die Menschen von Sichem, glauben, daß Gut und Böse miteinander kämpfen, und wie es am Ende ausgeht, ist noch offen. Wir, die Gläubigen, müssen handeln und damit Gottes Willen kundtun.»

Seine Ansichten widersprechen dem Glauben der meisten nationalistischen Rabbiner. «Sorge dich um nichts; die Erlösung wird bald kommen», sagen sie, getreu der Philosophie ihres Lehrmeisters, des verstorbenen Rabbiners Zvi Yehudah Kook. Selbst wenn das Böse das Gute vorübergehend überwältigt, selbst wenn der Erlösung Hindernisse in den Weg gelegt werden, der göttliche Wille wird sich unweigerlich erfüllen, auch ohne die Eingriffe des Menschen. Doch Livnat hält dagegen: «Gruppen mit einer strengen Ideologie, wie die unsere in Josefsgrab, [müssen] versuchen, dieses Geschehen zu beeinflussen.» Wenn drei Männer versuchen, die El-Aqsa-Moschee in die Luft zu sprengen, um an ihrer Stelle den dritten Tempel zu errichten, gelten sie als Verrückte. Wenn es dreißig Leute sind, bilden sie eine Untergrundzelle. Dreihundert

Leute gelten als Bewegung, und dreitausend können eine Revolution entfachen. «Es ist niederschmetternd, mit anzusehen, wie Juden die Köpfe in den Sand stecken. Ich weiß, die Erlösung wird auf jeden Fall kommen, doch wenn der Osloer Prozeß die Oberhand gewinnt, wird der Staat Israel nur eine Episode bleiben. Er wird zusammenbrechen, und alles, was in diesem Jahrhundert erreicht wurde, wird zerstört werden. Doch wenn das Osloer Abkommen für nichtig erklärt wird, wird auch der Zusammenbruch aufgehalten, und die Erlösung schreitet voran.»

«Sehen Sie auf diese Berge dort», sagt er und deutet auf die kleinen Flecken aus roten Dächern; es sind die Häuser der weit abgelegenen Siedlungen von Samaria. Sie sind umgeben von Palästinensern und häufig wie militärische Vorposten mit Stacheldraht eingezäunt. Tagein, tagaus fahren ihre Bewohner über gefährliche Straßen, in gepanzerten Autos, die sie vor Angriffen schützen sollen. Entschlossen klammern sie sich an diesen felsübersäten Bergen fest, auch wenn es sie das Leben kostet. Oberhalb von Nablus lebt die Speerspitze der Siedler: einige Dutzend bärtiger junger Männer mit *tsisit** und gehäkelten Gebetskäppchen und Frauen, die ihre Reize mit Kopftüchern und langen Kleidern verhüllen. Allesamt sind sie selbstgestrickte Idealisten, «Sendboten des Volkes». «Sie schützen das Land Israel vor dem Osloer Fluch», sagt Livnat. «Wissen Sie, als der Kompromiß in Oslo unterzeichnet wurde, wuchs der Berg des Fluchs höher, und der Berg der Gnade fing an zu beben.»

So spricht der Ideologe, dem Yigal Amir höchste Achtung zollt. Sein Held im anderen Zweig der Zelotengemeinde – unter den militanten Selbstschützern – war ein ebenfalls sanftzüngiger Mann. Im Gegensatz zu Livnat jedoch übersetzte er seine Überzeugungen in gewaltsames Handeln und stachelte andere an, es ihm gleichzutun. Am 25. Februar 1995 schlug er zu. Es war der Purim, der Feiertag zur Erinnerung an die Rettung der persischen Juden vor

---

* Mit Fransen versehene Gewänder, die von frommen Juden getragen werden.

einer Verschwörung, die sie auslöschen sollte. Purim ist ein Tag, der von fröhlichem Lachen und Treiben begleitet wird. Doch an diesem kalten, nebligen Freitagmorgen hatte Dr. Baruch Goldstein etwas anderes im Sinn. Noch vor Morgengrauen zog der Arzt seine Reservistenuniform an, nahm sein M-16-Gewehr und fuhr zur Höhle der Stammesväter, einer heiligen Stätte für Muslime und Juden. Goldstein war in Brooklyn aufgewachsen, war dort Schüler von Meir Kahane gewesen, dem rassistischen Rabbiner und Gründer der Jewish Defense League, und hatte als deren Sprecher gearbeitet. An diesem Morgen schützte er vor, mit dem Quorum jüdischer Männer beten zu wollen, die sich täglich an der heiligen Stätte treffen. Er stieg die Stufen des beeindruckenden Gebäudes hinauf und betrat die Halle, wo Hunderte von Muslimen auf den Knien saßen und mit gesenkten Köpfen beteten. Goldstein richtete sein Gewehr auf die Versammelten, stellte den Sicherheitshebel auf automatisches Feuer und drückte ab. Innerhalb von Sekunden brachen Dutzende von Betenden vor ihm zusammen. Er ließ den Abzug erst los, als einige Betende sich in panischer Wut von hinten auf ihn stürzten, ihn zu Boden warfen und begannen, ihn totzuprügeln.

An diesem Morgen arbeitete Yigal Amir an der Bar-Ilan-Universität in der Kollel, einer Gruppe für Talmudstudien, die als Ergänzung der weltlichen Ausbildung angeboten wird. Während er im Talmud versunken dasaß, machte jemand das Radio an. Amir lauschte dem Bericht über das Massaker und hörte dabei nur, was er hören wollte. «Menschen, die ihn kannten, beschrieben [Goldstein] als Arzt, als eine edle Seele», erklärte er später vor der Shamgar-Untersuchungskommission. «Ich war ganz fasziniert von dem Gedanken, daß ein solcher Mann sich erheben und sein Leben opfern konnte. Lachen und fluchen kann jeder, aber dieser Mann hat seine Familie verlassen und sich zum Märtyrer gemacht.»

Shlomi Halevy, an jenem Morgen ebenfalls in der Universität, erinnert sich, daß auf dem Campus Freudenschreie zu hören waren, als sich die Nachricht von dem Massaker verbreitete.

«Diese Reaktion entsetzte mich», sagt er. «Die meisten behaupteten, sie seien gegen Mord, doch könnten sie Goldstein verstehen. Yigal Amir rechtfertigte die Tat. Am Abend zuvor seien ‹Allah hu akbar›-(Allah ist groß-)Rufe und ‹Tötet die Juden› in der Höhle der Stammesväter zu hören gewesen. Wenn Goldstein sie nicht getötet hätte, meinte Amir, hätten die Araber die Juden massakriert. Ich gehörte zu den wenigen, die den Mord verurteilten.»

Seit dem Massaker von Hebron sammelte Yigal Amir seine Kräfte, um die «spirituelle Bereitschaft» zu erlangen, die Goldstein bewiesen hatte. Auch er wollte ein Helfer Gottes werden, ein Gesandter des Volkes. Er fuhr nach Kiryat Arba, um an Goldsteins Begräbnis teilzunehmen und die Gemeinschaft kennenzulernen, in der er gelebt hatte. «Ich wollte [sie] vor allem einmal kennenlernen ... Ich habe mir gesagt: Wenn ein Mann aufsteht und sein Leben opfert, treibt diese Menschen offenbar etwas um, sie haben Angst vor etwas. Also ging ich hin und sah Tausende bei seinem Begräbnis. Ich sah die Liebe, die sie für ihn empfanden, und ich begriff, daß diese keine einfache Sache ist. Ich sprach mit den Menschen und begann zu verstehen, daß [sie] nicht nur fanatische Extremisten sind. Es sind Leute, die kämpfen, erbittert kämpfen für eine Nation, für die Werte sehr wichtig sind ... Es hat nach Goldstein angefangen. Damals kam mir der Gedanke, daß es notwendig ist, Rabin herunterzunehmen. Tut mir leid wegen des Ausdrucks. Ich bin nicht so einer. Ich hatte nie zuvor jemanden ermordet, und ich liebe dieses Land sehr; ich liebe dieses Volk.»

Amir lernte die Zeloten in Kiryat Arba und Hebron näher kennen. Er wurde ein Vertrauter von Rabbiner Mosche Levinger, einem wegen des Mordes an einem Palästinenser verurteilten Führer der Siedlerbewegung, der verkündete: «Rabin ist verantwortlich für das Massaker.»

Er traf mit Baruch Marzel und Noam Federman zusammen, Mitgliedern von Kahanes Kach-Bewegung. «Goldstein hat sein Leben für die Juden gelassen», riefen die Zeloten von Kiryat Arba und verwandelten sein Grab in einen Schrein. Zwei Wochen nach dem Massaker, als Kach und sein Ableger, Kahane Chai («Kahane lebt»), durch die Regierung verboten wurden, glaubte Amir, das Land sei verrückt geworden. «Sie setzen den Shabak gegen das Volk ein», sagte er später im Verhör. «Was für ein Staat setzt den Shabak gegen das Volk ein? Und was ist mit den Medien? Nach [der Tat von] Goldstein fuhren die Medien einen massiven Angriff gegen die Rechte, und ich habe begriffen, daß es hier ein gemeinsames Vorgehen gab – von Regierung und Medien – mit dem Ziel, das Volk einzuschläfern, ihm Dinge zu verheimlichen.»

Dies ist die intellektuelle und spirituelle Welt, in die Yigal Amir hineingezogen wurde. Dies waren seine Vorbilder, Mentoren und Führer durch die Wirren eines Landes im politischen Aufruhr. Wie der sanftzüngige Livnat behauptet auch er, seine Gedankengänge beruhten auf kühler Logik. Doch weil er nur oberflächliche Kenntnisse der westlichen Philosophie besitzt, verschwimmt in seinem Kopf die Grenze zwischen Verstand und Gefühl. Manchmal klingt er, als würde er eine Ansprache halten, und wiederholt Phrasen wie «eine Verletzung der Heiligkeit des Landes Israel» und «eine Verletzung der Heiligkeit des Volkes Israel». Ein andermal plaudert er fast zwanghaft in gewöhnlichem, plumpem Hebräisch, das mit «ich meine» und «das heißt» gespickt ist, und versucht seine Beweggründe zu erklären. Offenbar hat er ein tiefsitzendes Bedürfnis, verstanden zu werden. Er glaubt, daß «Außenstehende» ihn für einen Extremisten halten, weil nur wenige seine hohe Stufe des «reinen Glaubens» erreicht haben. Er sei nicht, wie er vehement bekundet, das kaltblütige Monster, für das ihn andere halten; sein Angriff auf Jitzhak Rabin hatte das Ziel, das jüdische Volk zu retten. Und ohnehin habe er nie vorgehabt, Rabin zu ermorden. Mord ist etwas Schreckliches. Er wollte den Ministerpräsidenten lähmen, ihn von der Bühne holen, die tödliche Bedrohung abwehren und das Osloer Abkommen zunichte machen. Er habe im Sinne der Rabbiner gehandelt, gemäß ihren Anweisungen, und in Übereinstimmung mit den Geboten der Thora. «Er ist hoffnungslos stur und läßt dich nicht in Ruhe, bis er überzeugt ist, daß du seine Haltung anerkannt hast», sagt sein Freund Shlomi Halevy.

Schon als Kind ließ Amir einen sturen Zug erkennen. Auf die Autorität seiner Lehrer pfiff er. Er suchte Herausforderungen, wie schwierig sie auch sein mochten, und verfolgte hartnäckig seine Ziele. Mit sechs kam er in die Wolfsohn-Schule der Haredim in der Nähe seines Elternhauses in Herzliya, einem Vorort von Tel Aviv. Mit zwölf kam er zu dem Schluß, daß seine Begabung dort nicht richtig zur Entfaltung kam, und sah sich nach einer anderen Schule um. Auf den Rat seiner Freunde und Nachbarn hin entschied er sich für die Jeschiwa Yishuv Hadash («Neue Gemeinschaft») in Tel Aviv. Es war eine «Elite»-Schule für die Söhne der stolzen und reichen Haredim-Familien, deren Vorfahren aus Osteuropa und dem russischen Siedlungsraum gekommen waren, dem Kernland des jüdischen Lebens vor dem Holocaust. Amirs Familie stammte aus dem Jemen und lebte in bescheidenen Verhältnissen. «Mein Mann Shlomo hat versucht, ihm die Sache auszureden», erinnert sich die Mutter, Geula Amir. «Wir hatten ein wenig Angst, einen zwölfjährigen Jungen allein mit dem Bus nach Tel Aviv und zurück fahren zu lassen. Es war sehr weit, und es gab keine Schulbusse. Als sie Yigal sahen, ein dunkelhäutiges jemenitisches Kind, wollten sie ihn zuerst nicht aufnehmen. Aber er bestand darauf und setzte sich [am Ende] durch ... Er ging alleine dorthin, und als wir ihn heimgebracht hatten, blieb er von morgens bis abends in seinem Zimmer. Am Abend sagte ich zu Shlomo: ‹Wir haben keine andere Wahl.› [Yigal] hat dort drei Schuljahre verbracht und wurde dann in das angeschlossene Gymnasium aufgenommen.» Mit derselben Hartnäckigkeit bereitete sich Yigal fast zwei Jahre lang auf den Mord an Rabin vor. Die Idee schoß ihm erstmals durch den Kopf, als am 13. September 1993 in Washington das Osloer Abkommen unterzeichnet wurde. Bei der Fernsehübertragung sah er bestürzt, daß Rabin vor dem Weißen Haus die Hand des PLO-Vorsitzenden Jasir Arafat schüttelte. «Wenn es keine andere Wahl gibt, wird es notwendig sein, Rabin herunterzunehmen», dachte er bei sich.

Diesen Ausdruck gebrauchte er vor und nach dem Attentat. «Ich habe ihn heruntergenommen», erklärte er den Autoren. Er sprach nie von Mord. Nur selten sagte er, er habe Rabin getötet. Immer hieß es «Ich habe ihn heruntergenommen», als ob er den König vom Brett eines Schachspiels genommen hätte.

Die Idee, Rabin zu töten, war jedoch nicht aus heiterem Himmel gekommen. Als er bei den Wahlen von 1992 zum ersten Mal seine Stimme abgab, wählte er die kleine, rechtsradikale Moledet («Heimatland»-Partei), die geführt wurde von einem grobschlächtigen, rassistischen General im Ruhestand namens Rehavam Ze'evi, der die Lehre vom «Transfer» verkündete: Ausweisung der Palästinenser und Anschluß der besetzten Gebiete an Israel. Während Amirs Dienst in der Armee wußten die anderen jungen Männer in seiner Einheit, daß er die Araber haßte. Aufgrund einer Sonderregelung für Jeschiwa-Schüler, die es ihnen erlaubt, von fünf Jahren Armeedienst zwei Jahre in einer eigenen Hesder-(«Arrangement»-)Jeschiwa zu verbringen, trat er in die Elitetruppe «Golani-Brigade» ein. Er schrieb sich an der Jeschiwa Kerem D'Yavneh ein, deren Schüler zumeist Söhne religiös-nationalistischer Familien waren. Bis dahin hatte Yigal in Haredim-Schulen studiert, die besonderen Wert auf die Vorschriften der Halacha legen und Verachtung für die Gesetze des weltlichen Staates predigen. In der Jeschiwa Kerem D'Yavneh fand er sich nun zum ersten Mal unter religiösen jungen Männern, die ihre Kräfte darauf richteten, das Ganze Land Israel zu besiedeln.

Amir ist sehr stolz auf seinen Armeedienst. Er hätte auf legalem Wege um die Einberufung herumkommen können, denn wenn die Schulabgänger der Haredim-Jeschiwas nachweisen, daß sie ihre religiösen Studien als Hauptbeschäftigung fortführen, werden sie vom Militärdienst befreit. Die meisten Eltern in Haredim-Familien legen ihren Jungen nahe, sich für diesen Weg zu entscheiden, um der «Versuchung» zu entgehen und nicht vom richtigen Weg abzukommen, wenn sie mit weltlichen Gleichaltrigen Bekanntschaft schließen. Doch Amirs Bekanntschaft mit nichtreligiösen

Soldaten untergrub seinen Glauben nicht. Im 13. Bataillon der Golani-Brigade achtete er sorgfältig darauf, die religiösen Vorschriften buchstabengetreu zu befolgen. Er war bekannt dafür, daß er mit politisch links denkenden Soldaten debattierte, ja sich sogar stritt, wobei er gelegentlich laut wurde und mit der Faust auf den Tisch schlug. Diese Schlagabtäusche waren jedoch nur eine der Möglichkeiten, die Zeit totzuschlagen, denn eine Armee-Einheit ist kein Forum, in dem man politische Predigten halten kann; dies würde den Korpsgeist schwächen. Während der Intifada, dem palästinensischen Aufstand in den besetzten Gebieten, wurde Amirs Bataillon eingesetzt, um die Unruhen niederzuschlagen. Mitglieder seiner Einheit erinnern sich, daß Yigal die Demonstranten mit Genuß verprügelte. Doch in seiner Personalakte findet sich kein Hinweis auf etwaige Exzesse, und man beförderte ihn zum Korporal.

Im September 1993, als das Osloer Abkommen unterzeichnet wurde, endete für Yigal der Dienst in der Armee; er kehrte ins Haus seiner Eltern in Herzliya zurück und schrieb sich an der Bar-Ilan-Universität für Jura und Computerwissenschaften ein. Sein Zimmer im ersten Stock des bescheidenen Hauses der Amirs war klein und spartanisch eingerichtet: ein Bett, ein Schreibtisch und ein paar Bücher. Unter der Woche war Yigal selten zu Hause, da er früh am Morgen zur Universität ging und erst nachts zurückkehrte. Doch an den Freitagabenden setzte sich die ganze Familie – Shlomo, Geula, ihre vier Söhne und vier Töchter – zum Sabbat-Essen zusammen, und wie bei so vielen Israelis wurde während des Abendessens unweigerlich «die Lage», das politische Tagesgeschehen diskutiert. Gegen Ende 1993 war das heißeste Diskussionsthema das Osloer Abkommen. Shlomo Amir sprach sich dafür aus.

«Wir müssen Rabin eine Chance geben», beschwichtigte er seinen Sohn.

«Das Land Israel preisgeben?» erwiderte Yigal barsch. «Wie kannst du es wagen!»

«Wir müssen es versuchen», meinte der Vater beharrlich. «Rabin ist ein verantwortlicher Führer.»

Haggai, der älteste Sohn der Amirs, mischte sich in diese Auseinandersetzungen nicht ein. Geschickt mit den Händen und einem Kopf für technische Probleme, war er der Handwerker der Familie; das Reden war nicht seine Stärke, und so überließ er Yigal die Bühne. Geula folgte wie immer der Auseinandersetzung, faßte sie zusammen und verkündete: «Yigal hat recht.»

Und Geula traf die Entscheidungen für die Familie. Im Gegensatz zu den meisten Juden jemenitischer Herkunft ist sie groß und kräftig und beugt sich nicht dem Diktat der «ultraorthodoxen Mode». Sie trägt eine Perücke, nicht den Hut oder das Kopftuch, wie immer noch viele Haredim-Frauen ihrer Generation, und zieht meist einen dunklen, mittellangen Rock und eine leichte, aber undurchsichtige langärmlige Bluse an. Geula hat eine laute Stimme, die ihren Ruf als herrschsüchtige und besserwisserische, manchmal aggressive und überkritische Frau noch bekräftigt. Sie hängt sehr an allen ihren acht Kindern, bekrittelt sie und mischt sich aufdringlich in ihr Leben ein. Während sie von Yigal glaubt, daß er selbständig sei, und ihn dafür bewundert, hält sie Haggai, den Ältesten, für empfindsam und schutzbedürftig.

Shlomo Amir ist das genaue Gegenstück zu seiner Frau. Er tritt in den Hintergrund und überläßt ihr die Bühne. Klein und mit sanfter Stimme, einnehmendem Lächeln und wildem Bart, der sein fein geschnittenes Gesicht verdeckt, beschwört er das Bild des städtischen Müßiggängers aus der osteuropäischen jüdischen Volksüberlieferung herauf. Sein starker jemenitischer Akzent verwandelt sein sonst elegantes Hebräisch in einen trillernden nahöstlichen Singsang. Shlomo, in den Schriften des Judentums gut bewandert, zitiert mit Vorliebe aus den Psalmen und glaubt vor allem an die Nichtigkeit des Menschen vor Gott. «Alles ist in Gottes Hand», lautet sein wiederholt bekundetes fatalistisches Motto. Als politisch Gemäßigter und Pragmatiker hatte Shlomo sich bemüht, seinen Sohn davon zu überzeugen, daß die neue

Politik der Regierung die Chance verdiene, ihren Wert zu beweisen. «Auch ich bezweifle, daß die Araber mit dem zufrieden sein werden, was ihnen Rabin anbietet», sagte er Yigal gleich nach der Unterzeichnung des Osloer Abkommens, «aber wir müssen abwarten und sehen.» Für Yigal gab es nichts abzuwarten; das Abkommen war eine vollkommene Katastrophe.

Yigal Amir war vom Wandel des Ministerpräsidenten überrascht worden. Vor den Wahlen von 1992 galt Rabin als «Mr. Sicherheit». Israel, so seine den Falken nahestehende Position, dürfe die PLO weder anerkennen noch mit ihr sprechen, die Golanhöhen nicht hergeben und keine palästinensischen politischen Gefangenen freilassen. Als die Ergebnisse der Osloer Geheimverhandlungen veröffentlicht wurden, fragte sich Yigal, was in Rabin gefahren sei. Allein schon der Gedanke, irgendeinen Teil des Ganzen Landes Israel aufzugeben und die Grundlagen für einen palästinensischen Staat zu schaffen, war für ihn eine himmelschreiende Häresie. War Rabin schlicht ein Dummkopf, der von der Linken manipuliert worden war, oder hatte er das Volk belogen, als er sich als «Falke» dargestellt hatte, um die Unterstützung der gemäßigten Rechten zu gewinnen? Der Gedanke, daß Rabin seine Haltung zum israelisch-arabischen Konflikt geändert haben könnte, kam Yigal Amir nicht in den Sinn. Geistige Beweglichkeit lag jenseits seiner Vorstellungswelt. Rabins Tat, Teile des Landes Israel preiszugeben, so erklärte er seinem Vater, sei nach der Thora streng verboten.

«Wir müssen mit all unserer Kraft Widerstand leisten», verkündete Yigal.

«Wenn es schlimm endet, kann die Armee ja wieder einmarschieren», meinte Shlomo.

«Dann ist es längst zu spät», entgegnete ihm der Sohn. «Vielleicht ist es nötig, Rabin herunterzunehmen.»

«Alles liegt in Gottes Hand», betete Shlomo seinen üblichen Refrain.

«Gewiß», sagte Yigal, «und diesmal muß man ihm helfen.»

«Du hast das Recht zu beten und zu hoffen, daß deine Gebete

erhört werden», belehrte Shlomo seinen Sohn. «Aber du mußt die Lage so hinnehmen, wie sie ist.»

Doch Yigal blieb fest. «Du weißt, es gibt einen göttlichen Plan, und wer Gottes Willen versteht, ist verpflichtet, ihm bei der Ausführung zu helfen!»

Kurz vor diesem Streit hatte Yigal eine Artikelsammlung von Rabbiner Zvi Yehudah Kook gelesen, einem Philosophen der Erlösung und Mentor der religiösen Siedler. Herausgegeben hatten sie die Siedler Benny Elon, ein Rabbiner, und seine Frau Emuna, beide vehemente Verfechter ihrer Sache. Yigal gehörte nicht zu den Aposteln von Rabbiner Kook. Die Vorschriften des hochgeschätzten Weisen waren für seinen Geschmack zu lax. Doch in Rabbiner Elons Einleitung fand sich eine Auslegung von Kooks Schriften, die ihm zu Herzen ging. «Im Gegensatz zum säkularen, aktivistischen Denken, dem zufolge die Geschichte allein durch das Handeln des Menschen bestimmt ist, und im Gegensatz zum passiven Denken, dem zufolge der göttliche Wille das einzig Wirkende ist, müssen wir lernen, Gottes Willen zu erspüren und ‹Gott mutig zu Hilfe kommen› und ‹im Sinne Gottes› zu handeln.» Das alles sprach ihm aus dem Herzen. Hier war ein Mann, der bereit war, den göttlichen Plan zu erläutern, und der sich dafür aussprach, ihn tatkräftig zu verwirklichen.

Das Rätsel des göttlichen Willens beherrschte Amirs Denken. Er fragte sich, wer genau den Willen Gottes erklären könnte. Er fragte sich, wie sich Gottes Wille den Handelnden auf der Erde offenbart. Yigal wußte nicht genau, auf welche Weise sich ihm der Plan Gottes, das Osloer Abkommen zunichte zu machen, offenbaren würde oder wer ihm genau sagen würde, wie er ‹Gott tapfer zu Hilfe kommen› könnte. Doch er kannte die Grundzüge des großen göttlichen Plans, denn das göttliche Versprechen an das Auserwählte Volk war kein Geheimnis. Die praktischen Einzelheiten – wie der Kompromiß mit den Arabern zu sabotieren wäre; wie die Preisgabe eines Teils des Landes Israel an die Fremden zu verhindern wäre; wie der Mann aufzuhalten wäre, der heiligen Boden hergab und das Leben der Juden in Gefahr brachte – dies alles würde Gott ihm schon eines Tages eröffnen. Er war sich sicher, daß er ein Omen sehen, ein Zeichen erhalten würde. Vorerst zitierte er beim Abendessen vor dem Sabbat den Vers «Handle mit Gott» und erklärte, er habe eine einfache Bedeutung: der Mensch müsse Gott helfen, Seinen Plan zu verwirklichen. Der Vater war nicht beeindruckt.

«Wer kennt denn Seinen Plan?» fragte er eindringlich. Die grobschlächtige Deutung der Schrift, ein frommer Mensch erfahre vom göttlichen Plan durch die Hingabe an Gott, war Shlomo ein Greuel. «Alles liegt in Gottes Hand, und Er wird uns schützen», belehrte er zum wiederholten Mal seinen widerspenstigen Sohn, und Yigal hatte keine Wahl, als sich auf ein Gebiet zurückzuziehen, wo sein Vater nicht mithalten konnte.

«Was weißt du denn schon von Sicherheitsfragen?» fuhr er ihn an. «Du hast doch nie in der Armee gedient!»

Shlomo verstummte, und Geula brachte die Debatte zum Abschluß, indem sie verkündete: «Yigal hat recht.»

Wie meist unterstützte Geula ihren zweitgeborenen Sohn, der ihren Erwartungen an die Kinder entsprochen hatte und der für sie das «Gehirn» der Familie war: klug, willensstark und seiner Ziele sicher. Häufig jedoch bezeichnete sie ihren Lieblingssohn als Kind. «Wer immer Yigal als eines der üblichen Monster betrachtet, wird nicht glauben, daß er ein einzigartiges Kind ist», dachte sie nach dem Mord laut nach. «Vom ersten Tag an waren seine Wünsche anders als die aller [andern] Kinder.»

In den Augen seines Freundes Avshalom Weinberg – eines Kommilitonen, der nach dem Attentat verhaftet und zwölf Tage lang festgehalten worden war wegen des Verdachts, er habe sich mit den Amir-Brüdern verschworen, um freigelassene palästinensische Gefangene zu ermorden – paßte Yigal auch in anderer Hinsicht in keine Schublade. «Er ist nicht schwarz und er ist nicht weiß», sagt Weinberg, «er ist ein Stern für sich. Seit dem Mord behaupten die Haredim, er sei ein religiöser Nationalist, und die religiösen Nationalisten behaupten, er sei ein *Haredi,* doch er gehört zu keinem [dieser Lager]. Er steht in der Mitte, im Amir-Lager. Einmal saßen Yigal und ich in einem geparkten Wagen und hörten Radio, als die Nationalhymne gespielt wurde. Ich stehe still, wenn ich die Nationalhymne höre, also stieg ich aus dem Wagen und stand still. Er schaltete das Radio aus, und ich stieg wieder ein. Dann drehte er das Radio wieder an, also stand ich wieder auf. Er hat mich zur Weißglut getrieben und darüber gelacht. Er empfindet keine Achtung vor der Hymne und der Flagge, und außerdem ist er eine Plage.»

Yigal gelang es zwar nicht, seinen Vater zu überzeugen, doch bei seinen Altersgenossen hatte er mehr Erfolg. Er schloß sich einer Gruppe von Studenten an, die die Wochenenden in den besetzten Gebieten verbrachten, um das Leben in den Siedlungen persönlich zu erfahren. Sie besuchten die alte Synagoge in Jericho, wo – selbst nachdem die Stadt der palästinensischen Verwaltung übergeben worden war – eine Gruppe entschlossener Jeschiwa-Schüler ihre Studien fortsetzte. Sie fuhren nach Gush Katif, einem Block aus zwölf Siedlungen am südlichen Ende des Gazastreifens, die unter israelischer Kontrolle verblieben sind. «Allmählich sah ich genau, was in den Gebieten vor sich ging, wie anders es war, als die Leute dachten», sagte Yigal später im Verhör. «Da lebt man in Herzliya, das dir wie die Schweiz vorkommt, ich meine, als ob Frieden herrschen würde. Aber wenn du dorthin kommst, siehst du plötzlich, daß dort ein anderes Volk ist, ich meine ein anderes Land. Genauso ist es, wie zwei Länder, und keiner weiß vom andern. An all dem ist die Berichterstattung und die Vertuschung durch die Medien schuld.»

Yigal nahm jetzt auch an Demonstrationen teil. Er war dabei, als Studenten von der Bar-Ilan-Universität auf einem kahlen Berggipfel zwischen verlassenen arabischen Ruinen eine «Siedlung» aufzogen. Im Sommer 1995, als auf einem öden Hügel in der Nähe der großen Siedlung Efrat eine Demonstration stattfand, verließ Yigal am Abend vor dem Abschlußexamen seinen Schreibtisch, um daran teilzunehmen. Er leistete passiven Widerstand, und vier Soldaten trugen ihn von dem kargen Hügel herunter. «Dort [in den besetzten Gebieten] habe ich eine ganze Nation wie Schafe zur Schlachtbank gehen sehen», erklärte er später. «Sie [die Regierung] experimentieren dort mit Menschenleben. Sie stellen einfach Versuche an; ich habe kein anderes Wort [dafür]. Wenn es klappt, gut. Wenn nicht, dann eben nicht. Und wenn es zum Äußersten kommt, ziehen wir eben in den Krieg und nehmen das Ganze zurück. Was? Ist der Krieg eine so einfache Sache? ... Man sieht die Gefahr näherkommen. Die Araber bewegen sich frei, sie schießen, Terroristen greifen an. Da gibt es so vieles.»

Yigal wurde rasch vom Mitläufer zum Anführer. Er wollte seine Mitstudenten mit Solidarität für die Siedler erfüllen und machte sich mit aller Kraft an diese Aufgabe.

«Ich sprach mit den Leuten. Ich diskutierte darüber, was zu tun wäre. Aber die Leute sind apathisch. Eine Karriere bedeutet ihnen mehr. Das Diplom ist wichtiger für sie. Mir wurde klar, daß man klein anfangen muß, um Engagement zu wecken, etwa so: ‹Komm doch mit zu einem Shabbat [ein Besuch einer Siedlung am Sabbat]. Schau dir die Leute an ... Hör dir ein paar Vorträge an. Erfahr, was vor sich geht. Was ist schon dabei? Shabbat, du hast deinen Spaß. Warum nicht?› So hab ich angefangen, bin von einem zum andern gegangen ... Ich bin in der ganzen Uni rumgelaufen. Buchstäblich von einem zum andern. Ich hab mit den Leuten geredet, sie überzeugt, mich mit ihnen gestritten. Ich kann sehr gut Leute überzeugen. Allmählich habe ich es geschafft. ‹Komm doch mit. Warum nicht?›»

Yigal bereitete anfangs ganz alleine alles für diese Wochenenden vor: die Busfahrten, das Essen, die Unterkünfte, die Vorträge. «Die Unterkünfte waren nicht gerade luxuriös; die Leute schliefen in großen Hallen auf dem Boden, Jungen und Mädchen getrennt. Zunächst sind viele Mädchen mitgekommen, entweder weil sie immer idealistischer sind oder leichter zu überzeugen, ich weiß nicht [was es ist]. Im allgemeinen sind die Mädchen viel engagierter bei unseren Aktivitäten. Die Jungen sind oberflächlicher. Karriere, Geld ist wichtiger für sie. Sie haben nicht viele Werte.»

Nach ein paar Monaten war Yigal Amir in der ganzen Bar-Ilan-Universität bekannt, und eine Gruppe von Aktivisten hatte sich um ihn geschart. Seine Ansichten fanden zusehends Verbreitung, und er zog immer größere Gruppen zu seinen Sabbat-Seminaren. Fast hundert Menschen verbrachten ein Wochenende in einer kleinen jüdischen Gemeinde in Hebron. Hundertzwanzig kamen mit in die Siedlung Kfar Darom inmitten des Gazastreifens. «Das war ein richtiger Erfolg», frohlockte Yigal. «Sie haben dort auf dem Gras geschlafen – es gab einfach keinen Platz.» Für jedes Seminar organisierte er einen kleinen Rundgang durch die Siedlung, einen Vortrag über den Ort und seine Geschichte, Gespräche mit rechten Politikern und Diskussionen mit Rabbinern. Ein Wochenende verbrachten sie in der Siedlung Bracha auf dem Berg der Gnade, oberhalb von Josefsgrab in Nablus. «Auf dem Gnadenberg gingen wir durch ein Dorf der Samaritaner. Es war sehr interessant. Der Blick war fantastisch, atemberaubend. Ich glaube, es ist die schönste Aussicht im ganzen Land. Die Leute waren hingerissen. Das war ein Ort, wo wir noch nie gewesen waren, keiner von uns.»

Rasch verbreitete sich die Kunde, Yigal Amir ziehe Studenten an wie ein Magnet. Siedler, Oppositionspolitiker und Rabbiner riefen jetzt bei ihm an und versprachen, die Kosten zu übernehmen, wenn er weiterhin Studenten in die besetzten Gebiete brachte. Selbst die Leitung der Bar-Ilan-Universität bot ihm Mittel an. «Die Uni organisiert auch studentische Seminare am Sabbat, aber keiner ist hingegangen. Egal wie schick die Unterkünfte waren – Hotels und alles, ohne daß viel zu bezahlen war –, keiner ist mitgegangen. Ein paar amerikanische Studenten vielleicht und alle möglichen Taugenichtse, 30 bis 40 Leute, also haben sie sich zusammengesetzt und beratschlagt. Wie kommt es, daß Yigal Amir es schafft, 400 bis 500 Leute für ein Wochenende zusammenzubringen, und bei ihnen niemand kommt? Ich habe die Zettel [damals] selbst aufgehängt, und die, mit all ihrem Geld, hatten überhaupt keinen Erfolg. Sie haben mich gelobt, haben mich gefragt, wie ich das mache, wie ich arbeite ... Sie haben mich bewundert an der Uni. Sie haben mich im ganzen Bereich [der Rechten] bewundert. Ich war der Leiter einer sehr großen Gruppe. Am letzten Shabbat in Hebron waren schon 500 Leute dabei.»

An jedem dieser Wochenenden wählte Amir ein paar Studenten aus, die er für sich gewinnen wollte. Ihnen wandte er sich in den Gesprächen vor allem zu, beobachtete, wie sie reagierten, und entschied, welche er unter seine Fittiche nehmen wollte. Mit seinen engen Vertrauten sprach er offen über seine Pläne. «Ich pflegte zu sagen: ‹Rabin muß getötet werden›, und dann habe ich gelächelt. Ratet mal, was Yigal [wirklich] meint. Dieser Typ, der so beliebt ist, so nett, ein richtiger Entertainer, ruft Gelächter hervor, und plötzlich sagt er: ‹Was soll aus uns werden?› und all das. Und dann plötzlich lächle ich sie an. Sie wußten nicht, was ich meinte. Keiner dachte, ich würde Rabin umbringen. Selbst ich wußte es nicht.»

Doch der Gedanke ließ ihn nicht los. Er wußte nicht, wann oder wo, doch er wußte, daß er handeln würde. Nachts, in seinem Zimmer, brütete er über einer Biographie des Ministerpräsidenten mit dem Titel *The Rabin File* (Die Akte Rabin). Geschrieben hatte sie ein Militärhistoriker, Dr. Uri Milstein, und sie war wie ihr Urheber Gegenstand heftiger Auseinandersetzungen. Obwohl viele Historiker über Milsteins wissenschaftliche Kompetenz spotteten, erhielt er eine Stelle an der Bar-Ilan-Universität, wo Amir sein Seminar über «Gesellschaftliche und militärische Aspekte von Israels Krieg» besuchte. In diesen Lehrveranstaltungen zeichnete Milstein wie schon in seinen schriftlichen Auslassungen ein Bild von Rabin als Feigling, Schwächling und völlig unfähigem militärischen und politischen Führer. Amir stürzte sich auf die Schriften Milsteins, die seine eigene Einschätzung des Ministerpräsidenten bestätigten, und rekrutierte Milstein rasch für seine Indoktrinationskampagnen an der Universität. Mitte August 1995, wenige Monate vor dem Attentat, rief er Milstein an und lud ihn ein, vor Hunderten von Bar-

Ilan-Studenten bei einem Seminar in Jerusalem einen Vortrag zu halten. Außerhalb des Campus und vor einem zustimmenden Publikum warf Milstein alle akademischen Hemmungen ab und beschimpfte Rabin, dessen Osloer Abkommen eine «große Lüge» sei, mit beispielloser Vehemenz als «Sicherheitsrisiko».

Über Milsteins Arbeiten hinaus suchte Yigal nach Material über Attentate auf Spitzenpolitiker. An den krankhaften Taten Verrückter war er nicht interessiert; er wollte aus den Erfahrungen von Attentätern lernen, die politische Beweggründe hatten. Das Attentat auf den ägyptischen Präsidenten Anwar as-Sadat war als Vorbild nutzlos, weil es die Tat einer Gruppe war, und er wollte allein handeln. Sein älterer Bruder Haggai und sein Freund Dror Adani waren bereit, ihm zu helfen, doch Yigal wollte sie nicht in Gefahr bringen; er war entschlossen, das ganze Risiko allein auf sich zu nehmen. «Ich wollte nie Leute mit hineinziehen. Ich hätte nie meinen Bruder oder jemand anderen benutzt. Wenn ich es tun würde, dann alleine. Ich war bereit, dafür zu sterben.»

Haggai erzählte ihm von Frederick Forsyths Thriller *Der Schakal,* der auf einem der Attentatsversuche auf Charles de Gaulle beruht. Yigal verschlang das Buch begierig, wie gebannt von der Figur des Schakals. Die Lage im Frankreich der frühen sechziger Jahre schien ihm ein Spiegelbild dessen, was in Israel geschah. Yigal identifizierte sich mit dem französischen rechten Untergrund, der OAS und ihrem Führer Bastien Thiery, einem Offizier, Intellektuellen und frommen Katholiken, der christliche Philosophie las und in den Schriften Thomas von Aquins sogar das christliche Gegenstück zum *Din Rodef** gefunden hatte. Dreimal versuchte die OAS, de Gaulle zu ermorden, bevor er das Abkommen mit der FLN unterzeichnete, das Algerien die Unabhängigkeit gewährte. Alle drei Versuche scheiterten. Der vierte, ein paar Wochen nach der Unterzeichnung des Abkommens, war Forsyths Stoff für den *Schakal.* De Gaulle kam abermals davon, doch zwischen ihm und

---

* Die talmudische Todesstrafe für jüdische Informanten und Verräter.

den Kugeln des Attentäters lag nur ein Schritt; seine Frau, die neben ihm stand, wurde verletzt.

Viermal versuchte Amir, in Schußweite von Jitzhak Rabin zu kommen. Er sagte im Verhör, daß er sich mehrmals aufgemacht habe, Rabin zu ermorden, sich jedoch in letzter Minute zurückgezogen habe, weil er nicht völlig bereit gewesen sei. Er habe ein Zeichen erhalten, daß die Zeit noch nicht reif sei. Im Januar 1995 sollte Rabin eine Feier in Yad Vashem besuchen, dem Mahnmal für die Opfer des Holocaust. Amir tauchte auf, doch Rabin sagte den Besuch ab. Beim zweiten Mal ging Amir nach Jerusalem zur Maimouna, einem Volksfest der marokkanischen Juden in Israel am Tag nach dem Passahfest. Amir wußte, daß Rabin dort auftreten würde, lud sein Gewehr und ging zum Sacher-Park, wo Rabin am Nachmittag erwartet wurde. «Es war eine Prüfung meiner Stärke. Auf dem Weg [dorthin] wurde mir flau im Magen. Ich verschwand rasch wieder.» Im Sommer ging Yigal zu einer Feier zur Einweihung einer neuen Unterführung unter der Hauptstraße bei Kfar Shmaryahu, nördlich von Herzliya. Doch er kam zu früh, bekam Angst, entdeckt zu werden, und ging sofort wieder. «Ich habe mir immer gesagt, ich gehe da und da hin [um Rabin zu töten], wenn ich die Gelegenheit habe, wenn Gott mir die Gelegenheit gibt. Ich bin ein sehr religiöser [Jude] – nicht fanatisch, aber sehr religiös –, und wenn ich die Gelegenheit bekäme, würde ich es tun. Sehen Sie, im letzten Jahr ging ich nur dreimal [zu diesen Orten] hinaus, obwohl ich genau wußte, wo [Rabin] hinging, ausnahmslos. Ich wußte, bei welcher Kundgebung er sein würde, wo er auftreten würde ... Ich habe nie geglaubt, daß ich es tun würde. Ich dachte immer, ich würde nur reden, ich hätte letztlich nicht die Kraft, es zu tun, obwohl ich im Kopf genau wußte, daß ich es tun sollte.»

Viermal prüfte Amir seine Kräfte und versuchte, in die Nähe Rabins zu gelangen. Beim vierten Mal überraschte er sich selbst und drückte ab. Er überraschte auch die Fachleute. Die Persönlichkeitsprofile politischer Attentäter zeigen, daß sie aus zerrütteten Familien kommen, unter sozialer Verwahrlosung gelitten haben oder unter großen persönlichen Schwierigkeiten. Das gilt für Lee Harvey Oswald ebenso wie für Yonah Abrushmi, einen Jerusalemer, der im Februar 1983 eine Granate in eine Menge von «Frieden-jetzt»-Demonstranten geworfen hatte. Doch Yigal Amir war nicht an den Rändern der israelischen Gesellschaft aufgewachsen. Er kam aus der Mittelschicht, wurde in angesehenen Jeschiwas ausgebildet, schaffte seine Immatrikulationsprüfungen, diente in einer Elite-Einheit der Armee und studierte an einer der ersten Universitäten Israels. Im Sommer 1992, noch an der Jeschiwa von Kerem D'Yavneh, wurde er ins lettische Riga geschickt, als einer von wenigen hundert Freiwilligen, die die Nativ (eine Organisation im Umfeld des Mossad) ausgewählt hatte, damit sie als Berater in den Sommerlagern für jüdische Jugendliche arbeiteten. Amir verbrachte dort drei Monate (es war das erste und einzige Mal, daß er Israel verließ) und unternahm anschließend eine Reise durch Europa. Auf einer Fähre in Deutschland kam er mit ein paar deutschen Mädchen ins Gespräch und gab ihnen seine Adresse. Dieser schlanke, dunkelhäutige Israeli hatte sie so stark beeindruckt, daß sie anfingen, ihm Briefe zu schreiben.

Yigal Amirs Kindheit und Jugend hatten also einen normalen Verlauf genommen. Unter den Gleichaltrigen war er keine Ausnahme, und zu keiner Zeit zeigte er auch nur Anzeichen von abweichendem Verhalten. Zugegeben, als Yigal siebzehn war, schrieb der Leiter der Jeschiwa Yishuv Hadash in seine Akte: «Unfair, unehrlich und unaufrichtig.» Die Eindrücke derjenigen, die ihn später kennengelernt haben, verschmelzen zum Bild eines cleveren, hartnäckigen und manipulativen jungen Mannes, der unerschütterlich war, einen kühlen Kopf hatte und rücksichtslos seine Ziele verfolgte. Niemand hat je irgendwelche emotionalen Symptome bei ihm erkannt, die darauf hingedeutet hätten, daß in ihm ein Attentäter steckte. Alle Institutionen, die Yigal Amir aufnahmen: die Jeschiwas, die Armee, die Universität und die Organisation, die ihn nach Lettland schickte, hatten strikte, ja penible Auswahlkriterien, die er sämtlich überwand.

Yigal selbst hat eine Erklärung für diesen Umstand: «Sie müßten meinen [Freundes-]Kreis kennen, sie sind sehr gemäßigt», erklärte er den Autoren in einem Exklusivgespräch. «Auch alle meine Unternehmungen waren gemäßigt. Ich habe mich nie radikal aufgeführt: Ich habe nicht zu den Extremisten gehört. Die Leute wußten, daß ich dachte, [Rabin loszuwerden] sei die Lösung, daß es gut wäre. [Aber] es war eine theoretische Diskussion. Ich habe immer theoretisch diskutiert. Doch jeder, der mich kannte, war überzeugt, daß ich es nicht tun würde, weil ich nicht der extremistische Typ bin. Ich habe Wochenendseminare in den besetzten Gebieten organisiert, ganz legitime Dinge: Demonstrationen, Petitionen. Ich habe nie Araber geschlagen, nie randaliert, nie jemanden provoziert oder so etwas. Niemand hat es für möglich gehalten [daß ich den Ministerpräsidenten töten würde]. Das ist, als ob ein ganz gewöhnlicher Typ, den du von der Straße kennst, so etwas tut; dein bester Freund, ein gemäßigter Mensch, begeht plötzlich eine solche Tat, und du bist geschockt.»

Yigal Amir hält sich selbst nicht für einen «gewöhnlichen Typen». «Er hatte das Gefühl, er sei heilig», sind die Worte Shlomi Halevys. «Diese Welt ist für ihn nur ein Korridor. Und weil er sich heilig fühlte, glaubte er, würde er das, was ganze Völker in einem Jahrhundert nicht erreichen, in einer Minute vollbringen.» Yigal zeigte sich überzeugt, daß er seinen Plan mit Hilfe göttlicher Inspiration ausgearbeitet hätte und daß von dem Augenblick an, da er ihn erfüllt hatte, eine neue Ära der jüdischen Geschichte angehoben hätte. «Hören Sie», sagte er den Autoren, «ich habe dem Volk das Entscheidungsrecht geben wollen. Ich wollte nicht, daß die Lage unumkehrbar wird. [Die Regierung Rabin] wollte alles unumkehrbar machen. Sie wollten allem ein Ende setzen. Sie wollten einen endgültigen Vertrag, Jerusalem preisgeben, die Golanhöhen – alles, alles, alles. Sie hätten das Ganze den Arabern gegeben, und dann hätte das Volk keine Wahl mehr gehabt.»

Doch selbst er glaubte, das Volk hätte noch eine Wahl gehabt. Das Problem war, daß sie nicht in seinem Sinne ausgegangen wäre:

«[Rabin] wäre wiedergewählt worden», erklärte er der Polizei gleich nach dem Mord. «In der Direktwahl [des Ministerpräsidenten] hätte er wieder gewonnen. Daran ist nicht zu zweifeln. Sie wissen, daß er das Wahlergebnis zur Kenntnis genommen und die Dinge unumkehrbar gemacht hätte.»

Und dann, nach der Wahl von 1996, änderte er erneut seine Meinung. Auf die Frage: «Was werden Sie in Zukunft tun, wenn sich herausstellt, daß das Osloer Abkommen den Staat Israel nicht gefährdet, sondern ihm Wohlstand und Frieden bringt. Was werden Sie dann tun? Sagen Sie dann ‹Es tut mir leid, daß ich Jitzhak Rabin ermordet habe›?»

«Nein, was reden Sie da?», antwortete er vorwurfsvoll. «Das Volk hat entschieden ... Das Volk hat wirklich seine Wahl getroffen, genau wie ich dachte [und eine rechte Regierung gewählt]. Das Volk hat wirklich seine Meinung geäußert. Siebzig Prozent der Juden [haben für Benjamin Netanjahu gestimmt]. Das ist eine wahrhaft gewaltige Mehrheit, und es besagt, daß alles, was bis heute geschehen ist, gegen den Willen des Volkes war.»

In seinen eigenen Augen war Amir ein Handlanger Gottes und der jüdischen Mehrheit. Er habe «für den Regierungswechsel gesorgt».

«Es war keine Frage von Vergeltung oder Strafe oder Wut, Himmel nein, es ging darum, was den [Friedensprozeß] aufhalten würde. Ich habe viel darüber nachgedacht und bin zu dem Schluß gekommen, wenn ich Rabin herunterhole, würde es ihn aufhalten, denn irgend jemand anderen [zu beseitigen] hätte nichts geändert. Nur Rabin würde einen Unterschied machen.»

«Und die Tragödie, die sie Ihrer Familie bereitet haben?»

«Meine Überlegung war, daß auf lange Sicht auch meine Familie gerettet würde. Ich meine, wenn [der Osloer Prozeß] weitergegangen wäre, dann wäre auch meine Familie verschwunden. Verstehen Sie, was ich sage? Das ganze Land wäre verschwunden. Ich habe zwei Jahre lang darüber nachgedacht. Ich habe die Möglichkeiten und Risiken durchkalkuliert. Und wenn ich es nicht getan hätte, würde ich mich viel schlechter fühlen, und auf lange Sicht würde meine Familie leiden – und andere genauso. Meine Tat wird in der Zukunft Verständnis finden. Ich habe das Volk Israel vor der Vernichtung gerettet.»

In seinen eigenen Augen ist Amir also kein Mörder oder Krimineller oder auch nur eine fehlgeleitete Seele. Seiner eigenen sehr bescheidenen Meinung nach ist Yigal Amir ein Retter.

2 Zwei Welten

Zwei Welten kollidierten in der Nacht des 4. November 1994 auf dem Platz der Könige von Israel, für deren elementare Überzeugungen und moralische Grundsätze einerseits Jitzhak Rabin, andererseits Yigal Amir standen. Beide waren Söhne derselben modernen Nation und desselben alten Volkes, das zwei Jahrtausende lang in alle Winde zerstreut überlebt hatte. Beide waren Sabras, im Land geborene Israelis, und hatten ihr ganzes Leben in den Grenzen eines kleinen Staates verbracht, das von seinen Nachbarn abgeschottet war. Beide hatten sie, dem Grundsatz der Solidarität treu, um das Überleben dieses Staates gekämpft. Beiden lag die Zukunft ihres Landes am Herzen, und sie glaubten eine Vorstellung davon zu haben, wie sie zu gestalten wäre. Doch eine Flut gegensätzlicher Auffassungen, Mythen, Ideale und Ziele trennte diese Männer.

Jitzhak Rabin war ein klassisches Geschöpf der zionistischen Revolution, die gegen Ende des neunzehnten Jahrhunderts in Osteuropa entbrannt war und und ihre Ziele in den darauffolgenden fünfzig Jahren in Palästina zu verwirklichen suchte. Ihr Hauptimpuls war pragmatischer Natur: Die Juden vor dem Wüten des Antisemitismus in seinen unmittelbar gewalttätigen und subtileren gesellschaftlichen Erscheinungsformen zu retten. Das Grundrezept dafür war politischer Natur: Die Juden sollten aus einem ungastlichen Europa in ein neues, eigenes Land auswandern. Doch der Zionismus betrachtete sich auch als eine geistige und soziale Reformbewegung. Er war bestrebt, das Judentum aus einer gestaltlosen, in alle Winde zerstreuten «Religionskultur» herauszuholen und ihm das Gepräge einer modernen, souveränen Nation zu verleihen, mit einer gemeinsamen Sprache, einem Staatsgebiet und einer soliden wirtschaftlichen Ordnung. In die Grundlagen der «zionistischen Idee» eingebettet war der Anspruch, die Juden nicht nur vor einer feindseligen Umwelt zu retten, sondern im Grunde auch vor sich selbst. Der Zionismus nahm den Kampf auf gegen alle «Übel» des Lebens in der Diaspora: Abschottung und Rückwärtsgewandtheit; die vorrangige Beschäftigung mit religiösen Studien und Ritualen; und vor allem die Resignation angesichts der immer wiederkehrenden Anfeindungen. Er bot eine Alternative zu dem althergebrachten Glauben, die Rettung könne nur vom Allmächtigen kommen, durch das Erscheinen des Messias. Der Zionismus rebellierte auch gegen andere Grundzüge des jüdischen Charakters. Jahrhundertelang waren die Juden besonders auf ihre Andersheit stolz gewesen, darauf, «Gottes auserwähltes Volk» zu sein und damit ein «Volk, das für sich lebt». Doch die zionistische Lehre verkündete, daß die Juden ihre Andersheit auf die Spitze getrieben hätten. Ihr Ziel war eine «Nation wie jede andere», um der «spirituellen Gesundheit» der Juden ebenso wie um ihres physischen Überlebens willen. Der womöglich stärkste Antrieb der zionistischen Revolution war ein tiefsitzendes Verlangen nach «Normalität».

Der Zionismus entwickelte sich – paradoxerweise vielleicht – ausgerechnet am Ende eines Jahrhunderts, in dem jedenfalls das europäische Judentum aus seiner gesellschaftlichen und kulturellen Isolation heraustrat und sich in seine gesellschaftliche Umwelt einzugliedern begann. Zwei entscheidende Bewegungen im achtzehnten und neunzehnten Jahrhundert hatten zusammengewirkt und die physischen und psychischen Mauern des Ghettos zum Einsturz gebracht, hinter denen die Juden seit Jahrhunderten gelebt hatten. Die erste Bewegung war die bürgerliche Emanzipation der Juden in West- und Mitteleuropa. Die zweite war die geistige und soziale Bewegung der jüdischen Aufklärung, die sogenannte *Haskala*, die in Deutschland und Mitteleuropa ihre Blüte erlebte. Deren Stoßrichtung war die Reform der jüdischen Erziehung. In der Bildung sollten nun auch «weltliche Studien» eine Rolle spielen – europäische Sprachen, Literatur und Naturwissenschaften –, um den Juden das Werkzeug an die Hand zu geben, mit dem sie sich in die «Gast»-Gesellschaften eingliedern konnten. Indem sie sich auf diese Weise der europäischen Kultur öffneten, gaben viele Juden ihre Identität ganz auf und glichen sich den Kulturen ihres Umkreises an. Manche traten sogar zum Christentum über, um sich den Zugang zum europäischen Leben zu erleichtern. Ziel der jüdischen Aufklärung war es freilich, die Juden in die Lage zu versetzen, ihre religiös-ethnische Identität zu wahren und zugleich engagierte Mitglieder des modernen bürgerlichen Staates zu werden. «Sei Jude zu Hause und Mensch draußen», war ihr Motto, und diesen Kurs schlugen die meisten Juden in West- und Mitteleuropa ein.

In Osteuropa verbreitete sich die jüdische Aufklärung viel langsamer und wurde ursprünglich nur von einer dünnen Schicht von Intellektuellen angenommen. Die politischen und demographischen Verhältnisse im russischen Reich unterschieden sich deutlich von denen im Westen. Die Juden hatten in ihrem Siedlungsraum zu bleiben und besaßen nicht einmal elementarste Rechte. Erst im letzten Viertel des neunzehnten Jahrhunderts lockerte man die für sie geltenden Freiheitsbeschränkungen, und sie durften russische Schulen besuchen. Sie nahmen neue Berufe an, gewannen schrittweise Zugang zu den akademischen Berufen und drangen allmählich in die russische Intelligenzija vor. Am Ende von Jahrhunderten der Verfolgung öffneten sich ihnen neue Horizonte. Viele Juden im russischen Reich freuten sich schon auf die umfassende bürgerliche Emanzipation.

Das Ereignis, das ihre Zuversicht mit einem Schlag zunichte machte, war der Ausbruch einer Welle von Pogromen im Jahr 1881. Die Behörden sahen den Ausschreitungen in etwa 160 Städten und Dörfern tagelang zu, bis sie einschritten. Und als der Terror endlich niedergeschlagen war, bestrafte die Regierung nicht etwa dessen Rädelsführer, sondern unterwarf die Juden neuen Beschränkungen. Verzweifelt über den Rückschlag, kam die jüdische Intelligenz zu dem Schluß, ihr Vertrauen in eine von Gleichheit geprägte Zukunft in Rußland sei auf tragische Weise deplaziert gewesen. Unterschwelliger und offener Antisemitismus durchdrang immer noch alle Kreise der Gesellschaft, und nichts, was die Juden tun konnten, um «sich selbst zu verbessern», würde ein sicheres Bollwerk gegen ihn bilden. «Nicht ein Mangel an höherer Bildung ist der Grund unserer Tragödie», schrieb Moses Leib Lilienbloom, «sondern daß wir Fremde sind und es weiterhin sein werden, selbst wenn wir voll Bildung sind wie ein Granatapfelbaum.» Andere Einschätzungen der Zukunft der Juden in Europa waren gleichermaßen apokalyptisch und unwissentlich zutreffend. «Der Antisemitismus wird anwachsen», schrieb Peretz Smolenskin sechzig Jahre vor dem Holocaust, «und innerhalb eines Jahrhunderts die Vernichtung über die Juden Europas bringen.»

Ein Jahr nach den Pogromen forderte Dr. Leon Pinsker, ein russisch-jüdischer Arzt, eine rein politische Lösung der «Judenfrage» und vollzog damit eine radikale Abkehr vom Geist der Aufklärung. In einer Streitschrift mit dem Titel *Autoemanzipation* zeigte Pinsker den Antisemitismus als eine gesellschaftliche Krankheit, die er «Judäophobie» nannte. Sie entspringe der Angst vor der Abnormität des jüdischen Lebens in der Diaspora. Weil ihnen die üblichen Merkmale anderer Nationen fehlten – eine gemeinsame Sprache, ein Staatsgebiet und ein politisches Gemeinwesen –, kämen die Juden anderen Völkern wie eine «Geistererscheinung» vor, wie die «furchterregende Gestalt eines Toten, der unter Lebenden wandelt». Da diese Wahrnehmung und Angst irrational seien, wäre es sinnlos, den Antisemitismus mit intellektuellen Überzeugungsversuchen zu bekämpfen, wie die Anhänger der Aufklärung glaubten. Die Juden müßten daher die Diaspora verlassen und in einem eigenen Land leben. Pinsker rief zu einem jüdischen Nationalkongreß auf, um die Juden aller Länder und Klassen durch die Gründung eines Nationalstaates zu vereinen.

Autoemanzipation erschien 1882 und wurde in gebildeten jüdischen Kreisen außerordentlich beachtet. Doch erst fünfzehn Jahre später trat in Basel jener Kongreß zusammen, zu dem Pinsker aufgerufen hatte. Auch er fand im Gefolge eines Schlags gegen den Optimismus der Juden statt, diesmal im Hinblick auf ihre Zukunft in Westeuropa. Auslösendes Ereignis war der Prozeß gegen den französischen Armeehauptmann Alfred Dreyfus im Jahr 1895, einen assimilierten Juden, der wegen Verrats verurteilt wurde anhand von Beweisen, die sich später als fabriziert herausstellten. Nicht aber das Kriegsgerichtsverfahren und sein Urteil waren der herausragende Grund für die erneute Desillusionierung der Juden. Es waren die erschreckenden Ausbrüche eines Pariser Mobs, der «Tod den Juden» brüllte, während Dreyfus öffentlich degradiert wurde. Dieser unverhohlene Ausdruck blinden Hasses im «aufgeklärtesten» Land Europas signalisierte den Juden auf dem ganzen Kontinent, daß selbst die totale Assimilation sie nicht gegen die Anstürme der «Judäophobie» schützen würde.

Ein Zeuge des frenetischen Haßausbruchs in Frankreich war Dr. Theodor Herzl, ein assimilierter wienerisch-jüdischer Journalist, der in Paris als Korrespondent der liberalen *Neuen Freien Presse* arbeitete. Herzl hatte schon vor dem Dreyfus-Prozeß über die «Judenfrage» geschrieben und geglaubt, sie könne gelöst werden, indem man einen Geist der Toleranz hege und pflege. Doch die Ereignisse von 1895 brachten ihn zum selben Schluß wie Pinsker: Die einzige Lösung war, die Juden in einem eigenen, souveränen Staat anzusiedeln. Herzl arbeitete ein politisches und finanzielles Programm aus, um seine Idee in Politik umzusetzen. Doch als er die Unterstützung jüdischer Philanthropen und Bankiers suchte, ließ man ihn mit leeren Händen von dannen ziehen. Ein befreundeter Arzt, dem er seinen Plan darlegte, ging so weit, zu behaupten, Herzl leide unter einem Nervenzusammenbruch. Da er bei den einflußreichen Kreisen der damaligen Zeit nicht durchdrang, entschied er sich, sein Programm der breiteren jüdischen Öffentlichkeit als Buch vorzulegen. *Der Judenstaat* stieß bei manchen auf Häme, doch bei den Graswurzelgruppen jüdischer Nationalisten, die sich in Mittel- und Osteuropa gebildet hatten, fand das Werk begeisterten Widerhall. Sie nannten sich die «Freunde Zions», fanden sich im August 1897 zum ersten Zionistischen Weltkongreß zusammen und gründeten die Zionistische Weltorganisation, um «ein rechtlich geschütztes Heimatland für das jüdische Volk in Palästina zu errichten».

Wie das Volk, dem sie dienen sollte, war die zionistische Bewegung alles andere als monolithisch. Herzl mühte sich nach Kräften, der Türkei eine «Charta» abzuringen, die es den Juden erlauben würde, sich in Palästina anzusiedeln («politischer Zionismus»). Doch viele andere Anhänger der Bewegung hielten es für unwahrscheinlich, daß europäische Juden sich prompt auf die Beine machen würden, nur um sich in einem schäbigen Hinterhof des verfallenden Osmanischen Reiches zu versammeln. Ihr Rezept für das zionistische Vorhaben war, die Unterstützung für die stetige Besiedlung Palästinas mit der Bildungsarbeit in der Diaspora zu verknüpfen, um eine jüdische «kulturelle Renaissance» auszulösen und ein neues «jüdisches Nationalbewußtsein» zu wecken. Die zionistische Bewegung beschritt alle drei Wege, doch ihre politische Stoßkraft – weitgehend die Leistung Theodor Herzls – erlahmte nach seinem Tod im Jahr 1904.

Die nationalistische Logik der «zionistischen Idee» fand die Unterstützung der jüdischen Intellektuellen Osteuropas, die vom Versprechen der Aufklärung enttäuscht waren. Sie entflammte auch die Phantasie vieler anderer Juden aller Klassen und Schichten. Doch war sie keineswegs die vorherrschende Strömung innerhalb des Judentums. Die europäischen Juden assimilierten sich mehrheitlich weiter oder emigrierten in jene Länder, in denen sie gleiche Rechte genossen. Gegen Ende des neunzehnten Jahrhunderts gab es 12 Millionen Juden auf der Erde, 11 Millionen davon in Europa. Zwischen 1882 und 1914 verließen etwa 3 Millionen Osteuropa, um sich auf dem amerikanischen Kontinent niederzulassen. Die meisten emigrierten in die Vereinigten Staaten, wo das Prinzip der gleichen Rechte einen Grundstein der Gesellschaft bildete und die Trennung von Kirche und Staat es ihnen erlaubte, nach dem Motto «Sei Jude zu Hause und Mensch draußen» zu leben.

Im Gegensatz zur Massenwanderung nach Westen war der Zustrom von Juden nach Palästina kaum mehr als ein Tröpfeln. Die erste Welle jüdischer Siedler brachte zwischen 1880 und 1903 etwa 25 000 Menschen ins Land. Sie gründeten die ersten landwirtschaftlichen Betriebe und hätten ohne die Philanthropie des Barons Edmond de Rothschild bald vor dem totalen Ruin gestanden. Die zweite Welle (1904–1914) brachte etwa 40 000 Juden, vorwiegend aus Rußland. Beeinflußt von der sozialistischen Bewegung, gingen sie ins produzierende Gewerbe und in die Landwirtschaft mit dem Ziel, in Palästina das Fundament einer jüdischen Arbeiterklasse zu schaffen. In Wirklichkeit schufen sie viel eher die Grundlage des romantischen Mythos von den «zionistischen Pionieren», der die folgenden Generationen stark prägen sollte. Denn Tatsache ist, daß die meisten von ihnen sich durch ihre Arbeit nicht ernähren konnten und das Land in Verzweiflung verließen oder während des Ersten Weltkriegs von den Türken ausgewiesen wurden. Nach dem Krieg erwachte neues Vertrauen in die Möglichkeit des zionistischen Unternehmens. Der Grund dafür war die britische «Balfour-Erklärung» (wonach «die Regierung Ihrer Majestät die Errichtung einer jüdischen nationalen Heimstätte in Palästina mit Wohlwollen betrachtet») und das britische Völkerbundsmandat für Palästina. In den zwanziger Jahren erlebte Palästina zwei weitere Einwanderungswellen, die 100 000 Juden ins Land brachten – wiederum Arbeiter und landwirtschaftliche Pioniere, doch auch Angehörige der Mittelschichten, die sich in den Städten niederließen und kleine Gewerbe gründeten. Die größte Einwanderungswelle, 250 000 Menschen, bildeten in den dreißiger Jahren die Flüchtlinge aus Nazideutschland, die auch das dringend benötigte Kapital mitbrachten und die Schicht der Unternehmer und die akademischen Berufsgruppen verstärkten. Doch selbst dieser dramatische Zustrom muß im demographischen Zusammenhang betrachtet werden. Im Jahr 1937 lebten von den 16 Millionen Juden weltweit immer noch 9 Millionen in Europa, fast 4,5 Millionen in den Vereinigten Staaten und 384 000 in Palästina. So war es schwer, den Schluß zu vermeiden – besonders nach dem Mord an sechs Millionen Juden durch die Nazis –, daß der Zionismus als Versuch, die Juden vor der Verfolgung zu retten, nicht gerade ein überwältigender Erfolg war.

Beim gleichzeitig unternommenen Versuch, die Gestalt und das Selbstbild des Juden zu ändern, war die zionistische Revolution viel erfolgreicher. In den Schulen und im Kanon zionistischer Literatur – verbreitet in Zeitungen, Zeitschriften, Streitschriften und Büchern, auf russisch, deutsch, jiddisch und hebräisch – wurde diesem Thema enorme Aufmerksamkeit gewidmet. Eine gewichtige Haltung in dieser Literatur war die beinahe pauschale Ablehnung der Diaspora als «Unfall der Geschichte» und «vorübergehende Abirrung», in der sich die jüdische Kultur «versteinert» hätte. Die Diaspora wurde weitgehend mit dem Ghetto gleichgesetzt – der schmuddligen, übervölkerten, erstickenden Welt, die «gebrechliche, dürre und schwächliche Juden» hervorbringe mit «gekrümmten Rücken und verknotetem Denken» – und mit der «rabbinischen Kultur, die uns in einen engen Käfig [aus religiösen] Gesetzen, Verboten und Geboten eingeschlossen hat». Der andere Feind der neuen Nationalbewegung, die Assimilation, wurde ebenfalls als Gott mit tönernen Füßen verurteilt. «... Der emanzipierte [Jude] in Westeuropa ... hat seine jüdische Sonderart aufgegeben, die Völker erklären ihm [jedoch], daß er ihre Sonderart nicht gewonnen hat», schrieb Max Nordau in seiner Rede für den ersten Zionistenkongreß. «Seine Stammesgenossen flieht er, weil der Antisemitismus sie auch ihm verekelt hat, seine Landsleute stoßen ihn zurück, wenn er sich zu ihnen halten möchte».

Der Zionismus war ein Versuch, das Vakuum zwischen diesen beiden Extremen mit einer Renaissance der jüdischen Kultur zu füllen, die sich gründete auf den «Kult von Zion», die Erinnerungen und Gedanken, die Lieder und Feierlichkeiten, die Zeichen und Symbole, die das Siegel des jüdischen Heimatlandes tragen. Er war bestrebt, ein stolzes, würdiges, militantes «kräftiges Judentum» zu schaffen, das fähig war, den Boden zu bestellen und sein Land zu verteidigen. «Wir nationalen Juden dürfen niemals Menschen des Buches sein», schrieb einer der Gestalter des neuen Ethos. «Wir müssen Menschen sein, die das Leben genießen, weltzugewandt und bewaffnet, um für das Überleben, für die Ehre und unsere Ziele zu kämpfen.» Die Aufgabe, die sich der Zionismus als nationale Revolution selbst stellte, war nicht nur die politische, «die Juden aus der Diaspora zu holen». «Die Zionisten wissen, daß sie sich eine beispiellos schwierige Aufgabe gestellt haben», schrieb Nordau 1902. «Noch nie wurde versucht, Millionen von Menschen aus verschiedenen Ländern zu entwurzeln, auf friedliche Weise und in kurzer Zeit, und sie in einen anderen Boden zu verpflanzen. Nie wurde versucht, aus Millionen von Proletariern, denen es an Fertigkeiten und körperlicher Kraft mangelt – aus Ladenbesitzern und Kaufleuten, Verkäufern und Gelehrten, aus Stadtbewohnern, die von der Natur abgeschnitten sind –, Bauern und Schäfer zu machen, die den Boden mit dem Pflug bestellen.» Der «neue Jude», sollte das heißen, würde körperlich stark, psychisch gesund, gebildet, modern, weltzugewandt, durchsetzungsstark, im Leben seines Landes engagiert und von daher – diesem Denken zufolge vielleicht unweigerlich – säkular sein.

Das antireligiöse Gefühl, das die zionistische Ideologie in sich barg und das sich insbesondere in der jüdischen Gemeinschaft in Palästina entwickelte, kam am stärksten zum Ausdruck in einer neuen Geschichtskonstruktion. Sie sollte vor allem dazu dienen, ein durch den gemeinsamen Glauben geeintes Volk in ein durch eine «Nationalkultur» zusammengeschweißtes zu verwandeln. Diese Geschichtsinterpretation nahm zwar Symbole der jüdischen Religion und Elemente der jüdischen Tradition in Anspruch, aber sie verlieh ihnen zugleich eine neue, säkular-nationale Bedeutung. Ein solches Unternehmen war nicht neu. Die meisten nationalistischen Bewegungen in Europa hatten sich religiöser Motive bedient, um ihre Identitäten zu schmieden, und der Zionismus hatte aus ihren Erfahrungen gelernt. In ihren Schulen, Jugendbewegungen und Sportvereinen verwandelten die weltlichen Zionisten die Bibel, die jahrhundertelang als Fundus religiöser Gebote und als Testament des göttlichen Bundes mit dem «auserwählten Volk» gegolten hatte, in ein Dokument der nationalen Geschichte. Die biblischen Aufzählungen göttlicher Gebote und religiöser Riten wurden in der neuen zionistischen Tradition gänzlich überschattet vom Epos der hebräischen Nation, von der Saga ihrer Krieger und Könige als politisch souveräner Akteure. Die israelitischen Propheten waren heilig, nicht weil sie Gehorsam vor Gott predigten, sondern weil manche von ihnen gegen soziale Ausbeutung zu Felde zogen; ihre religiöse Moral verwandelte sich in eine Botschaft von der «sozialen Gerechtigkeit». Die jüdischen Feiertage wurden ihres rituellen Gehalts entkleidet und verwandelten sich in nationale Festtage. Das Passah-Fest war nun das «Fest der Freiheit», das den kommenden Frühling verkündete. Aus dem Shawuot («Wochenfest»), an dem seit Jahrhunderten die göttliche Verkündung der Thora für die Kinder Israels am Berg Sinai gefeiert worden war, wurde ein Erntefest für die «Erstlingsfrüchte». Das Hohelied, das die Rabbis als Gleichnis für die Liebe zwischen Gott und seinem Volk gedeutet hatten, wurde nun buchstäblich als erotische Liebeslyrik gelesen und als Quelle für Volkslieder und Tänze genutzt. Die Zionisten waren in jeder Hinsicht entschlossen, das alte Buch der Bücher zu nationalisieren und zu säkularisieren. Der zionistische Volkserzieher Benzion Dinur erklärte, der Zionismus würde die Juden die «Heiligung des Lebens statt der Heiligung Gottes» lehren.

Ganz in diesem Sinne reduzierte man auch die vielgestaltige Geschichte der Juden in der Disapora auf eine Litanei aufeinanderfolgender Katastrophen. Fast gänzlich aus der neuen Erzählung des Zionismus gestrichen war die Schöpferkraft, mit der die Weisen das religiöse Gesetz gedeutet hatten; die Blüte der jüdischen Philosophie in Spanien im goldenen Zeitalter des zehnten Jahrhunderts; und das blühende jüdische Leben in Polen vom vierzehnten bis zum siebzehnten Jahrhundert. Statt dessen malte man die Geschichte der Diaspora als wiederkehrenden Alptraum aus Verfolgungen, Pogromen, Blutgerichten, Verbrennungen, Vertreibungen, Massakern, aus Demütigung und Niedergang.

Der Reiz des Zionismus beruhte nicht nur auf dem romantischen Charakter seiner neuen nationalen Mythologie, sondern auch auf seiner Ablehnung alles Fanatischen und Doktrinären, seiner Hinwendung zum Modernismus und Pragmatismus und der vollkommenen Ablehnung jeglichen Zwangs. Es war eine lebendige, vielgestaltige Bewegung, die den Sozialisten wie dem Bürgertum offenstand, den Gläubigen und Freidenkern, den Liberalen und Nationalisten, den Gemäßigten, Aktivisten und Radikalen. Der einzige Teil des Judentums, der sich weiterhin gegen ihn stellte, war die Mehrheit des orthodoxen und besonders des ultraorthodoxen Lagers. Aus zwei entscheidenden Gründen war für sie der Zionismus Anathema. Er verwarf den Glaubenssatz, daß nur Gott alleine das Recht habe, die Juden zu erlösen und sie nach Zion zurückzubringen; und er hatte sich der Schaffung eines bürgerlichen, demokratischen Staates verschrieben, der nicht dem religiösen Gesetz (Halacha) unterliegen sollte. «Wir sind in [der Diaspora] wegen unserer Sünden ... und müssen unsere Strafe in Liebe hinnehmen», schrieb ein Vertreter der orthodoxen Linie. Die Rabbiner verwarfen den Zionismus wie schon die Aufklärung ein Jahrhundert zuvor, denn sie sahen in ihm eine Bedrohung für den Halt, den der Glaube bot.

Aus dieser breiten Ablehnungsfront traten jedoch einige heraus. Sie stützten sich auf die Lehren zweier Rabbiner, des Serben Yehudah Alkalai und des Polen Zvi Hirsch Kalischer. Diese beiden Vorläufer der zionistischen Bewegung hatten verkündet, die göttliche Erlösung werde durch die freiwillige Rückkehr der Juden in das Land Israel eingeläutet. «Die Erlösung wird mit den Anstrengungen der Juden selbst beginnen», schrieb Alkalai im Jahre 1843. «Sie müssen sich organisieren und vereinen ... und die Länder des Exils verlassen.» Kalischer gab seiner Vorstellung mehr Nachdruck und schrieb schon über dreißig Jahre vor Herzl in dessen bestem Sinne: «Die Erlösung Israels, die wir herbeisehnen,

darf man sich nicht als Wunder aus heiterem Himmel vorstellen ...
Verwerfen wir die herkömmliche Ansicht, wonach der Messias
plötzlich eine Fanfare auf der großen Trompete blasen wird, die
alle Bewohner der Erde erzittern läßt. Im Gegenteil, die Erlösung
beginnt dann, wenn wir die Unterstützung der Philanthropen und
das Einverständnis der Nationen dafür gewinnen, daß sich einige
der Verstreuten Israels im Heiligen Land versammeln.» Alkalai
und Kalischer traten für den Landerwerb in Palästina ein, für die
Ansiedlung von Juden dort und für die Wiederbelebung der
hebräischen Sprache. Obwohl die meisten ihrer Kollegen sie heftig
attackierten, inspirierten sie Gruppen orthodoxer Pragmatiker in
Deutschland und Osteuropa, die 1902 die Mizrachi-Bewegung ins
Leben riefen und sich formell der Zionistischen Weltorganisation
anschlossen.

Die Mitglieder der Mizrachi waren im Grunde «politische
Zionisten», die sich dagegen wandten, die im Kern weltliche
zionistische Kultur in der Diaspora zu verbreiten. Dennoch arbeiteten sie über siebzig Jahre lang Hand in Hand mit den Säkularen
für den Aufbau und die Sicherung des jüdischen Staates. Ihr Motto
war «Thora und Respekt», Treue zur orthodoxen Praxis, gepaart
mit Toleranz gegenüber anderen Weltanschauungen und Lebens-
stilen. Ihre Bewegung stand den modernen Einflüssen so weit
offen, daß die Mitglieder sogar eine Reihe von Kibbuzim gründeten, und 1948 unterstützte die Mizrachi die Gründung Israels als
eines bürgerlich-demokratischen Rechtsstaats. Im Gegenzug machte ihr die säkulare Mehrheit der Arbeitspartei eine Reihe von
Zugeständnissen, was die strenge Trennung von «Kirche» und
Staat anging. Angelegenheiten des «Personenstands» (Heirat,
Scheidung, Bestattung) blieben unter der Kontrolle des Oberrabbinats (wie schon unter dem britischen Mandat); der Sabbat und die
jüdischen Speisegesetze wurden in allen staatlichen Institutionen
befolgt, und das staatliche Bildungssystem wurde in einen säkularen und einen religiösen Zweig aufgeteilt. Die umfassende Teilhabe
dieser «religiösen Nationalisten» am zionistischen Unternehmen

wurde lange als «historischer Bund» mit der säkularen zionistischen Hauptströmung gelobt.

Der übrige Teil der orthodoxen Gemeinschaft in Palästina, die Ultraorthodoxen oder Haredim, blieb weiterhin außen vor und wartete beharrlich auf das Scheitern des Zionismus. Die ernüchternde Tragödie des Holocaust, die die verbleibende orthodoxe Bevölkerung in Europa dezimierte, führte zu einem gewissen Pragmatismus auf seiten der Ultra-Orthodoxen. Die Agudat-Israel-Partei unterstützte den Aufbau des Staates und war sogar an mehreren Regierungen in Folge beteiligt. Doch ihre Wähler blieben überzeugt, daß der weltliche Staat nur eine flüchtige Episode bleiben würde; daß die gemäßigten Mizrachi ihren Irrtum einsehen und den «Bund» mit der herrschenden Arbeitspartei brechen würden; daß selbst die Söhne der weltlichen Pioniere nach ihren Wurzeln suchen und zur «authentischen» jüdischen Weltsicht zurückkehren würden. Die Agudat-Israel-Partei wurde von einem rabbinischen Rat der Weisen geführt, und man müsse nur abwarten, bis auch der jüdische Staat diese Regierungsform annehme.

Jahrzehnte vergingen, ohne daß sich diese Prophezeiungen erfüllten. In den späten sechziger Jahren schien es klar, daß die zionistische Bewegung die antinationalistische, antimodernistische und eng religiöse Weltsicht fast vollständig aufgelöst hatte, der sie weniger als ein Jahrhundert zuvor den Kampf angesagt hatte. Die Gründergeneration des jüdischen Staates hatte den Traum des Zionismus verwirklicht und «Normalität» hergestellt. Sie hatte ein Land geschaffen mit einer demokratisch gewählten Regierung, einer schlagkräftigen Armee, einer vernünftig gestalteten (wenn auch mühsam auf die Beine kommenden) Wirtschaft und einer neuen hebräischen Kultur. In der gesellschaftlichen Landschaft Israels schien der so oft herabgesetzte, puritanische und passive «alte Jude» kaum mehr als eine Kuriosität zu sein, die verblassende Erinnerung an ein schon lange vergangenes Zeitalter, das bald nur noch Teil der Folklore sein würde. Die alten Motive mystischer Erlösung und des Vorrangs des religiösen Rechts waren durch eine rationale, säkulare Wirklichkeit überwunden worden, durch ein modernes Land, das seinen Platz neben all den anderen Nationen einnehmen konnte. Die Revolution, so schien es, hatte gesiegt. Doch die Geschichte hatte eine Überraschung in petto.

Der Wendepunkt der zionistischen Revolution war der Sechstagekrieg von 1967, zum Teil, weil der Sieg der Schwachen gegen die Starken und der wenigen gegen die vielen als eine Art Wunder erlebt wurde. Nur eine Generation zuvor hatte die Völkermordmaschinerie der Nazis 6 Millionen unschuldige und wehrlose Juden in Ghettos gesperrt, in Viehwaggons verschleppt, systematisch gedemütigt, geschlagen, ausgehungert, erschossen, vergast, verbrannt und durch Arbeit und Gewaltmärsche umgebracht. Und jetzt, nur gut zwanzig Jahre später, hatten die Soldaten des jüdischen Staates die vereinten Kräfte dreier arabischer Armeen in nur sechs Tagen niedergerungen. Durch Israel und die jüdische Welt schwappte eine Welle der Euphorie. Und in ihrem Gefolge begann eine scheinbar überholte, doch immer noch sehr mächtige Idee bei einer kleinen Gruppe religiöser Zionisten Wurzeln zu schlagen: Vielleicht, so dachte man, nahte nun endlich die messianische Erlösung.

In rein politischen Begriffen war die Lage Israels nach dem Krieg von 1967 ein Rückschlag gegenüber der Lage zwanzig Jahre zuvor: Es ging um die Frage, ob man einen Gebietskompromiß gutheißen sollte, der Palästina, das alte Land Israel, zwischen den beiden nationalen Bewegungen aufteilen würde, die darauf Anspruch erhoben. Im Jahr 1947 waren die objektiven Bedingungen noch klarer gewesen. Damals hatten die Vereinten Nationen die Aufteilung Palästinas vorgeschlagen und die Grenzen der beiden dort zu schaffenden Staaten, des jüdischen und des arabischen, entlang den vorhandenen demographischen Trennlinien gezeichnet. Die Juden Palästinas hatten kaum Zugriff auf die für den arabischen Staat vorgesehenen Gebiete, und daher hatten sie nur wenig zu verlieren, wenn sie die Teilung hinnahmen, selbst nachdem die palästinensischen Nationalisten sie abgelehnt hatten. Zudem warteten immer noch Zehntausende von Holocaust-Opfern in den europäischen Lagern für verschleppte Personen, und die zionistische Bewegung stand daher unter dem starken Druck, ihr ursprüngliches Mandat zu erfüllen und sie in einem jüdischen Staat in Sicherheit zu bringen, auch wenn dessen Grenzen noch so unklar sein mochten. Doch nach dem Sechstagekrieg stellte sich die Lage vollkommen anders dar. Israel hatte das gesamte Land vom Mittelmeer bis zum Jordan militärisch fest im Griff. Es mußte nun entscheiden, ob es seiner ursprünglichen Verpflichtung zu einem Gebietskompromiß nachkommen würde, und wenn nicht, was es den palästinensischen Bewohnern des Westjordanlands und des Gazastreifens statt dessen anbieten wollte.

Ein Vierteljahrhundert lang wich Israel dieser Entscheidung aus. Man hielt an den besetzten Gebieten fest, ging aber nicht so weit, sie formell zu annektieren. Israel siedelte Zehntausende von Israelis in den umstrittenen Gebieten an und hielt gleichzeitig die Möglichkeit offen, sie den Arabern zurückzugeben. Es forderte Frieden mit der arabischen Welt und vermied ihn zugleich aus Furcht vor dem Preis, den es in Form von Gebietsrückgabe würde bezahlen müssen. Die nationalistische Rechte verkündete wiederholt, sie würde das «Land der Erzväter», die Berge des Westjordanlands, nicht hergeben. Die säkulare Linke sprach von Gebietsrückgabe, doch nur im Austausch für einen sicheren Frieden. Und in dieses Vakuum aus Ausweichmanövern und Zweideutigkeiten drang eine Gruppe von «Neumessianisten» ein, darauf aus, das Problem mit ihren eigenen drastischen Mitteln zu lösen.

Weitgehend verantwortlich für den veränderten Gang der zionistischen Revolution war Rabbiner Zvi Yehudah Kook, ein unauffälliger, asketischer Siebzigjähriger, der die Jeschiwa Mercaz Harav (Rabbinerzentrum) in Jerusalem leitete. In Israel kannte ihn kaum einer, doch Kook hämmerte seinen Studenten, die in der gemäßigten Mizrachi-Bewegung aufgewachsen waren, eine Lektion in die Köpfe, die mit dem säkularen zionistischen Ethos zusammenprallte: die Befreiung des «Landes der Erzväter», wo ein Großteil des biblischen Geschehens stattgefunden hatte, bestätige, daß Gottes Hand eingreife, und sei ein Vorzeichen der beginnenden Erlösung. Die Eroberung Judäas und Samarias, lehrte er, sei «ein Beschluß der göttlichen Politik, gegen die die Politik der Sterblichen nichts auszurichten vermag». Indem Kook den Allmächtigen in den israelisch-arabischen Konflikt hereinholte, brachte er auch seine Schüler zu einer neuen und radikalen Haltung gegenüber den Prinzipien der Demokratie. «Die Regierung ist unrechtmäßig, wenn sie nicht den Wunsch des Volkes vertritt, nämlich Erlösung durch die Ansiedlung [in den besetzten Gebieten]», verkündete er. «Jene, die sich aus Judäa und Samaria zurückziehen wollen, wird der Allmächtige verfluchen... Wir folgen der Thora, nicht der Regierung. Denn die Thora ist ewig, während diese Regierung vergänglich und unannehmbar ist.» Kook lehrte seine Schüler, es sei ihre persönliche Pflicht, Gottes Vision in die Tat umzusetzen und das Land zu besiedeln, und voller Eifer befolgten sie diesen Aufruf. Die «ausführende Hand» der Erlösung, Ende Januar 1974 von Schülern Kooks gegründet, war die Gush Emunim («Block der Gläubigen»). Ihr Programm bestand darin, massenweise Israelis dazu zu bewegen, in die besetzten Gebiete umzusiedeln, um deren Rückgabe in die Hände von Nichtjuden zu verhindern. Rabbiner Kook versorgte die neue Bewegung mit seinem ideologischen Treibstoff, und die Nationalreligiöse Partei gewährte ihr politische und logistische Unterstützung. Die Führer von Gush Emunim, die sich aus Jeschiwa-Absolventen, Akademikern und politischen Aktivisten zusammensetzten, nahmen stolz für sich in Anspruch, die Erben der ersten zionistischen Pioniere und damit die neue israelische Elite zu sein. Sie waren entschlossen, die Religion aus ihrer Nebenrolle in der zionistischen Revolution herauszureißen. Es waren leidenschaftliche Menschen, von ganzem Herzen ihrer Mission zugetan und bereit, ihre persönlichen Ambitionen und Annehmlichkeiten zu opfern. Sie siedelten auf abgelegenen, öden Hügeln, in kleinen, fahrbaren Fertighäusern, um «Fakten auf dem

Boden» zu schaffen. Und sie verbreiteten eine Botschaft tiefer Verachtung für die gewählte Regierung ihres Landes und für die Araber, unter denen zu leben sie sich entschieden hatten. «Für uns sind Judäa, Samaria und der Golan das ... Erbe der Väter», schrieb Gershom Shafat, einer der Gründer von Gush Emunim, in der offiziellen Geschichte der Bewegung. «Unsere Souveränität über das Land Israel wurzelt im göttlichen Versprechen, in der Fortdauer unserer Präsenz [im Land] und in unserer generationenalten Sehnsucht danach. Dies alles gibt uns das ausschließliche Recht auf die volle Souveränität mit allen Konsequenzen.»

Zwei dieser Ansprüche entstammten der säkular-zionistischen Erzählung. Die Ausnahme war das göttliche Versprechen, und ihm verlieh man besonderen Nachdruck. Aus allen 613 Geboten, allen Traditionen und Werten des Judentums, allen Zielen, die die Israelis mit ihrem Land verknüpften – darunter nicht zuletzt der Friede mit den Nachbarn nach dem Trauma des Yom-Kippur-Kriegs von 1973 –, aus alldem hatten die Mitglieder der Gush Emunim eine überwältigende Forderung ausgewählt: das Land Groß-Israel zu besiedeln. Ihre Mission nahm die Gestalt einer persönlichen Obsession an, die sie in eine nationale zu verwandeln suchten oder zumindest an die Spitze der politischen Tagesordnung Israels setzen wollten, um ihr alle anderen Fragen unterzuordnen. Und dies gelang ihnen auch in erstaunlichem Maße.

Die ersten Siedlungen der Gush Emunim wurden Mitte der siebziger Jahre im Westjordanland gegründet, gegen den Willen der von der Arbeitspartei geführten Koalition und des Ministerpräsidenten Jitzhak Rabin. Als ehemaliger Generalstabschef wurde Widerspenstigkeit von Rabin kaum geduldet. Doch die Siedler sahen sich durch eine zwiespältige Botschaft der führenden Kreise der Arbeitspartei bestärkt. Einerseits schickte man sofort Soldaten, um sie von den Plätzen zu vertreiben, die sie für ihre Siedlungen ausgewählt hatten. Andererseits trug eine heftige romantische Sehnsucht nach der Ära der frühen Pioniere der Gush Emunim ihnen die Sympathien der Minister und der säkularen Schriftsteller, der Dichter und Intellektuellen ein. Selbst die Kibbuznik der militant weltlich orientierten extremen Linken schlossen sich der Bewegung für das Land Groß-Israel an und verliehen ihr damit den Stempel «zionistischer Legitimität». Gush Emunim genoß auch die Unterstützung der politischen Rechten, die sich gegen die ursprüngliche Teilung Palästinas gewandt hatte und das Ergebnis des Sechstagekriegs als Möglichkeit sah, einen historischen Fehler zu korrigieren. Nach 1977, als der rechte Likud-Block unter Ministerpräsident Menachem Begin an die Macht kam, rückte die Siedlungsbewegung daher zur offiziellen Regierungspolitik auf. Sie beschränkte sich nicht mehr auf kleine und verstreute Vorposten, die von selbststilisierten Pionieren gehalten wurden; mehrere israelische Regierungen in Folge zogen ganze Städte als schicke «Schlaf-Vorstädte» in die Höhe. In viele davon zogen weltliche junge Israelis, die sich nicht an das «Land der Erzväter» gebunden fühlten, aber durch finanzielle Anreize, die es im israelischen Staatsgebiet nicht gab, in die besetzten Gebiete gezogen wurden. Die Rede von der Erlösung und dem göttlichen Versprechen wurde zweckgemäß abgeschwächt; die neuen Schlagworte kündeten nun von der «Lebensqualität», der «sauberen Luft» und den «atemberaubenden Panoramen». Gush Emunim konnte jetzt dem Siedlungsprogramm die Aura gesellschaftlichen Ansehens verleihen, so daß sich in den achtziger Jahren die Karte des Westjordanlands dramatisch änderte. 1992 war sie mit 120 Siedlungen übersät, weitgehend erbaut mit Mitteln, die ansonsten vielleicht in die zerfallenden Viertel der israelischen Städte und die umliegenden Urbanisationen geflossen wären.

Die Veteranen der Gush Emunim, die die Siedlerlobby beherrschten, gaben den besetzten Gebieten sogar einen neuen gemeinsamen Namen. Sie nannten sie «Yesha» (das hebräische Kürzel für Judäa, Samaria und Gaza) und malten eine Art Phantasieland aus mit rosaroten Dächern, Spielplätzen und Schulen. In diesem Bild fehlte jeglicher Hinweis auf die schlimme Lage der überwältigenden Bevölkerungsmehrheit in den besetzten Gebieten, der Palästinenser. Die beunruhigende Frage, wie man sich zu den Arabern ins Verhältnis setzen sollte, die unter der militärischen Besatzung litten, wurde einfach unter den nationalen Teppich gekehrt. Man erwartete mehr oder weniger von ihnen, daß sie sich dem Plan, ihre Heimat in Groß-Israel zu verwandeln, gefügig unterordnen würden. Die Rabbis, die vehement für Gush Emunim eintraten, lieferten sogar eine philosophische Begründung für diese Haltung. «Die Söhne Ismaels unter uns haben ein Recht, auf diesem Land zu leben», erklärte Rabbiner Aviner von der Siedlung Keshet. «Doch dies gilt selbstverständlich nur unter der Voraussetzung, daß sie das Königreich Israel anerkennen, damit einverstanden sind, daß die politische Souveränität beim Volk von Israel liegt und sie bereit sind, loyale und gehorsame Bürger des Staates zu sein. Wie Maimonides* sagt: ‹Sie dürfen in Israel nicht den Kopf erheben, sondern müssen sich [der Hand] der Juden fügen.›» Als die lokalen Führer der Palästinenser sich gegen dieses Ansinnen sträubten und den Wunsch ihres Volkes nach politischer Unabhängigkeit ausdrückten, reagierten die Ideologen der Siedler mit einer simplen Lösung. Sie zitierten Rabbiner Levinger, den Führer der jüdischen Siedler in Hebron: «[Der Palästinenser] wird zweifellos einen Platz in einem der arabischen Länder finden, in dem die Araber herrschen.» Das hieß also: Unterwerft euch, oder ihr werdet vertrieben.

So unhaltbar diese Position von einem rationalen oder moralischen Standpunkt aus sein mag, sie wurde den religiösen Siedlern in den besetzten Gebieten rasch geläufig. Gewisse Stimmen innerhalb von Gush Emunim empfahlen, man sollte etwas nachhelfen, den Palästinensern das Leben so schwer wie möglich machen und ihnen so die Flucht nahelegen. In den besetzten Gebieten tauchte ein neues Phänomen auf: die jüdische Siedlermiliz. Zu Beginn der achtziger Jahre setzte die Likud-Regierung eine wichtige Änderung der Sicherheitspolitik durch. Die Armee mußte die Siedler jetzt mit

* Jüdischer Arzt und Talmudexeget des zwölften Jahrhunderts.

Waffen versorgen, mit denen sie im Rahmen ihres militärischen Reservedienstes die eigenen Siedlungen verteidigen sollten. Von da aus war es nur ein kleiner Schritt, bis einzelne und Banden von Siedlern das Gesetz selbst in die Hände nahmen. Unter dem Deckmantel von «Verteidigungsoperationen» bildeten Siedlergruppen private Milizen, die in palästinensischen Dörfern wüteten, um für tatsächliche oder eingebildete feindselige Akte «Vergeltung» zu üben. Die israelischen Behörden reagierten mit komplizenhaftem Gleichmut auf diese Unternehmungen. Immer wieder erwies es sich als unmöglich, die militanten Selbstverteidiger aufzuspüren. Selbst wenn sie erkannt wurden, ließ die Staatsanwaltschaft häufig die Anklagen fallen, bevor die gerichtliche Untersuchung abgeschlossen werden konnte. Und in Fällen, in denen Siedlern tatsächlich der Prozeß gemacht und sie verurteilt wurden, milderte man die Strafen häufig ab oder ließ einfach Gnade walten. Berichte der israelischen Menschenrechtsorganisation B'Tselem sowie ein offizieller Bericht des israelischen Justizministeriums von 1984 machten deutlich, daß in den besetzten Gebieten zwei Rechtsordnungen existierten: die eine für die Palästinenser, die andere für die Siedler. Die Anwendung letzterer, so der offizielle Bericht, sei unzulänglich und lax. Die Presse bezeichne die Brennpunkte der Siedlergewalt dann auch bald als «Wildwestbank».

Wie weit eine gewalttätige Subkultur die Siedlergemeinschaft durchdrungen hatte, wurde 1984 deutlich, als die Shabak eine Reihe von konspirativen Zellen aufdeckte, die gemeinhin als «jüdischer Untergrund» bezeichnet wurden. Dieser Untergrund, der aus fünfundzwanzig Leuten bestand, darunter bekannten Mitgliedern der Gush Emunim, hatte eine Reihe terroristischer Anschläge gegen Palästinenser geplant und ausgeführt. Die erste Operation hatte Bürgermeister von fünf Städten des Westjordanlands zum Ziel. Zwei davon wurden durch in ihren Autos deponierten Zeitzünderbomben schwer verkrüppelt; Bassam Shaka aus Nablus wurden beide Beine abgerissen. Die zweite Operation war ein «Überfall» auf den Campus des Islamischen Kollegs in Hebron, bei dem durch wahlloses Gewehrfeuer drei palästinensische Studenten getötet wurden. Ein dritter Anschlag auf arabische Busse in Jerusalem wurde hingegen noch rechtzeitig entdeckt, während die Terroristen ihre Bomben installierten. Beim Verhör gestanden einige von ihnen ihr eigentliches Ziel: die Moschee von Omar auf dem Jerusalemer Tempelberg in die Luft zu jagen, um Platz zu schaffen für den Bau des dritten Tempels.

Die Aufdeckung des jüdischen Untergrunds erlaubte tiefe Einblicke in das Weltbild vieler Siedler, denn die Mitglieder des Untergrundes konnten nicht als «verrückte Extremisten» oder als gesellschaftliche Außenseiter abgetan werden. Im Gegenteil, ein Teil von ihnen galt als *crème de la crème* der Siedlergesellschaft. Auch bestimmte Rabbiner standen unter dem Verdacht, diesen Zellen Unterstützung gewährt zu haben, doch sie wurden nie zur Rechenschaft gezogen. Die Mitglieder des Untergrunds wurden wegen ihrer Verbrechen zu unterschiedlich langen Gefängnisstrafen verurteilt. Doch letztendlich bestärkte diese Affäre die antiarabische Gewalt, denn Schlüsselfiguren auf der Rechten zeigten ihre Sympathie für die Terroristen. Ministerpräsident Jitzhak Rabin beklagte den übermäßigen Eifer «dieser guten jungen Männer». Knessetmitglieder aus den Reihen des Likud-Blocks und der Nationalreligiösen Partei distanzierten sich zwar von den Aktionen der Terroristen, bildeten jedoch eine Lobby, um für ihre Begnadigung zu kämpfen. Höchst erfolgreich. Weil sie Reue zum Ausdruck gebracht hatten, wurde die Hälfte der Mitglieder des Untergrunds von Präsident Chaim Herzog begnadigt. Damit galt unterschwellig zweierlei Maß, nicht nur im Hinblick auf Juden und Araber, sondern auch hinsichtlich der Juden, die diesseits und jenseits der «Grünen Linie» lebten, die Israel von den besetzten Gebieten trennte.

Der jüdische Untergrund entstand, als Israel sich gemäß dem Friedensvertrag mit Ägypten von der Halbinsel Sinai zurückzog. Im Jahr 1982, als die Ansammlung israelischer Siedlungen jenseits der ägyptischen Grenze geräumt wurde, bekam es der harte Kern der Siedlerbewegung mit der Angst zu tun, daß der Präzedenzfall Sinai die israelische Entschlossenheit schwächen und zu einem Rückzug aus anderen 1967 besetzten Gebieten führen würde. Die Abkommen von Camp David, wo von palästinensischer Selbstverwaltung im Westjordanland und im Gazastreifen die Rede war, wurden als warnendes Omen gelesen. Von nun an war auf dem Weg zur Erlösung mit Hindernissen zu rechnen. In Wirklichkeit waren die Selbstbestimmungsklauseln des Camp-David-Abkommens bald nur noch leere Worte. Doch unter den Siedlern der Gush Emunim verbreitete sich die Überzeugung, der eben begonnene Friedensprozeß müsse in eine schwere Krise gebracht werden. Das sollte unter anderem mit der Sprengung der Moschee von Omar erreicht werden, die den Friedensprozeß unwiderruflich erstickt hätte.

Nur gut ein Jahrzehnt später, im September 1993, als Jitzhak Rabins Regierung das Osloer Abkommen unterzeichnete, hatten viele Siedler den Eindruck, ihre schlimmsten Befürchtungen über einen Rückzug aus dem «Land der Erzväter» würden nun Wirklichkeit werden. Und erneut begann sich der Gedanke, man müsse den Friedensprozeß sabotieren, in dunklen Ecken der Siedlergesellschaft festzusetzen. Er wurde Wirklichkeit, als am 25. Februar 1994 Dr. Baruch Goldstein neunundzwanzig Palästinenser im Grab der Erzväter niederschoß, bevor er von anderen Betenden überwältigt und in hellem Zorn zu Tode geprügelt wurde.

Wie die Mitglieder des jüdischen Untergrunds handelte Goldstein aus der tiefen Überzeugung heraus, er sei zum Mittelsmann der Erlösung ausersehen. Professor Ehud Sprinzak, Professor an der Hebräischen Universität und Kenner der jüdischen Extremistenbewegungen, stellte fest, daß Goldstein über eine Reihe von Jahren – zwischen dem Mord an seinem ideologischen Mentor Rabbi Meir Kahane 1990 und der Unterzeichnung des Osloer Abkommens im September 1993 – «allmählich immer tiefer in eine Stimmung messianischer Erwartung versank. Seine Freunde sprachen von seiner wachsenden geistigen Unruhe in den Monaten vor [dem Massaker], seiner Bitterkeit, den Perioden des Schweigens und der Isolation. Nur der desaströse Akt eines *Kiddush ha-Shem* [Selbstopfer zur Weihe Gottes] und der totalen Hingabe konnten in Goldsteins Vorstellung den Lauf der Geschichte vielleicht noch ändern und den Erlösungsprozeß wieder auf die Bahn bringen.» Goldstein kam laut Sprinzak zu dem Schluß, daß er, «ein reiner Mann, ein Arzt, eine fromme Seele mit sauberen Händen», für die heilige Mission auserwählt worden sei.

Kiddush ha-Shem war, bevor er mit dem messianischen Eifer der Gush-Emunim-Siedler verknüpft wurde, ein Selbstopfer, mit dem anstelle des erzwungenen Glaubensübertritts der Tod gewählt wurde. Diese Entscheidung galt, besonders während der Kreuzzüge und der spanischen Inquisition, als ein Akt des Gewissens und der Würde, die die Fanatiker anderer Glaubensrichtungen den Juden aufzwangen. Dies war eine Sache zwischen dem einzelnen und Gott, bei der anderen kein Schaden zugefügt wurde. Goldsteins aggressive Verwandlung dieses Selbstopfers wurde von den jüdischen Fanatikern rasch gutgeheißen. Die Anhänger von Kahanes rassistischer Kach-Bewegung stilisierten den Mörder zum «Heiligen» und verwandelten Goldsteins Grab in einen Schrein für Pilger. In einem Buch mit dem Titel *Baruch ha-Gever* («Gesegnet ist der Mann») priesen sie sein «Selbstopfer» als höchsten Ausdruck religiöser Überzeugung und forderten andere auf, es ihm gleichzutun. Rabbiner Elitzur Selga von der Jeschiwa der Jüdischen Idee in der Siedlung Tapuach, einer Hochburg der Anhänger Kahanes, schrieb, die rabbinischen Heiligen hätten nie die Goldsteinsche Spielart der Selbstmordmission verurteilt. «Offenbar ist ein noch gewisserer Tod, etwa indem man sich und seine Feinde mit einer Granate in die Luft jagt, ebenfalls als edle Tat sanktioniert.»

Wie das Glaubensbekenntnis von Rabbiner Meir Kahane zur Eskalation der Gewalt in den besetzten Gebieten beitrug, verlangt eine eigene Erklärung. Kahane war eine besonders schillernde Figur, als er 1971 nach Israel kam. Drei Jahre zuvor hatte er in New York die Jewish Defense League (JDL) gegründet, eine Art Bürgermiliz, die die Juden und ihr Eigentum vor der, wie er es nannte, «Ausbreitung des Antisemitismus unter den Schwarzen in Amerika» schützen sollte. Da sich in jenem Jahr die Konflikte zwischen Schwarzen und ultraorthodoxen Juden im Stadtteil Brooklyn drastisch zugespitzt hatten, begrüßten die Führer der Haredim in der Stadt diese Initiative. Die JDL eröffnete ein Trainingslager für junge Leute in den Catskill Mountains im Staat New York und gab Lehrgänge im Waffengebrauch, um einen Kader von «Kämpfern» aufzustellen. Ein Jahr lang beschränkte die JDL ihre Aktivitäten auf den ursprünglichen Auftrag, manchmal in Zusammenarbeit mit den lokalen Behörden. Doch die Ziele wurden bald anspruchsvoller, und die JDL richtete ihre gewalttätigen Methoden gegen andere, etwa gegen führende Araber und arabische Organisationen und gegen Repräsentanten der Sowjetunion – als Beitrag zum Kampf um die freie Auswanderung für die sowjetischen Juden.

Kahane predigte eine Linie, mit der er den Mainstream der amerikanischen Juden vor den Kopf stieß, unter den Haredim in Brooklyn und Queens jedoch Anhänger gewann. Seine Versuche allerdings, die jüdischen Landsleute davon zu überzeugen, in einem Land voll grimmiger Antisemiten würde ihnen nichts weniger als ein Holocaust drohen, wurde von der großen Mehrheit der jüdischen Gemeinschaft als Ausweis ebenjenes Faschismus abgelehnt, gegen den er zu Felde zog. Nachdem er wegen Herstellung eines Molotowcocktails zu fünf Jahren auf Bewährung verurteilt worden war, emigrierte er 1971 nach Israel, modelte «den Feind» vom allgegenwärtigen Nazi zum Araber um und konnte feststellen, daß seine heimtückische Paranoia in der Wahlheimat eine viel tiefer liegende und kräftigere Saite zum Klingen brachte. Er verbreitete eine Botschaft furioser Fremdenangst, wie sie den Juden seit Hitler nicht mehr zu Ohren gekommen war. Tief versunken in Machtphantasien verkündete er: «Wenn ich erst Ministerpräsident von Israel bin, werden viele Araber freiwillig gehen und für ihr Eigentum entschädigt ... Alle übrigen werfe ich dann mit Gewalt hinaus.» Er griff zu den krudesten Vergleichen und spielte mit den tiefsten Ängsten; so bezeichnete er alle Araber als eine «Epidemie ... Bakterien, die uns vergiften. Sie kollaborieren mit den Nazis und werden nicht von uns ablassen, bis sie alle unsere Frauen vergewaltigt und all unsere Männer ermordet haben.» «Ich anerkenne das Recht der Maschinenpistole und auch das des Messers», erklärte er 1985 einem Interviewer.

Das Spiel mit diesen Aufforderungen zur nackten Gewalt brachte Kahane zunächst nur eine kleine Gruppe verlorener Seelen, Taugenichtse und «wiedergeborener» Juden als Gefolgschaft ein, viele davon Neueinwanderer aus den Vereinigten Staaten, denen es nicht gelungen war, einen Platz in der israelischen Gesellschaft zu finden. Doch als er sich Themen zuwandte, die israelischen Ohren vertrauter klangen, wuchs auch seine Gefolgschaft. «Demokratie?» erklärte er vor Fernsehkameras in der Sendung *year*. «Ich bin doch kein Trottel. Die Thora ist die Autorität. Es gibt die Pflicht zum Gehorsam gegenüber einer Regierung, die der Thora gehorsam ist, ihren Gesetzen, dem himmlischen Königreich, der höchsten Autorität des jüdischen Volkes und der von ihm gewählten Regierung.» Rabbiner Kook und die Führung der Haredim hätten es nicht besser formulieren können. Kahane verlieh diesen Ansichten immer wieder Nachdruck, und damit gelangen ihm die größten Einbrüche in die ultraorthodoxen und religiös-nationalistischen Gemeinschaften. Doch er wiederholte nicht bloß bekannte Themen auf angriffslustigere und öffentlichkeitswirksamere Weise. Stolz pflanzte er die Saat einer neuen Idee, die Jahre brauchte, um zu keimen, und erst nach dem Osloer Abkommen aufblühte.

«Wir stehen vor der traurigsten und bedrückendsten aller Entscheidungen», erklärte er in *year*, «nämlich der, jüdische Brüder zu bekämpfen, die, was auch immer ihre Beweggründe sein mögen, gegen das Judentum stehen, gegen Gottes Gebot und, was am wichtigsten ist, damit das gesamte jüdische Volk mit der kollektiven Strafe bedrohen, vor der uns der Allmächtige gewarnt hat. Die Antwort ist, daß wir uns von der überzogenen Form der Liebe zu den Juden lösen müssen ... Die Rabbis des Talmud [zitierten] den

Vers ‹Und du sollst deinen jüdischen Bruder lieben wie dich selbst›, um zu erklären, warum wir den Juden auf humane Weise töten müssen, der den Tod verdient.»

Zunächst war unklar, wie viele Anhänger Kahane mit seinem kruden rassistischen und faschistischen Glaubensbekenntnis aufbieten konnte. Doch 1984, als er als Führer der Kach-Partei für die Knesset kandidierte und mit 26 000 Stimmen gewählt wurde (genug fast, um der Partei einen zweiten Sitz einzubringen), dämmerte es den liberalen Kreisen Israels, daß hier eine Kraft war, mit der gerechnet werden mußte. Ein Jahr später beschloß das Parlament eine Änderung des Wahlgesetzes, dem zufolge rassistische Parteien nicht antreten durften, und 1988 wurde die Kach-Partei von den Wahlen des gleichen Jahres ausgeschlossen. Mit dieser Entscheidung setzte eine Demokratie, die sich zunehmend über die Gefahr von innen sorgte, ein wichtiges Zeichen, doch die Veränderung, die sie brachte, war nur kosmetischer Natur. Die Kach-Partei durfte zwar nicht mehr in der Knesset sitzen, doch die Kach-Bewegung konnte fast ungehindert weiter ihre heimtückischen Lehren verbreiten und bewaffnete Angriffe auf Araber planen.

Im November 1990 wurde Meir Kahane bei einem öffentlichen Auftritt in New York von einem Araber ermordet. Zu seinem Begräbnis in Jerusalem kamen etwa 15 000 Trauergäste, und kein Geringerer als der Oberrabbiner von Israel, Mordechai Eliyahu, hielt die Totenrede. Manche runzelten die Stirn angesichts dieser Ehrung, doch daran war nichts Ungewöhnliches. Eliyahu war als einstiger geistiger Mentor Kahanes bekannt. Er hatte die verurteilten Mitglieder des jüdischen Untergrunds unterstützt und 1951 sogar selbst eine Untergrundbewegung gegründet, um die demokratische Regierung Israels zu stürzen und sie durch die Herrschaft der Halacha zu ersetzen. (Eliyahu wurde verhaftet, nur Stunden bevor Mitglieder seiner Zelle eine Bombe in die Knesset werfen sollten.) Zu denen, die gekommen waren, um Kahane die letzte Ehre zu erweisen, gehörten auch zwei Minister und eine Reihe von Knessetabgeordneten der Rechten.

Erst nach dem Massaker in der Höhle der Stammesväter verbot die Regierung Rabin die Kach-Bewegung und ihre Absplitterung Kahane Chai («Kahane lebt»). Sie schloß zwar ihre Büros, konnte jedoch ihren Einfluß in der Siedlergesellschaft nicht ersticken. Zugleich brachte es das religiöse Establishment in Israel nie zu einem gemeinsamen und nachhaltigen Versuch, die Verbreitung der Heilslehre zu stoppen, die Mord mit *Kiddush ha-Shem* gleichsetzte. In den Synagogen, Religionsschulen, Jugendclubs und Zeitungen wurde bestenfalls darüber debattiert, und schlimmstenfalls wurde diese neue Heilslehre abgesegnet.

Auch die weltlichen Israelis forderten nie gemeinsam und nachdrücklich, man müsse sich dem Fanatismus und Wahn, der in den besetzten Gebieten ausgebrütet wurde, entschieden stellen und sich gegen ihn wehren. Man betrachtete die Siedlergewalt nicht als genuin innerjüdisches Problem, sondern als unvermeidlichen Teil des israelisch-arabischen Konflikts, und glaubte, diese würde wundersamerweise verschwinden, sobald der Friede eingekehrt wäre. Selbst als die Siedler ihren Zorn gegen die israelischen Soldaten richteten, sie angriffen und als «Nazis» beschimpften, brachte man die Alarmglocken rasch wieder zum Verstummen. Später schrieb Dr. Muli Peled, ein Politikwissenschaftler an der Universität Tel Aviv: «Das Band, das die gesetzlosen Siedler der siebziger Jahre, den jüdischen Untergrund der achtziger und die Mörder Goldstein und Amir der neunziger verbindet, ist der Geist von Gush Emunim, ein Geist totaler Rebellion gegen das Gesetz und den modernen, weltlichen Charakter Israels. Eine vorbehaltlose Untersuchung der Entwicklung und Verfestigung der messianischen Weltsicht mitten in unserem Land und der Vernetzung der Gush Emunim mit Terrorgruppen und gewalttätigen Untergrundzellen hätte den Schock und die Überraschung angesichts des Mordes am Ministerpräsidenten gelindert. Die Wahrheit ist, daß die Schrift schon lange an der Wand stand. Wir haben einfach nicht hingesehen.»

Während die nationalreligiösen Siedler ab Mitte der siebziger Jahre ein zunehmend schärferes Profil gewannen, kam es zu einer weiteren Entwicklung in der weitgespannten religiösen Gemeinschaft Israels. Ihre beiden Zweige, in den ersten Jahrzehnten des Staates dem Anschein nach noch ganz unterschiedlich, befruchteten sich wechselseitig und kamen sich zunehmend näher. Während der religiöse Lebensstil der modern-orthodoxen Nationalisten konservativer wurde, wurden die politischen Neigungen der ultraorthodoxen Gemeinschaft radikaler, bis die Trennungslinie zwischen beiden Seiten auf Dauer unkenntlich wurde.

Bei den Haredim rührte ein Großteil dieser Veränderungen daher, daß sich der Einfluß der alten rabbinischen Weisen auf die jüngere Generation abschwächte. Die Gemeinschaft der Haredim wuchs kräftig. Ihre Mitglieder engagierten sich zunehmend im israelischen Leben und wurden daher anfälliger für den Einfluß der konkurrierenden religiösen Rechten. Der «Rat der Thoraweisen», der die Politik der Haredim-Parteien festsetzte, blieb in innenpolitischen Fragen zwar bei einer radikalen Haltung, neigte jedoch in Fragen der *haute politique* zur Mäßigung. Doch die Verlockung der «Erlösung jetzt», verbunden mit der Abneigung gegen alles, was nach Säkularismus roch, und einer Schwäche für den Chauvinismus der religiösen Siedler, zog die jüngere Gefolgschaft unter den Haredim hinüber zur politischen Rechten.

Gleichzeitig atmete die modern-orthodoxe Gemeinschaft den fundamentalistischen Geist ihrer Gegenspieler, der Haredim, ein. Dieser Wandel hatte einen höchst profanen Grund: Die Anhänger der modernen Orthodoxie hatten es versäumt, genug Lehrer auszubilden, um den Bedarf der staatlichen Religionsschulen zu dekken. Weil es für sie nicht in Frage kam, weltliche Lehrer einzustellen, waren sie gezwungen, Haredim zu beschäftigen. Und als «Missionare der Ultraorthodoxie» brachten diese Erzieher die Generation der Nach-67er der streng religiösen Praxis näher. Diese Entwicklung verlief schrittweise über eine Generation. In dieser Zeit wurden die gemischtgeschlechtlichen Klassen in den staatlichen religiösen Schulen abgeschafft und sogar die Lehrpläne für die säkularen Fächer wie Englisch und Naturwissenschaften umgeschrieben. Nur allmählich dämmerte es den modern-orthodoxen Eltern, daß ihre Kinder viel frommer von der Schule heimkehrten, als sie selbst es je gewollt hatten. Der Vorrang, den ihre Generation der Einübung jüdischer Werte im Gegensatz zu einer pedantischen Befolgung der Rituale gegeben hatte, war einer Wiederbelebung der «alten Religion» und besonders einem Klima des strengen Konformismus gewichen.

In einem im August 1997 veröffentlichten Interview mit Professor Yehudah Friedlander – dem Rektor der Bar-Ilan-Universität (die von der Mizrachi-Bewegung gegründet worden war) – nannte er Beispiele für die Veränderungen aus dem Umkreis seiner eigenen Familie. Friedlander war besonders erzürnt darüber, wie großen Wert die Lehrer auf Puritanismus nach Art der Haredim legten.

«Streng beachtet wird die äußere Etikette; so verbietet man den Mädchen schlichtweg, in Socken umherzulaufen ... Streng überwacht wird die Länge der Röcke und die Höhe der Schlitze. Dazu stellt sich ein Lehrer ans Schultor, läßt den Blick an den Beinen der Schülerinnen emporgleiten, um zu beurteilen, ob ein Schlitz zu hoch ist – und schickt die Mädchen [gegebenenfalls] wieder nach Hause.» Den Vätern wurde verboten, die Schuljahr-Abschlußfeier ihrer Töchter zu besuchen, weil dort ein Mädchenchor auftrat. «Glauben die etwa, mein [sexuelles] Verlangen sei so mächtig, daß die Stimmen meiner Tochter und ihrer Klassenkameradinnen mir lüstern vorkommen und es mir verunmöglichen würden, mich im Zaum zu halten?» fragte er empört. Der Leiter der Grundschule seines Sohnes verbot es dem Jungen, im Sommer ein von der Hebräischen Universität veranstaltetes Wissenschaftscamp zu besuchen (und gab nur auf Friedlanders Beharren hin nach). Schließlich wurde eine Verwandte von ihm deshalb nicht in eine staatlich-religiöse Schule aufgenommen, weil ihre ältere Schwester in der Armee gedient hatte. «Vor hundert Jahren haben sie noch nicht in den [Privatangelegenheiten] herumgestöbert, heute stürzen sie sich

auf die geringste Kleinigkeit, und sei sie noch so persönlich.»
Friedlanders Zorn richtete sich auch gegen willkürliche Änderun-
gen des Lehrplans. Ein Inspekteur des Bildungsministeriums, so
enthüllte er, habe verlangt, jedes Buch, nach dem ein Film gedreht
worden war, von der Leseliste der staatlich-religiösen Schulen zu
streichen. «Ich forderte eine schriftliche Weisung an und fragte, ob
dieses Verbot wegen des Films *Die zehn Gebote* auch für die Bibel
gelten solle.»

Die Auswirkungen dieser Hinwendung zum Fundamentalismus
waren selbst an der Bar-Ilan-Universität zu spüren, die gegründet
wurde, um den besonderen Bedürfnissen der modern-orthodoxen
Studenten gerecht zu werden. Anfang der sechziger Jahre waren die
Studenten dieser Hochschule zu 90 Prozent religiös und zu 10 Prozent weltlich. Im Jahr 1977 war der Anteil der religiösen Studenten
auf nur noch 40 Prozent gesunken. In dieser Veränderung spiegel-
ten sich zwei Entwicklungen. Bar-Ilan war nicht mehr «religiös»
genug für junge orthodoxe Juden, und die Absolventen der staatlich-religiösen Schulen wandten sich von den modernen Wissen-
schaften ab und den Jeschiwa-Studien zu.

Nach Auffassung der meisten religiösen Juden befand sich Israel
in einem Widerspruch: zugleich ein demokratischer wie auch
jüdischer Staat zu sein. In diesem Zusammenhang sollte man
wissen, daß 15 Prozent der Bürger Israels muslimische und christliche Araber sind, die eine Beilegung dieses Problems fordern und
Israel als «Staat all seiner Bürger» neu bestimmen wollen. Es
handelt sich jedoch nicht um eine semantische Frage; vielmehr geht
es um den Widerstreit zwischen zwei verschiedenen Rechtsordnungen, die in unterschiedlichen Werten gründen und für die Israelis
gleichzeitig gelten.

In diesem Zwiespalt vertraten die Haredim immer die Überzeugung, daß ein jüdischer Staat der Definition gemäß dem
jüdischen religiösen Recht unterliegen müsse, wie es von den
rabbinischen Gelehrten interpretiert wird. Die weltlichen Gründer
Israels waren von dieser Vorstellung weit entfernt. Sie errichteten

den Staat als eine bürgerlich-demokratische Rechtsordnung, betonten in der Unabhängigkeitserklärung die «völlige Gleichheit sozialer und politischer Rechte aller Einwohner unabhängig von Religion, Rasse oder Geschlecht» und garantierten «die Freiheit der Religion, des Gewissens, der Sprache, Erziehung und Kultur». Doch zugleich ließen sie als Zugeständnis an die religiösen Parteien ein gewisses Verschwimmen der formellen Trennlinie zwischen der Autorität der «Kirche» und der des Staates zu. So kam man Anfang der fünfziger Jahre zu einer Vereinbarung, wonach Angelegenheiten des «Personenstands» – im wesentlichen Heirat, Scheidung und Begräbnis – ausschließlich vom Klerus zu regeln seien. Für die Juden Israels heißt dies, daß sie vom orthodoxen religiösen Establishment kontrolliert werden, und im Laufe der Jahre hat sich diese Regelung verheerend auf die bürgerlichen Rechte zahlloser Staatsangehöriger ausgewirkt.

Wegen des Klammergriffs der orthodoxen Kleriker kann kein jüdischer Israeli, selbst der gefestigtste Atheist, außerhalb seines «Glaubens» heiraten. Will er es dennoch, muß er zuerst die Religion seines gewählten Partners annehmen oder seinen Partner veranlassen, zum Judaismus überzutreten. Weil es die Möglichkeit einer zivilrechtlichen Heirat nicht gibt, können viele der neuen Einwanderer aus der Sowjetunion, die nicht Juden gemäß der Halacha-Definition sind, in Israel überhaupt nicht heiraten (außer sie treten vorher zum Judaismus über). Auch können sie nicht neben ihren jüdischen Lieben begraben werden, da die israelischen Friedhöfe nach Konfessionen aufgeteilt sind. (Erst in jüngster Zeit gibt es Bemühungen, «säkulare» Friedhöfe einzurichten.) Mehr noch, das Verfahren des Religionsübertritts bleibt ausschließlich in den Händen der orthodoxen Rabbiner, die von den Kandidaten die Einhaltung einer strengen rituellen Praxis verlangen, bevor sie sie als Glaubensgenossen aufnehmen. Tausenden von israelischen Kindern, die im Ausland adoptiert wurden, wird der Übertritt zum Judaismus verwehrt, weil ihre Eltern nicht dem orthodoxen Lebensstil folgen. Frauen ist es kategorisch untersagt, vor den rabbinischen Gerichten auszusagen, an die man sich zwecks Ehescheidung wenden muß. Und dies sind nur die eklatantesten Verletzungen der allgemeinen Bürgerrechte. Andere wuchern eher im verborgenen und können hier nicht einmal ansatzweise beschrieben werden. Im vergangenen Jahrzehnt ist der Konflikt darum, welche Rechtsordnung den Vorrang haben solle, immer brisanter geworden. Die religiöse Rechte verlangt, die demokratischen Werte dem jüdischen Gesetz unterzuordnen, die säkulare Linke hingegen, die Knesset müsse in Ermangelung einer Verfassung wenigstens eine «Erklärung der Bürgerrechte» verabschieden.

Kaum zu übertreiben sind die schädlichen Folgen dieses fahrlässigen Spiels mit wesentlichen Prinzipien westlicher Demokratien wie der Rechtsgleichheit aller Bürger und der gegenseitigen Kontrolle – und dies vorgeblich, um den «jüdischen Charakter» Israels aus eng religiöser Sicht zu bewahren. Doch die düsterste Entwicklung in dieser Richtung war das Verlangen, die nichtjüdischen Israelis ihrer politischen Rechte zu berauben. Seit der Unterzeichnung des Osloer Abkommens geht in Israel die Forderung um, daß jede Regierungsentscheidung, die für die Zukunft des Landes lebenswichtig ist, von einer «jüdischen Mehrheit» in der Knesset abgesegnet werden müsse. Die Konsequenz wäre, daß bei Abstimmungen im Parlament jene Stimmzettel, welche die arabischen Bürger des Landes repräsentieren, einfach nicht mitgezählt werden. Diese Forderung, ursprünglich von der religiösen Rechten aufgestellt, haben sich führende Vertreter des Likud-Blocks, darunter Benjamin Netanjahu, zu eigen gemacht. Als Frontalangriff gegen das Prinzip der Demokratie ist sie zweifellos der beunruhigendste Ausdruck der «Identitätskrise», die sich in Israel seit 1967 zusammenbraut.

Während die Weltsicht der religiösen Gemeinschaft in Israel zunehmend chauvinistisch und engstirnig wurde, wandte sich das säkulare Israel genau in die andere Richtung: Man war erpicht darauf, über den bisherigen Horizont hinauszugehen und endlich die Vorzüge der westlichen und besonders amerikanischen Kultur zu übernehmen. Doch bis weit in die siebziger Jahre hinein blieb die israelische Gesellschaft kulturell abgeschottet. In den sechziger Jahren durften die Beatles nicht ins Land kommen; das Fernsehen wurde erst 1968 eingeführt. Auch in der Folge blieb Israel eine «mobilisierte Gesellschaft» im Hinblick auf seine nationalistischen Werte und die von oben diktierte sozialistische Weltsicht. Doch unter der letzten Generation hat das Wirtschaftswachstum, die Entwicklung der Kommunikation und die größere Mobilität bewirkt, daß im öffentlichen Leben eine ganze Reihe neuer Werte und Lebensstile entstanden sind: vom Individualismus und dem Vorrang der persönlichen Ambitionen vor dem Gemeinwohl bis hin zum Verlangen nach sofortiger Wunschbefriedigung. In manchen Teilen der säkularen Wohlstandsgesellschaft Israels ging die Rebellion gegen die persönlichen Opfer, die von der Gründergeneration gepredigt wurden, so weit, daß es Mode wurde, den Dienst in der Armee oder wenigstens in den Kampfeinheiten zu umgehen. Ebendiese Stimmung ließ vor allem auf der Linken den Gedanken aufkommen, Israel habe nun die «postzionistische Ära» erreicht, in der es unweigerlich seine institutionalisierte Bindung an Religion und nationalistische Ideologie abstreifen werde, wie es einem modernen, westlichen Staat auch anstehe.

Die Spannungen zwischen dem weltlichen und dem religiösen Lager wurden weiterhin als politische Meinungsunterschiede beschrieben, weil sie ihren deutlichsten Ausdruck in der politischen Arena fanden, besonders in der Debatte um den Friedensprozeß. In Wahrheit reichen sie viel tiefer, bis hinein in den Kern des zionistischen Ethos. Denn während die Mehrheit des weltlichen Israel den Friedensprozeß als krönenden Abschluß des zionistischen Unterfangens betrachtete, den Juden – als Voraussetzung für die Entwicklung eines neuen nationalen und kulturellen Lebens – Sicherheit für Leib und Leben zu verschaffen, war diese Entwicklung für die Mehrheit der Religiösen eine Verschwörung mit dem Ziel, den elementaren «jüdischen Charakter» Israels zu zerstören. Hillel Weiss, Professor für jüdische Geistesgeschichte an der Bar-Ilan-

Universität, bringt das Denken der religiösen Rechten zum Ausdruck, wenn er die Friedensbemühungen folgendermaßen beschreibt:

> «Die Versuche der Welt, die Ergebnisse des Sechstagekrieges zunichte zu machen, haben auch zum Friedensprozeß geführt, der nicht einfach ein Verfahren ist, um Frieden zwischen verfeindeten Ländern oder Völkern zu stiften, sondern ein mythischer Prozeß, in dem die jüdische Einzigartigkeit zunichte gemacht wird ... Gebieten wir diesem Prozeß Einhalt ... werden natürlich manche Araber und diejenigen Nationen schwer enttäuscht sein, welche die beschleunigte Säkularisierung des jüdischen Volkes erwarten, das heißt die Aufgabe jener Kennzeichen authentischer Identität, die es emotional und der Lebenserfahrung nach an sein Land und seine Erinnerungen binden.»

Weiss richtet die bitterste Klage nicht gegen eine feindselige nichtjüdische Welt, sondern gerade gegen den Erfolg der zionistischen Revolution und die Spielart von Normalität, zu der sie geführt hat. «Es ist in Wahrheit der Jude, der sich in einen Antisemiten verwandelt hat», sagt er über die weltliche Mehrheit der israelischen Bevölkerung, «und vor allem der Jude, und nicht der Nichtjude, weil er nicht in der Lage ist, den überwältigenden Prozeß auszuhalten, der gegen seinen Willen stattfindet, und seine Andersheit zu behaupten. So versucht er, sich in weltlicherer Manier darstellen zu lassen, und betrachtet sich selbst als autonomen jüdischen Menschen, der das Recht hat zu entscheiden, was immer er will. Er versucht sich von seiner Andersheit zu lösen zugunsten der Normalität.» Weiss verspottet den weltlichen Israeli, der damit zufrieden ist, «an den Stränden von Tel Aviv herumzuwaten», und nicht auf den Gedanken kommt, den «Berg zu erklimmen», um im Westjordanland zu siedeln. Und weiter: «Der Sechstagekrieg hat den zionistischen Durst nach Normalität mit der Fortsetzung des

Kampfes um das Land Israel verbunden, und daran will [der Zionist] nicht teilnehmen ... [weil dieser Kampf] das bedrohliche Bindeglied zwischen weltlichem Zionismus und der Rückkehr nach Zion als religiösem Erlösungsgeschehen darstellt.»

Um den gähnenden Abgrund zwischen den beiden Lagern deutlich zu machen, soll hier zitiert werden, wie der Politikwissenschaftler Professor Yehoshafat Harkabi die auf die israelische Gesellschaft zukommende Krise beschrieb, eben weil die «Fortsetzung des Kampfes um das Land Israel» von einem Gefühl der Andersheit bis hin zum Chauvinismus befeuert wurde, irrationale Erwartungen weckte und so lange fortgesetzt wurde.

«Daß die Öffentlichkeit ihren politischen Fehler einsehen und ihn bereuen muß, ist historisch nicht neu. Ein herausragendes Beispiel sind die im Zweiten Weltkrieg besiegten Länder. Unser politischer Fehler war nicht kurzlebig ... [und kann nicht] ausgemerzt werden, indem man sich auf eine bestimmte Elite stürzt und sie als Sündenbock bestraft. Es handelt sich um einen *strukturellen Fehler,* der in die Grundmuster unserer Nationalkultur eingewoben ist ... Ein Frieden mit den Palästinensern wird der inneren Debatte in Israel kein Ende setzen ... [und] ein Friede, an dessen Nutzen ein Teil der Nation zweifelt oder den sie weiterhin für falsch hält, kann nicht auf Dauer gesichert werden. Diese Lage mag fortdauern, solange in Israel keine klare Entscheidung getroffen ist in der Form einer umfassenden Anerkenntnis, daß die Siedlungspolitik nicht nur ein vorübergehender politischer Fehler war. Und von daher: *Ohne ein weitverbreitetes Bedauern darüber, daß sich ein fehlgeleiteter Zionismus in unserer Gesellschaft so stark hat entwickeln können, wird es keinen dauerhaften Frieden geben.*»

Hier findet sich also die wirkliche Bruchlinie der israelischen Gesellschaft ein Jahrhundert nach der Geburt der zionistischen

Revolution. Auf ihrer einen Seite steht eine Gemeinschaft, die Klerikalismus, Messianismus und Ethnozentrismus als Fortsetzung jener Revolution hin zu einer höheren Ebene betrachtet, die den einzig «authentischen» jüdischen Werten Ausdruck verleiht. Auf der anderen Seite steht eine Gemeinschaft, die die Ablehnung der Moderne, des Pluralismus und Pragmatismus als Rückfall in die Krankheiten des jüdischen Lebens empfindet, die der Zionismus einst hatte heilen wollen. Diese beiden Welten kollidierten am 4. November 1995 miteinander, als ein junger Mann sich in den Wahn hineinsteigerte, er könne durch einen einzigen Akt der Gewalt den Kampf der beiden Welten ein für allemal beenden.

3 Die Aktionszentrale

«Abgewählt!» verkündete um zehn Uhr abends zu Beginn der Sondersendung vom 23. Juni 1992 der Moderator im ersten Programm des israelischen Fernsehens. Es war Wahlabend, die Wahllokale hatten eine Stunde zuvor geschlossen, und während die Computer mit den Ergebnissen der Auszählung gefüttert wurden, begriffen die Zuschauer allmählich die ganze Bedeutung dieser dramatischen Ankündigung, die auf einer Wählerbefragung nach der Stimmabgabe beruhte. Nach fünfzehn Jahren des Wartens in der Opposition oder festgezurrt in einer ungeliebten Allianz mit dem Likud war Jitzhak Rabins sozialdemokratische Arbeitspartei unter ungewöhnlichen Umständen an die Macht zurückgekehrt. Allein die Sozialdemokraten waren diesmal in der Lage, eine Regierung zu bilden. Zusammen mit drei kleinen Parteien – Meretz, der Demokratischen Front für Frieden und Gleichheit und der Demokratischen Arabischen Partei – verfügten sie über eine Stimme Mehrheit und damit über die «Blockmehrheit» von 61 der insgesamt 120 Sitze in der Knesset. Rabin mußte bei der Koalitionsbildung den Forderungen der religiösen Parteien nicht nachkommen (die seit der Staatsgründung immer an der Regierung beteiligt gewesen waren). Er mußte sich auch nicht um die Unterstützung des Likud oder der kleinen, gemäßigt rechten Tsomet-Partei bemühen. Selbst wenn er sich dagegen entscheiden sollte (wie er es dann auch tat), die beiden kleinen israelisch-arabischen Listen in seine Koalition einzuladen – solange er sich ihre Unterstützung für seine Politik sichern konnte, würde seine Regierung stabil sein. Nie fiel die Spaltung der israelischen Öffentlichkeit in zwei fast gleich große politische Lager deutlicher ins Auge als an jenem Abend des 23. Juni 1992. Doch dank der Macht der «Blockmehrheit» hatte seit dem Sechstagekrieg kein israelischer Ministerpräsident eine bessere Ausgangsposition innegehabt, um das Problem anzugehen, das Israel so sorgfältig umgangen hatte: die Entscheidung über die Zukunft der besetzten Gebiete.

Sechs Jahre lang, zwischen 1984 und 1990, war Israel von zwei Regierungen der nationalen Einheit geführt worden, in denen die Arbeitspartei und der Likud sich in dieser Frage gegenseitig neutralisiert hatten. Während die Ansiedlung von Israelis in den besetzten Gebieten stetig vorangetrieben wurde, blockierte die Arbeitspartei jedes Ansinnen, die Westbank und den Gazastreifen zu annektieren. Israel ruhte sich während dieser acht Jahre bequem auf dem Kissen des politischen Stillstands aus, legte sich ideologische Scheuklappen an und richtete sein Augenmerk fest auf die Gegenwart. Verstiegene Prophezeiungen der Rechten, eine Million Juden aus der Diaspora würden in das Westjordanland strömen, um die schiefen demographischen Verhältnisse zurechtzurücken, wurden als Phantastereien von Verrückten abgetan. Düstere Warnungen der Linken, die hohe Geburtenrate der Palästinenser würde die Juden in Groß-Israel schon Anfang des einundzwanzigsten Jahrhunderts in die Minderheit drängen, riefen immer wieder bloßes Achselzucken hervor. Selbst die Intifada, der im Dezember 1987 entflammte palästinensische Volksaufstand, löste keine gründliche Überprüfung der israelischen Politik aus. Allerdings hatte sie tiefgreifenden Einfluß auf das Denken Jitzhak Rabins.

Rabin war damals Verteidigungsminister der vom Likud geführten Regierung der nationalen Einheit und reagierte instinktiv auf die Straßengewalt. In den besetzten Gebieten, so seine Meinung, handle es sich nur um einen vorübergehenden Zornausbruch, den man rasch ersticken könne. Diese Einschätzung war falsch. Die israelische Armee war dazu ausgebildet und ausgerüstet, andere souveräne Armeen zu bekämpfen, aber nicht mit Steinen und Molotowcocktails bewaffnete Aufständische. Nach zehn Wochen verbissener Kämpfe hatte Rabin immer noch keine Antwort auf die militärische Herausforderung. Allerdings war er zu weitreichenden Schlußfolgerungen gekommen.

«Ich habe in den letzten zweieinhalb Monaten etwas gelernt», vertraute der ernüchterte Verteidigungsminister seinen Parteigenossen bei einer Klausursitzung im Februar 1988 an. «Man kann anderthalb Millionen Palästinenser nicht mit Gewalt beherrschen.»

«Was schlagen Sie vor?» fragte einer der Teilnehmer.

Rabin hatte bei diesem Treffen kein Konzept anzubieten. Jedoch verwarf er beide politische Optionen, die als Alternativen zur Übergabe der Gebiete an die Araber gehandelt wurden. «Der Transfer [die Massenausweisung der Palästinenser] ist bislang immer gegen die Juden eingesetzt worden», meinte er. «Das dürfen wir nicht vergessen. Und wenn wir die Gebiete annektieren und den Palästinensern die israelische Staatsbürgerschaft gewähren, werden sie fünfundzwanzig bis dreißig Sitze in der Knesset bekommen. Wenn wir ihnen die Staatsbürgerschaft verwehren, werden wir ein rassistischer Staat sein, kein jüdischer.»

Auf dem Höhepunkt der Intifada, als die Spitzen des Yesha-Rates einen Hungerstreik gegenüber dem Büro des Ministerpräsidenten veranstalteten, weil die Regierung angeblich nicht für die Sicherheit der Siedler sorge, erklärte sich Rabin zu einem Treffen mit ihnen bereit, unter der Bedingung, daß sie darüber Stillschweigen bewahrten. Die Vertreter der Siedler versammelten sich in seinem Büro in Tel Aviv, und Rabin hielt ihnen einen langen Vortrag über seinen Plan, den Palästinensern die Autonomie zu gewähren. Uri Ariel, Vorsitzender des Yesha-Rates, war überrascht: «Bei unserem Hungerstreik ging es um mangelnde Sicherheit, und er saß da und redete zwanzig Minuten oder länger über Autonomie. Es war seltsam. Hinterher, als wir das Treffen analysierten, kamen wir zu dem Schluß, daß wir einen Fehler gemacht hatten, weil wir unseren Widerstand gegen seine Vorstellungen nicht deutlicher zum Ausdruck gebracht hatten. Vielleicht wurden die Samen des Osloer Abkommens damals in [Rabins Kopf] eingepflanzt; vielleicht war dies sein Schluß aus der Intifada. Später hatte ich die Befurchtung, Rabin hätte bei dem Treffen mit uns den

Eindruck gewonnen, wir seien gar nicht so vehement gegen die Autonomie der Palästinenser.»

Wie auch immer, nach sechs Monaten schwerer Zusammenstöße mit den Palästinensern und angesichts einer immer schlechteren Presse für die israelische Armee wich Rabin in einer Fernsehsendung von «ABC» einen gewaltigen Schritt von der Regierungspolitik ab und verkündete, er sei unter drei Bedingungen zu Verhandlungen mit der PLO bereit: Änderung der palästinensischen Nationalcharta (die Israels Existenzrecht bestritt); Anerkennung der Resolutionen 242 und 338 des UN-Sicherheitsrats*; und Einstellung aller terroristischen Aktivitäten.

Im Grunde handelte es sich um den groben Entwurf jener Vereinbarung, die Rabin fünf Jahre später, im September 1993, mit Jasir Arafat traf und in der die Bedingungen Israels für die Anerkennung der PLO festgeschrieben wurden. Doch zunächst mußte sich Israel einem langwierigen und keineswegs geradlinig verlaufenden Wandel der eigenen Weltsicht unterziehen. Während die Intifada Monat um Monat weitertobte und die Kräfte der israelischen Armee und die Unterstützung für Israels Politik in der internationalen Gemeinschaft abbröckeln ließ, wuchsen die Spannungen in der Regierung der nationalen Einheit, bis sie im März 1990 zerbrach. In den folgenden zwei Jahren zeigte sich die Rechtsregierung unter Shamir unbeweglich, forcierte die Besiedlung und blieb entschlossen, am Status quo in den besetzten Gebieten um jeden Preis festzuhalten.

Doch die Entwicklung war gegen Shamir. Außerhalb Israels kam es zu mächtigen historischen Umwälzungen. Im Ostblock brachten die Völker ein autoritäres Regime nach dem andern durch «sanfte» oder gewalttätige Revolutionen zu Fall. Die ideologisch

---

* Nach dem Sechstagekrieg von 1967 verabschiedet, verlangte Resolution 242 den «Rückzug der israelischen Streitkräfte aus den (in diesem Krieg) besetzten Gebieten». Resolution 338, am Ende des Yom-Kippur-Krieges von 1973 verabschiedet, verlangte die Aufnahme von Verhandlungen «mit dem Ziel eines gerechten und dauerhaften Friedens im Nahen Osten».

und wirtschaftlich bankrotte Sowjetunion löste sich in ihre Mitgliedsrepubliken auf, wodurch sich das geopolitische Gleichgewicht, das seit dem Zweiten Weltkrieg geherrscht hatte, tiefgreifend veränderte. Der Golfkrieg von 1991 veränderte zudem die politischen Kräftelinien in der arabischen Welt, denn die USA, noch verbliebene Supermacht, zimmerte eine Koalition mit den gemäßigten arabischen Staaten, um Saddam Hussein aus Kuweit zu vertreiben. Gleichzeitig strömten Hunderttausende von Immigranten aus der ehemaligen Sowjetunion nach Israel, was einen massiven Zufluß an Entwicklungskapital und Veränderungen in den wirtschaftlichen Prioritäten des Landes erforderlich machte. Doch ungeachtet dessen verharrte Israel störrisch in der historischen, politischen und wirtschaftlichen Sonderstellung einer kolonialistischen Politik: im hartnäckigen Kampf um die Bewahrung Groß-Israels. Im Oktober 1991, acht Monate nach dem Golfkrieg, gelang es der Regierung Bush, die störrische Regierung Shamir dazu zu bringen, an der Madrider Friedenskonferenz über eine umfassende Lösung des arabisch-israelischen Konflikts teilzunehmen. Dennoch, die unnachgiebige Gebietspolitik und die anmaßende Haltung gegenüber den Palästinensern sorgten dafür, daß die Verhandlungen am Ende fruchtlos blieben. Als dann im Juni 1992 die Arbeitspartei und ihre Verbündeten einen knappen, aber sicheren Wahlsieg errangen, faßte die *New York Times* die neue Lage prägnant zusammen: «Eigentlicher Gewinner ist der Pragmatismus, und der große Verlierer ist die unnachgiebige Ideologie.»

Und dennoch, als Jitzhak Rabin am 13. Juli 1992 zum Rednerpult der Knesset ging, um sein Regierungsprogramm vorzustellen, waren sich seine Landsleute nicht ganz sicher, was sie zu erwarten hatten. Als alter Soldat, von dem Israel 1967 zu seinem glänzenden Sieg geführt worden war, hatte er in den Verhandlungen über ein Interimsabkommen mit Ägypten Mitte der siebziger Jahre vorsichtig agiert und war während der Intifada hart mit den Palästinensern umgegangen. Rabin hatte sich nie als charismatischer Führer mit einer mitreißenden Vision dargestellt. Der zurückhaltende, schroffe und vorsichtige Mann geizte mit Gefühlen und war vor allem für seine trockenen, aber erhellenden Analysen strategischer Probleme bekannt. Er galt in Sicherheitsfragen als Hardliner, die Presse nannte ihn Israels «Mr. Sicherheit», und seine Landsleute vertrauten instinktiv darauf, daß er sie nicht in ein sinnloses Abenteuer stürzen würde. So freuten sich viele Israelis, während andere besorgt waren, als sie seinen freimütigen Aufruf hörten, sich von abgehalfterten Mythen, mystischen Träumereien und Selbsttäuschungen freizumachen und sich der Wirklichkeit der Zeit zu stellen.

«In der letzten Dekade des zwanzigsten Jahrhunderts zeigen die Atlanten, die Geschichts- und Geographiebücher nicht mehr das Bild der Welt, wie sie ist. Mauern der Feindschaft sind gefallen, Grenzen sind verschwunden, Mächte sind zerfallen und Ideologien zusammengebrochen, Staaten wurden geboren, Staaten sind gestorben, und die Tore der Emigration wurden aufgestoßen. Und es ist unsere Pflicht, uns und unseren Kindern gegenüber, die neue Welt so zu sehen, wie sie jetzt ist – ihre Gefahren zu erkennen, ihre Möglichkeiten zu erkunden und nach Kräften alles zu tun, damit der Staat Israel in diese sich verändernde Welt hineinpaßt. Wir sind nicht mehr unbedingt ‹ein Volk, das für sich lebt›, und es stimmt nicht mehr, daß ‹die ganze Welt gegen uns ist›. Wir müssen das Gefühl der Isolation überwinden, das uns fast ein halbes Jahrhundert lang im Würgegriff gehalten hat. Wir müssen uns der internationalen Bewegung hin zum Frieden, zur Versöhnung und der Zusammenarbeit anschließen, die sich heute über den ganzen Globus ausbreitet – damit wir nicht als letzte allein auf dem Bahnsteig zurückbleiben.»

Rabin selbst unternahm den ersten Schritt dieser Reise und wandte sich in überraschend einfühlsamer Sprache an die nächsten Nachbarn der Israelis, die Palästinenser. Kein israelischer Ministerpräsident hatte sie je angesprochen oder von ihrer Führung, der PLO, mit mehr als nur grober Verachtung geredet. In ihren Augen war Jasir Arafat eine verabscheuenswerte Gestalt. Golda Meir hatte bestritten, daß es so etwas wie die palästinensische Nation gebe. Menachem Begin hatte Arafat ein «zweibeiniges Tier» genannt, und bis zum heutigen Tage vergleicht ihn Jitzhak Shamir mit Hitler. Doch Rabin behandelte die Palästinenser an jenem Tag so wie seine eigenen Landsleute, er forderte sie auf, sich ihre Wirklichkeit genau anzusehen:

«Ihnen, den Palästinensern in den [besetzten] Gebieten, möchte ich von diesem Podium aus sagen: Das Schicksal hat uns beschieden, auf demselben Fleck Land zu leben, im selben Land ... Hundert Jahre Ihres Blutvergießens und Terrors gegen uns hat Ihnen nur Leid, Demütigung, Entbehrung und Schmerz eingebracht. Sie haben Tausende Ihrer Söhne und Töchter verloren, und Sie verlieren dauernd an Boden ... Sie, die Sie Ihr Leben lang keinen einzigen Tag der Freude und Freiheit genossen haben: Hören Sie uns zu, wenigstens dieses eine Mal. Wir machen Ihnen von unserem heutigen Standpunkt einen höchst fairen und praktikablen Vorschlag – Autonomie und Selbstbestimmung – mit all den damit verbundenen Vorteilen und Beschränkungen. Sie werden nicht alles bekommen, was Sie wollen. Wir vielleicht auch nicht. Und dennoch, ein für allemal, nehmen Sie Ihr Schicksal in die eigenen Hände. Nutzen Sie diese Gelegenheit, die vielleicht nie mehr wiederkehrt. Nehmen Sie unseren Vorschlag ernst, um noch mehr Leid und Schmerz zu vermeiden, um das Blutvergießen und das Weinen zu beenden.»

Abschließend wandte er sich mit versichernden und warnenden Worten an die Siedler in den besetzten Gebieten:

«... Es ist nur zu verständlich, daß Gespräche [über die palästinensische Selbstbestimmung] jenen von Ihnen Sorge bereiten, die sich entschlossen haben, in Judäa, Samaria und im Gazastreifen zu siedeln. Ich sagen Ihnen hiermit, daß die Regierung, mittels der Armee und anderer Sicherheitsorgane, für die Sicherheit und das Wohlergehen der Bewohner von Judäa, Samaria und des Gazastreifens verantwortlich sein wird. Zugleich jedoch wird die Regierung keinerlei Schritte und Aktivitäten unternehmen, welche die angemessene Führung der Friedensverhandlungen stören könnten.»

Hier hörte man nicht nur eine neue Melodie; hier hörte man neue Worte, wie man sie in der Knesset seit fünfzehn Jahren nicht mehr vernommen hatte, seit Anwar as-Sadats gefühlsgeladenem Aufruf: «Nie mehr Krieg, nie mehr Blutvergießen.» Rabin stellte auch klar, daß «wir nicht die Absicht haben, wertvolle Zeit zu verlieren» und man sich sogleich an die Arbeit der Friedensstiftung machen wolle, und innerhalb von Tagen bewies er, daß es ihm damit ernst war. Seine Regierung prägte das Motto von den «geänderten Prioritäten» und blockierte die umfangreichen Mittel, die der Likud für die Ausdehnung der Siedlungen in den besetzten Gebiete bereitgestellt hatte. Einen Monat später ließ Rabin als Geste gegenüber der palästinensischen Öffentlichkeit 800 Palästinenser, die sich in Sicherheitsverwahrung befanden, auf freien Fuß setzen. Schließlich wurde im Dezember 1992 ein inoffizieller «geheimer Draht» für Vorgespräche mit der PLO eingerichtet. Nach neun Monaten geheimer Verhandlungen in Norwegen kam es im August 1993 zum Osloer Abkommen, das den Palästinensern die Selbstbestimmung im Westjordanland und im Gazastreifen gewähren sollte.

Der Gedanke einer palästinensischen Selbstbestimmung war keine Erfindung der Regierung Rabin. Tatsächlich war er schon fünfzehn Jahre zuvor ins Spiel gebracht worden, in den Gesprächen zwischen dem Likud-Ministerpräsidenten Begin und dem ägyptischen Präsidenten Anwar as-Sadat, die zum Camp-David-Abkommen geführt hatten. Wie dieses ursprüngliche Autonomieabkommen war das Osloer Abkommen ein Stufenplan, der im Verlauf einer fünfjährigen Interimsperiode umgesetzt werden sollte. Es war eine Blaupause ohne bestimmte Zielvorgabe, die beide Seiten verpflichtete, bis zum Ende der Interimsperiode eine dauerhafte Lösung ihres Konflikts zu finden, ohne daß festgelegt wurde, wie diese Vereinbarung dann aussehen würde. Und dennoch, auf jede Änderung der Regierung im Umgang mit den Palästinensern, die von unverbesserlichen Feinden zu Kooperationspartnern werden sollten, antwortete die politische Rechte, die ihre Linie schon sehr früh festlegte, mit rhetorischen Feuerbällen.

«Sie sind schlimmer als Chamberlain», warf der Likud-Vorsitzende Benjamin Netanjahu dem Außenminister Shimon Peres während der ersten Knesset-Debatte über das Abkommen an den Kopf, nachdem er den Vorwurf erhoben hatte, die Regierung hätte der Errichtung eines palästinensischen «Brückenkopfes» zugestimmt, der den Staat Israel zerstören würde. Sein Kollege Tsachi Hanegbi ging einen Schritt weiter und drohte, sollte Israel militärische Positionen in der Westjordanstadt Jericho der palästinensischen Polizeibehörde übergeben, wie es für die Anfangsphase des Autonomieplans vorgesehen war, würde er 50000 Juden auf die Beine bringen, um die Armee zu zwingen, dorthin zurückzukehren. Ein dritter Likud-Abgeordneter, Yehoshua Matza, stellte diese beiden noch in den Schatten, indem er den Vorwurf erhob, die Regierung sei «unrechtmäßig», weil ihre Mehrheit auf den Stimmen jener beruhe, «die nicht jüdischer Rasse sind» (er meinte die beiden arabischen Parteien in der Knesset). «Sollten wir weiterhin sagen, daß wir an die Nation appellieren, oder sollten wir darangehen, die Nation zur Rebellion anzustacheln?» tobte Matza bei einer Sitzung der Knessetfraktion seiner Partei.

Rabin hörte den Aufschrei und blieb unbeirrt. Während einer schlichten Zeremonie in seinem Amtszimmer am 10. September 1993 unterzeichnete er einen Brief an Jasir Arafat, mit dem er die PLO offiziell anerkannte. Drei Tage später schüttelte er nach der

Unterzeichnung des Osloer Abkommens in Washington Arafats Hand. Und in den folgenden beiden Jahren hielt er den «Osloer Friedensprozeß» in Gang, trotz Enttäuschungen, Rückschlägen und Krisen. Es war eine kühne Politik, die nicht der Schwäche oder dem Sentiment entsprang, sondern einer nüchternen Bestandsaufnahme des Möglichen. Jitzhak Rabin war siebzig Jahre alt, als er in das Amt des Ministerpräsidenten zurückkehrte. Er glaubte, daß er die vielleicht letzte Chance bekommen hatte, sein Land wieder auf jenen Weg zu bringen, den die Gründer hatten gehen wollen. Und er war entschlossen, diese Chance umfassend und ohne Zaudern zu nutzen.

Von dem Moment an, da in Israel Einzelheiten des Osloer Abkommens bekannt wurden, war der politischen Opposition klar, daß der wirkliche Kampf um die Blockade der neuen Politik jenseits der politischen Arena geführt werden mußte. Abgesehen von dem unwahrscheinlichen Fall eines Aufstands in den Reihen der Arbeitspartei selbst war die Regierungsmehrheit in der Knesset unüberwindbar. Zu Anfang konkurrierten die Oppositionsführer darum, wer die apokalyptischsten Reden halten und die dramatischsten Handlungsappelle vortragen konnte. Sie riefen dazu auf, das Amtszimmer des Ministerpräsidenten zu belagern, einen Steuerstreik zu beginnen und das Leben im Land zum Stillstand zu bringen. Aller Augen richteten sich natürlich auf den Likud-Block, die zweitgrößte Partei Israels und Spitze der Opposition, um bei ihr Initiative und Führung zu suchen. Doch der Likud befand sich in Schwierigkeiten. Abgesehen von einem erdrückenden Schuldenberg war man auch innerlich zerstritten. Der junge und ehrgeizige neue Parteiführer Benjamin Netanjahu war immer noch dabei, seine Vorherrschaft über eine Gruppe widerspenstiger und viel erfahrenerer Politiker zu festigen, die seinen Quereinstieg in die Macht mit Hilfe der von den Veteranen hämisch so genannten «Einkaufszeilenmitglieder» nicht verwinden konnten (kurz vor der ersten Mitgliederbefragung der Partei Eingeschriebene, die von

Netanjahu-Anhängern an Ständen in den großen Einkaufszeilen des Landes geworben worden waren). Schlimmer noch, im Likud war man sich bewußt, daß es an Fußvolk mangelte, mit dem man eine Schlacht um die öffentliche Meinung auf den Straßen würde führen können. Die meisten Mitglieder waren weltliche Israelis der unteren Mittelschicht, die die harte Linie ihrer Partei in Sicherheitsfragen unterstützten, doch für Groß-Israel wenig Begeisterung aufbrachten. Sie sahen sich in der politischen «Mitte» und zogen einen gemütlichen Abend vor dem Fernseher bei weitem den Unannehmlichkeiten lautstarker Demonstrationen vor. Selbst viele Parteigetreue aus den ärmeren Stadtvierteln und den abgelegenen Entwicklungsstädten waren erzürnt über die gewaltigen Mittel, die der Likud auf ihre Kosten in die besetzten Gebiete investiert hatte. Und auch das Partei-Establishment war in der Frage der Osloer Vertragspolitik gespalten. Drei Knessetmitglieder des Likud enthielten sich bei der Abstimmung über den Vertrag der Stimme. Einige Likud-Bürgermeister, von denen man glaubte, daß sie mit der Stimmung im Land vertraut waren, plädierten dafür, der Autonomie eine Chance zu geben. In der Presse bekundeten treue Likud-Wähler ihre Erleichterung darüber, keinen Reservedienst in Gaza mehr leisten zu müssen, und sprachen sich dafür aus, erst einmal abzuwarten und dann weiterzusehen. Selbst Netanjahu sah die Kluft zwischen seiner feurigen Rhetorik und den Gefühlen der eigenen Parteimitglieder, so daß er seine ursprüngliche Forderung nach einer Volksabstimmung über das Abkommen fallenließ.

Daher sah sich die führende Oppositionspartei gezwungen, auf den Eifer und das Organisationstalent der Teile der Bevölkerung zu zählen, die das Osloer Abkommen als direkten Angriff auf ihre ideologische und religiöse Identität betrachteten: die Siedler und ihre nationalreligiösen Unterstützer diesseits der Grünen Linie*,

---

* Am 5. Juni 1967 festgelegte Linie, die Israel von den besetzten Gebieten trennt.

sowie die Haredim, die seit Juli 1992 immer wieder massenhaft zu Demonstrationen gegen die Regierung auf die Straße gegangen waren. Taktisch gesehen war es eine weise Entscheidung, die Kräfte mit diesen beiden außerordentlich festgefügten Teilen der Bevölkerung zu bündeln. Denn trotz ihres relativ geringen Anteils an der Gesamtbevölkerung (die Siedler machten zum Beispiel nur zwei Prozent der israelischen Bevölkerung aus) erwiesen sich die Kräfte, die den außerparlamentarischen Kampf gegen den Osloer Friedensprozeß führten, als die größte und wirksamste soziale Bewegung, die in der Geschichte des Staates jemals aufgetreten war. Sie bestand im wesentlichen aus einer Dachorganisation, die über drei Gruppierungen gespannt war, welche wiederum für die Planung und Umsetzung der Oppositionspolitik verantwortlich waren. Der Gemeinsame Führungsstab (Joint Staff) war die Dachkonstruktion; das Politische Leitungszentrum (Political Guidance Headquarters) bestimmte die Ziele von der Knesset aus; der Yesha-Rat formulierte das Handlungsprogramm; und die mühselige tägliche Arbeit, diese regierungsfeindliche Politik umzusetzen, leistete das Aktionszentrum.

Der Gemeinsame Führungsstab war eine lockere Koalition aus Protestgruppen, die das gesamte Spektrum der politischen Rechten abdeckten, von den Haredim über die Säkularen und Gemäßigten bis zu den Extremisten. Jede Mitgliedsgruppe konnte frei entscheiden, ob sie an den Aktivitäten, die sie gemeinsam trugen, teilnehmen wollte. Dieses flexible Arrangement verdunkelte das Ausmaß an rechtlicher Verantwortung, die der Gemeinsame Führungsstab für die Aktionen der extremeren Mitglieder trug, und machte es den Gemäßigten leicht, sie «einer Handvoll Hooligans» in die Schuhe zu schieben, «über die wir keine Kontrolle haben». All diese Gruppen wurden mit in Israel und im Ausland eingeworbenen Geldern finanziert, während die Kosten bestimmter gemeinsamer Aktionen vom Yesha-Rat getragen wurden.

Das Politische Leitungszentrum bestand aus einer Gruppe rechter Politiker. Sie prüften die vom Gemeinsamen Stab und vom

Yesha-Rat vorgeschlagenen Operationen, segneten sie ab und halfen, deren Kosten aus den Mitteln zu decken, die ihren Parteien (nach dem Parteienfinanzierungsgesetz) aus dem Staatshaushalt zuflossen. An ihren wöchentlichen Sitzungen in der Knesset nahmen permanente Vertreter der vier Rechtsparteien teil (Likud, Tsomet, Nationalreligiöse Partei und Moledet), zu denen gelegentlich auch Vertreter der Haredim-Parteien stießen. Der Beitrag jeder Partei zu der außerparlamentarischen Kampagne entsprach dem Anteil ihrer Sitze in der Knesset. Michale Eitan, Fraktionsführer des Likud in der Knesset, war verantwortlich für die Koordination der Arbeit mit den anderen Vertretern in der Politischen Führungszentrale; der Likud-Abgeordnete Tsachi Hanegbi stellte die Verbindung zwischen dem Leitungszentrum und den außerparlamentarischen Gremien her.

Mitglieder des Yesha-Rates sind die jüdischen Lokalregierungen in den besetzten Gebieten (Stadt- und Bezirksräte) sowie sieben «Vertreter der Öffentlichkeit». Er wurde Ende der siebziger Jahre als ein Arm der Gush Emunim gegründet und ersetzte später diese Bewegung als Siedlerlobby und Hauptverbindung zu Regierung und Knesset. Der Yesha-Rat betreibt unabhängige Spendenkampagnen in Israel und im Ausland, doch den Großteil seiner Mittel erhält er von den Lokalräten in den besetzten Gebieten, die wiederum einen Teil ihrer Haushaltsmittel von den Regierungsministerien beziehen. Der Yesha-Rat konnte die verfügbaren Mittel nach Belieben einsetzen, um die Aktivitäten des Gemeinsamen Stabes und der Aktionszentrale zu finanzieren. Somit war es die israelische Regierung, die den Kampf gegen ihre eigene Politik und den Ministerpräsidenten über verschlungene Kanäle weitgehend selbst finanzierte.

Das vierte Gremium in diesem Netzwerk, die Aktionszentrale, betätigte sich als ein organisatorischer «Subunternehmer» für die anderen drei. Als nicht profitorientierte Organisation, die ursprünglich von einem Führer der Gush Emunim aufgebaut worden war, bewies sie glänzende Fähigkeiten, wenn es darum ging, in kurzer Zeit Massen von Menschen auf die Beine zu bringen, Zehntausende von Demonstranten auf die Straße zu holen, Fakkelumzüge zu organisieren und kleine Gruppen für Mahnwachen an Straßenecken und Kreuzungen im ganzen Land aufzustellen. Efraim Cohanim, Schatzmeister des Yesha-Rates, zufolge hat die Aktionszentrale ihr bemerkenswertes Mobilisierungspotential den «direkten Drähten zu Jeschiwas, religiösen Seminaren für Frauen, religiös geprägten Wohnvierteln und Siedlungen» zu verdanken. Die Organisation wurde von einer kleinen Gruppe bezahlter Kräfte geleitet, denen Freiwillige zur Seite standen.

Die Kosten ihrer Unternehmungen – darunter die Aufwendungen für den Druck von Broschüren, Handzetteln, Plakaten, Transparenten und Aufklebern (die meist auf den Rückfenstern von Autos angebracht wurden), die Anmietung von Bussen für den Transport von Demonstranten und andere logistische Vorbereitungen für Bürgerwachen und Demonstrationen – wurden weitgehend vom Yesha-Rat getragen.

Für die Rekrutierung und Führung lokaler Aktivisten sorgte ein Netz von Zellen, die im ganzen Land vom Yesha-Rat und von der Aktionszentrale aufgebaut wurden. Dieses Netzwerk aus sogenannten Stadtbüros war verantwortlich für die Mobilisierung von Teilnehmern für lokale und nationale Kundgebungen, für Demonstrationen, Bürgerwachen, Sitzstreiks, Vorträge, Sitzungen und Reisen in die besetzten Gebiete. Sie war eine Art organisatorische Riesenkrake mit einem kleinen Kern engagierter Aktivisten, die jeweils Hunderte von Sympathisanten an der Hand hatten und diese in eigenen Listen führten. In Rehovot zum Beispiel, einer Stadt südlich von Tel Aviv, leitete Suzy Dim das Städtebüro. Sie war Mitglied einer militanten Gruppe mit dem Namen «Frauen in Grün» (die von Einwanderern aus den Vereinigten Staaten und Frankreich gegründet worden war). Drei Jahre lang organisierte Dim kleine zweiwöchentliche Treffen, sorgte für Stände zur Verteilung von Protestschriften, schickte Schwärme von Demonstranten aus, damit sie linke Politiker belästigten, fütterte die Presse mit

Neuigkeiten, verschickte Faxe an Ministerien und fuhr allmonatlich zur Demonstration nach Hebron.

In anderen Städten und Dörfern wurden die Aktivitäten ähnlich organisiert. Fast täglich stellte man Protestwachen an wichtigen Kreuzungen in vier Stadtteilen Jerusalems auf, und an der Golani-Kreuzung, einem wichtigen Verkehrsknotenpunkt in Galiläa, entstand ein bleibendes «Protestzelt». Von Norden nach Süden wurden weitere Wachen, üppig ausgestattet mit Spruchbändern, großen Plakaten und Aufklebern, an wichtigen Kreuzungen aufgestellt. Der harte Kern der Aktivisten führte «Protestbaukästen» in den Autos mit und konnte jederzeit Sticker und Spruchbänder hervorholen, sollte die Eskorte des Premierministers vorbeikommen. Im Sommer 1995 konnte Jitzhak Rabin kaum irgendwo in Israel erscheinen, ohne zumindest auf eine kleine Gruppe von Protestlern zu stoßen. Seine Mitarbeiter und Leibwächter glaubten, es sei immer dieselbe Handvoll Leute, die ihm von Auftritt zu Auftritt folgten, doch in Wahrheit erwarteten ihn jedesmal die Aktivisten der Städtebüros, und nur ein paar «Dauerdemonstranten» – zumeist aus den fanatischen Kach- und Kahane-Chai-Bewegungen – verfolgten ihn unablässig.

Insgesamt gesehen war dieses befestigte Netzwerk die am weitesten verbreitete, bestorganisierte, am schärfsten profilierte und hartnäckigste Protestbewegung in der Geschichte des Staates. Sie wuchs zusammen aus einer Reihe Untergruppierungen, die bei gemeinsamen Aktionen miteinander Kontakte knüpften und sich weitgehend über Fax und auf mündlichem Wege verständigten. Das entscheidende Element ihrer Strategie war schiere Hartnäckigkeit – eine Eigenschaft, die den israelischen Protestbewegungen häufig fehlt –, und dies macht ihre Leistungen um so beeindruckender. Ein paar hundert Leute schafften es, den Eindruck zu erwecken, im ganzen Land Israel herrsche massenhafter und unnachgiebiger Protest.

Zwar ist es unmöglich, genau zu sagen, wann diese Protestkampagne gegen das Osloer Abkommen in eine Hetzkampagne gegen Ministerpräsident Jitzhak Rabin umschlug, doch verantwortlich dafür war eindeutig der Yesha-Rat. Die Opposition führte anfangs ihren Kampf gegen den Friedensprozeß im Rahmen der demokratischen Spielregeln. Sie griff zwar die Regierungspolitik scharf an, jedoch nicht die Kompetenz oder die Beweggründe ihrer Verfechter. Gewiß, manche Kritiker des Osloer Plans befleißigten sich von Anfang an drastischer Formulierungen. «Wir sind Zeugen eines Akts des Landesverrats», verkündete der Tsomet-Abgeordnete Moshe Peled vor der Presse, nachdem die ersten Bruchstücke des Osloer Abkommens am 30. August 1993 bekannt geworden waren, «und wenn es um Verrat geht, werden die üblichen Verfahren und Regeln außer Kraft gesetzt. Die Regierung hat ihre Legitimität verloren, und daher werden wir keinen Beschluß und kein Abkommen respektieren, das sie unterzeichnet.» Ähnliche Erklärungen kamen von führenden Mitgliedern des Likud, etwa von Ariel Sharon, der verlangte, die Partei müsse erklären, daß eine künftige Likud-Regierung sich nicht an das Osloer Abkommen halten werde. Doch andere Parteiführer, besonders die Knessetabgeordneten Ze'ev Benjamin («Benny») Begin und Dan Meridor, hielten dagegen, man müsse unterscheiden zwischen der – wenn auch fehlgeleiteten – Politik der Regierung und ihrem verbrieften Recht, diese so lange zu betreiben, wie sie über eine parlamentarische Mehrheit verfügte. Begin forderte den Likud sogar auf, eine angekündigte Demonstration zu boykottieren, weil es in dem entsprechenden Aufruf hieß: «Das Volk erhebt die Waffen gegen den Verrat der Regierung Rabin am Staat Israel.»

Erst Ende 1993 erwog der Yesha-Rat die Möglichkeit eines anderen Ansatzes. Bisher hatte man die Osloer Vertragspolitik angegriffen in der Hoffnung, die Umsetzung des Abkommens zu verzögern oder wenigstens die damals stattfindenden Detailgespräche mit den Palästinensern zu beeinflussen, doch nun prüfte der Rat die Möglichkeit eines Kreuzzugs, der Rabin persönlich in Verruf bringen, seinen Elan brechen und ihn zum Rücktritt treiben sollte. Um das Potential einer solchen Strategie abzuschätzen, lud der Rat eine Reihe ausgewählter Psychologen und Meinungsforscher sowie den Manager einer Werbeagentur und einen Public-Relations-Experten zu einem vertraulichen und detaillierten Expertengespräch. Inoffizieller Hauptpunkt der Tagesordung war die Frage, wie man Jitzhak Rabin «brechen» könne.

«Bei den Treffen der Mitarbeiter des Yesha-Rats ging es explizit um eine Kampagne gegen den Ministerpräsidenten persönlich», enthüllte der Rabbiner Yoel Bin-Nun, ein Mitglied des Rates, nach der Ermordung Rabins. «Ich habe diese Diskussionen mit eigenen Ohren verfolgt. Zu meinem Bedauern war ich selbst anwesend. Das Vorbild war der verstorbene Ministerpräsident Begin, und das Ziel war, Rabin durch Verleumdungen zu Fall zu bringen, genau wie die Linke Begin gebrochen hatte.»

Das Merkwürdige an diesem Szenario war, daß die Parallele zwischen den beiden politischen Führern und den sachlichen Ausgangsbedingungen offensichtlich weit hergeholt war. Menachem Begin war im August 1983, mitten in seiner zweiten Amtszeit, überraschend als Ministerpräsident zurückgetreten. Er hatte seine Mitarbeiter versammelt und ihnen gesagt: «Ich kann nicht mehr weitermachen.» Danach zog er sich in sein Haus in Jerusalem zurück und lebte dort von der Öffentlichkeit abgeschottet bis zu seinem Tod neun Jahre später. In all diesen Jahren erläuterte Begin dem israelischen Volk niemals seine Entscheidung, und die Angelegenheit blieb eines der großen Rätsel eines kleinen Landes, in dem es schwer ist, ein Geheimnis zu bewahren. Es hieß, er sei durch den Tod seiner Frau Aliza im November 1982 in eine tiefe Depression versunken. Die Presse war jedoch auch voller Spekulationen darüber, daß Begin allmählich von den katastrophalen Folgen der Invasion der israelischen Armee im Südlibanon 1982 überwältigt wurde.

Anfangs als begrenzte militärische Operation bezeichnet, um die Streitkräfte der PLO im Südlibanon mitsamt ihren Raketen aus der Reichweite der nordisraelischen Städte und Siedlungen zu vertreiben, veränderte sich der Verlauf der «Operation Frieden für

Galiläa» scheinbar schrittweise, bis Israels Truppen weit nach Norden bis Beirut vorgestoßen waren, den Westteil der Stadt belagerten und sie den ganzen Sommer 1982 über mit Artillerie- und Luftschlägen malträtierten, um die PLO zur bedingungslosen Kapitulation zu zwingen. Die Wende des Krieges jedoch trat im September 1982 ein, nachdem die PLO ihre Kräfte aus Beirut zurückgezogen hatte. Die mit Israel verbündete libanesisch-christliche falangistische Miliz drang unter Geheimhaltung in zwei palästinensische Flüchtlingslager in Westbeirut ein – Sabra und Shatila – und tötete unter den Augen der israelischen Truppen etwa 800 Zivilisten. Nachdem das Massaker bekannt geworden war, gingen schätzungsweise 400000 Israelis auf die Straße, um gegen den aus dem Ruder gelaufenen Krieg zu protestieren und eine offizielle Untersuchungskommission zur Schuld Israels an dem Massaker zu fordern. Und noch Monate danach stand eine Mahnwache vor der offiziellen Residenz des Ministerpräsidenten in Jerusalem, die die wachsenden Verluste an israelischen Soldaten verkündete und «Mörder» zu Begins Fenster emporrief. Unterdessen zerbrach das Bündnis mit der christlichen Falange, muslimische Guerillas nahmen die Invasionstruppen aufs Korn, und Israel gelang es nicht, sich aus dem nun offenkundigen politischen und militärischen Desaster herauszuwinden. In den ersten Tagen der Invasion hatte ein zuversichtlicher Begin dem israelischen Volk versprochen, das Land werde «vierzig Jahre lang in Frieden leben». Angesichts des bedrückenden Endes des Krieges (die Untersuchungskommission hatte inzwischen «eine gewisse Verantwortung» des Ministerpräsidenten für das Massaker von Sabra und Shatila festgestellt) lag der Schluß nahe: Sollte Begin einer Depression verfallen sein, dann läge dies nicht zuletzt an dem strategischen Fiasko, für das seine Regierung verantwortlich war.

Im Herbst 1993 fand sich Jitzhak Rabin in einer ganz anderen Lage. Er hatte sein Land nicht in einen unpopulären, sinnlosen Krieg geführt, sondern in das glaubwürdige Unternehmen, Frieden zu stiften. Die Weltöffentlichkeit begrüßte das Osloer Abkommen und Rabins Mut, die von ihm selbst bekundeten «Risiken für den Frieden» einzugehen. Der Plan war gewiß keine sofort wirkende Wunderkur für den israelisch-palästinensischen Konflikt, doch als solche hatte er ihn auch nie dargestellt. Hinzu kamen erste Anzeichen dafür, daß die arabische Welt infolge des Einvernehmens mit der PLO Israel allmählich ihre Türen öffnete, weshalb die Mehrheit der israelischen Bevölkerung den Plan zumindest mit vorsichtigem Optimismus begrüßte.* Dennoch verhandelte man im Yesha-Rat das Vorhaben, «Rabin zum Rücktritt» und in die Resignation zu treiben, wie Bin-Nun den Tenor der Diskussion beschrieb. «[Der Gedanke war], Rabin zu brechen, seine Mitarbeiter, seine Legitimität, sein Image. Es gab eine regelrechte Diskussion, ob man nur Rabin attackieren sollte. Würde man beide [Rabin und Außenminister Shimon Peres] angreifen, würde sich die Kampagne verzetteln, und Rabin würde davonkommen, weil die öffentliche Meinung Peres die Schuld geben würde.»

Uri Ariel, der Sekretär des Yesha-Rates, bestätigte, daß zwei Diskussionen stattgefunden hatten, bei denen es um Mittel und Wege ging, Rabins emotionale und politische Stabilität zu untergraben. «Wir fragten uns, was zu tun wäre, damit Rabin, der die dominierende Gestalt und voller Selbstsicherheit war, klein beigeben würde», erklärte er. Die Fachleute gaben verschiedene Antworten. Eyal Arad, der Public-Relations-Experte, der an diesen Sitzungen teilnahm, empfahl, auf eine «würdige und legitime» Art ausschließlich Rabin anzugreifen. «Ich wollte Rabin als einen Mann darstellen, der [dem Druck] der Linken nachgegeben hatte», erinnerte er sich. Zu diesem Zweck schlug er eine ausgeklügelte Taktik vor, die die Schwäche des Ministerpräsidenten herausstellen

---

* Laut einer Meinungsumfrage, die das Guttman Institute of Applied Social Research am 12. September 1993 veröffentlichte – am Tag vor der Unterzeichnung des Osloer Abkommens –, waren 62 Prozent der israelischen Juden für den Plan und 71 Prozent dazu bereit, einen kleinen Teil des Westjordanlands bis hin zum gesamten Gebiet für ein Friedensabkommen mit den arabischen Staaten aufzugeben.

und zugleich verdecken sollte, daß er sich erst aufgrund einer sorgfältigen Überprüfung seiner Politik auf direkte Verhandlungen mit der PLO eingelassen hatte. Uri Elitsur, der Chef der Public-Relations-Abteilung des Yesha-Rates, drängte ebenfalls darauf, Rabin als Werkzeug linker Elemente in seiner Regierung darzustellen, und forderte dafür eine Angriffslinie, die sich «aggressiv, an der Grenze zur Gewalt» bewegte. «Der Ausgangspunkt der Diskussion war meine Einschätzung, daß Jitzhak Rabin eine ‹Fassade› war, hinter der Kräfte [der Linken] agierten, die scheitern würden, wenn es uns gelänge, diese ‹Tarnung› zu entfernen ... Von unserem Standpunkt aus war es vollkommen legitim anzunehmen, daß wir vielleicht das Rad zurückdrehen könnten, wenn es uns möglich wäre, eine Kampagne [gegen] Rabin zu starten. [Unsere] professionelle Meinung war, dies sei legitim und erlaubt, und wir sollten [Rabin], wenn möglich, in Verruf bringen.»

Andere Teilnehmer an diesen Diskussionen favorisierten eine kühnere und härtere Offensive. Einer von ihnen war der siebenundsechzigjährige Anwalt Elyakim Ha'etzni. Er war Mitbegründer des Yesha-Rates und ehemaliger Knessetabgeordneter der erloschenen rechtsradikalen Tehiya-Partei, lebte in der Siedlung Kiryat Arba und genoß einen wohlverdienten Ruf für exzentrisches, um nicht zu sagen widerwärtiges Gebaren. Es war Ha'etzni, der mehr als jeder andere Rabins Wut gegen Gush Emunim entfacht hatte. Während Rabins erster Amtszeit als Ministerpräsident hatte Ha'etzni dem amerikanischen Außenminister Henry Kissinger, der damals, 1975, das Interimsabkommen zwischen Israel und Ägypten vermittelte, das Schimpfwort «Judenbengel» zugerufen.* Auf dasselbe rhetorische Talent griff Ha'etzni zurück, als er sich später die provozierendsten Anti-Oslo-Autoaufkleber ausdachte. Im November 1993 war er einer der drei ehemaligen Knessetabgeord-

---

* Interessanterweise erwähnt Rabin die Gush Emunin nur einmal in seiner Autobiographie von 1979, *The Rabin Memoirs*, und zwar anläßlich dieses Vorfalls. In seiner Darstellung enthüllte er auch, daß Rabbiner Kook Kissinger als «Mann einer nichtjüdischen Frau» bezeichnet habe.

neten, die in einem offenen Brief Soldaten und Polizisten aufriefen, den möglichen Befehl, die Siedlungen zu räumen, zu verweigern. Zugleich warnten sie, daß die Abtretung jeglicher Gebiete an die Palästinenser zu einem Bürgerkrieg führen würde. Im März 1995 versuchte er erneut die Armee zur Revolte aufzuhetzen, indem er dem Chef des Kommandos Mitte der IDF, Generalmajor Ilan Biran, bei einem Treffen mit Siedlern in Hebron sagte: «... In Hitlerdeutschland gab es Offiziere, die begriffen, daß ihre Regierung das deutsche Volk in den Untergang führte, und sie erhoben sich und rissen ihre Abzeichen herunter und bezahlten dafür mit dem Leben. Auch bei uns führt die Regierung das Volk in den Untergang.»

Ha'etzni machte auf den amerikanischen Journalisten Robert I. Friedman* einen so starken Eindruck, daß er ihn in der *Village Voice* vom März 1994 mit dem französischen Offizier verglich, «der die Verschwörung anzettelte, um de Gaulle zu ermorden, weil dieser die Besetzung Algeriens beendet und ihm die Unabhängigkeit gewährt hatte. Wenn Rabin nicht mit Fanatikern wie Ha'etzni fertig wird», fügte Friedman hinzu, «wird Israel von den Zeloten überwältigt.»

Ha'etzni, gleichermaßen talentiert, wenn es um historische Vergleiche ging, zog eine vermeintliche Parallele zwischen der Regierung Rabin und dem französischen Vichy-Regime während des Zweiten Weltkriegs. «Jene, die Groß-Israel treu sind, haben das Recht, eine Regierung, die Gebiete aufgibt, für illegal zu erklären, ebenso wie de Gaulle die Vichy-Regierung für illegal erklärt hat», verkündete er auf jedem verfügbaren Podium. Er zog sogar eine direkte Parallele zwischen Rabin und Marschall Pétain: «Wir werden [die Unterzeichnung des Osloer Abkommens] so behandeln, wie Kollaboration mit den Nazis im besetzten Frankreich behandelt wurde ... Dies ist ein Akt des Verrats, und der Tag

---

* Autor von *The False Prophet: Rabbi Meir Kahane* und *Zealots for Zion: Inside Israel's West Bank Settlement Movement.*

wird unweigerlich kommen, an dem Rabin für diesen Akt zur Rechenschaft gezogen wird wie damals Pétain.» In den Besprechungen des Yesha-Rats verlangte er, Rabins Namen bei jeder Erwähnung das Wort «Verräter» hinzuzufügen.

Die beiden Sitzungen des Yesha-Rates endeten ohne Entscheidung und waren im strengen Sinne nur ein informeller Meinungsaustausch. Am Ende der Diskussionen wurde nicht abgestimmt, und die Aktionszentrale bekam nicht die eindeutige Weisung, Rabin direkt aufs Korn zu nehmen. Allerdings erstattete ein Siedler aus Hebron, der an beiden Treffen teilgenommen hatte, dem Aktionsrat Bericht. «Bei den Diskussionen wurden eine Menge Vorschläge gemacht», sagte er, «und mehrere Teilnehmer sagten, man dürfe keine Skrupel haben, Rabin als Verräter anzuprangern.» Die Botschaft, die der Aktionszentrale wenn auch informell übermittelt wurde, lautete also, daß das Yesha-«Establishment» eine Strategie der direkt gegen den Ministerpräsidenten gerichteten Attacken favorisierte, und zwar in der schärfsten Sprache. Diese beiden Vorgehensweisen stießen in der Aktionszentrale auf freudige Zustimmung, nicht zuletzt wegen des Temperaments der Mitglieder.

Ihr Leiter, der zweiundvierzigjährige Ya'akov Novick, der die Organisation von einem heruntergekommenen Haus in einer orthodoxen Wohngegend Jerusalems aus leitet, ist ein hervorragendes Beispiel für die neue Sorte von Haredim-Nationalisten. Novick ernährt seine Frau und elf Kinder von dem Gehalt aus seiner Tätigkeit für die Aktionszentrale, wo er mit ausgesprochenem Talent Großereignisse organisiert. Zur Verfügung hatte er drei Druckerpressen für Poster, Plaketten und Aufkleber sowie eine Wagenflotte (bereitgestellt vom Yesha-Rat) und eine kleine Armee von Freiwilligen – zumeist Jeschiwa-Studenten der Haredim, die nach langen Stunden stiller und meist einsamer Talmudstudien, die ihnen automatisch Regierungsstipendien einbrachten und den Militärdienst ersparten, viel Energie zur Verfügung hatten. Der Polizei war Novick auch bekannt als grobschlächtiger und aufbrausender Mann, der so kaltschnäuzig war, den Jerusalemer Polizeichef Aryeh Amit während der Auflösung einer gewalttätigen Demonstration vor der Residenz des Ministerpräsidenten zu bedrohen: «Wart nur, dich nehmen wir uns auch noch vor!» schrie er Amit inmitten eines Handgemenges an. Als man ihn zur Befragung vorlud und ihn wegen seines Verhaltens scharf verwarnte, erklärte Novick, er habe mit Amit «im Rahmen des Gesetzes» umgehen wollen. Die Polizei war damit nicht zufrieden. Ein paar Tage später, als er wieder ins Polizeihauptquartier vorgeladen wurde (diesmal, weil er zu einer Demonstration aufgerufen hatte, ohne vorher die Genehmigung einzuholen) und nicht erschien, wurde er in seinem Büro festgenommen. Novick beklagte sich wütend, er sei ein Opfer der «politischen Verfolgung rechter Aktivisten», doch es wurde keine Anklage gegen ihn erhoben. Er organisierte erneut Demonstrationen, «um einen Wahlsieg der Arbeitspartei bei den nächsten Wahlen zu verhindern» und der Öffentlichkeit zu zeigen, daß der Friedensprozeß nicht «der natürliche, normale Gang der Dinge ist, den die Menschen hinnehmen müssen».

Novicks Stellvertreter, Gadi Ben-Zimra, war ebenfalls ein Haredim-Nationalist, der in der Siedlung Ma'aleh Levonah im Westjordanland lebte und an der Jeschiwa Josefsgrab in Nablus bei dem rassistischen Rabbiner Yitzhak Ginzburg studierte. Im Gegensatz zu Novick beschränkte er sich nicht auf verbale Gewalt. Auf dem Höhepunkt der Intifada 1989 nahm Ben-Zimra zusammen mit dreißig anderen Jeschiwa-Studenten am «Marsch» durch das palästinensische Dorf Kifl Harith teil. Der Zweck solcher Unternehmungen ganz im Sinne der Weltanschauung der Gush Emunim bestand darin, den Palästinensern zu zeigen, wer die wahren «Herren des Landes» seien. Im Verlauf des «Besuchs» in Kifl Harith kam es zu einem Zusammenstoß mit den Bewohnern, die klagten, die Marschierer hätten in ihrem Dorf randaliert. Die Siedler behaupteten später, sie seien grundlos attackiert worden und hätten in die Luft geschossen, um sich die Angreifer vom Leib zu halten. Einer dieser Schüsse tötete jedoch ein dreizehnjähriges palästinensisches Mädchen, und die ballistische Prüfung ergab, daß die Kugel aus dem Gewehr Ben-Zimras abgefeuert worden war. Des Totschlags angeklagt, bekannte er sich schuldig, um Strafminderung zu erhalten, und wurde wegen schwerer Körperverletzung mit Todesfolge zu acht Monaten Gefängnis verurteilt. Nummer drei in der Rangordnung der Aktionszentrale war der sechsundvierzigjährige Meir Indor, ein Gründungsmitglied der Gush Emunim, der wegen des Verdachts verhaftet worden war, Mitglied des jüdischen Untergrunds zu sein, jedoch nach dem Verhör freigelassen wurde (wonach beunruhigende Gerüchte auftauchten, er habe der Shabak die anderen Mitglieder verraten). Indor ist heute vor allem als Kopf einer kleinen, aber schlagkräftigen Gruppe namens Victims of Arab Terror (VAT, Opfer des arabischen Terrors) bekannt, die schon lange vor dem Osloer Abkommen gegen den Friedensprozeß zu demonstrieren begann – damals aus Protest gegen den Beschluß der Regierung Shamir, an der Madrider Konferenz von 1991 teilzunehmen. Indor reichte sogar eine Petition beim Internationalen Gerichtshof in Den Haag ein mit der Forderung, das Osloer Abkommen für ungültig zu erklären. (Die VAT hielt es im übrigen auch für angemessen, die Familie von Dr. Baruch Goldstein als Opfer des arabischen Terrors anzuerkennen.) Darüber hinaus war Meir für eine Reihe provozierender Transparente verantwortlich, die bei regierungsfeindlichen Demonstrationen auftauchten. Eines zeigte Rabin in einem *keffieh* (einem traditionellen arabischen Kopftuch) und trug die Aufschrift «Lügner». Ein weiteres verband das berühmte Foto von Rabins und Arafats Händedruck nach der Unterzeichnung des Osloer Abkommens mit einer Definition von Aids als einer «Krankheit, die manchmal entsteht, wenn gebildete Menschen ihren Impulsen freien Lauf lassen und sich unverantwortlich und ohne die angemessene Vorsicht verhalten».

Indor war auch der erste Demonstrant, der ein Schild trug, auf dem Jitzhak Rabin offen als Verräter beschimpft wurde. Das dreiste Plakat schwang er bei einer Demonstration in der nordisraelischen Stadt Afula, nachdem dort im April 1994 ein terroristischer Angriff stattgefunden hatte. Er hatte sich vorher nicht mit seinen Mitarbeitern in der Aktionszentrale abgestimmt, und sie machten ihm später daraus keinen Vorwurf. Im Gegenteil, die unverfrorene Botschaft forderte bei den an der Protestbewegung beteiligten Gruppierungen keinen Widerspruch heraus, und die Plakate aus der Aktionszentrale mit der Aufschrift «Rabin ist ein Verräter» wurden wenig später zur gängigen Ausstattung bei Mahnwachen und Demonstrationen. Nach dem Attentat bezeichneten zwei Likud-Führer und ein Mitglied des Yesha-Rates Indor als «fanatisch» und «verrückt». Niemand verlangte jedoch, auf die Dienste der Gruppierung zu verzichten, in der er eine zentrale Rolle spielte.

Der Vierte in der Rangordnung der Aktionszentrale bemühte sich, seine Verbindung mit der Organisation geheimzuhalten. Der neununddreißigjährige Baruch Marzel, dessen Name gleichbedeutend ist mit der Kach-Bewegung Meir Kahanes, hatte Grund genug, im Schatten zu bleiben. Nachdem er Mitte der achtziger Jahre als parlamentarischer Mitarbeiter Kahanes tätig gewesen war, wurde er nach Kahanes Tod der prominenteste Kach-Aktivist, der seinen Mitstreitern nach der Unterzeichnung des Osloer Abkommens den Weg wies mit den Worten: «Wir haben vor, alles zu tun, um den Friedensprozeß aufzuhalten. Ein Strom von Blut wird Peres' Phantasien wegwaschen.» Elfmal wurde er für verschiedene Delikte verurteilt – vom Landfriedensbruch über Körperverletzung und Vandalismus bis hin zum bewaffneten Angriff auf einen Polizisten –, und ein vertraulicher Polizeibericht von 1994 stuft ihn als «gewalttätig und gefährlich» ein. Einen Großteil seiner Macht bezog er aus der engen Verbindung mit Rabbiner Moshe Levinger. Dieser hatte 1968 die ersten Siedler nach Hebron geführt, sich an Gewalttaten gegen arabische Bewohner der Stadt beteiligt und war schuldig geworden, weil er auf dem Marktplatz von Hebron ein arabisches Mädchen umgebracht hatte. Im Jahr 1985 wurde Marzel fotografiert, als er aus Ärger über die Entscheidung der Regierung, palästinensische Gefangene freizulassen, an einer Kreuzung in Hebron palästinensische Autos mit Fußtritten traktierte, wobei ihm der mit einem Gewehr bewaffnete Levinger Deckung gab. Marzel hatte auch mächtige Hintermänner bei den Haredim, darunter enge Mitarbeiter des Rabbiners Mordechai Eliyahu (der bei Kahanes Bestattung in Jerusalem die Totenrede hielt).

Erst im März 1994, nachdem die Kach-Bewegung verboten worden war, gingen die Behörden entschlossen gegen Marzels Banditentum vor, setzten ihn neun Monate lang in «administrative Verwahrung»* und hielten ihn danach zwei Jahre lang unter Hausarrest. Trotz seiner eingeschränkten Bewegungsfreiheit war er die treibende Kraft der Hetzmaschinerie des Aktionszentrums.

Marzel zog Anfang der achtziger Jahre nach Hebron, in eine Stadt mit 80 000 Palästinensern und etwa 500 Juden, wo er zu einem geschätzten Mitglied der dortigen Siedlergemeinschaft wurde. Ungeachtet dieses haarsträubend schiefen Bevölkerungsverhältnisses verkünden die Siedler dort seit dreißig Jahren, Hebron sei eine «jüdische Stadt», und ihre Zusammenballung auf drei Areale hat die Stadt zum meistgefeierten «heißen Ort» in den besetzten Gebieten gemacht. Das Vorbild für die jüdischen Milizen entstand in Hebron: Siedler aus der lokalen Gemeinschaft und der benachbarten Siedlung Kiryat Arba übten regelmäßig «Vergeltung» an der muslimischen Bevölkerung, warfen Stände auf dem Gemüsemarkt um, beschädigten arabische Autos und schossen sogar auf ihre arabischen Nachbarn. Nach gewalttätigen Zwischenfällen – darunter das Massaker an neunundzwanzig Palästinensern durch einen Siedler aus Kiryat Arba – waren es jedoch immer die 80 000 palästinensischen Einwohner der Stadt, denen eine Ausgangssperre auferlegt wurde, wobei das ohnehin schon marode Wirtschafts-

---

* Inhaftierung ohne Gerichtsverfahren, gemäß der von der britischen Mandatsregierung 1945 erlassenen Notstandsverordnung, die von Israel nach 1948 beibehalten wurde. Diese Verordnung bestimmt «Hetze» als «alles, was Haß gegen die Regierung oder ihre Minister hervorruft», doch israelische Juden wurden selten danach bestraft.

leben der Stadt weiter aufs Spiel gesetzt wurde, während die Siedler ihren Alltag ungestört fortsetzen durften. Doch die feindseligen Reaktionen, mit denen sich die Siedler konfrontiert sahen, schienen sie nur noch zu ermuntern und ihre Entschlossenheit zu bestärken, und sie verwandelten ihre Gemeinschaft in die schlagkräftigste, bestorganisierte und -finanzierte Siedlung in den besetzten Gebieten. In den zwei Jahren zwischen der Unterzeichnung des Osloer Abkommens und dem Mord an Ministerpräsident Rabin kamen etwa eine Million Israelis und jüdische Touristen in die Stadt, wo sie sich Vorträge darüber anhörten, warum der Friedensprozeß gestoppt werden müsse. Das Zentrum organisierte Seminare, in denen Zehntausende von Schülern, Universitäts- und Jeschiwa-Studenten über die jüdische Geschichte Hebrons belehrt wurden. Es überflutete Synagogen in Israel und im Ausland mit Büchern und Pamphleten; es stellte zahllose Plakate und Autoaufkleber her mit dem Slogan: «Hebron ... seit damals und für immer»; und es gründete zusammen mit dem Aktionszentrum eine Nachrichtenagentur namens «Eine Stimme aus dem Feld», die Meldungen über die besetzten Gebiete und PR-Material über rechte Politiker verbreitete.

Bei diesen und vielen anderen Machenschaften hatte Marzel die Hände im Spiel. Wenn er nicht gerade mit Gewalttaten beschäftigt war oder sich dem Zugriff der Polizei zu entziehen suchte, gab er Anstöße für Propagandasendungen, ließ sich Slogans einfallen, bearbeitete Politiker, fütterte «Eine Stimme aus dem Feld» mit «Informationen» und organisierte Sommerlager, in denen Siedlerkinder mit der araberfeindlichen Kach-Ideologie indoktriniert und in den Feinheiten von Milizaktionen ausgebildet wurden. Während Marzel noch unter Hausarrest stand, hatte er auch mehrmals täglich telefonischen Kontakt mit Ya'akov Novick, für den er Konzepte entwickelte und Ratschläge in Einzelfragen gab. Allerdings achtete er immer sorgfältig darauf, sein Engagement geheimzuhalten, damit die Verbindung zwischen der legalen politischen Opposition und der verbotenen Kach-Bewegung nicht offenkundig wurde. Sobald die Rechte wieder an der Macht war, zeigte er sich weniger zimperlich, wenn es um das Eingeständnis seiner Beziehungen ging: «Paradoxerweise», enthüllte er in einem Interview im Oktober 1996, «war die Kach in die öffentlichen Gremien und die Kampagne [gegen Rabin] eingegliedert. Ich werde nicht sagen, wo genau, denn nicht alle [daran Beteiligten] sind daran interessiert, daß bekannt wird, daß sie mit Kach-Leuten zusammengearbeitet haben.» Efraim Cohanim, der Schatzmeister des Yesha-Rates, bestätigte diese Beziehung: «Baruch Marzel [war] das Aktionszentrum von Hebron, doch in aller Stille. Novick [war] sein Deckmantel.»

Es gab also eine nachweisbare Verbindung zwischen dem «gewalttätigen und gefährlichen» Kach-Führer Baruch Marzel und der Kräftekoalition, die die Kampagne gegen Rabin führte. Jedesmal, wenn Gewalttätigkeiten ein schlechtes Licht auf ihre Demonstrationen warfen, behaupteten die Führer des Likud und des Yesha-Rates, sie hätten versucht, den Extremisten Einhalt zu gebieten. Doch eine ganze Galerie bekannter Extremisten wie Ben-Zimra, Indor und Marzel steuerte die Oppositionskampagne nach ihren eigenen Spielregeln. «Wir alle hatten begriffen, daß die Öffentlichkeit das Interesse verlieren würde, wenn wir nicht ganz radikale Methoden einsetzten», erläuterte Marzel die stillschweigende Übereinstimmung in der Strategiefrage. «Darüber herrschte Einverständnis in allen Kreisen [der Anti-Rabin-Kampagne].»

Die Achse, um die sich die Kampagne drehte, war Uri Ariel, der einundvierzigjährige Sekretär des Yesha-Rates. Ariel ist kein Extremist. Seine Kollegen bezeichnen ihn als einen entschiedenen Pragmatisten mit kühlem Kopf, der – in den achtziger Jahren als Leiter des Siedlerarmes der Gush Emunim, Amana – persönlich verantwortlich war für die Gründung vieler der 140 Siedlungen in den besetzten Gebieten. Als Mitbegründer der Gush Emunim und Reserveoffizier sah man ihn oft in den Wandelgängen der Macht, wo er Befehle brüllte und versuchte, Minister und Beamte dazu zu bewegen, mehr Land zu enteignen und zusätzliche Haushaltsmittel für die Siedler zu bewilligen. Zudem ist er ein Mann mit beträchtlichem körperlichem Mut. Bei zwei Gelegenheiten, als Demonstrationen aus dem Ruder liefen, stellte er sich persönlich in den Weg der erregten Menge und versuchte sie aufzuhalten – einmal vor dem King-David-Hotel, wo sich der amerikanische Außenminister Warren Christopher aufhielt, ein andermal gegen Ende einer Demonstration, als die Menge drauf und dran war, sich randalierend in die Gassen der mauerumsäumten Altstadt von Jerusalem zu stürzen. In Ariels Macht hätte es gestanden, die Zusammenarbeit des Yesha-Rates mit dem Aktionszentrum zu beenden, besonders nachdem eine Reihe von Kollegen ihn vor dessen Leuten und Novicks Verbindungen zu Marzel gewarnt hatten. Doch er beachtete weder ihre Warnungen noch die erschreckenden Hinweise darauf, welche Früchte die Hetze tragen konnte.

Zwei von Ariels Mitarbeitern, die sich besonders beunruhigt zeigten über den brandstifterischen Einfluß des Aktionszentrums auf die Öffentlichkeitskampagne, waren der Rabbiner Bin-Nun und der damalige Sprecher des Yesha-Rates, Aharon Domb. Nach der Demonstration in Afula, bei der Indor erstmals das Schild trug, auf dem Rabin als Verräter bezichtigt wurde, rief Bin-Nun Ariel an und drängte ihn, den haßerfüllten Aufrufen Einhalt zu gebieten.

«Wir sind nicht unschuldig in dieser Sache mit den Schildern und den ‹Verräter›-Rufen», warnte er den Ratssekretär. «Du weißt, wer dahintersteckt: Meir Indor. Halte ihn auf!»

Doch Ariel hatte selbst ein Hühnchen mit dem Ministerpräsidenten zu rupfen und antwortete emotionsgeladen: «Ich werde nicht eingreifen, weil Rabin uns ignoriert und [uns] bei jeder Gelegenheit attackiert.»

«Ich war nicht bereit, derjenige zu sein, der die Extremisten hinauswarf», erklärte Ariel später seine Entscheidung. «Es gibt immerhin die Polizei, und sie wußte von den Demonstrationen. Meine Haltung war, dies sei die Aufgabe der Polizei. Wir versuchten Einfluß auf das auszuüben, was auf den Schildern stand, und wir selber haben nie ein Plakat mit dem Aufdruck ‹Verräter› oder ‹Mörder› hergestellt. Das ‹Verräter›-Schild war mit uns nicht abgestimmt; es [kam aus] dem Aktionszentrum. Wir haben mit ihnen [darüber] gesprochen, doch wir haben ihnen nie ein Ultimatum gesetzt, das Schild zu entfernen.»

Den tieferen Grund für den fehlenden Willen des Yesha-Rates, in die Entwicklung einzugreifen, erläuterte Aharon Domb, den der zunehmend haßerfüllte Ton der Proteste ebenfalls beunruhigte. «Die Siedler leben in einem Zustand anhaltender Paranoia und bilden sich ein, daß die ganze Welt gegen sie sei, und dieses Gefühl treibt die Leute zum Äußersten», sagte er in einem freimütigen Gespräch, das seinen Ruf als eigenwilliger Kopf unter seinen Kollegen bekräftigte. «Es gibt [eine starke Neigung zum] konformistischen Denken, und es wird nicht hingenommen, wenn man die Stimme gegen das ‹Lager› erhebt. Gegenseitige Kritik wird unter uns nicht toleriert; man wird dann sofort beschuldigt, den Gegnern Munition zu liefern ... Um [also] Streit zu vermeiden, haben wir die Augen von Machenschaften abgewandt, die gelegentlich ins Extremistische ausschlugen. Ich war vehement dagegen, das Problem so zu behandeln, aber ich wußte, daß ich mich nicht durchsetzen würde.»

Selbst als einzelne Mitglieder des Yesha-Rats versuchten, das Aktionszentrum auf Linie zu bringen, schmetterte Novick ihre Vorhaltungen mit der höhnischen Bemerkung ab, ohne ihn seien sie machtlos. «*Ihr* wollt Geld auftreiben und die Leute auf die Straße bringen?» spottete er bei einem besonders spannungsgeladenen Treffen mit einem der Yesha-Verantwortlichen. «Wir sind die einzigen, die dazu in der Lage sind!» Bei einer Konfrontation, so erinnerte sich Bin-Nun, habe er Novick deutlich daran erinnert, daß nur der Yesha-Rat berechtigt sei, die politische Linie festzulegen. Als Antwort habe ihm Novick ins Gesicht gelacht. «Sie verachteten die ‹Faulpelze› und ‹politischen Schreiberlinge› im Yesha-Rat. Sie hielten uns für eine Bande von Taugenichtsen mit überzogener Selbsteinschätzung. Es war ein Schlamassel. Der Yesha-Rat tat so, als träfe er die Entscheidungen und leite [die Kampagne], doch in Wahrheit geschah genau das Gegenteil.»

Ariel selbst wurde offenbar mulmig zumute angesichts der aus dem Ruder laufenden Allianz mit dem Aktionszentrum, denn in einem Punkt war er extrem vorsichtig: Er tat alles in seiner Macht Stehende, um Novick und seine Stellvertreter von den Mitgliedern des Politischen Leitungszentrums fernzuhalten. Einer der Knesset-abgeordneten in dieser Gruppe spürte Ariels Furcht, daß Novick und seine Leute, ließe man sie an den Treffen teilnehmen, wahn-witzige Ideen vertreten würden, die die Parlamentarier verschrecken und den Konsens im «nationalen Lager» gefährden würden. «Uri wußte, daß sie Zwietracht säen würden. Die Leute vom Aktions-zentrum beschwerten sich einige Male bei ihm, weil sie nicht zu [unseren] Treffen eingeladen wurden, und schließlich kamen sie in die Knesset und setzten sich ohne Einladung dazu.» Novick und Ben-Zimra druckten also nicht nur die Schilder, auf denen Rabin als Verräter und Mörder bezeichnet wurde, und peitschten nicht nur die Gemüter auf der Straße auf, sie saßen auch mit Benjamin Netanjahu und anderen Mitgliedern der parlamentarischen Opposition zu-sammen, um die Kampagne von der Knesset aus zu schmieden.

Tatsache ist, daß sich der Sekretär des Yesha-Rates die Mühe hätte sparen können, Novick und seine Gehilfen vom Politischen Leitungszentrum fernzuhalten, weil es ohnehin schon eine direkte Verbindung zwischen den Likud-Vertretern in diesem Gremium und dem Aktionszentrum gab. Geknüpft wurde sie von zwei Männern: dem Knessetmitglied Tsachi Hanegbi und dem Chef der Operativen Abteilung des Likud, Reuven Zadok.

Hanegbi, einer der engsten und vertrautesten Mitstreiter Netan-jahus, war genau der richtige Mann, um die Verbindung zu Novick und Konsorten herzustellen. Als in der Wolle gefärbter säkularer Nationalist wuchs Hanegbi mit der klassischen Ideologie der israelischen Rechten auf, lange bevor von der Gush Emunim die Rede war. Seine Mutter, Geula Cohen, hatte in der Stern-Gang gekämpft (der radikaleren der beiden rechten Untergrundbewegun-gen, die vor der Staatsgründung terroristisch gegen das britische Mandatsregime vorgingen). Sie war Mitbegründerin der von Siedlern getragenen Tehiya-Partei, die den Likud auf der Rechten überflügeln sollte, und verließ unter Protest die Regierung Jitzhak Shamirs, weil diese an der Madrider Friedenskonferenz von 1991 teilgenommen hatte. Ihr Sohn ließ seinen politischen Leidenschaften auf weniger geordneten Bahnen freien Lauf. Als Student an der Hebräischen Universität erwarb er sich Anfang der achtziger Jahre einen Ruf als schlagkräftiges Mitglied einer Campusgruppe, die gewaltsame Zusammenstöße mit arabischen Studenten provoziert und bei einer Gelegenheit mit Ketten auf diese eingeschlagen hatte. Das Gericht, das sich seine Aussage in einem dieser Fälle anhörte, fühlte sich zu dem Kommentar veranlaßt, «die Wahrheit ist nicht sein Leitbild». Hanegbi kräftigte seinen zweifelhaften Ruf noch, als Israel 1982 den Rückzug von der Sinai-Halbinsel abschloß und er sich mit einer Gruppe von Fanatikern in einem Bunker in der Stadt Yamit verbarrikadierte und drohte, sich umzubringen, sollte der Rückzug nicht gestoppt werden. Sein Ruf als «böser Junge» änderte sich auch nicht, als er die politische Bühne betrat. Eine Dekade später, als er schon Mitglied der Knesset war, zog er bei einem Streit mit einem Taxifahrer über eine Parklücke eine Pistole. Und noch im Oktober 1995, nur ein paar Wochen vor dem Mord an Rabin, fand das Knessetmitglied Hanegbi einen Weg, sich in die Lautsprecheranlage einzuklinken, über die der Ministerpräsident bei einer öffentlichen Versammlung sprach, ihn aus der Leitung zu werfen und seine regierungsfeindliche Propaganda auf die Menge loszulassen. (Hinzugefügt werden sollte, daß diese Vorfälle aus dem Gedächtnis der Öffentlichkeit verschwunden wären, wenn die Presse sie nicht noch einmal groß herausgebracht hätte, als Netanjahu im November 1996 Hanegbi das hochangesehene Amt des Justizministers anvertraute.)

Hanegbi war Reuven Zadoks direkter Vorgesetzter in der Verbindungskette zwischen dem Likud und dem Aktionszentrum, und kontrollierte täglich dessen Arbeit. Wie sich Likud und das Aktionszentrum untereinander abstimmten, hat Zadok später beschrieben:

«Die Abstimmung mit dem Aktionszentrum fand auf zwei Ebenen statt. Auf der höheren trafen sich Vertreter der Oppositonsparteien [, um die] Grundsätze [festzulegen]. Unser Vertreter dort war Tsachi Hanegbi. Sie diskutierten verschiedene Vorhaben bis hinunter zur Frage der Schilder. Die nachgeordnete Ebene, auf der es um die Koordination ging, bestand aus Novick, Reuven Cohen (dem operativen Leiter des Aktionszentrums) und mir als dem Vertreter des Likud. Unsere Treffen fanden in Novicks oder meinem Büro statt. Wir stimmten alles bis auf die kleinste Einzelheit ab … [und] nach einem Treffen mit den Leuten des Aktionszentrums legte ich dem Likud-Verantwortlichen immer einen Arbeitsplan und ein Budget vor. An allen Demonstrationen, die wir gemeinsam mit dem Aktionszentrum auf die Beine stellten, nahm Bibi teil und trat als Sprecher auf.»

Die vielen unterschiedlichen und zumeist großen Demonstrationen wurden zusammen von dem Gemeinsamen Führungsstab, dem Yesha-Rat sowie dem Aktionszentrum finanziert. Eine besonders wüste Demonstration fand am 2. Juli 1994 statt, am Tag nachdem Jasir Arafat sich in den Gazastreifen begeben hatte, um als Chef der neu geschaffenen Palästinensischen Autonomiebehörde die Verwaltung dieses Gebietes und von Jericho im Westjordanland zu übernehmen. Im Zentrum von Jerusalem drängten sich an diesem stickigen Samstagabend 100000 Demonstranten. Patriotische Musik dröhnte aus den Lautsprechern, Likud- und Kach-Anhänger bildeten Menschenketten, pflügten mit den wehenden Flaggen ihrer Bewegungen durch die Menge und schrien «Rabin ist ein Homo!» und «Rabin ist ein Hurensohn!». Rowdygrüppchen sangen immer wieder «Tod den Arabern», und über Megaphone wurden Sprechchöre angeheizt, die verkündeten: «Mit Blut und Feuer verjagen wir Rabin.» Unterdessen wurden in der besten Tradition der Intifada-Proteste Bilder von Arafat und eine palästinensische Flagge verbrannt. Über einem Balkon des Hotels Ron, auf dem die Sprecher standen, hing ein großes Transparent, das die «Schlacht um Jerusalem» verkündete, ein Motto, das durch angebliche Berichte inspiriert war, Arafat werde in die israelische Hauptstadt kommen, um in der Al-Aqsa-Moschee zu beten.* Wirklich aufgestachelt war die Menge jedoch durch ein riesiges Transparent am Balkongitter: «Tod für Arafat». Netanjahu, der zu den Demonstranten sprach, bemühte alle erdenklichen apokalyptischen Schreckensbilder: «Wir sind hier aus drei Gründen: Jerusalem, Galiläa und Negev ... Dieser gemeine Mörder [Arafat] wird nun von der gegenwärtigen israelischen Regierung mitgeschleift, die es ihm in ihrer Blindheit erlaubt, die erste Phase seines Plans umzusetzen: die Zerstörung des jüdischen Staates.» Die Menge unterbrach ihn wiederholt mit dem ohrenbetäubenden Sprechchor *«Rabin boged!»* («Rabin ist ein Verräter!»).

Netanjahu mußte nicht unbedingt vor einer erregten Demonstrantenmenge auftreten, um den Leuten seine Botschaft einzuhämmern, daß Rabin gegenüber den Palästinensern zu nachgiebig sei. Drei Monate später, am 19. Oktober 1994, sprengte ein Selbstmordattentäter der Hamas auf der Dizengoff Street in Tel Aviv einen vollbesetzten Bus in die Luft. Zwanzig Menschen wurden getötet und Dutzende verletzt. Auf der Straße bot sich ein Bild des Grauens. Die Bilder von den verkohlten Leichen in den Trümmern des Busses, von zerfetzten Körperteilen, die auf die Dächer der umliegenden Gebäude geschleudert worden waren, und das Chaos, das über die schicke Hauptverkehrsstraße in Tel Aviv hereingebrochen war, stürzten das Land in Schock und Panik. Bald nach der Explosion kam der sichtlich erschütterte Rabin persönlich, um sich ein Bild von der Katastrophe zu machen.

* Während der Regierungszeit der Arbeiterpartei wurde es Jasir Arafat in Wahrheit nur einmal gestattet, israelischen Boden zu betreten, und zwar nach dem Mord an Rabin, um der Familie des Ministerpräsidenten in Tel Aviv einen Kondolenzbesuch abzustatten. Er wurde nicht einmal zur feierlichen Unterzeichnung des jordanisch-israelischen Friedensabkommens eingeladen, die im Oktober 1994 auf der Grenze zwischen den beiden Ländern nördlich des Roten Meers stattfand.

Es war eine besonders schwierige Zeit für den Ministerpräsidenten. Nur fünf Tage zuvor hatte er erfahren, daß er für das bahnbrechende Osloer Abkommen den Friedensnobelpreis erhalten würde, zusammen mit Arafat und dem israelischen Außenminister Shimon Peres. Er wußte auch, daß Israel eine Woche später einen langerwarteten Friedensvertrag mit Jordanien unterzeichnen würde. Doch die palästinensischen Terrororganisationen waren entschlossen, den Friedensprozeß aus der Bahn zu bringen oder ihn zumindest der großen israelischen Öffentlichkeit, die ihn bislang unterstützt hatte, zu vergällen. Die Freude über die Nobelpreisverkündung hatten sie ihm bereits verdorben, denn an jenem Tag mußte Rabin der Nation gegenübertreten und vom Scheitern einer Rettungsaktion für Nachshon Wachsmann berichten. Der israelische Soldat war von Hamas-Terroristen verschleppt und sechs Tage lang gefangengehalten worden, während deren Rabin wütende Vorwürfe gegen die noch in den Kinderschuhen steckende Palästinensische Autonomiebehörde erhoben hatte, weil es ihr nicht gelungen war, das Versteck der Terroristen in Gaza aufzuspüren. Als durchsickerte, daß Wachsmann in Wahrheit im israelisch kontrollierten Westjordanland gefangengehalten wurde, unternahm Rabin rasche Schritte zu seiner Befreiung. Unglücklicherweise scheiterte die Operation, und der neunzehnjährige Soldat wurde von seinen Wärtern gleich zu Beginn des Unternehmens ermordet, das zudem noch einen israelischen Offizier das Leben kostete. Die Autobusbombe war daher die zweite spektakuläre Erinnerung in weniger als einer Woche, wie sehr Israel dem Terrorismus ausgesetzt war, und die psychische Erschütterung, die von ihr ausging, verlangte von den Führern der Nation den Nachweis, daß sie der Lage gewachsen waren. Netanjahu ergriff diese Gelegenheit, um politisches Kapital daraus zu schlagen. Kurz nachdem der Ministerpräsident gegangen war, tauchte er in der Dizengoff Street auf, stellte sich vor die Fernsehkameras und machte Rabin für den Anschlag persönlich verantwortlich: «Der Ministerpräsident hat sich entschieden, Arafat und das Wohlergehen der Bewohner von Gaza über die Sicherheit der Bewohner Israels zu stellen.»

Netanjahu wiederholte diesen Auftritt nicht noch einmal. Die Presse tadelte ihn wegen seines eigensüchtigen Verhaltens in einer Stunde der nationalen Krise, und er befolgte den Rat seiner Public-Relations-Berater, sich ein Image reifer Zurückhaltung zu geben. Hinter dieser Fassade trieb er die Kampagne gegen Rabin jedoch voran. Uri Aloni, Chef des Jungen Likud, erhielt die Anweisung, eine Task force aufzustellen, die Rabins Leben in einen Alptraum verwandeln sollte. Sie gaben sich als Journalisten aus, um Informationen über die Termine des Ministerpräsidenten zu erhalten, und warteten dann auf ihn, um ihn mit Rufen wie «Verräter» und «Mörder» in die Enge zu treiben. «Wir wollten sein Selbstvertrauen zerstören», prahlte Aloni später, «und jedesmal, wenn ich sein Gesicht rot werden sah, als wir ihn unter Druck setzten, wußte ich, daß es uns gelungen war.»

Rabin tat sein Bestes, um das Gegenteil zu beweisen. «Ich verachte sie», sagte er in einem Fernsehinterview im August 1994 über die Zwischenrufer und Sprechchöre. «Wer sind sie? Haben sie in Schlachten gekämpft wie ich? Sind sie verantwortlich für die Errungenschaften des Staates Israel im Bereich der Sicherheit, wie ich es bin?» Diese unwirsche Reaktion war typisch für Rabin, der meist nur schwer die Verachtung für seine Quälgeister verbergen konnte. Zwar wußte er nicht, daß der Yesha-Rat ihn planmäßig zur Verzweiflung bringen wollte, aber er spürte, daß hinter den unablässigen Belästigungen ein System steckte. «Sie sind auf der Jagd nach mir; sie wollen mich brechen», sagte er Nachum Barnea und Shimon Schiffer vom *Yediot Aharonot* in einem am 19. November 1993, zwei Monate nach der Unterzeichnung des Osloer Abkommens, veröffentlichten Interview. «Nicht aus Zufall nennen sie mich einen Verräter. [Aber] ich bin nicht Begin; von mir können sie nichts erwarten.»

Immer wieder erhielt Rabin den Rat, den Zorn der Siedler zu besänftigen und mehr Verständnis für ihre Ängste zu zeigen. Doch für ihn waren sie nicht unglückliche Bauern in einem revolutionären Prozeß (wie sich viele von ihnen selbst darstellen wollten), sondern formidable politische Feinde. Es gab auch eine lange Liste der Auseinandersetzungen zwischen ihm und der Gush Emunim, die bis in seine erste Amtszeit als Ministerpräsident Mitte der siebziger Jahre zurückreichte. Bei einer Reihe von Treffen mit führenden Vertretern der Siedler 1974 machte er ihnen eindringlich klar, daß «Siedlungen nicht die Grenzen des Staates festlegen», daß «Siedlungen in dicht mit Arabern besetzen Gebieten [nicht zugelassen werden dürfen]» und daß «die Regierung nicht jede Verrücktheit von Juden im Land tolerieren» könne. Nur wenige in der Bewegung vergaßen oder vergaben ihm die harsche Charakterisierung der Gush Emunim von 1975: sie sei «keine Siedlungsbewegung, sondern eine gefährliche politische Bewegung» und, schrieb er in seinen Memoiren von 1979, «ein Krebsgeschwür im Körper der israelischen Demokratie».

Als die Siedler 1993 erneut zum Angriff übergingen, entschied sich Rabin dafür, Gleichmütigkeit gegenüber dem Spott und den Beschimpfungen zu zeigen. Von Zeit zu Zeit, überwältigt vom eigenen Temperament, begann er die Quälgeister zu beschimpfen. Verärgert über einen zwanzigtägigen Hungerstreik, der eine Demonstration von Siedlern auf den Golanhöhen auslöste (die eine Hochburg der Arbeitspartei gewesen waren, bis Rabin seine vor den Wahlen vertretene Position aufgab und anzudeuten begann, das Bergplateau werde im Austausch für einen «umfassenden Frieden» an Syrien zurückgegeben), verspottete er die Protestierenden, indem er höhnte: «Sie können sich in ihren Demonstrationen wie Propeller drehen. Das wird ihnen nichts nützen.» Einmal bezeichnete er die Siedler im Westjordanland als «Heulsusen», die «keine wirklichen Israelis» seien, und nach der Unterzeichnung von Oslo II (das 27 Prozent des Westjordanlands unter palästinensische Selbstverwaltung brachte) versetzte er ihnen einen weiteren, viel Haß hervorrufenden Schlag, indem er führenden amerikanischen Juden erklärte, Israel habe sich «für jüdische Werte anstelle von Immobilien» entschieden. Nach der Demonstration auf dem Zionsplatz im Juli 1994 erhob er sogar den Vorwurf, es gebe «einen bösartigen und tückischen Zirkel der Partnerschaft zwischen den Hamas-Mördern und der [israelischen] radikalen Rechten» gegen das Osloer Abkommen, was in der gesamten Opposition einen Aufschrei der Empörung auslöste.

Abgesehen von solchen Ausfällen jedoch versuchte Rabin den Eindruck zu erwecken, das Getrommel gemeiner Beschimpfungen ließe ihn kalt. Selbst in vertraulichen Sitzungen mit seinen Beratern verniedlichte er die persönlichen und politischen Wirkungen, die die hartnäckigen Demonstranten erzielten. Eine mögliche organisatorische Verbindung der ihn andauernd belästigenden Zwischenrufer mit den Oppositionsparteien und dem Yesha-Rat weckte bei ihm kein großes Interesse, und erst Anfang 1995 konnte der Shabak die Verbindungen zwischen dem Politischen Leitungszentrum, dem Yesha-Rat und dem Aktionszentrum nachweisen.* Doch selbst als man ihn im einzelnen darüber informierte, meinte Rabin nur abweisend: «Das stört mich nicht.» Er empfing weiterhin die Führer des Yesha-Rates, mit denen er als Verteidigungsminister während der Intifada eng zusammengearbeitet hatte, und sie hielten auch weiterhin den Anschein des Respekts ihm gegenüber aufrecht. Erst im Sommer 1995, als die Verhandlungen über Oslo II sich dem Abschluß näherten, wandte sich der Shabak wegen Sicherheitsbedenken an Rabin, da der Yesha-Rat die Tonart gewechselt und eine «persönliche Warnung an all jene» veröffentlicht hatte, «die daran beteiligt sind, weiter Trauer, Zerstörung und

---

* In den späten achtziger Jahren stand Rabin in ständigem Dialog mit dem Rabbiner Yoel Bin-Nun und dem Gründer des Aktionszentrums, Yehudah Hazani (der bei einem Wanderunfall 1994 starb und an dessen Stelle Ya'akov Novick trat). Die Diskussionen sollten zu einem gemeinsamen Vorschlag über die Zukunft der besetzten Gebiete führen, endeten aber wegen eines Streits über Hebron. Rabin wollte die jüdischen Siedler aus der Stadt entfernen, und Bin-Nun akzeptierte seine Haltung, doch Hazani beharrte darauf, den Juden müsse erlaubt sein, auf «persönlicher Basis» dort zu leben, und untermauerte dies mit dem Hinweis: «andernfalls werden die Rabbiner nie zustimmen».

Verluste über Israel zu bringen». «Ihr werdet persönlich zur Verantwortung gezogen», hieß es in dem Kommuniqué, «jeder nach seiner Position und dem Grad seiner Beteiligung. Ihr werdet von diese Schande nicht freigesprochen.» Zu den in der Warnung direkt Angesprochenen gehörte auch Ministerpräsident Jitzhak Rabin.

Auch die israelischen Medien, vielleicht beeinflußt von Rabin, schenkten der wütenden Hetze und ihren möglichen Folgen nicht die gebührende Aufmerksamkeit. Die beiden ersten Programme des israelischen Fernsehens berichteten regelmäßig über die Demonstrationen. Doch die schockierendsten Bilder der Menge wurden von ausländischen Nachrichtenagenturen aufgenommen und dort auch gesendet, während die israelischen Kamerateams sich normalerweise am Rand der Menge postierten und den Zuschauern kein authentisches Bild der haltlosen Agitation im Innern der Versammlung zeigten. Zudem ist es möglich, daß die Reporter und ihre Redakteure Verständnis für die Bitten aus dem Büro des Ministerpräsidenten hatten, die Hetzkampagne nicht noch zu verstärken, indem man ihre schlimmsten Auswüchse auch noch ins Fernsehen brachte. Es steht kaum in Zweifel, daß die Medien Rabins Kompromißpolitik mit den Palästinensern gewogen waren und darum eher zurückhaltend über den haßerfüllten Widerstand berichteten. Auch die Dauer der Demonstrationen mag sie für die Medien uninteressant gemacht haben, die sich aktuelleren und damit verlockenderen Nachrichten zuwandten.

Die Gegner der Osloer Vertragspolitik waren zweifellos daran interessiert, so oft wie möglich in den Medien aufzutauchen, und beklagten sich regelmäßig, die Presse würde sie ignorieren. Um einen Filmbericht in den Abendnachrichten herauszuschinden, spielten in Grün gekleidete Frauen «Straßentheater», das die Palästinenser in den gröbsten negativen Klischees darstellte – gleichsam als die Räuber aus dem Märchen von Ali Baba –, womit es ihnen gelang, mehr über die tiefsitzenden Vorurteile der Siedler zu enthüllen als über die Nachteile des Autonomieplans. Nachdem man ein paar dieser Darbietungen gesendet hatte, wurde den Nachrichtenredakteuren allmählich klar, daß solche Stücke eigens für sie inszeniert wurden, und womöglich zählten sie auch die emsige Hatz auf Rabin dazu. Auf die eine oder andere Weise jedenfalls trugen die seriösen Medien, indem sie der unablässigen Verteufelung des Ministerpräsidenten nur sporadische Aufmerksamkeit widmeten, dazu bei, daß die israelische Öffentlichkeit das Phänomen auf die leichte Schulter nahm, womit sie weder Rabin noch dem Friedensprozeß einen Dienst erwiesen.

Unterdessen wurden die Auswirkungen der Hetze von gewissen «spezialisierten» Medien keineswegs ignoriert, sondern sie trugen heftig zu ihrer Verbreitung bei. Dazu zählte der Piratensender Arutz 7 («Band 7»), der von einem Studio im Westjordanland und von einem Schiff aus sendete, das angeblich außerhalb der israelischen Hoheitsgewässer vor Anker lag (während Radaraufnahmen der israelischen Marine zeigten, daß es meist eine Meile vor der Hafenstadt Ashdod ankerte). Arutz 7 wurde 1988 gegründet, als Gegengewicht gegen eine von rechten Kreisen lange beklagte «linke Mafia», welche die israelischen Medien beherrschen sollte. Der Sender ahmte in der Programmgestaltung die «Stimme des Friedens» nach, eine andere Piratenstation, die zwanzig Jahre lang von außerhalb der Zwölf-Meilen-Zone gesendet hatte, bis sie 1993 aufgegeben wurde. Keiner der beiden Sender hatte eine Lizenz der israelischen Regierung, und ihre Arbeit war illegal. Beide erwiesen sich als höchst beliebt, doch bei sehr unterschiedlichen Publikumskreisen. Die «Stimme des Friedens» gewann mit aktueller Popmusik Anhänger unter den jungen weltlichen Israelis. Die regelmäßigen Hörer von Arutz 7 (nach einer Erhebung vom Februar 1992 mit einem Publikumsanteil von 7,2 Prozent in Israel) sind überwiegend Siedler, andere religiöse Nationalisten und Haredim. Das Angebot besteht ausschließlich aus israelischer Musik (von Volksliedern bis zu «pop-liturgischer» Musik), Sendungen über Religion und jüdische Tradition, Vorträgen und

Predigten von Rabbinern und rechtsgerichteten politischen Kommentaren.

Nach dem Wahlsieg der Arbeitspartei im Juni 1992 schuf der Sender eine eigene Nachrichtenabteilung unter der Leitung von Hagai Segal, einem Mitglied des jüdischen Untergrunds, der wegen Beteiligung an den Sprengstoffattentaten auf drei Bürgermeister aus dem Westjordanland zu drei Jahren Haft verurteilt worden war. Wie «Eine Stimme aus dem Feld» arbeitete diese Abteilung als Quelle für «andere» Nachrichten mit regierungsfeindlicher Tendenz, ergänzt durch Kommentare und Interviews mit führenden rechten Politikern. Ariel Sharon, Jitzhak Shamir und Rehavam Ze'evi (von der ultrarechten Moledet-Partei) wurden regelmäßig um Analysen gebeten. Netanjahu gewährte dem Sender hochrangige Unterstützung, als er im August 1995 eine kleine Delegation von oppositionellen Knessetabgeordneten zu dem Schiff hinausgeleitete. Damit setzte er ein Zeichen der Solidarität, nachdem das Kommunikationsministerium die Sendeanlagen beschlagnahmt hatte, als das Schiff zur Wartung in den Hafen einlief. (Arutz 7 kaufte neue Anlagen und war bereits eine Woche später wieder auf Sendung.)

Arutz 7 war ein effizientes Werkzeug, um die vom Yesha-Rat, dem Gemeinsamen Führungsstab und dem Aktionszentrum betriebenen Aktivitäten zu fördern, und zugleich ein wichtiges Sprachrohr für die zornige Hetze gegen Rabin und seine Regierung. Der Fernsehdirektor Adir Zik nannte Rabin in seiner wöchentlichen Sendung «Adirs Feuerwerk» unverfroren und regelmäßig einen Verräter. «Rabin ist ein fürchterlicher Verräter, und ich nehme das nicht eine Sekunde lang zurück», verkündete er am 6. Oktober 1995. Er verlas die Definition eines Überläufers als eines Menschen, der «seine Treueverpflichtung über Bord wirft, der gegen seine Kameraden arbeitet, gegen sein Volk oder gegen sein Land, und der dem Feind hilft». Verschlagen fügte Zik hinzu: «Was also müssen Sie über Rabin sagen?» Wenn er nicht direkt auf den Ministerpräsidenten einhieb, wetterte Zik gegen den Regierungskreuzzug zur Zerstörung des Judaismus. «Diese Regierung ist darauf aus, den Judaismus zu zerstören», klagte er in einer seiner Tiraden. «Sie löschen alles Jüdische aus ... Dieser Regierung fehlt die Legitimität. Es ist eine Regierung, die mich verraten hat, meine Vorstellungen, meine Prinzipien, mit ihrer Mehrheit [von einer Stimme] und ein paar Verrätern.»

Wie die staatlichen Radiosender Israels bot auch Arutz 7 dem Publikum die Gelegenheit, seine Ansichten über den Äther zum besten zu geben. Im Gegensatz zu den lizensierten Sendern griff man nicht ein, selbst wenn Hörer offen zur Gewalt aufriefen. Ein Mann etwa, der Hebräisch mit amerikanischem Akzent sprach und umsichtigerweise nur seinen Vornamen nannte, erhob am 24. Januar 1994, fast ein Jahr nach dem Verbot von Kach und Kahane Chai, folgende Klage:

«Die Rechte in diesem Land ist impotent. Jedesmal, wenn ich auf eine Demonstration in Jerusalem gehe, bin ich am Ende frustriert. Was nützt es schon, eine halbe Stunde lang mit ein paar tausend Leuten herumzustehen, sich mal eine Rede von Netanjahu anzuhören und dann ruhig nach Hause zu gehen? Kein Wunder, wenn Rabin sagt, daß diese Demonstrationen ihn kaltlassen. Wenn aber Tausende von Leuten in [die Amtsräume des Ministerpräsidenten] eindringen, sich Rabin schnappen und ihn hinausschleifen, das würde ihn nicht kaltlassen! In den siebziger Jahren war ich Mitglied der Jewish Defense League in New York, die von Meir Kahane geführt wurde, möge der Allmächtige sein Blut rächen. Wir haben uns nicht geschämt, solche Methoden einzusetzen ... Es ist Zeit, die Handschuhe abzulegen und sich Rabin richtig vorzuknöpfen.»

Anonyme Fanatiker hatten jedoch keineswegs ein Monopol auf solche Hetze. Haßtiraden waren das Markenzeichen der Sendungen von Arutz 7, selbst nachdem das Land durch eine Fotomontage, die Rabin in einer SS-Uniform zeigte und bei einer Massendemonstration in Jerusalem Anfang Oktober 1995 herumgereicht wurde, in einen Schockzustand versetzt worden war. Der Zwischenfall löste in rechten Kreisen das Gefühl aus, daß der Kreuzzug gegen Rabin die Grenzen des Zweckmäßigen überschritten habe und sich jetzt als Bumerang für die Opposition erweisen könnte. Doch der vierundsiebzigjährige Romanautor Moshe Shamir, Träger des Israelpreises, reagierte in seiner regelmäßigen Sendung in Arutz 7 folgendermaßen auf den obszönen Handzettel:

«Nein, Jitzhak Rabin ist kein Nazioffizier, wie er auf diesem Bild gezeigt wird. Doch Rabin ist ein Kollaborateur mit Tausenden von Nazioffizieren, die er ins Herz des Landes Israel führt, das er unter dem Kommando ihres Führers, Adolf Arafat, an sie aushändigt, um den Plan der Vernichtung des jüdischen Volkes voranzubringen ... Die Regierung begeht eine weitere nazistisch-bolschewistische Tat, wenn sie Verleumdungen über das nationale Lager verbreitet – als ob [dieses] vorhabe, dem Ministerpräsidenten [körperlichen] Schaden zuzufügen –, um den Boden für ihre Repression zu bereiten. Diese Beleidigung des Blutes ist eine Nazitat im wahrsten Sinne des Wortes. Das nationale Lager muß die Reihen schließen, um die von Rabin geführte Kollaborationsregierung zu stürzen.»

Die Besitzer von Arutz 7 schritten gegen diese Exzesse erst ein, als es zu spät war. Unmittelbar nach dem Attentat gerieten sie beim Gedanken an ihre Verantwortung in Panik und stellten den Sendebetrieb ein. Nach der offiziellen siebentägigen Trauerzeit ging man wieder auf Sendung, beschränkte sich anfangs jedoch auf Musikprogramme. Und als Arutz 7 schrittweise zu seinem regulären Programm zurückkehrte, verhielten sich die Moderatoren nun etwas vorsichtiger. Ministerpräsident Peres, der das Autonomievorhaben im Westjordanland weiter vorantrieb, behandelten sie recht behutsam, und als sein Nachfolger Benjamin Netanjahu im September 1996 erstmals Arafat die Hand schüttelte, verzichtete man wohlweislich darauf, diese Geste als Verrat zu brandmarken. Seit dem Attentat sind Audrücke wie «Verräter» und «Regierung der Heimtücke» aus dem Wörterbuch des Senders gestrichen.

Einen geradezu teuflischen Kreuzzug gegen Rabin führte Asher Zuckerman, der Herausgeber des Wochenmagazins Hashavua («Die Woche»), das sich an die Haredim richtet. Zu den von dem Magazin regelmäßig gebrauchten Wörtern gehörten «Judenrat», «Kapo», «Antisemit», «ruchlos» und «pathologischer Lügner». Niemand erhob gegen solche Schmähungen Einwände, und das Wochenmagazin (das von fast 20 Prozent der Haredim in Israel gelesen wird) hatte daraufhin die Stirn, eine Sammlung von Beiträgen über die Frage zu veröffentlichen, ob Jitzhak Rabin den Tod verdient habe und welches die geeigneten Mittel wären, ihn hinzurichten. Und als Hashavua einmal nicht über Rabins politische «Verbrechen» schimpfte, veröffentlichte es ein Porträt des Ministerpräsidenten als geisteskranken Alkoholiker. «Führende Persönlichkeiten», hieß es im März 1995 in einem Leitartikel, «berichten über Anzeichen für eine zunehmende Verschlechterung des emotionalen Haushalts von Ministerpräsident Jitzhak Rabin.» Dies war nur eine von vielen «Meldungen», in denen behauptet wurde, Rabin sei mit allen Symptomen eines geistigen Zusammenbruchs ins Krankenhaus eingewiesen worden.

Im März 1994 veröffentlichte man ein Interview über Rabins geistige Gesundheit mit Dr. Neta Shuv, einer klinischen Psychologin, die keinerlei Skrupel hatte, eine psychologische Ferndiagnose zum besten zu geben. «Die Diagnose für Rabin auf der Grundlage seines Persönlichkeitsprofils und seines Verhaltens lautet, daß er schizoid ist», verkündete sie. «Wir haben es hier mit einem Mann zu tun, der von der Wirklichkeit abgeschnitten ist. Sein Verständnis für andere ist stark eingeschränkt, desgleichen seine Urteilskraft.»

«Hängt das mit seinem Alkoholkonsum zusammen?» fragte

Hashavua und griff erneut ein Gerücht auf, das im Wahlkampf 1992 verbreitet worden war, um Rabin zu schaden.

«Der Schizoide neigt zur Sucht.»

«Werden Leute von Rabins Schlag in die psychiatrischen Krankenhäuser eingeliefert?»

«Wenn sich ihr Zustand verschlechtert, ja.»

«Wenn wir uns in der Welt umschauen, stoßen wir dann öfter auf Führer, die an emotionalen Störungen leiden?»

«Hie und da, es gibt solche Fälle.»

«Sicher war Hitler – möge sein Name ausgelöscht werden – ein solcher Fall?»

«Gewiß. Es gab auch andere.»

«Bei diesem psychologischen Profil Rabins – könnte er so weit gehen und den Staat auflösen?»

«Ja», sagte Dr. Shuv ohne Einschränkung.

Hashavua erläuterte seinen Lesern nicht nur Rabins beschädigte Psyche, sondern druckte auch Interviews mit rechten Politikern, die sich verleumderisch über Rabins Treue zum eigenen Land ausließen und sogar andeuteten, er sei «Mitglied eines Satanskults». Ariel Sharon bezeichnete die Osloer Friedenspolitik als «schlimmer als das, was Pétain tat» und fügte hinzu: «Es ist hart, das Wort ‹Verrat› zu gebrauchen, wenn man von Juden spricht, aber da besteht kein wesentlicher Unterschied. Sie sitzen mit Arafat zusammen und planen, wie sie die Bürger Israels hinters Licht führen können – und das sage ich nicht in der Hitze des Gefechts.» Netanjahu war offenbar auf der Hut davor, in *Hashavua* mit einem Frage-und-Antwort-Beitrag aufzutauchen, doch Ende März 1995 berichtete Zuckerman unter dem Titel «Bibi spricht» von seinen Eindrücken während eines Gesprächs mit dem Likud-Vorsitzenden. «‹Rabin beschwert sich, daß er mit dem schrecklichen Wort ‹Mörder› bezeichnet wird›», sagte Netanjahu laut Zuckerman. «‹Doch bei allem Mißvergnügen [das ein solcher Ausdruck hervorruft] hat er doch keinen Grund, sich zu beklagen. Wer sich bewußt ist, daß die Fesseln, die er um die Hände unserer Soldaten geschlungen hat, direkt zu einer großen Zahl von Morden an Juden geführt haben, dem fällt es schwer, vom Gebrauch des schrecklichen Wortes ‚Mörder‘ Abstand zu nehmen.›»

Im entscheidenden Sommer 1995 schreckte *Hashavua* nicht mehr davor zurück, zu erklären, was mit der Hetze schließlich erreicht werden sollte. Ende August 1995 hieß es in einem Leitartikel, Rabin und Peres «führen den Staat und seine Bürger in den Untergang und müssen vor ein Erschießungskommando gestellt werden». Und in der Ausgabe vom Freitag, dem 3. November 1995 – am Tag vor dem Mord –, sagte Zuckerman (unter dem Pseudonym A. Barak) seinen Lesern voraus: «Der Tag wird kommen, an dem die israelische Öffentlichkeit Rabin und Peres den Prozeß machen wird, wobei es nur darum gehen wird, ob sie an den Galgen oder ins Irrenhaus kommen. Dieses ruchlose Duo ist entweder verrückt geworden oder betreibt offensichtlichen Verrat.»

Ebenso wie die Moderatoren von Arutz 7 wurden auch Zuckerman und sein Magazin nie zur Rechenschaft gezogen. Im Gegensatz zur Radiostation setzte *Hashavua* seine Verleumdungen gegen den neuen Ministerpräsidenten Shimon Peres nach dem Attentat sogar fort – als die Hetzkampagne (wenn auch nur vorübergehend) von der Presse viel stärker beobachtet wurde. *Hashavua* behauptete unter anderem, Peres sei wegen Bestechung und Schwarzmarkthandel verurteilt worden. Und nach der Niederlage Peres' bei den Wahlen von 1996 kaprizierte sich das Blatt auf eine neue und nicht weniger wichtige Gestalt, den Leitenden Richter am Obersten Gerichtshof Aharon Bank, der als Gefahr für die Demokratie beschimpft wurde. Nachdem er daraufhin Todesdrohungen erhalten hatte, wurde der Oberste Richter in die Liste jener prominenter Israelis aufgenommen, die rund um die Uhr von Leibwächtern begleitet werden. Generalstaatsanwalt Michael Ben-Ya'ir erwog zwar rechtliche Schritte gegen *Hashavua*, verwarf sie dann jedoch mit dem recht paradoxen Hinweis auf die Bedeutung der Redefreiheit und auf die Gefahr, daß ein Prozeß Leuten wie Zuckerman eine zusätzliche Plattform zur Verbreitung ihrer Ansichten liefern würde.

Was die Justizbehörden zum Handeln veranlaßte, war eine Reihe von Demonstrationen, die ihnen die Frage aufbürdete, an welchem Punkt die Hetzkampagnen in Staatsgefährdung umkippten. Im August 1995 eskalierte die regierungsfeindliche Kampagne in eine neue Richtung. Eine entschlossene Gruppe von Militanten versuchte, den Yesha-Rat rechts zu überholen. Während die Verhandlungen über die Ausweitung der Autonomie auf die Palästinenser im Westjordanland in ihre entscheidende Phase traten, beherrschte ein neuer Name die Schlagzeilen: Zo Artzenu («Dies ist unser Land»). Die Führer dieser neuen Bewegung spürten Anzeichen der Ermüdung beim Yesha-Rat und drangen mit einer für Israel bis dahin beispiellosen Strategie in das scheinbare Vakuum ein: Sie unternahmen den Versuch, die Öffentlichkeit zu mobilisieren und die Regierung durch eine Kampagne des zivilen Ungehorsams zu erschüttern.

Zwei der drei Anführer von Zo Artzenu waren neue Gesichter in der Protestszene und von einem anderen Schlag als die «Berufssiedler», die den Yesha-Rat bevölkerten. Der fünfunddreißig Jahre alte Reserveoffizier der Pioniere Moshe Feiglin, der aus einer australischen Einwandererfamilie stammt, war Eigentümer einer Computerfirma und lebte in der wohlhabenden Siedlung Karnei Shomron nordöstlich von Tel Aviv. Sein Nachbar und Stellvertreter, Shmuel Sackett, war in New York aufgewachsen, hatte sich 1990 in Israel niedergelassen und war aktives Mitglied der Kahane Chai, während er als Marketingchef für die Elektronikabteilung der Israelischen Postbehörde arbeitete. Die beiden taten sich mit dem Rabbiner Benny Elon zusammen, dem sanftzüngigen Sohn eines pensionierten Richters am Obersten Gerichtshof, der in der Siedlung Beit El im Westjordanland lebte. Elon war der einzige der drei, der der israelischen Öffentlichkeit als Anführer der Dauerdemonstrationen bekannt war, die zur Schließung des Orient-

Hauses, dem Zentrum der palästinensischen Aktivitäten in Jerusalem, führen sollten. Er war auch ein freimütiger Verfechter des Arguments, eine «jüdische Mehrheit» sei erforderlich, um die wichtigen Entscheidungen in der Knesset zu ratifizieren – obwohl alle drei ihren Aufruf zum zivilen Ungehorsam auf die Behauptung gründeten, die Regierung sei «unrechtmäßig», weil sie sich auf die Stimmen von israelischen Arabern stütze. «Auch Hitler kam aufgrund demokratischer Wahlen an die Macht», rechtfertigte Feiglin diese Behauptung in einem Interview mit der Tageszeitung *Ha'aretz,* «[und] Rabin ist der Judenrat, der uns in die Züge bringt.»

Das Handlungsprogramm von Zo Artzenu war erschreckend simpel: das öffentliche Leben in Israel zum Stillstand zu bringen und so die Regierung auf die Knie zu zwingen. Bei ihrer großen Demonstration am 8. August 1995 blockierten etwa 7000 Demonstranten – Jeschiwa-Studenten, Siedler und ihre Unterstützer diesseits der Grünen Linie – an die achtzig Straßenkreuzungen während des Höhepunkts der nachmittäglichen Rush-hour und legten damit einen Großteil des Landes praktisch lahm. Zwei Wochen später organisierte Zo Artzenu eine zweite Aktion zur Blockade der Hauptverbindung zwischen Jerusalem und Tel Aviv und belagerte das Büro des Ministerpräsidenten. Während die Polizei die Busse mit Demonstranten auf dem Weg in die Hauptstadt anhielt, schwebte Feiglin in einem gemieteten Hubschrauber über dem Schauplatz, kommandierte seine «Truppen» und berichtete an Arutz 7: «Die Polizei versucht, uns aufzuhalten. Das Gesetz interessiert sie nicht, und auch wir werden uns keine Beschränkungen auferlegen.» Im Verlauf der Aktionen wurde der Jerusalemer Polizeichef Aryeh Amit tätlich angegriffen, als er in einer Menge randalierender Demonstranten nahe der Knesset eingeschlossen war. Doch als bei einem Zusammenstoß mit der Polizei dreißig Menschen verletzt wurden, die im Zentrum Jerusalems den Verkehr blockieren wollten, beklagte sich Zo Artzenu bitter über die Brutalität der Polizei und bestand auf seinem Recht, das Leben im Land lahmzulegen. Feiglin rechtfertigte seine Weigerung, die für

Demonstrationen erforderliche polizeiliche Erlaubnis zu beantragen, indem er verkündete: «Die Regierung ist illegitim und hat die Autorität verloren, von uns Gehorsam zu verlangen.»

Neben dem Chaos auf Israels Straßen forderte Zo Artzenu die Regierung auch auf dem Gebiet der Siedlungen heraus. Organisierte Gruppen besetzten Gelände im Umkreis von fünfzehn Siedlungen im Westjordanland. Als man Soldaten hinschickte, um ihre provisorischen Camps zu räumen, führten die Frauen in Grün den passiven Widerstand gegen die Truppen an – eine geistesverwandte Bewegung, die ihre Mitglieder aufforderte, zum Schutz gegen die Soldaten die Kinder mitzubringen. Diese Taktik erwies sich freilich als Bumerang. Fernsehbilder einer auf dem Boden hockenden Mutter, die ihr Neugeborenes an die Brust drückte, um nicht von einer Soldatin gepackt zu werden, und von Kleinkindern, die vor Angst schrien, als ihre Eltern festgenommen wurden, kostete die Demonstration jede noch verbleibende öffentliche Unterstützung. Die Landbesetzungsaktion endete dann noch in einer Tragödie, als ein palästinensischer Gegendemonstrant, der durch das Camp bei Beit El rannte, von einem der dortigen Siedler erschossen wurde.

Zo Artzenus Flirt mit dem zivilen Ungehorsam währte kaum mehr als einen Monat und fand in der Medienberichterstattung lebhafte Resonanz. Dennoch scheiterte der Versuch, die Massen hinter sich zu bringen. Selbst die Aufforderung an die Öffentlichkeit, harmlose Solidaritätsbeweise zu erbringen – etwa die Autoscheinwerfer anzumachen, zu hupen und zu einem bestimmten Zeitpunkt die Lichter in den Häusern zu löschen und damit zu zeigen, wie verbreitet die regierungsfeindliche Einstellung war –, stieß nur auf kläglichen Widerhall. Zo Artzenu gelang es nicht einmal, die Unterstützung des Yesha-Rates zu gewinnen, der immer noch den größten Einfluß auf die Siedler ausübte. In einer erhitzten Debatte über die Frage, wie man sich zu der konkurrierenden Graswurzelinitiative verhalten sollte, trat Uri Elitsur, Chef der Öffentlichkeitsabteilung des Rates, dafür ein, sich ihr anzuschließen, und wiederholte das Argument von Zo Artzenu, es gebe «einen Unterschied zwischen legal und legitim». Doch Uri Ariel erahnte die schädlichen Auswirkungen auf die öffentliche Meinung und kritisierte entschieden den Vorstoß in Richtung Anarchie, und am Ende setzte er sich mit seiner Haltung durch.

Zo Artzenu, die vom Aktionszentrum unterstützt wurde, erwies sich als kurzlebige Erscheinung. Sie hatte ihren großen Auftritt, aber dem im Kern konservativen israelischen Publikum lief ihr Konzept zuwider. Die Führer des rechten Establishments, von den Parteien bis hin zur eigentlichen Siedlerlobby, sahen im zivilen Ungehorsam eher eine Bedrohung als eine Unterstützung ihrer Ideologie und Sache. So griff die Führung der Anti-Regierungs-Kampagne Mitte Dezember erneut auf die institutionellen Kanäle des Yesha-Rates und des Aktionszentrums zurück, die in Abstimmung mit den Oppositionsführern in der Knesset arbeiteten.

Bemerkenswert ist der Umstand, daß von allen, die sich zwei Jahre tatkräftig bemüht hatten, die israelische Regierung und besonders den Ministerpräsidenten zu entlegitimieren, allein den Anführern von Zo Artzenu der Prozeß gemacht wurde. Gegen Feiglin, Sackett und Elon* fuhr man eine beeindruckende Batterie von Anklagen auf, darunter staatsgefährdende Hetze, Anstiftung zu Straftaten und versuchte Anstiftung zu bewaffneter Erpressung. Wegen der Schwere der Vorwürfe wurden sie vor einem eigens dafür gebildeten dreiköpfigen Kollegium des Jerusalemer Magistratsgerichts verhandelt. Nachdrücklich betonte die Staatsanwaltschaft, die Angeklagten hätten «eine Verschwörung angezettelt, um die Durchsetzung von Entscheidungen zu verhindern, die auf gesetzlichem Wege von der rechtmäßigen Regierung Israels getroffen und von der Knesset gebilligt worden waren ...» Die Angeklagten erwiderten, sie hätten «gewaltlosen zivilen Ungehorsam» ausgeübt. Das Gericht war davon nicht beeindruckt, besonders

---

* Die Anklage gegen Elon wurde im Juni 1996 zeitweilig außer Kraft gesetzt, nachdem er auf der Liste der Moledet-Partei in die Knesset gewählt worden war und parlamentarische Immunität erworben hatte. Im Januar 1998 wurde die Anklage gegen ihn endgültig fallengelassen.

nachdem es die von Zo Artzenu verteilten Publikationen geprüft hatte. In einer dieser Schriften mit dem Titel «Auf lange Sicht» konnte man lesen, daß es ein Ziel der Bewegung sei, die «Gehorsamsbarriere» der Öffentlichkeit gegenüber der Regierung zu durchbrechen. In einer anderen wurden Demonstranten aufgefordert, ihre Personalausweise (die Israelis ständig bei sich tragen müssen) nicht zu den Demonstrationen mitzubringen und sich in Polizeigewahrsam zu weigern, ihre Namen zu nennen oder irgendwelche anderen Fragen zu beantworten.

Feiglin und Sackett gaben zwar zu, diese Schriften verteilt zu haben, bemühten sich jedoch, deren Bedeutung zu verniedlichen, und nannten sie «einen Trick, um die Leute auf die Straße zu bringen». Das Gericht sah dies weniger großherzig und stellte fest, sie hätten «die systematische Verletzung des Rechts» befördert und «die Rechtmäßigkeit der Regierung [in Abrede gestellt] aufgrund der Überzeugung, es sei erlaubt, das Gesetz zu übertreten, um die Regierung zur Aufgabe zu zwingen». Zudem enthielten die Schriften «staatsfeindliche Hetze» mit der Absicht, «die Regierung unter Drohungen zu einem politischen Kurswechsel zu zwingen und die rechtmäßige Regierung durch illegale Akte anzugreifen». Indem sie diese Pamphlete veröffentlicht hätten, schrieben die Richter, hätten die Angeklagten «das Gewebe des öffentlichen Lebens und der gesellschaftlichen Stabilität ... in Gefahr gebracht, und all dies aus dem Bestreben heraus, die Regierung zu stürzen und die Stabilität des Staates zu untergraben.»

Im Sommer 1997 wurden Feiglin und Sackett wegen Anstiftung zum Aufruhr und Verbreitung staatsgefährdender Schriften schuldig gesprochen.

Der Paragraph des Strafgesetzbuches, gemäß dem Feiglin und Sackett verurteilt wurden, beschreibt Hetze unter anderem als «Entfachung von Haß, Verachtung oder Untreue gegenüber den herrschenden Autoritäten». Danach hätte man noch etliche an der Hetze Beteiligte desselben Verbrechens anklagen können. Das geschah nicht. Selbst im Fall von Feiglin und Sackett übermittelte das Gericht am Ende eine zweideutige Botschaft. Zwar verurteilte es die Angeklagten, weil sie «das Gewebe des öffentlichen Lebens und der gesellschaftlichen Stabilität gefährdet» hätten, aber zugleich entschied sich das Gericht für milde Strafen von sechs Monaten Gefängnis und einem Jahr Bewährung für Feiglin und vier Monaten Haft und acht Monaten Bewährung für Sackett. Die Richter sprachen zudem die Empfehlung aus, die beiden sollten ihre Strafen durch gemeinnützige Arbeiten abgelten und nicht hinter Gitter kommen. Ironischerweise wurde das Urteil am Tag vor dem zweiten Jahrestag der Ermordung Rabins verkündet, als die Bedeutung der Hetzkampagne gegen den Ministerpräsidenten außer Frage stand. In den beiden Monaten vor dem Attentat waren die verbalen Verunglimpfungen Rabins in direkte körperliche Drohungen umgeschlagen.

Im September 1995 stürzten bei zwei Gelegenheiten einzelne Demonstranten, denen es gelungen war, in bedrohliche Nähe zum Ministerpräsidenten zu kommen, auf ihn zu und versuchten ihn anzugreifen. Der erste Vorfall ereignete sich am 5. Oktober 1995, bei der jährlichen Gedenkfeier für die Gefallenen des Yom-Kippur-Krieges auf dem Militärfriedhof auf dem Herzlberg. Als Rabin von seinem Wagen zum Ort der Zeremonie ging, sprang ein Mann aus der Menge hervor und schrie «Mörder! Verräter!». Er kam bis auf ein paar Schritte an den Ministerpräsidenten heran, bevor er aufgehalten werden konnte. Carmi Gillon, der Chef des Shabak, war sich nun sicher, daß er zu Recht vor einer Gefährdung Rabins würde warnen müssen. Der zweite Vorfall ereignete sich am 10. Oktober bei einer Open-air-Veranstaltung, zu der die Vereinigung der amerikanischen und kanadischen Einwandererveteranen eingeladen hatte. Als Rabin zur Rednertribüne ging, sprang aus einer Gruppe heiser schreiender Demonstranten plötzlich ein Mann mit gehäkeltem Gebetskäppchen heraus und rannte auf ihn zu. Er kam bis auf einen Meter an Rabin heran, bevor er von einem Leibwächter des Ministerpräsidenten abgewehrt werden konnte.

Seine Konsorten riefen «Rabin ist ein Verräter», «Rabin ist ein Mörder», sie drängten sich dem Kreis von Leibwächtern entgegen, der Rabin umgab, und spuckten sie an. «Sie werden mich nicht davon abhalten zu sagen, was ich zu sagen habe», rief Rabin seinen Quälgeistern zu, als sein Wagen vorfuhr, um ihn aus dem Tumult zu befreien. Dieser Zwischenfall ließ in Israel die Alarmglocken läuten, besonders als herauskam, daß der Mann, der versucht hatte, sich auf den Ministerpräsidenten zu stürzen, nicht irgendein gewöhnlicher, als gewalttätig bekannter Rowdy war – der vielleicht von weitem schon erkannt werden konnte –, sondern der Rabbiner der Hebräischen Universität, der zweiundvierzigjährige Dr. Natan Ophir.

Zwei Tage früher, am Vorabend von Yom Kippur, hatte auf der anderen Seite der Stadt, vor der offiziellen Residenz des Ministerpräsidenten in der ruhigen Wohngegend Rehavia, das Gegenteil einer Gedenkfeier stattgefunden. Eine Handvoll Gefolgsleute von Meir Kahane, eingehüllt in Gebetsschals, hatte sich auf dem Gehweg im Kreis aufgestellt und einen alten Fluch, den *Pulsa Da-Nura* («Peitschenhiebe aus Flammen»), ausgesprochen. Einer auf das Mittelalter zurückgehenden Überlieferung zufolge würde ein Mann, den zehn Rabbiner auf diese Weise verfluchten, binnen dreißig Tagen sein Leben verlieren. Der Anführer dieser gespenstischen Rotte war Avigdor Eskin, ein fünfunddreißigjähriger Geschäftsmann, der Anfang der siebziger Jahre aus der Sowjetunion nach Israel gekommen und in den Kreis um Kahane hineingezogen worden war. Im Gegensatz zu seinem berüchtigten Mentor ist Eskin zungenfertig und aalglatt, ein Demagoge *par excellence,* der ständig bekundet, Gewalt sei ihm ein Greuel, und sie bei jeder Gelegenheit schürt. An jenem Tag stand er, den Oberkörper unablässig wiegend, auf dem Gehweg, hatte die Augen auf das Haus des Ministerpräsidenten gerichtet und intonierte feierlich die Worte: «Ich übergebe Euch, den Engeln des Zorns und der Wut, Jitzhak, den Sohn der Rosa Rabin, auf daß Ihr ihn und seinen Geist erstickt und ihn auf die Bettstatt werft und seinen Reichtum schrumpfen läßt und sein Denken verderbt und sein Denken zerstreut, auf daß er stetig an Kraft verliere, bis er zu Tode gelangt.» Während er diese aramäische Formel deklamierte, stimmten die Männer um ihn her ein: «Übergebt dem Tod den verfluchten Jitzhak, Sohn der Rosa Rabin, so schnell wie möglich, denn er haßt das Auserwählte Volk.» Zum Abschluß holte Eskin tief Luft, wandte sich dem Haus zu und schrie: «Sei verdammt, verdammt, verdammt!»

Eine Frau, die zufällig die Straße entlangkam, hielt bei der Gruppe inne und schimpfte: «Wie können Sie es wagen, den Ministerpräsidenten zu verfluchen? Sie sollten sich allesamt schämen!» Eskin sah ihr fest in die Augen, auf seinen Lippen erschien ein zynisches Lächeln, und er fuhr fort: «Verdammt seist du, Rabin. Verdammt, verdammt, verdammt!» In diesem Moment hielt es ein Polizeibeamter vor der Residenz für angebracht, einzuschreiten. Er trat auf die Gruppe zu und drängte die erzürnte Frau sanft davon.*

Die beiden Vorfälle Anfang Oktober waren nur Vorspiel für das Drama, das sich am Abend des 5. Oktober abspielte, als in der Knesset über die Ratifizierung des Interimsabkommens Oslo II abgestimmt werden sollte, eines vielgliedrigen Plans für die Übergabe von Gebieten des Westjordanlands an die Palästinensische Autonomiebehörde. Die Landkarten für die erste Phase des israelischen Rückzugs bedeckten eine ganze Wand des Vortragsraums in der Knesset. Die Erläuterungen dazu gab General Uzi Dayan, der Kommandeur der Planungsabteilung der israelischen Streitkräfte

* Im Mai 1997 wurde Eskin wegen Verstoßes gegen das Gesetz zur Terrorismusvorbeugung verurteilt, da er in einem Fernsehinterview seine Zufriedenheit über die Wirksamkeit des Fluches gegen Rabin bekundet hatte. Die Strafe lautete auf vier Monate Haft, er wurde jedoch bis zur Berufungsverhandlung auf freien Fuß gesetzt. Im Dezember 1997 wurde er erneut verhaftet wegen des Verdachts auf eine Verschwörung mit dem Ziel, während des Ramadans, dem heiligen Monat der Muslime, einen Schweinekopf auf den Tempelberg zu werfen. Dies hätte zweiffellos zu einem Gewaltausbruch in Jerusalem und den besetzten Gebieten geführt.

und einer der wichtigen Unterhändler, der die entscheidenden Sicherheitsklauseln im Abkommen durchgesetzt hatte. In dieser ersten Phase sollte das Westjordanland dreigeteilt werden: Fünf große palästinensische Städte (Gebiet A) würden der ausschließlichen Kontrolle der Palästinensischen Autonomiebehörde übergeben (wie sechs Monate zuvor schon Gaza und Jericho). Weitere palästinensische Städte und Dörfer (Gebiet B) würden gemeinsam von der Palästinensischen Autonomiebehörde (zivile Angelegenheiten) und der israelischen Armee (Terrorismusbekämfung) verwaltet werden. Die Kontrolle über die Stadt Hebron sollte zwischen Israel und der Palästinensischen Autonomiebehörde entsprechend den Wohngebieten ihrer jeweiligen Bevölkerungen aufgeteilt werden. Der Rest des Gebiets (Gebiet C), das 73 Prozent des Westjordanlands ausmachte und alle 140 jüdischen Siedlungen enthielt, sollte zunächst unter voller israelischer Kontrolle bleiben. Weitere Gebiete des Westjordanlands sollten den Palästinensern später in drei «weiteren Rückgabeschritten» innerhalb von achtzehn Monaten übergeben werden. Wieviel und welches Gebiet genau den Palästinensern überlassen werden sollte, blieb allein die Entscheidung Israels. Keinesfalls jedoch würde auch nur eine der israelischen Siedlungen darunterfallen. Und in keinem Fall würde ein Israeli irgendwo im Westjordanland, ob Bewohner oder Besucher, den palästinensischen Zivilbehörden oder der Polizei rechenschaftspflichtig sein. Um ihren Schutz noch stärker zu gewährleisten, ließ die Regierung eine Reihe von «Umgehungsstraßen» bauen, so daß die Israelis nach Gutdünken ins Westjordanland fahren konnnten, ohne durch palästinensisch kontrollierte Gebiete reisen zu müssen.

Diese sorgfältig ausgearbeitete Regelung war die Grundlage des Abkommens Oslo II, gedacht als erster Schritt, um die festgefahrenen Beziehungen zwischen Israelis und Palästinensern zu lockern, die Palästinenser aus dem erstickenden Griff Israels zu lösen und die Sicherheit der Israelis zu gewährleisten. An jenem Tag sollte in der Knesset die Frage behandelt werden, der Israel sechsundzwanzig Jahre lang ausgewichen war: ob man sich für einen Frieden auf der Grundlage eines Gebietskompromisses entscheiden oder, komme was wolle, sich an Groß-Israel klammern sollte. Zwei Jahre nach dem dramatischen Durchbruch mit dem ersten Osloer Abkommen war die Haltung der Opposition hart wie eh und je.

«Das ist Wahnsinn!» rief Netanjahu seinen Kollegen zu, während Dayan das neue Abkommen erläuterte. «Sie übergeben die Stadt der Stammesväter [Hebron] an Arafats Terroristen!»

«Das Volk wird Widerstand leisten», meinte, etwas entfernt von ihm, Jitzhak Shamir unheilverkündend. «Das ist ein Rezept für einen palästinensischen Staat im Land Israel.»

Vor dem Vortragssaal der Knesset herrschte aufgeregtes Treiben; Siedler und Lobbyisten beharkten Hinterbänkler der Arbeitspartei in der Hoffnung, mit ihrer Hilfe das Abkommen zu Fall zu bringen. Es war kein Geheimnis, daß es in den Tagen zuvor beträchtliche politische Pöstchenschiebereien gegeben hatte, wobei Rabin sich in der peinlichen Lage sah, die nicht gerade erlauchtesten Mitglieder der Knesset zu hofieren, um seine Mehrheit beisammenzuhalten. Zwei Abgeordnete der Arbeitspartei hatten bereits angekündigt, daß sie gegen das Abkommen stimmen und aus der Partei austreten würden, um eine eigene Fraktion zu bilden. Zwei weitere machten keinen Hehl daraus, daß sie schwankten. Besonders unangenehm für Rabin war zudem, daß das Ergebnis der Abstimmung wahrscheinlich von den Launen zweier Abgeordneter einer winzigen Fraktion abhängen würde, die sich von der rechten Tsomet-Partei abgespalten und seiner Koalition auf der anderen Seite des Korridors angeschlossen hatten. Einmal stand sogar in Frage, ob es überhaupt nötig sei, das Abkommen zu ratifizieren. Doch die Koalition machte ihre Hausaufgaben und erlangte ein Urteil des Obersten Gerichtshofes, das die Umsetzung des Abkommens bis zur Billigung durch die Knesset blockierte. Um die Spannungen noch zu verschärfen, wurde die Abstimmung über Oslo II mit der Vertrauensfrage verknüpft. Sollte also die Regierung verlieren, wäre dies nicht nur eine unsägliche Peinlichkeit für

Rabin (das Abkommen war bereits feierlich in Washington in Anwesenheit von König Hussein und Präsident Mubarak unterzeichnet worden), er würde wahrscheinlich auch die Macht verlieren.

All diese Faktoren trugen dazu bei, daß die Gemüter schon bis zum Siedepunkt erhitzt waren, als die Debatte im Plenum der Knesset eröffnet wurde. Netanjahu trat ans Rednerpult und nahm Rabin mit dem Vorwurf mangelnden jüdischen Stolzes aufs Korn. «Diese Regierung ist vom Erbe Israels weiter entfernt als jede andere vor ihr», rief er. Rabin tat dies mit einer typisch lässigen Handbewegung ab, doch Netanjahu ließ nicht locker. «Sie, Herr Ministerpräsident, haben gesagt, die Bibel sei nicht unser Grundbuch ... Kein Wunder, haben Sie doch das Herz des Heimatlandes mit solch erstaunlicher Leichtfertigkeit preisgegeben. Ein Mann gibt sein Land und seine Heimat nicht derart lässig und frohgemut auf. Nur einer, der sich wie ein Eindringling und Dieb fühlt, verhält sich so ... Wie kann eine Nation, die ihr eigenes Recht nicht anerkennt, eine Nation, die ihren Traum verloren hat, [sich] weiterhin verteidigen und um ihre Existenz kämpfen?»

Netanjahu erwartete nicht im Ernst, den Ministerpräsidenten mit diesen Anwürfen beschämen zu können. Schließlich war es das Ziel der Regierungspolitik, die endlose, kräftezehrende Auseinandersetzung um die Existenz Israels durch einen pragmatischen Kompromiß beizulegen. Doch Netanjahu sprach nicht für das Protokoll. Die Knesset-Sitzung wurde live übertragen, und so sprach er eigentlich zu seinen Truppen im Feld, um ihnen für eine andere Schlacht einzuheizen, die an diesem Tag geschlagen werden sollte: die Schlacht auf der Straße.

Aufgerufen von den Oppositionsparteien, dem Yesha-Rat, dem Gemeinsamen Führungsstab und dem Aktionszentrum, versammelten sich am frühen Abend Zehntausende rechte Demonstranten auf dem Jerusalemer Zionsplatz. Aus den Lautsprechern dröhnten patriotische Lieder, und die Menge war schon auf dem Siedepunkt, noch bevor einer der angekündigten Redner zu sprechen begonnen hatte. Wild aussehende junge Männer in gelben Kach-T-Shirts trugen Meir Kahanes Sohn Benjamin auf den Schultern umher, im Schlepptau eine Gruppe Jugendliche, die «Rabin Mörder» riefen. Likud-Anhänger steckten Rabins Porträt in Brand. Zwei bärtige junge Männer trugen ein Spruchband, auf dem es hieß: «Rabin, Arafats Hund». Eine Frau in ihrer Nähe schwenkte eine blauweiße Likudflagge und rief ununterbrochen, als rezitierte sie ein Mantra: «Rabin muß sterben.» Die Polizeibeamten, die einen Kordon um die Menge bildeten, wurden als «Nazis», «Kollaborateure» und «Judenräte» beschimpft. Und über allem, auf dem Balkon des Hotels Ron, stand eine Garde rechter Politiker, die befriedigt auf den Mahlstrom zu ihren Füßen blickte. Netanjahu winkte den Demonstranten aufmunternd zu. Ihm zur Seite standen Ariel Sharon, Rafael Eitan und Rehavam Ze'evi – allesamt Meister kruder antiarabischer und regierungsfeindlicher Schmähungen. Tsachi Hanegbi, Netanjahus Verbindungsmann zum Aktionszentrum, strahlte vor Stolz über die Größe und Stimmung der Menge.

Nicht alle Oppositionsführer waren an diesem Abend willkommen. Als das Knessetmitglied (und der ehemalige Außenminister) David Levy sich den Weg zum Mikrofon gebahnt hatte, ging ein wütendes Murren durch die Menge. Levy war nie ein offener Verfechter der Bewegung für Groß-Israel gewesen. In seinem Wahlkreis lebten überwiegend sephardische Juden der Arbeiterschicht, die sich im Hinblick auf die religiöse Praxis überwiegend als «traditionell» einstuften und politisch eher gemäßigt waren. Nachdem Netanjahu und Levy beim Kampf um den Parteivorsitz des Likud auf häßliche Weise aneinandergeraten waren, hatte Levy jeden weiteren Kontakt mit Netanjahu vermieden. Daher ist unklar, was er überhaupt auf der Demonstration zu suchen hatte. Wie dem auch sei, die Menge wollte ihn nicht dabeihaben. «Levy ist ein Bastard», erklang ein Sprechchor, als er sich dem Mikrofon näherte, und verschiedentlich waren Rufe wie «Levy ist ein Verräter» und «Raus hier, Kollaborateur mit der Linken» zu hören. Levy war über diesen Angriff auf seine Würde erbost. «Schämen Sie sich!» blaffte er ins Mikrofon. «Sie sind eine Gefahr für die Demokratie!» Doch die Rufe hielten an, und keiner seiner Kollegen griff ein, um sie zum Verstummen zu bringen, bis Levy schließlich zornerfüllt den Balkon verließ.

Wie zu erwarten, war der Höhepunkt des Abends die Rede Netanjahus. Der Zeremonienmeister der Veranstaltung deutete auf den Führer der Opposition und befahl der Menge: «Grüßt den nächsten Ministerpräsidenten der Regierung der Juden!» Die dichtgedrängte Menge auf dem Platz brach in «Bibi! Bibi»-Sprechchöre aus, und es erschien ein großes Spruchband mit den Worten: «Unser Schicksal [soll entschieden werden] durch Abstimmung nur von Juden.» Netanjahu schoß sich auf das Thema ein. «Liebe Juden», rief er der Menge entgegen und wurde mit ohrenbetäubendem Applaus und «Rabin ist ein Verräter!»-Rufen belohnt. Während er sprach, kochte die gewaltträchtige Stimmung noch höher. Demonstranten bewarfen die Polizisten mit Fackeln. Kach-Anhänger sprangen hoch und riefen «Rabin ist ein Hund», und der Sprechgesang «Mit Blut und Feuer jagen wir Rabin davon» wogte von einem Teil der Demonstration zum andern. Dazu verkündete Netanjahu immer wieder die Haßbotschaft, die die Führer von Zo Artzenu formuliert hatten: «Diese Regierung hat eine nichtzionistische Mehrheit», schrie er. «Diese Regierung stützt sich auf fünf arabische Abgeordnete, die mit der PLO liiert sind! Ich möchte Jitzhak Rabin daran erinnern, daß deren Kinder nicht in den israelischen Streitkräften dienen und daß er sich dennoch auf sie stützt und seine verzerrte Mehrheit mit ihnen zusammenbaut.» Immer wieder unterbrach die Menge seine Worte mit ohrenbetäubenden Sprechchören wie «Rabin ist ein Verräter!». An einer Stelle fuchtelte Netanjahu mit dem Finger, doch das war schon alles an Mißbilligung, was er zeigen mochte. «Heute ist das Kapitulationsabkommen namens Oslo II der Knesset vorgelegt worden. Die jüdische Mehrheit des Staates Israel hat das Abkommen nicht gebilligt. Wir werden kämpfen, und wir werden die Regierung stürzen.»

Plötzlich erscholl von der Platzmitte her ein neuer Sprechgesang: «Rabin ist ein Nazi!» Ausgelöst wurde er durch einen Handzettel, der unter den Demonstranten herumgereicht wurde und eine Fotomontage von Rabin in einer SS-Uniform zeigte. Zwei jugendliche Haredim hatten sie angefertigt, und auf Film festgehalten ist die Szene, wie eine Handvoll junger Männer sie vor Kameramännern hin und her schwenkten und dann ausgelassen in Stücke rissen. Einer der Demonstranten, der altgediente rechte Agitator Avishai Raviv (über den sich später eine landesweite Debatte entzünden sollte), machte sich sogar die Mühe, den Handzettel dem Reporter zu bringen, der für das erste israelische Fernsehen vom Schauplatz berichtete.

So könnte die ganze Nation das Bild sehen und auch eine Gruppe von Politikern, die das Spektakel in einem der Hotelräume hinter dem Balkon verfolgte. Die Anführer draußen auf dem Balkon erfuhren rasch von dem Handzettel, doch keiner hielt es für angebracht, der Menge etwas dazu zu sagen. Nur David Levy, der sich nach der Abfuhr durch die Demonstranten noch immer die Wunden leckte, sagte an jenem Abend etwas zu dem Handzettel, bevor er ging. «Der heutige Abend wird als einer der düstersten und gefährlichsten in die Geschichte des Staates Israel eingehen», meinte er wutschnaubend gegenüber den Fernsehreportern. «Eine riesige, aufgehetzte Menge! Widerwärtig! Es gab Hakenkreuze und das Bild eines SS-Offiziers – solche Dinge haben in unserem Land keinen Platz –, und niemand hält es für angebracht, so etwas zu mißbilligen!»

Der Abend war jedoch noch jung, und es sollte noch genügend Anlässe für Zurechtweisungen geben. Denn was auf die Demonstration folgte, war eine der furchterregendsten Szenen, die eine Demokratie erleben kann. Tausende von Demonstranten brachen vom Zionsplatz zu einem Fackelzug in Richtung Knesset auf. An der Spitze der Prozession marschierte der Rabbiner Benny Elon, umgeben von jungen Männern, die «Rabin muß sterben» schrien. Eine Gruppe von Kach-Aktivisten brach aus der Menge aus, um als erste vor der Knesset zu sein. Zu ihr gehörte der zwanzigjährige Itamar Ben-Gvir, der bis dahin schon 120 Anzeigen und zwölf Gerichtsverfahren hinter sich hatte. Noch vor kurzem war in den Nachrichten gezeigt worden, wie er seine Konsorten über Rabins Terminplan informierte und sie anwies, jeden seiner Auftritte abzupassen und ihn mit einem Schwall von Beschimpfungen zu empfangen. An diesem Abend führte er die Gruppe, die gegen den Polizeikordon anrannte, der das Tor zum Knessetplatz bewachte. Im Innern des Knessetkomplexes standen berittene Polizisten und Wasserwerfer bereit, um den Mob, der über das Tor zu klettern versuchte, zurückzuschlagen.

Ein unglücklicher Zufall wollte es, daß die Marschierer sich gerade zu der Zeit der Knesset näherten, als der Cadillac des Ministerpräsidenten auf derselben Straße am Haupttor vorbei in Richtung Parkplatz fuhr. Als Rabins Fahrer Menachem Damti klar wurde, was vor sich ging, hatten etliche Demonstranten den Wagen schon erkannt und begannen mit Fäusten und Stöcken auf Motorhaube, Türen und Fenster einzuschlagen. Den Angriff führte heulend vor Zorn Mik Gozovsky, der Chef der Jewish Defense League in New York, während Ben-Gvir auf die Kühlerfront des Cadillacs einschlug und die Kühlerfigur abriß. Ein dritter Mann sprang auf die Motorhaube, versperrte Damti die Sicht und trommelte mit der Faust gegen die Windschutzscheibe, während andere brennende Fackeln gegen das Fahrzeug warfen. Damti fuhr im Schneckentempo weiter, während Polizisten versuchten, die Demonstranten aus dem Weg zu zerren. Die Türen waren verriegelt, die kugelsicheren Fenster geschlossen, und was am wichtigsten war: Rabin war nicht im Wagen. Das dämpfte jedoch keineswegs die Raserei der Angreifer. Schließlich kletterte der über die haltlose Gewalt einer vom Yesha-Rat getragenen Demonstration empörte Uri Ariel auf das Dach eines Einsatzwagens und rief durchs Megaphon: «Freunde, ich bitte euch, bewahrt ruhig Blut! Ich bitte euch, zur Hauptstraße zurückzugehen. Freunde, bitte, zieht euch von der Knesset zurück!» Es war ein verspäteter und fruchtloser Versuch, Führungskraft zu demonstrieren; Ariels Rufe gingen im Toben des randalierenden Mobs unter.

Als die Tore des Knessetparkplatzes sich endlich hinter Rabins Wagen schlossen, erschien ein anderer Wagen auf der Zufahrtsstraße. Im Innern saß Wohnungsbauminister Benjamin Ben-Eliezer, ein Mann, der in den achtziger Jahren als Koordinator für die Aktivitäten in den besetzten Gebieten eng mit den Siedlern zusammengearbeitet hatte, doch nun als Symbol für den Baustopp galt, den die sozialdemokratische Regierung über die meisten Siedlungen verhängt hatte. Fernsehkameras fingen das angstbleiche Gesicht des in der Falle sitzenden Ministers ein, als die Randalierer den Wagen umzingelten und ihn wie ein Schiff im Sturm zum Schaukeln brachten. Einer der Randalierer, den die Polizisten von dem wankenden Auto wegzerrten, schrie die Beamten an: «Rabin ermordet unser Heimatland, und ihr verhaftet mich?»

«Er hat recht!» rief Rabbiner Elon. «Der Verräter sitzt drinnen [im Wagen]. Der sollte verhaftet werden!»

Als der fassungslose Ben-Eliezer den Schutz des Knessetgebäudes erreicht hatte, machte er sich auf die Suche nach Netanjahu. «So etwas habe ich noch nie erlebt!» rief er den Kollegen in den Gängen zu. «Ich habe in allen Kriegen [Israels] gekämpft und habe dem Tod ins Auge geblickt. Aber nie war ich dem Tod so nahe wie heute abend.» Als er sich endlich in einem der Gänge Netanjahu vorknöpfen konnte, warnte er ihn lautstark: «Sie täten gut daran, ihre Leute im Zaum zu halten. Andernfalls läuft das noch auf einen Mord hinaus. Die haben eben versucht, mich umzubringen!»

Netanjahu, den diese Szene peinlich berührte, antwortete mit einem betretenen Lächeln.

«Das Lächeln wischen Sie sich besser vom Gesicht», blaffte ihn Ben-Eliezer an. «Ihre Leute sind verrückt. Wenn jemand umgebracht wird, werden Sie das Blut an den Händen haben!»

Erneut zog es Netanjahu vor, nicht zu antworten, doch das Knessetmitglied Hanan Porat von der Nationalreligiösen Partei konnte der Versuchung nicht widerstehen, es an seiner Statt zu tun. «Was wollen Sie von diesen Menschen?» höhnte er. «Wenn der Ministerpräsident das Land Israel nicht verramschen würde, würden sie sich auch nicht so benehmen.»

«Die Siedler sind verrückt geworden», schoß Ben-Eliezer zurück, «und hier wird noch ein Mord passieren, wenn nicht heute, dann in einer Woche oder einem Monat!»

Inzwischen war die Debatte im Plenum in der zwölften Stunde, und die Knesset summte vor Berichten über das, was auf dem Zionsplatz und selbst vor den Toren des Parlaments geschehen war. Besonders beunruhigt über das Geschehen war der Sprecher der Knesset, Professor Shevach Weiss, ein Überlebender des Holocaust, der zu dem Schluß kam, daß diese Angelegenheit nicht mit Stillschweigen übergangen werden durfte. Er unterbrach die Sitzung und verkündete grimmig, daß er eine persönliche Stellungnahme abgeben wolle.

«Mir liegt ein Bericht darüber vor, was heute auf dem Zionsplatz geschehen ist und was Minister Ben-Eliezer danach erdulden mußte», begann er, «[und] ich möchte sagen, daß das, was sich heute abend auf dem Zionsplatz abgespielt hat, wo eine Darstellung des Ministerpräsidenten als Gestapo-Mann mit Hakenkreuz gezeigt wurde, ein Ausbund an Verleumdung und Infamie ist. Zu meinem Bedauern muß ich sagen, daß ich diese Typen persönlich im Europa der dreißiger Jahre kennengelernt habe», bemerkte Weiss, mit vorsichtig indirekter Anspielung auf die Nazi-Braunhemden, um nicht selbst der Hetze beschuldigt zu werden. «Dies ist ein epidemischer Schandfleck, ein ansteckendes, krebsartiges Geschwür, der tiefe Sumpf der Vertierung und eine Gefahr für die demokratische Lebensweise. Dies ist ein judenfeindlicher und menschenfeindlicher Vorfall. Ich rufe die Fraktionen dieses Hauses und die gesamte politische Führung auf, dieses Phänomen mit allem Nachdruck zu verurteilen, es aus unserer Mitte zu vertreiben und es mit der Wurzel auszureißen ...»

«Was erwarten Sie von denen?» rief Rabin von seinem Sitz aus

143

und deutete auf die Oppositionsbänke. «Sie haben die Demonstration organisiert!»

«Herr Vorsitzender», rief Netanjahu und sprang auf. «Ich möchte eine Stellungnahme abgeben.»

Weiss gab dem Antrag statt, zur großen Verstimmung der Koalitionsabgeordneten, die lauthals forderten: «Lassen Sie ihn nicht reden!» Von den Oppositionsbänken erschollen als Antwort Rufe wie: «Hören Sie auf, uns zu knebeln.» Rabin erhob sich und stimmte in den verbalen Schlagabtausch ein, der rasch zum Tumult verkam. «Was geht hier vor? Warum muß er sprechen?» rief er. Weiss bat ihn, die Debatte nicht zu unterbrechen, was ihn nur noch mehr erzürnte. «Das ist ein Skandal», tadelte er den Parlamentssprecher. «Dieser Mann ist der erste Hetzer!»

«*Sie* sind der größte Hetzer von allen!» schrie der Likud-Abgeordnete Michael Eitan. «Schande über Sie!»

«Sie überlassen das Land Israel den Mördern von Kindern!» heulte sein Kollege Yehoshua Matza. Rabin lief vor Zorn rot an; Matza deutete mit dem Finger auf den Ministerpräsidenten und feixte: «Er hat zuviel Whisky intus. Der Ministerpräsident ist betrunken!»

Der erschütterte Weiss, der mitansehen mußte, wie sein Versuch, die Verteufelung des Ministerpräsidenten auf den Straßen zu verurteilen, zu einer Wiederholungsvorstellung im Parlament geführt hatte, mühte sich verzweifelt, die Ruhe wiederherzustellen. Rabin jedoch hatte die Geduld bereits verloren und ging zu einem der Ausgänge des Plenums, etliche sozialdemokratische Abgeordnete im Schlepptau.

«Geh, Feigling!» schallte es von den Oppositionsbänken herüber. «Du verlierst den Verstand!»

Rabin zündete sich vor der Tür eine Zigarette an und wartete in Hörweite ab, bis Netanjahu seine Stellungnahme abgegeben hatte. Dieser entschied sich für den Angriff als beste Verteidigung und begann mit einem Vorwurf gegen die verunglimpfte Partei.

«Ich meine, daß die Mitglieder des Hauses, die hinausgegangen sind, und allen voran der Ministerpräsident, ruhig sitzen bleiben und zuhören sollten. Ich möchte sagen, die erste Verurteilung [meinerseits] kam sofort, als ich von dieser Verunglimpfung während der Demonstration hörte, [als ich] vor einer Handvoll Hooligans [stand], die ich weiß nicht welcher illegalen Bewegung angehören.»

Dies blieb auch in der Folgezeit Netanjahus ständige Antwort auf Vorwürfe, er habe zur Hetze gegen Rabin zumindest geschwiegen. Sie stellte den Ministerpräsidenten keineswegs zufrieden. Weiss bat ihn dreimal eindringlich, ins Plenum zurückzukehren, bevor er einwilligte. Doch er ließ die Angelegenheit nicht auf sich beruhen und kochte am nächsten Tag immer noch vor Wut, nachdem Netanjahu ihn um ein persönliches Gespräch gebeten hatte. «Der Vorsitzende des Likud, Netanjahu, hat um ein Treffen gebeten», fauchte er in einem Fernsehinterview. «Es wäre närrisch von mir, bei der Heuchelei des Likud-Vorsitzenden mitzuspielen. Er war dabei [auf dem Zionsplatz] und hat seine Rede gehalten [angesichts] der Gestapo-Bilder, und er schlägt mir ein Treffen vor?»

Auch Weiss war von Netanjahus Versuch nicht beeindruckt, sich als Mann mit hehren moralischen Grundsätzen darzustellen. Kurz nachdem die Knesset das Abkommen Oslo II ratifiziert hatte (mit einer Mehrheit von 61 zu 59) und die Sitzung vertagt worden war, rief Weiss den Oppositionsführer an. «Ich mache Ihnen einen Vorschlag, Herr Netanjahu», sagte er kühl. «Hören Sie auf, zu diesen faschistischen Demonstrationen zu gehen. Die besudeln Sie und Ihr politisches Lager.»

Das Finale des politischen Geschehens, das den 5. Oktober 1995 in Israel zu einem Tag der Niedertracht machte, war eine weitere unmittelbare Drohung gegen den Ministerpräsidenten. Am nächsten Tag hatte Itamar Ben-Gvir die Stirn, vor dem Büro des Ministerpräsidenten zu erscheinen und voller Stolz die Kühlerfigur des Cadillacs zu präsentieren, die er von Rabins Wagen gerissen hatte, sowie den versammelten Journalisten zu verkünden: «Genauso, wie wir diese Figur gekriegt haben, können wir Rabin kriegen.» (Diese Prahlerei brachte Ben-Gvir die Festnahme ein, er wurde jedoch gegen Kaution sofort wieder freigelassen.) Selbst nach dieser Mahnung, daß die oppositionellen Extremisten aggressiv waren wie eh und je, brauchte die Arbeitspartei weitere zehn Tage, um aus ihrer Trägheit zu erwachen und ein eigenes «Aktionszentrum» einzurichten, um den Auswirkungen der Hetze auf die öffentliche Meinung und Stimmung etwas entgegenzusetzen.

Doch die kraftvollste Initiative, die zeigen sollte, daß die Anhänger des Friedensprozesses nicht bereit waren, den Kampf um die öffentliche Meinung aufzugeben, kam von unabhängiger Seite: von dem französischen Geschäftsmann Jean Friedman, einem engen Freund Rabins und Peres', und dem ehemaligen Bürgermeister von Tel Aviv, Shlomo Lavat, der seine politische Laufbahn im Likud begonnen hatte, sich jedoch immer weiter von der Partei entfernt und schließlich als Unabhängiger für das Bürgermeisteramt kandidiert hatte. Die beiden Männer erkannten als Außenstehende jene Entwicklung, welche die Arbeitspartei in den Wandelgängen der Macht nur allmählich begriff, und schlugen eine Friedens- und Anti-Gewalt-Demonstration in Tel Aviv vor. Sie sollte die Antwort sein auf jene krampfartig wiederkehrenden Gewaltausbrüche, die die Hauptstadt seit August erschütterten. Rabin tat den Vorschlag zunächst ab. Er hielt es für unziemlich oder gar für ein Zeichen der Schwäche, wenn die Parteien an der Macht sich zwischen den Wahlen um eine derart offensive Unterstützungsbekundung der Öffentlichkeit bemühten. Vielleicht befürchtete er auch, man werde ohnehin kaum jemanden hinter dem Ofen hervorlocken. Außerdem gab es nicht wenige außerparlamentarische Bewegungen der Linken, die eine solche Versammlung hätten veranstalten können. Doch schienen sie den Friedensprozeß für selbstverständlich zu halten oder sich zumindest nicht veranlaßt zu fühlen, ihre Unterstützung und Anerkennung für den vielgeschmähten Rabin in organisierter Weise kundzutun. Friedman und

Lavat dachten anders. Sie waren zuversichtlich, daß zahllose Menschen der «schweigenden Mehrheit» daran interessiert waren, nicht nur ihr Vertrauen in die Regierungspolitik zu bezeugen, sondern ihrem Abscheu vor dem barbarischen Fanatismus Luft zu machen, der das Kennzeichen des Kreuzzugs der Opposition geworden war. Alles, was fehle, sei ein entsprechender Veranstaltungsrahmen, und sie erklärten sich bereit, dafür zu sorgen. Die beiden Männer redeten Rabin seine Zweifel aus und setzten die Demonstration an für Samstagabend, den 4. November, auf dem Platz der Könige von Israel in Tel Aviv.

In den Tagen davor brachte die Aussicht, daß man bald eine ganz andere Stimme auf den Straßen hören würde, die Hetzmaschinerie wieder auf volle Touren. Itamar Ben-Gvir verkündete die Absicht, die Veranstaltung zu stören, in der Hoffnung, etwaige Teilnehmer durch die Androhung von Gewalt abzuschrecken. Adir Zik stieß über den Sender Arutz 7 eine ähnliche Drohung aus: «Wer immer ein Medienspektakel zugunsten von PLO und Hamas veranstaltet, wird die angemessene Antwort erhalten.» Zwei Wochen vor der Demonstration zirkulierte in den Siedlungen von Samaria ein Totenschein mit Rabins Name. Unter dem Punkt «Todesursache» war «Selbstmord» vermerkt, das Datum war offengelassen, und begleitend hieß es: «Rabin, füg das Datum bald ein, und wir werden Deiner als des ersten Opfers des Friedensprozesses gedenken.» Auch die Freitagnachmittagsdemonstration vor Rabins Haus in Ramat Aviv, einer Wohngegend im Norden Tel Avivs, gewann wieder an Brisanz. Am 3. November, dem Tag vor der Friedensversammlung, bestand die Gruppe vor dem Apartmentgebäude aus einer Mischung aus Likud-Leuten in entsprechenden T-Shirts, Vertreterinnen der Frauen in Grün, Siedlern aus der Westjordanstadt Ariel, ein paar Kahane-Leuten sowie Yigal Amir und seinem Bruder Haggai. Allwöchentlich stand eine Gruppe Mahnwache vor dem Haus und schrie dieselben kruden Sprüche. Die gesetzten Bürger der oberen Mittelschicht, die in Ramat Aviv lebten, ärgerten sich über den Lärm, hatten jedoch nicht das Rückgrat, sich den Demonstranten entgegenzustellen und sie zum Gehen aufzufordern. Auch die Arbeitspartei schickte ihre Junge Garde nicht zu Gegendemonstrationen. Entweder hatte sich eine gewisse Resignation breitgemacht, oder die Partei hatte sich einreden lassen, man solle der vulgären Provokation die kalte Schulter zeigen.

An jenem Freitagnachmittag kam Lea Rabin als erste nach Hause, und auf dem Weg von ihrem Wagen zum Hauseingang wurde auch sie beschimpft. «Nächstes Jahr hängen wir dich auf wie damals Mussolini und seine Mätresse!» schrie einer der Demonstranten. Zitternd vor Wut nahm sie den Fahrstuhl hoch zur Dachwohnung der Familie und suchte Zuflucht im Studierzimmer ihres Mannes. Doch der Sprechchor «Rabin muß sterben» drang auch in diese innerste Zuflucht. «Warum lassen sie es zu?» grübelte sie in ihrer Ohnmacht. «Warum gehen seine Anhänger nicht auf die Straße, um ihnen zu antworten?»

«Wenn Jitzhak heimkam, habe ich ihn immer gefragt: ‹Wo sind unsere Leute? Warum kommen sie nicht und jagen sie fort?›» berichtete sie in einem Gespräch nach dem Attentat. «Und er hat gesagt: ‹Was kann ich machen?› Er neigte dazu, [diese Leute] nicht ernst zu nehmen, ihnen keine Bedeutung beizumessen, ihnen nicht die Befriedigung zu verschaffen, [zu glauben,] sie hätten ihn geärgert oder aufgebracht.»

Als Rabin an diesem Sabbatabend um fünf Uhr nach Hause kam, waren die Demonstranten verschwunden. Seine Frau sprach die unerträgliche Belästigung an, und diesmal griff er zum Telefon und beschwerte sich bei jemandem. Lea Rabin weiß nicht, wer am anderen Ende der Leitung war, doch sie hörte ihren Mann sagen: «Ich beachte sie nicht, und mir ist es egal, was sie mir antun. Aber diesen unablässigen Angriff auf Leas Würde lasse ich nicht zu.»

Unterdessen wurden ein paar Kilometer entfernt, auf dem Platz der Könige von Israel, die Vorbereitungen für die Friedensdemonstration abgeschlossen, die bald nach Ende des Sabbats am folgenden Abend stattfinden sollte. Ein paar Stunden zuvor hatte auch das unermüdliche Aktionszentrum in aller Stille seine Vorbereitungen getroffen. Eine Reporterin des ersten israelischen Fernsehens erkannte auf dem Platz Ya'akov Novick, der die Erlaubnis erhalten hatte, eine kleine Gegendemonstration – von bis zu 300 Leuten – in der Nähe zu veranstalten.

«Was werden Ihre 300 Leute morgen bei der Demonstration anstellen?» fragte ihn die Reporterin.

«Sie werden ihre Position zum Ausdruck bringen», antwortete Novick steif.

«Auf welche Weise?» bohrte sie nach.

«Kommen und sehen Sie selbst», war alles, was der geheimniskrämerische Chef des Aktionszentrums zu sagen bereit war.

4 Din Rodef

Das merkwürdige Zusammentreffen ließ Rabbiner Yoel Bin-Nun noch nach Jahren erschauern. Er erinnerte sich sogar noch an den Tag, an dem sein Mentor, Rabbiner Zvi Yehudah Kook, die kämpferische Rede in der Jeschiwa Mercaz Harav gehalten hatte. Es war Sonntagabend, der 14. Mai 1967; draußen, auf den Straßen Jerusalems, begann man den neunzehnten Unabhängigkeitstag des Landes zu feiern. Eine Stunde zuvor hatten die Sirenen geheult und das Ende des jährlichen Gedenktags für die Gefallenen in Israels Kriegen und den Beginn der Unabhängigkeitsfeiern verkündet. Allmählich füllten sich die Straßen mit Menschen, die sich auf den einzigen neuzeitlichen und nichtreligiösen Feiertag im israelischen Kalender freuten. Sie drängten sich um rasch zusammengezimmerte Bühnen für die Sänger und Volkstanzgruppen oder machten sich auf den Weg an die Strände, auf die Hügel im Umland oder einfach zu einem Stück Grün, wo sie, um Lagerfeuer geschart, bis spät in die Nacht wehmütige Erinnerungslieder sangen. Für den nächsten Tag war eine schlichte Militärparade in Jerusalem angesagt, ohne Panzer oder andere schwere Waffen, um die jordanischen Herrscher der östlichen Hälfte der geteilten Stadt nicht vor den Kopf zu stoßen. So feierte Israel seine Unabhängigkeit in jenen noch unschuldigen Jahren: Man sang Volkslieder, tanzte die Hora und blickte mit patriotischem Stolz auf die zackig im Gleichschritt marschierenden Soldaten «der ersten jüdischen Armee seit 2000 Jahren».

Rabbiner Kook jedoch beging diesen Tag auf seine eigene Art und Weise. Alljährlich, am Vorabend des Unabhängigkeitstages, versammelte er seine Studenten in der großen Mittelhalle der Jeschiwa zu einer Stunde ganz persönlicher Reflexionen. Yoel Bin-Nun freute sich auf diese ungezwungenen Abende. Als der sechsundsiebzigjährige Kook zu sprechen begann, kaum lauter als ein Flüstern, verstummten mit einem Schlag alle Studenten, die kein Wort verpassen wollten. Kook spickte seinen Vortrag mit Anspielungen auf die Bibel und den Talmud, als wollte er seine Studenten mit Knobeleien herausfordern, und manchmal sprach er in Parabeln, deren Sinn ihnen erst lange danach mit einem Schlag klar wurde. An jenem Abend erinnerte Kook an einen anderen Freudentag der Nation, der ihn freilich in tiefe Trauer gestürzt hatte.

Es war zwanzig Jahre zuvor gewesen, am 29. November 1947, als die Vollversammlung der Vereinten Nationen darüber abgestimmt hatte, ob Palästina in einen jüdischen und einen arabischen Staat aufgeteilt werden solle. Während die Frage reihum ging, saßen die 660000 Juden in Palästina vor ihren Radios und folgten jedem Wort der Live-Übertragung. Sie notierten sich die Antworten jedes einzelnen Landes: Ja, Nein, Enthaltung. Am Schluß drangen Freudenschreie aus den Häusern. Die Vereinten Nationen hatten die Teilung gebilligt. Endlich besaßen die Juden die Unabhängigkeit. Ebenfalls an jenem Tag, so erinnerte sich Rabbiner Kook mit gedämpfter Wehmut, hatten sich die Straßen mit Menschen gefüllt, die begeistert ihren Triumph im erbitterten politischen Kampf gegen die britische Mandatsherrschaft feierten. Kook wollte sich ihnen anschließen, doch habe ihn die Trauer über den Preis dieses Sieges überwältigt: Das Herz des Landes Israel sollte in fremde Hand fallen. Als würde er noch einmal jene bittersüßen Stunden durchleben, verstummte Rabbiner Kook. Der kleine, gebrechliche Rabbiner richtete die Augen gen Himmel und stieß ein schreckliches Wehklagen aus: «Wo ist unser Sichem?* Können wir es vergessen?» rief er. «Wo ist unser Hebron? Können wir es vergessen? Wo ist unser Jericho? Können wir es vergessen? Und wo ist unser Transjordanien**? Können wir es vergessen?»

Im Mai 1967 drehten sich jedoch die Räder der Geschichte in

---

* Biblischer Name von Nablur.
** Ostufer des Jordan, wo die Stämme Rubens, Gads und Teile des Stammes von Manasse im zwölften Jahrhundert v. Chr. siedelten.

eine andere Richtung. Während in Jerusalem die Truppen salutie-
rend an Generalstabschef Jitzhak Rabin vorbeiparadierten, erhielt
er die Nachricht, Ägypten habe seine Armee mobilisiert und die
Soldaten durch die Wüste Sinai zur israelischen Grenze geschickt.
Sofort versetzte Rabin seine Truppen in Alarmbereitschaft, und in
den folgenden drei Wochen schlitterte der Nahe Osten unaufhalt-
sam in einen Krieg hinein, der überraschende Antworten auf Kooks
angsterfüllte Fragen liefern würde. Am Morgen des 5. Juni brach
der Krieg aus, und innerhalb von vier Tagen besetzte die israelische
Armee (IDF) Sichem und Hebron, Jericho und Bethlehem sowie die
Osthälfte Jerusalems. Am 7. Juni drang Yoel Bin-Nuns Fallschirm-
jäger-Reservebataillon in die Altstadt vor. Nach erbitterten Kämpfen fand sich Bin-Nun vor der Westmauer wieder, dem einzigen
Relikt des von den Römern zwei Jahrtausende zuvor zerstörten
zweiten Tempelkomplexes. Es war ein beeindruckender Augenblick, als sein Brigadekommandeur Mordechai (Motta) Gur über
Funk verkündete: «Der Tempelberg ist in unserer Hand.» Der
Oberrabbiner der IDF, Shlomo Goren, blies wie einst Josua in ein
Widderhorn, um das Ereignis angemessen zu würdigen.* Zitternd
und mit Tränen in den Augen glaubte Bin-Nun, eine Erscheinung
zu erleben. «Wir waren von dieser Begegnung mit der jüdischen
Geschichte überwältigt – vom Tempelberg, der Westmauer, von der
ungeheuren Fülle der jüdischen Geschichte, die auf jedem von uns
zu lasten schien, wie wir politisch auch denken mochten. Hinzu
kam das Erlebnis des Krieges und des Grauens der Schlacht.»
    Neunundzwanzig Jahre später schilderte Rabbiner Bin-Nun
immer noch mit ehrfurchtsvoller Stimme, wie Rabbiner Kook am

---

* General Uzi Narkiss, Chef des Oberkommandos Mitte der IDF während des
  Sechstagekrieges, enthüllte in einem Interview mit dem *Ha'aretz*-Journalisten
  Nadav Shagrai, das kurz nach seinem Tod 1997 veröffentlicht wurde, daß
  Goren ihn sogar aufgefordert habe, die dortigen Moscheen zu sprengen.
  Goren stritt dies später ab (obwohl Shagrai in der Folge Belege dafür fand)
  und sagte, selbst wenn es zur Sprengung gekommen wäre, hätte die israelische
  Regierung schon am nächsten Tag begonnen, bei den Juden rund um den
  Globus Spenden zu sammeln, um die [Omar-Moschee] wiederaufzubauen.

Unabhängigkeitstag 1967 zornig über den Verlust des Landes geklagt hatte und sich die Ereignisse bald darauf überschlugen. Für den damals einundzwanzigjährigen Jeschiwa-Studenten war diese Wende keine zufällige Fügung des Schicksals. Gott hatte seine Hand beim Sieg der wenigen über die vielen im Spiel, das lehrte Rabbiner Kook seine Studenten und rief sie auf, in das Land der Vorväter zurückzukehren. Bin-Nun gründete die Siedlung Ofra, nördlich der Stadt Ramallah, und wurde ein eifriger und engagierter Anführer der Siedlerbewegung. Seine Freunde nannten ihn den «Ideologen», und die Gush Emunim wurde in seinem Wohnzimmer gegründet. Dennoch unterschied er sich von den anderen.

Yoel Bin-Nun wurde zwei Jahre vor der Gründung des Staates Israel als Kind einer aus Osteuropa stammenden Familie in Haifa geboren. Der Sohn eines Linguisten und Lehrers besuchte die Religionsschule, ohne unter dem Minderwertigkeitskomplex zu leiden, der so viele religiöse Jugendliche seiner Generation prägte. Während die Heranwachsenden aus den säkularen Familien sich freiwillig zu Kampfeinheiten und gefährlichen Missionen meldeten, dienten die jungen Männer mit den gehäkelten Gebetskäppchen vorzugsweise im Militärrabbinat oder in der Etappe. Yoel allerdings ging zu den Fallschirmjägern, bevor er in die Jeschiwa Mercaz Harav eintrat. Zwar trieb ihn der gleiche messianische Eifer wie die anderen Gründer der Gush Emunim, doch besaß er die seltene Gabe, andere Meinungen tolerieren zu können, und zählte auch weltliche Intellektuelle zu seinen Freunden. Während seine Freunde die ideologischen Gegner als schwache und leere Seelen verachteten, behandelte Bin-Nun sie immer mit Respekt. Mit geschickter Hand hielt er auch ständig Verbindung zum säkularen politischen Establishment, während er zugleich das Vertrauen der hitzigsten Siedler genoß, denen beim Gedanken an weitere Eroberungen die Köpfe rauchten. Wo andere die Gewalt predigten, blieb er ein standhafter Vertreter des Dialogs. Diese Tugenden machten ihn zu einem gewichtigen Vertreter der Siedlerbewegung. Nach der Unterzeichnung des Osloer Abkommens im September 1993 ernannte man Bin-Nun zum Verbindungsmann zwischen dem Yesha-Rat und dem Büro des Ministerpräsidenten, denn er war in der seltenen Lage, bei Rabin Gehör zu finden, der ihn wegen seiner Integrität und seines Mutes, abweichende Ansichten zu vertreten, bewunderte. Aufgrund seiner Vertrautheit mit beiden Seiten der politischen Frontlinie in Israel machte sich Yoel Bin-Nun im Laufe der Jahre immer größere Sorgen über die Kluft, die sich zwischen beiden Seiten auftat.

Während der achtziger Jahre beobachtete Bin-Nun mit wachsendem Unbehagen, wie seine Landsleute zur Gewalt griffen, um Konflikte auszutragen und ideologische Ziele zu erreichen. Ein Zwischenfall im Februar 1983 erschütterte ihn heftig. Yonah Abrushmi, ein von der zügellosen Rhetorik der Rechten getriebener verbitterter junger Mann, warf in der Nähe des Amtssitzes des Ministerpräsidenten eine Handgranate in eine Menge von «Frieden jetzt»-Demonstranten. Ein Mann, Emil Grunzweig, starb bei diesem Anschlag, elf weitere Menschen wurden verletzt. Nur gut ein Jahr später, im April 1984, kam das Beben noch näher: Bin-Nun entdeckte, daß einer seiner Freunde, Yehudah Etzion, ein führender Kopf des jüdischen Untergrunds war. Er wußte, daß Etzion ungeduldig nach einer Abkürzung zur Erlösung suchte; des öfteren hatten sie sich über seine radikalen Ansichten gestritten. Doch er hätte nie geglaubt, daß ein Mann wie Etzion mit seinen Verdiensten und seinem Ansehen in der Gush Emunim den Plan fassen könnte, die Moschee auf dem Tempelberg zu sprengen. Je mehr er erkannte, wie stark das nationalreligiöse Lager den jüdischen Untergrund bewunderte, desto zorniger wurde er über die Urheber der verqueren moralischen Haltung, die sich unter den Siedlern festsetzte. Bin-Nun verlangte von seinen Kollegen, die extremistischen Rabbiner, die zu Angriffen gegen Araber aufstachelten, zu verurteilen: «Wenn das rabbinische Establishment dieses Problem weiterhin ignoriert, wird es das Siedlungsprojekt in Yesha hintertreiben, das Ansehen der Rabbiner insgesamt gefährden und eine Tragödie heraufbeschwören.» Er forderte seine Mitstreiter in der Gush Emunim zudem auf, ihre Werte gründlich zu überprüfen und ihre Fehler zuzugeben. Doch er prallte gegen eine Mauer aus zorniger Abwehr: Einen Grund, in sich zu gehen, gebe es nicht. Mitte der achtziger Jahre steckte Bin-Nun voller Zweifel über den moralischen Kurs der Siedlerbewegung. Er spürte, daß die rassistische Lehre Rabbiner Meir Kahanes die Köpfe vieler seiner Mitstreiter vergiftete. Ihn schauderte bei Berichten, wonach religiöse Fanatiker Untergrundzellen bildeten, sich über das Recht erhaben fühlten und keinen Hehl aus ihrer Verachtung für die Demokratie als «westlichem» Wert machten. In diesen Jahren wucherte die Gewalt der jüdischen Siedlermilizen, und er mußte immer wieder feststellen, daß die religiösen und politischen Führer die rohe Gewalt einfach ignorierten oder sie sogar guthießen. Die geradezu versessene Beschäftigung mit der Heiligkeit und Unberührbarkeit des Landes Israel, so Bin-Nun, sei dem jüdischen Leben fremd. Vielmehr habe das Judentum der Heiligkeit des Lebens immer den höchsten Rang verliehen. «Kein Land ohne Volk», predigte er dem schrumpfenden Kreis jener, die ihm noch zuhören wollten. Nach dem Massaker in der Höhle der Stammesväter gab er alle Zurückhaltung auf und verdammte das Lob, mit dem seine Rabbinerkollegen Dr. Baruch Goldstein überhäuften, als «Lästerung des Allmächtigen und Schande für die Thora». Wie schon zuvor wandte sich Bin-Nun gegen die selbstgerechte Haltung der Siedler, die glaubten, sie stünden immer auf der moralisch richtigen Seite, weil sie Juden seien. Doch diese Warnungen vor der rassistischen Verzerrung des Judentums, die bei so vielen religiösen Siedlern Wurzeln geschlagen hatte, blieben ungehört. Der «Ideologe» war nun in ebenjener Bewegung, die er mitgegründet und -aufgebaut hatte, suspekt geworden. In manchen Siedlungen kursierte sogar das Gerücht, er würde «mit den Linken kollaborieren».

Yoel Bin-Nuns Stellung unter den Siedlerfreunden war also schon ernsthaft gefährdet, als er Ende 1994 hörte, daß sich ein neuer und ausgesprochen gefährlicher Gedanke im Denken der religiösen Gemeinschaft verbreitete. Orthodoxe Rabbiner in Israel und im Ausland hatten zwei veraltete halachische Vorschriften ausgegraben: *Din Rodef* (die Pflicht, einen Juden zu töten, der Leben oder Eigentum eines anderen Juden gefährdet) und *Din Moser* (die Pflicht, einen Juden zu töten, der einen anderen Juden an Fremde ausliefern will). Sie debattierten ernsthaft, ob diese überholten religiösen Gesetze auf den Ministerpräsidenten von Israel anzuwenden seien. Bis dahin waren in den Jeschiwas die beiden Gebote nur in theoretischem und historischem Zusammenhang erörtert worden. Für alle praktischen Zwecke waren sie tote Buchstaben, ebensowenig von Bedeutung für das heutige Leben wie die ausführlichen biblischen Vorschriften über Tieropfer. Doch nun hieß es auf einmal, angesehene rabbinische Gelehrte würden diese Gebote nicht nur erneut prüfen, sondern hätten schon das Urteil gefällt: Jitzhak Rabin, der mit seiner Politik Leben und Eigentum der Siedler in Gefahr gebracht hätte, sei ein *Rodef* und ein *Moser* und verdiene daher den Tod.

In der jüdischen Geschichte gibt es kaum Todesurteile, obwohl die Halacha vier Fälle aufzählt, in denen es Pflicht ist, einen Menschen zu töten, selbst wenn er nicht eines Verbrechens für schuldig befunden wurde. Der erste Fall ist der eines *epikorus* (Häretikers), der das in der Thora und in den Werken der Propheten niedergeschriebene Gesetz verwirft. Der zweite Fall ist der eines Häretikers, der das mündliche Gesetz verwirft, wie es in der Mischna* festgeschrieben und im Talmud** erläutert ist. Der dritte Fall ist der eines *Rodef* (wörtlich ein Jude, der einen anderen verfolgt oder drangsaliert) und der vierte der eines *Moser*.

* Die Sammlung religiöser Gesetze, die den Kern der «mündlichen» Lehre darstellen (im Gegensatz zur «schriftlichen» Offenbarung insbesondere des 5. Buchs Mose, Anm. d. Übers.). Sie wurde zu Beginn des dritten Jahrhunderts n. Chr. von Rabbi Judah Hanasi zusammengestellt.
** Zwei große Sammlungen, der Babylonische Talmud und der Jerusalemer Talmud, mit den Exegesen des jüdischen Gesetzes durch zehn Generationen von Gelehrten und Juristen zwischen dem dritten und dem sechsten Jahrhundert n. Chr. Der Begriff Halacha umfaßt Thora, Mischna und Talmud.

Die Pflicht, einen *Rodef* zu töten, ist im Grunde eine Erweiterung des Selbstverteidigungsrechts. Sie leitet sich von der Mischna her (Traktat Sanhedrin, Kapitel 8), die nicht nur das Recht verkündet, sich gegen Schädigung zu wehren, sondern auch die Pflicht, das Leben eines Juden zu retten, der von einem anderen verfolgt wird. Der rabbinische Gelehrte Maimonides – verehrt als herausragender und maßgeblicher Interpret der Halacha – verkündete im zwölften Jahrhundert, daß man einen *Rodef* nicht einfach umbringen könne, sondern ihn gefangennehmen müsse, um sein Vorhaben zu durchkreuzen. Sollte sich dies als unmöglich erweisen, müsse man ihm anderweitig Einhalt gebieten: ihm die Hand abschlagen, ihm ein Bein brechen oder ihn blenden. Nur wenn all diese Mittel versagten, sei es Pflicht, einen *Rodef* zu töten (Mischne Thora, Gesetz über den Mord und zur Rettung von Leben, Kapitel 1). Mit diesen Einschränkungen gilt *Din Rodef* dem Buchstaben nach für eine Verfolgungsjagd, bei der der Verfolgte unmittelbar an Leib und Leben bedroht ist. Die Regelung entstammt dem Korpus des jüdischen Strafgesetzes und läßt sich natürlich nicht auf die Politik ausdehnen. Dennoch gab es orthodoxe Rabbiner, die mittels einer groben Auslegung des Prinzips zu dem Schluß kamen, daß die Übergabe von Gebieten im Westjordanland und Gazastreifen an Nichtjuden das Leben von Juden in Gefahr bringe, und daß, wer immer dies tue, dem *Din Rodef* unterliege.

Auch für die Ausführung von *Din Moser* gab es eine ähnliche Einschränkung. Dem babylonischen Talmud (Traktat Avodah Zarah, 26:2) zufolge muß eine Person, die beabsichtigt, einen Juden an Fremde auszuliefern, zunächst mit den Worten gemahnt werden: «Betreibe keinen Verrat.» Nur wenn die Person dann nachweislich ihr Vorhaben weiterverfolgt, ist es Pflicht, sie zu töten, und zwar «so schnell wie möglich», wie es in der Vorschrift weiter heißt. *Din Moser* entstand in einer Epoche der Fremdherrschaft über das Land Israel und hatte Gültigkeit in der Diaspora, besonders in Zeiten, da die herrschenden Kräfte den Juden feindselig gesonnen oder nicht in der Lage waren, sie gegen ihre Feinde hinreichend zu schützen. Keineswegs kann das Gebot auf das Leben in modernen Demokratien ausgedehnt werden, geschweige denn auf das Leben in einem demokratischen jüdischen Staat. Dennoch brachten gewisse orthodoxe Rabbiner das Gebot in Verbindung mit der politischen Lage in Israel nach 1993 und behaupteten, es gelte für den Fall des Souveränitätsverlusts. Da der israelische Regierungschef die Herrschaft über Teile des Landes Israel an die Palästinensische Autonomiebehörde abgetreten habe, sei er ein *Moser*. Und indem sie Rabin brandmarkten, erklärten sie ihn letztlich auch für vogelfrei. Jeder halachatreue Jude sei berechtigt, wenn nicht gar verpflichtet, ihn ohne Gerichtsverfahren zu töten. Bedenkt man, wie schnell sich diese Vorstellungen in Israel verbreiteten, könnte man meinen, sie hätten starke Wurzeln in der jüdischen Kultur. Doch sie waren bis zu dem Zeitpunkt, da sie auftauchten und in der Presse erläutert wurden, so unbekannt (außer für die Talmudfesten), daß die meisten Israelis die Begriffe *Din Rodef* und *Din Moser* nicht einmal gehört und nicht die geringste Ahnung hatten, was sie bedeuteten. Nicht so Yoel Bin-Nun, der sich ihrer Folgen bewußt und sehr beunruhigt war, daß diese veralteten Begriffe für politische Zwecke wieder ins Spiel gebracht wurden. «Hunderte von Leuten hörten vor und nach dem Mord an Rabin, wie er als *Rodef* bezeichnet wurde», klagte er in einem Interview. «Diese Gedanken drangen an die Öffentlichkeit und lösten hitzige Debatten aus. Jetzt sind die veralteten Begriffe *Rodef* und *Moser* in aller Munde.»

Tatsächlich gingen seit Anfang 1995 die Begriffe *Rodef* und *Moser* vielen in Israel und im Ausland leicht von der Zunge, und ihre Verbreitung nährte in den religiösen Zirkeln den Glauben, die Überlegung, ob sie auf Rabin angewandt werden könnten, sei legitim. Jeschiwa-Studenten baten ihre Lehrer, die Gebote zu erläutern. Gläubige verlangten von ihren Rabbinern Erklärungen. Nicht lange, und die orthodoxen Rabbiner in Israel und den Vereinigten Staaten zogen sich gegenseitig schriftlich oder mündlich zu Rate, ob Rabin als *Rodef* oder als *Moser* einzuordnen sei.

In den Vereinigten Staaten unterzeichneten Hunderte von orthodoxen Rabbinern eine Erklärung, in der sie ihn unumwunden
verurteilten. In Israel wurde das Thema nur flüsternd und hinter
verschlossenen Türen verhandelt, damit sich der Klerus nicht dem
Vorwurf der Anstiftung zum Mord aussetzte. Manche verkündeten
auf die Frage nach ihrem Urteil, Rabin erfülle eindeutig die Definition eines *Rodef*. Andere erklärten, die beiden Gesetze seien
veraltet, so daß Rabin, der zwar als *Rodef* oder *Moser* betrachtet
werden könne, von der Vorsehung und nicht von Sterblichen
bestraft werden würde. Einige wenige Rabbiner schlugen vor, ein
rabbinisches Richterkollegium solle ihm den Prozeß machen; ein
oder zwei wollten ihn vor einem Zivilgericht sehen. Doch immer
ging es um das eine Ziel: Der Ministerpräsident sollte eingeschüchtert werden, bis er den Friedensprozeß abbrach.

Wieviel Gewicht besaßen die Urteile der Rabbiner, die den
Mord am Ministerpräsidenten guthießen, bei den religiösen Juden
in Israel? Die Antwort ist keineswegs eindeutig. Der heutige
Judaismus besitzt keine zentrale rabbinische Institution, die das
religiöse Gesetz festlegt oder deutet; auch gibt es keine rabbinische
Oberhoheit, der alle gläubigen Juden gehorchen müssen. Diese
Rollen hatten bis zur Zerstörung des zweiten Tempels 70 n. Chr. in
der Zeit des ersten Tempels (elftes bis sechstes Jahrhundert v. Chr.)
der Hohepriester und eine Art gesetzgebender Rat mit Hohem
Gericht inne, die Knesset Gedolah («Große Versammlung»), und
in der Zeit des zweiten Tempels (viertes Jahrhundert v. Chr. bis
erstes Jahrhundert n. Chr.) der Sanhedrin. Doch nachdem die
byzantinischen Herrscher Palästinas im fünften Jahrhundert n. Chr.
den Sanhedrin aufgelöst hatten, war keine jüdische Autorität mehr
an seine Stelle getreten. Die letzte halachische Autorität, die von
allen jüdischen Gemeinden der Diaspora anerkannt wurde, war
Maimonides (1135–1204), dessen Talmudkommentar, die Mischne
Thora, den Stellenwert eines jüdischen Gesetzeskodex erlangte.
Nach der Gründung Israels schlugen einige Rabbiner vor, den
Sanhedrin als obersten Deuter des religiösen Gesetzes wieder

einzuführen. Doch inzwischen hatte sich die Spaltung zwischen der orthodoxen, der konservativen und der reformerischen Strömung des Judentums derart verfestigt, daß diese Initiative fruchtlos blieb. Was einem obersten Gremium rabbinischer Autoritäten heutzutage am nächsten kommt, ist eine Ad-hoc-Versammlung halachischer Gelehrter, die Poskim («Entscheider»), an die sich die Rabbiner vieler Gemeinden wenden, um Urteile in besonderen Streitfragen der Halacha einzuholen.

Jeder Jude mit einer Frage zu dem Labyrinth von Gesetzen und Vorschriften, die zusammen als Halacha bezeichnet werden, hat das Recht, einen Rabbiner seiner Wahl um Klärung zu bitten. Hat er jedoch einmal den Rat eines Rabbiners eingeholt, ist ein praktizierender Jude freilich moralisch verpflichtet, ihn zu befolgen. «Nehme dir einen Rabbiner und erlöse dich von deinen Zweifeln», lautet ein oft zitierter Spruch, und im Leben der Orthodoxen und besonders der Haredim ist es selbstverständlich, daß man Rabbiner in großen und kleinen Angelegenheiten um Rat fragt. Rabbiner können auch auf eigene Initiative mit Urteilssprüchen an die Öffentlichkeit gehen – wie es in Israel regelmäßig geschieht –, doch ob sie außerhalb ihres Kreises eingeschworener Anhänger für irgend jemanden bindend sind, ist eine strittige Frage. Der einzelne Rabbiner trägt daher eine große Verantwortung, denn seiner Deutung der Halacha müssen zumindest jene folgen, die sie erbitten. Wenn er daher Zweifel in einer bestimmten Frage hat, hat er die Pflicht, eine höhere und erfahrenere rabbinische Autorität zu befragen.

Dieses Verfahren, dem die selbständigen Gemeinden in der Diaspora jahrhundertelang gefolgt sind, führt dazu, daß Hunderttausende von israelischen Juden, deren Lebensform auf der Halacha beruht, gelegentlich in einer Zwickmühle sitzen. Sie müssen sich entscheiden zwischen den Vorschriften des menschlichen und des göttlichen Gesetzes, wie es der Rabbiner ihrer Wahl deutet. In der ganzen Geschichte Israels waren sich die führenden Politiker und Rabbiner dieses potentiellen Konflikts schmerzlich bewußt und taten ihr Äußerstes, um ihn durch eine Mischung aus Kompromissen und Selbstbeschränkungen einzudämmen. In den ersten Jahren nach der Staatsgründung war die religiöse Gemeinschaft noch verhältnismäßig klein und politisch schwach, und es war für Rabbiner undenkbar, ihre Gefolgsleute in eine Lage zu versetzen, in der sie zwischen der Treue zur Religion und zum Staat wählen mußten. Nach Oslo änderte sich dies dramatisch. Schon lange bevor die anarchieträchtige Diskussion um *Din Rodef* und *Din Moser* ihren Schatten über die israelische Gesellschaft warf, hatten führende Vertreter der Religiösen gegenüber der politischen Führung dreist die Frage gestellt, wer eigentlich bei politischen Entscheidungen nationaler Tragweite in letzter Instanz das Sagen habe: die Rabbiner, die sich auf die Halacha beriefen, oder die gewählte Regierung Israels.

Zum ersten offenen Schlagabtausch kam es Ende März 1994, sechs Monate nach der Unterzeichnung des Osloer Abkommens und einen Monat nach dem Massaker an neunundzwanzig arabischen Gläubigen in der Höhle der Stammesväter in Hebron. Nach dem Massenmord verhängte das Militär über die 80000 palästinensischen Einwohner von Hebron eine ganztägige Ausgangssperre, weil man Vergeltungsaktionen gegen die 450 jüdischen Siedler der Stadt befürchtete. Nach dem Anschlag hatte die PLO die Gespräche über die Umsetzung des Osloer Abkommens abgebrochen und die Räumung der Siedlungen in Hebron gefordert. Rabin befand sich in einer schwierigen Lage. Er mußte vor allem die Spannungen in der Stadt abbauen und für die Sicherheit von Israelis und Arabern gleichermaßen sorgen. Doch zugleich galt es abzuwägen, wie sich die Räumung einer jüdischen Siedlung im eben angelaufenen Friedensprozeß unmittelbar und langfristig auswirken würde. Seine Berater machten ihm zwei Vorschläge. Der eine lautete, alle etwa 50 jüdischen Familien, die in drei Arealen in Hebron lebten, in die benachbarte Siedlung Kiryat Arba zu verlegen. Der zweite lautete, nur die sieben jüdischen

Familien (darunter die des Kach-Anführers Baruch Marzel) umzusiedeln, die in Wohnmobilen in der Nähe von Tel Rumeida lebten, das von den anderen beiden Arealen abgeschnitten war. Die Entscheidung war um so schwieriger, als Rabins oberste Sicherheitsberater über den richtigen Kurs in dieser prekären Frage gespalten waren. Der Stabschef der israelischen Armee, Ehud Barak, war dafür, die Juden aus Tel Rumeida umzusiedeln, doch der Chef des Shabak, Ya'akov Perry, befürchtete, jeder Versuch, jüdische Siedler in Hebron umzusiedeln, würde auf gewaltsamen Widerstand stoßen. Perry malte ein bedrückendes Bild an die Wand: israelische Bürger, die das Feuer auf die eigenen Truppen eröffneten oder Massenselbstmorde nach dem Vorbild von Masada beginnen. «Es wird fürchterliche Szenen geben», warnte er mit düsterer Miene.

Die Regierung steckte in einem tiefen Dilemma. Die Sicherheitslage in Hebron war kritisch, doch man konnte die Palästinenser nicht unbegrenzt in ihre Häuser einschließen. Gleichermaßen galt, daß die militanten Siedler den Status quo nicht kampflos aufgeben würden. Als bekannt wurde, daß es Pläne gab, jüdische Familien aus Tel Rumeida zu evakuieren, trat das Hebron-Büro in den Hungerstreik und rief die Bevölkerung auf, ihre Unterstützung für die jüdische Gemeinschaft durch eine Großdemonstration in der Stadt zu bekunden. Die Armee antwortete mit einer Zugangssperre für Hebron, um dies zu verhindern und den schwelenden Zorn der arabischen Bevölkerung nicht noch anzuheizen. Und in dieser aufgeladenen Atmosphäre traf sich am 29. März in Kiryat Arba eine Gruppe von Männern, die sich Rabbinischer Rat für das Land Israel nannten. Bei der Zusammenkunft sollte ein folgenreicher Schritt erörtert werden: die Veröffentlichung eines halachischen Urteilsspruchs, der es den israelischen Soldaten verbot, einen etwaigen Befehl zur Evakuierung jüdischer Siedler oder Siedlungen in den besetzten Gebieten zu befolgen. Niemals zuvor hatten israelische Geistliche auch nur erwogen, die Autorität der Regierung so grundlegend in Frage zu stellen, und die Stimmung, die sich nun verbreitete, ähnelte einem Finale, an dessen Ende das Land vielleicht zerrissen sein würde.

Die Weisen, die sich in Kiryat Arba berieten, waren keineswegs schlichte Gemüter, die die religiöse Gemeinschaft Israels als irregeleitete oder übereifrige Außenseiter abtun konnten. Kopf der Gruppe war der einundachtzigjährige Rabbiner Avraham Shapira, ehemals Oberrabbiner der Aschkenasim in Israel; zwei hochangesehene Kollegen standen ihm zur Seite: der gleichaltrige Rabbiner Moshe Zvi Neria, Träger des Israel-Preises für seine Leistungen in Bildung und Erziehung und Leiter des nationalreligiösen Jeschiwa-Netzwerks Bnei Akiva; sowie der fünfundachtzigjährige Rabbiner Shaul Yisrael, Israel-Preisträger für jüdische Studien und Nachfolger von Rabbiner Kook als Dekan der fast sakrosankten Jeschiwa Mercaz Harav in Jerusalem. Diese führenden Vertreter des nationalreligiösen Establishments waren im hohen Alter allesamt zu Hitzköpfen geworden. Rabbiner Neria war über die Unterzeichnung des Osloer Abkommens derart empört, daß er tatsächlich eine neue Version des offiziellen Gebets für das Wohl Israels schrieb, in dem der Allmächtige angefleht wurde, das Land «vor seinen Führern, Offizieren und Beratern» zu schützen.

In stundenlangen, quälenden Diskussionen berieten die in Kiryat Arba versammelten Rabbiner über die Entscheidung. Daß ihr Urteilsspruch richtig war, zweifelten sie nicht an. Alle waren sich einig, daß jeder Soldat, der sich gemäß der Halacha verhalten wollte, die Pflicht hatte, einen Befehl zur Räumung einer Siedlung zu verweigern. Bereits Rabbiner Kook selbst hatte unter Berufung auf Maimonides festgestellt, das jüdische Gesetz verbiete es, irgendeinen Teil des Landes Israel unter nichtjüdische Hoheit zu geben. Einige der Teilnehmer verfochten leidenschaftlich die Position, ein religiöser Jude, der gezwungen werde, ein religiöses Gebot zu mißachten oder ihm zuwiderzuhandeln, habe die Pflicht zum Widerstand – und dies galt nicht nur für einen Soldaten, sondern für jeden Juden, den eine Zivilbehörde unter Druck setzte. Doch die gemäßigteren Mitglieder des Forums schreckten vor einem eindeutigen Urteil zurück, aus Furcht, es könnte zur massenhaften Befehlsverweigerung in der Armee führen und damit gerade jenen Arm schwächen, der die Kontrolle Israels über die besetzten Gebiete gewährleistete. Statt dessen machten sie den Vorschlag, jeder religiöse Soldat, der einen Befehl nicht guten Gewissens ausführen könne, solle aus Gewissensgründen davon befreit werden.

Jedenfalls war nicht klar, wie sich ein Pauschalurteil auf die militärische Disziplin auswirken würde, und die Rabbiner waren auch nicht darauf aus, die Anarchie in die Armee zu tragen, sondern den Ministerpräsidenten einzuschüchtern. «Das ist das einzige, was Rabin aus der Fassung bringen kann», erklärte Rabbiner Shapira seinen Kollegen. Für ihn war selbstverständlich, daß religiöse Soldaten die stillschweigende Konvention kannten, wonach ein Rabbiner von Shapiras oder Nerias Statur, der ein solch durchgreifendes Urteil fällt, nicht erwartet, daß es wörtlich genommen wird (eine Unterscheidung, die in religiösen Kreisen als Unterschied zwischen «mündlichem» und «geschriebenem Gesetz» bekannt ist). Die Rabbiner erwarteten von den Soldaten (manche davon selbst Siedler) allerhöchstens, daß sie einen jeweils eigenen Ausweg aus einer für sie unangenehmen Lage fanden. Der eigentliche Sinn des Urteilsspruches war es, Rabin so weit zu bringen, daß er als erster das Steuer herumreißen mußte. Indem die Rabbiner ein Urteil veröffentlichten, noch bevor eine Entscheidung über Tel Rumeida gefallen war, hofften sie zudem, den Schwarzen Peter der Regierung zuschieben zu können.

Rabin rechnete womöglich damit, daß die Rabbiner sich bereit machten, den ersten Schuß in einem Duell abzufeuern, das sich am Ende als bloßer Schlagabtausch in einem Psychokrieg erweisen sollte. Doch es war schwierig für ihn, jene Männer richtig einzuschätzen, die den Siedlern und der Nationalreligiösen Partei so eng verbunden waren. «Sind die verrückt geworden?» fauchte er seine Berater an. «Wollen die wirklich, daß Soldaten die Befehle ihrer Kommandeure verweigern?» Andere, die dem nationalreligiösen

Establishment viel näher standen, zweifelten ebenfalls, ob das Spiel mit bloßem Jammern enden würde. Yoel Bin-Nun, den die Gefahr einer Konfrontation zwischen der religiösen Gemeinschaft und der Regierung in Alarm versetzte, fuhr rasch nach Tel Aviv, um den Stabschef Barak zu warnen, in den besetzten Gebieten würde es zu einem Aufstand kommen, wenn die Regierung versuchen sollte, die Siedler aus Tel Rumeida herauszuholen. Und dennoch, bei einer zweiten Beratungsrunde mit Rabin unterstützte Barak immer noch den Räumungsplan, während Perry sein Katastrophenszenario erneut an die Wand malte, so daß die Entscheidung schließlich allein bei Rabin blieb.

Unterdessen machten die Rabbiner mit einer öffentlichen Warnung einen weiteren Schritt: «Es ist Pflicht, einen Befehl zur Räumung einer Siedlung im Land Israel zu verweigern.» Merkwürdigerweise kam die schärfste Reaktion darauf aus den Reihen der Religiösen selbst. Die Nationalreligiöse Partei sprach sich auf doppelbödige Weise gegen die Befehlsverweigerung, aus, «solange die fraglichen Befehle nicht offen illegal sind». Doch Colonel Eliezer Stern, der modern-orthodoxe Kommandeur der Offiziersschule der IDF, stauchte die drei Rabbiner, die das religiöse Dekret unterzeichnet hatten, heftig zusammen. Bin-Nun schloß sich ihm an. Doch Rabbiner Shapira hatte nur Verachtung für seine Kritiker übrig und nannte sie spöttisch «Rebbelach [Rabbinerlein], die vor der Regierung herumscharwenzeln». Ungewöhnlich barsch erklärte er: «Eine Entscheidung des säkularen Regimes kann einen Juden nicht binden, wenn sie dem [religiösen] Gesetz zuwiderläuft.»

Rabin, von der vehementen Sprache verblüfft, beschloß vorsichtig und strategisch klug zu antworten. Barak wies er an, die Reaktion auf das Dekret in den Reihen der Armee zu überprüfen, und schon nach vierundzwanzig Stunden lag das Ergebnis einer Nachfrage bei religiösen Offizieren ab dem Majorsrang vor. Von den mehreren Dutzend befragten Offizieren erklärten mit zwei Ausnahmen alle, sie würden ihre Befehle gehorsam ausführen;

Rabin war sich nun sicher, daß er keine Meuterei auslösen würde, wenn er die Taktik der Rabbiner auf die Probe stellte. Dennoch entschied er sich gegen die Räumung der Siedlung Tel Rumeida. Der Loyalität der Armee war er sich zwar gewiß, doch fürchtete er zu Recht die Reaktion der Siedler auf einen solchen Schritt – und besonders mögliche Gewalt gegen die eigenen Soldaten. Zudem versuchte er drei Tage nach dem provozierenden Dekret, die von den widerspenstigen Rabbinern verschuldete gereizte Atmosphäre zu beruhigen, indem er den stellvertretenden Verteidigungsminister Mordechai Gur zu Shapira schickte, um ihn zu einem Widerruf oder zumindest einer Änderung des Dekrets zu veranlassen. Shapira blieb jedoch stur, und man ließ die Angelegenheit auf sich beruhen.

Diese Entscheidung sollte Rabin noch bereuen. Denn sie trug dazu bei, daß im spannungsgeladenen Sommer 1995 Vertreter des Rabbinischen Rates für das Land Israel ein noch dreisteres Urteil unterzeichneten. Die Rabbiner Chaim Druckman, Nachum Rabinovitch, Eliezer Waldman und Dov Lior – die zu den lautstärksten und einflußreichsten Rabbinern im nationalreligiösen Lager gehören – setzten ihre Unterschriften unter ein Dekret von Shapira und Neria, das es den Soldaten nicht allein verbot, an der Räumung von Siedlungen teilzunehmen. «Wir stellen fest, daß es verboten ist, IDF-Stellungen zu räumen und Gebiete an Nichtjuden zu übergeben», verkündeten die Rabbiner am 12. Juli 1995. Erklärend hieß es, «eine Dauerstellung der IDF ist de facto eine jüdische Siedlung», und es sei «einem Juden verboten, auf irgendeine Weise an der Evakuierung einer jüdischen Siedlung, einer Stellung oder eines Vorpostens teilzunehmen». Um die Wirkung ihres Entscheids noch zu verstärken, gemahnten sie die Öffentlichkeit an Maimonides' Gebot, selbst der Befehl eines Königs müsse verweigert werden, wenn er von einem Juden verlange, das Gesetz der Thora zu verletzen.

Damals waren die Verhandlungen zum Oslo-II-Abkommen noch nicht abgeschlossen. Doch wie immer es am Ende aussehen mochte, ganz Israel wußte, daß es im wesentlichen darum ging, Teile des Westjordanlands an die Palästinensische Autonomiebehörde zu übergeben. Der Urteilsspruch der Rabbiner sollte also verhindern, daß Oslo II jemals unterzeichnet wurde. Die israelische Armee hatte viele Stützpunkte in palästinensischen Städten und Dörfern, und selbst wenn kein einziger Siedler infolge des Abkommens gehen mußte – in der Tat wurde keine Siedlung und kein Siedler nach irgendeinem der drei zwischen Israel und den Palästinensern in der Zeit vom September 1993 bis September 1995 unterzeichneten Abkommen evakuiert –, so war ein Verbot ihrer Schließung im Grunde nichts anderes als eine Weisung an die israelische Regierung, den Friedensprozeß zu stoppen.

Diesmal antwortete Rabin energisch: «Das ist eine Aufforderung zum Gesetzesbruch», erklärte er und befahl Generalstaatsanwalt Michael Ben-Ya'ir zu prüfen, ob gegen die verantwortlichen Rabbiner ein Verfahren wegen Volksverhetzung eingeleitet werden könne. Auch Staatspräsident Ezer Weizman, der Obberrabbiner der Aschkenasim Yisrael Meir Lau und der ehemalige Oberrabbiner der Sephardim Ovadiah Yosef verurteilten das religiöse Dekret scharf. Yosef, der als geistiger Mentor der Shas-Partei (Ultraorthodoxe) beträchtlichen politischen Einfluß hatte, zeigte sich beunruhigt, das Dekret könne das Land in einen Bürgerkrieg treiben. Doch nicht einmal diese Rüge aus den Reihen der religiösen Gemeinschaften hielten Shapira und Druckman davon ab, sich am 21. September in Kiryat Arba zu treffen, um das Dekret ausdrücklich zu bestätigen, das Abkommen Oslo II für «null und nichtig» zu erklären und zu verkünden, man werde «keinen Ort in Judäa und Samaria aufgeben». Dennoch leitete man kein Strafverfahren gegen die Rabbiner ein. Der Generalstaatsanwalt erklärte: «Wer das [rabbinische] Dekret befolgt, kann mit drei Jahren Haft bestraft werden.» Dennoch ging er unter Berufung auf den Grundsatz der freien Meinungsäußerung nicht gegen die Rabbiner vor. Und Rabin ließ die Angelegenheit auf sich beruhen. Obwohl ihn die Anmaßung der Rabbiner in Wut versetzt hatte, war er offenbar überzeugt davon, daß es ein großer Fehler wäre, etwas zu tun, was darauf hinweisen würde, daß er sie als Machtfaktor ernst nahm. Rabins «Schlacht um den Frieden» kam von einem Abkommen zum nächsten voran, und mit jedem Schritt wurde deutlicher, daß die nationalistischen Rabbiner trotz ihrer Bemühungen, sich die israelischen Soldaten gefügig zu machen, keine Divisionen besaßen.

Eine ganz anders wirkende Drohung war die Wiederbelebung der Gesetze *Din Rodef* und *Din Moser*. Hier ging es keineswegs um den offenen Aufruf, sich der Regierung in den Weg zu stellen, sondern um eine heimtückische Flüsterkampagne, die keine Spuren hinterließ außer Gerüchten und Hörensagen aus zweiter Hand. Denn in letzter Instanz steckte ein von Rabbinern gebilligter «Tötungsauftrag» gegen Jitzhak Rabin dahinter. Nur in einem Fall hinterließ ein Rabbinertrio eine schriftliche Spur, die auf ihre Verwicklung hinwies. Sie wurde allerdings nie als Beweismaterial in einem Strafverfahren eingesetzt.

Die Spur bestand aus einem Brief, abgeschickt im Januar 1995 in der kleinen, oberhalb von Nablus im Westjordanland gelegenen Siedlung Bracha. Vierzig rabbinische Gelehrte in Israel, den Vereinigten Staaten, Belgien und Kanada wurden in diesem Brief um Antworten auf zwei Fragen gebeten: Sind Ministerpräsident Rabin und die Mitglieder seiner Regierung im Lichte der Osloer Abkommen und des Rückzugs der IDF aus weiten Teilen des Gazastreifens als Mosrim zu bezeichnen? Und wenn ja, ist es notwendig, sie vor der Strafe zu warnen, die ihnen droht, wenn sie nicht zur Besinnung kommen? Urheber des Schreibens war Rabbiner Eliezer Melamed, der vierunddreißigjährige Dekan der Jeschiwa Har Bracha und Sekretär des Rabbinischen Rates für das Land Israel. Neben ihm zeichneten verantwortlich für die Umfrage Rabbiner Dov Lior aus Kiryat Arba und Rabbiner Daniel Shilo aus Kedumin, einer der ersten Siedlungen der Gush Emunim. Ihr Brief beweist, daß *Din Moser* in einer Reihe von Gesprächsrunden ernsthaft diskutiert wurde, denn sie behaupten darin, in der gesamten jüdischen Welt würde man sich ebendiese Frage stellen. Zwar gestanden sie ein, daß sie mit ihrer Umfrage gefährlichen Boden betraten, doch sei dies gerechtfertigt, weil «die Stimmen der vom palästinensischen Terror ermordeten Menschen aus der Erde dringen und wir unmöglich stumm bleiben können». Die Formulierung ihrer Fragen ließ ebenfalls wenig Zweifel an dem Urteil, das sie über «diese böse Regierung und ihren Kopf» erwarteten.

«Ist es möglich, die Regierung als Komplizen der terroristischen Mordaktionen zu betrachten; und sollten sie gemäß der Halacha vor Gericht gestellt werden; und wie lautete ihre Strafe für den Fall, daß sie der Komplizenschaft mit Mördern für schuldig befunden würden? Ist es Aufgabe [der Rabbiner], in dieser schwierigen Stunde den Ministerpräsidenten und sein Kabinett angesichts der bitteren Erfahrung mit dem Osloer Abkommen zu warnen, daß es … sollten sie es in Judäa und Samaria weiterhin implementieren, notwendig sein wird … sie gemäß dem halachischen Gesetz als Mosrim zu behandeln, die Juden und ihr Eigentum an Nichtjuden ausliefern?»

Die drei Rabbiner vermieden es sorgfältig, von den Konsequenzen zu sprechen, sollten die Genannten nach den «Bestimmungen des Gesetzes über einen *Moser*» behandelt werden. Das schien ihnen angesichts des hohen Rangs der Weisen, an die der Brief adressiert war, kaum angeraten oder notwendig.

Die vierzig Rabbiner wurden gebeten, ihre Antworten an Rabbiner Melamed in Bracha zu schicken, wo sie von dessen Frau Inbal ausgewertet wurden. Insgesamt antworteten elf Rabbiner. Zwei bestätigten, daß *Din Moser* auf Rabin anwendbar sei und daß er von seiner heiklen Lage in Kenntnis gesetzt werden solle; sieben gaben doppeldeutige Antworten; und zwei warfen den Urhebern des Briefes vor, Halacha und Politik zu vermischen, wobei einer warnte: «Sie spielen mit dem Feuer.»

Nach dem Attentat wurde der Brief an die vierzig angesehenen Rabbiner bekannt, und die Polizei lud Rabbiner Melamed zur Befragung vor. Melamed befürchtete, man werde ihn wegen Hetze oder Schlimmerem zur Verantwortung ziehen, beriet sich mit einem erfahrenen Kollegen und sagte dann der Polizei, man habe mit dem Brief ausschließlich beabsichtigt, zu klären, ob «es notwendig sei, Rabin vor Gericht zu stellen». Von der Todesstrafe sei in dem Brief «überhaupt nicht die Rede» gewesen. Die Ermittler wollten die Antworten einsehen, doch Melamed behauptete, er habe sie vernichtet. Auf eine Hausdurchsuchung verzichtete man, und die beiden Briefe, die bestätigten, daß Rabin ein *Moser* sei, wurden nicht entdeckt. Nach dem Verhör übergab man den Fall immerhin Generalstaatsanwalt Michael Ben-Yair, der Ende März 1996 entschied, es handle sich nicht um Anstiftung zum Mord, da in der Umfrage ein halachisches Urteil erbeten, aber nicht gefällt worden sei.

«Wir wollten Rabin vor Gericht stellen, aber wir haben nicht über die Todesstrafe gesprochen», wiederholte Melamed in einem Interview. «Aus meiner Sicht reichte es allein schon, die Frage zu stellen [um dies deutlich zu machen].»

Vom halachischen Gesetz her gesehen ist die Lage jedoch nicht so einfach. Um einen *Moser* zu bestrafen, muß er nicht von einem Gericht verurteilt werden, und das Urteil, das Melamed und seine beiden Kollegen von zwei der Weisen erhielt, genügte, um gegebenenfalls ihre Schlußfolgerung zu rechtfertigen, jeder halachatreue Jude könne ohne weiteres Verfahren die Todesstrafe an Rabin vollstrecken.

Melamed beteiligte sich nicht nur mit dem Brief an die vierzig Rabbiner an der Debatte um *Din Moser* und *Din Rodef*. Sechs Monate vor dem Attentat besuchte ihn der zweiunddreißigjährige Rabbiner Shmuel Dvir aus der nördlich von Hebron gelegenen Siedlung Carmei Tsur. Dvir, ein Lehrer in der Jeschiwa Har Etzion in Gush Etzion, einem Siedlungsareal auf halbem Wege zwischen Jerusalem und Hebron, war nicht zu einer bloßen Stippvisite nach

Norden gekommen. Er wollte Melamed ebenjene Frage stellen, die dieser an die vierzig Weisen gerichtet hatte. An bedeutenden Halacha-Gelehrten mangelte es in Dvirs eigener Jeschiwa nicht. Doch glaubte er aus guten Gründen, man würde ihn dort barsch zurechtweisen: Ein führender Kopf der Jeschiwa Har Etzion war nämlich Rabbiner Yehudah Amital, Mitbegründer der politisch gemäßigten Bewegung Meimad («Dimension»). Dvir wollte daher sein Anliegen woanders befriedigen – und nicht allein bei Melamed. «Er war vom Haß auf Rabin wie besessen und beriet sich mit vielen Kollegen», berichtete später einer seiner Studenten.

Shmuel Dvir machte weder gegenüber seinen Kollegen in Gush Etzion noch vor seinen Nachbarn in Carmei Tsur einen Hehl aus seinen radikalen Neigungen. Nach dem Massaker in der Höhle der Stammesväter wurde ein weiterer Bewohner von Carmei Tsur auf ihn aufmerksam: Eliad, der Sohn von Yoel Bin-Nun. Dvirs Reaktion auf das Massaker war kaum zu übersehen: Die Meldung erregte ihn derart, daß er vor Freude tanzte. Später sorgte er in der Jeschiwa für Unruhe durch seinen Vorschlag, das Gebet zum Wohle der Regierung Israels am Sabbat solle künftig entfallen, weil es nicht angebracht sei, Gott um Hilfe für eine Regierung zu bitten, die Gebiete an Nichtjuden aushändige. Dennoch gewann der große, schlanke und rundgesichtige Vater von sechs Kindern mit seinem scharfen Intellekt und seiner herausragenden Fähigkeit als Lehrer die Bewunderung seiner Kollegen und Studenten. Seine extremen politischen Ansichten, so stellte er fest, schwächten keineswegs seine Stellung in Rabbiner Amitals Kollegium, und so brachte er sie vorbehaltlos zum Ausdruck. Hinter seinem Rücken nannten ihn einige der Studenten «den Schiiten», nach der radikalen muslimischen Gruppierung im Iran und Libanon.

Was wenige Menschen in der Jeschiwa Har Etzion über Rabbiner Dvir wußten, war freilich, daß er nicht nur die Auffassungen landesweit bekannter Rabbiner wie Shapira, Neria, Yisraeli und Druckman feilbot, sondern sich inzwischen herausnahm, selbst über das heikle Problem *Din Rodef* zu dozieren. In Gesprächen mit drei Studenten ging er das Thema mit großer Zuversicht und Lässigkeit an, analysierte halachische Gebote und und zitierte aus historischen Quellen und Kommentaren. Offenbar hatte er viel über das Thema nachgedacht und war bereits zu seinen eigenen Schlußfolgerungen gelangt; zwei seiner Studenten berichteten später, er habe ihnen erklärt, es sei eindeutig erlaubt, Rabin gemäß *Din Rodef* zu töten. Ein dritter schilderte, wie sich Dvir in der Vorstellung suhlte, die Tat selbst auszuführen: «Falls Rabin nach Gush Etzion kommt, klettere ich auf ein Dach und erschieße ihn.» Zwar nahm er die Drohung später zurück und erklärte, als Ehemann und Vater sei er nicht verpflichtet, das eigene Leben aufs Spiel zu setzen, um das Urteil zu vollstrecken. Besser solle ein Junggeselle die Aufgabe übernehmen.

Alle drei Studenten teilten den Eindruck, daß Dvirs Auslassungen über *Din Rodef* kein harmloses Gerede waren. Er erzählte ihnen, führende rabbinische Autoritäten auf dem Gebiet des jüdischen Gesetzes hätten ihm persönlich bestätigt, *Din Rodef* sei auf Rabin anwendbar. Zudem habe er aus zweiter Hand gehört, daß auch andere erlauchte Rabbiner dieses Urteil gefällt hätten. Rabbiner Melamed erwähnte er nicht namentlich. Doch «einer der Großen», die er konsultiert habe, sei Rabbiner Nachum Rabinovitch gewesen, Leiter der Jeschiwa Birkat Moshe («Moshes Segen») in der großen Siedlung Ma'aleh Adumim, und dieser habe im Beisein von zwei anderen Zeugen verkündet, *Din Rodef* sei auf Rabin «in vollem Umfang» anzuwenden.

Rabbiner Nachum Rabinovitch ist fraglos einer der angesehensten Halacha-Gelehrten in den besetzten Gebieten. Der vierundsechzigjährige, in Kanada geborene Doktor der Mathematik hat als Rabbiner in Kanada und den Vereinigten Staaten gearbeitet und war Leiter des orthodoxen Rabbinerseminars in London, bevor er nach Israel auswanderte. Er ist ein Mann mit kühnem Intellekt und hat Aufsehen erregt, weil er als erste angesehene Persönlichkeit des öffentlichen Lebens in Israel Parallelen zwischen dem Friedensprozeß und dem Holocaust gezogen hat. In einem Artikel der

Jerusalem Post vom Juli 1993, zwei Monate vor der Unterzeichnung des Osloer Abkommens, verglich Rabinovitch das Denken der Regierung Rabin mit dem der Judenräte im nazibesetzten Europa. Auch spielte er geschickt mit dem Begriff des *Moser,* den er nicht als direkte Anklage gegen Rabin einführte, sondern als Warnung an seine Regierung, sie dürfe das israelische Volk nicht zum Kollaborateur ihrer Vorhaben machen. In einer Kolumne mit dem Titel «Generäle, Juden und Gerechtigkeit», die er im Dezember 1993 in der *Jerusalem Post* veröffentlichte, zitierte er Maimonides' Definition eines *Moser* als eines Mannes, «der seine Brüder in die Hände der Gojim ausliefert, damit sie ihn töten oder schlagen; und der das Eigentum seiner Brüder in die Hände der Gojim gibt oder in die Hände eines Unterdrückers, der einem Goi gleicht.» Rabinovitch fügte hinzu: «Unter dem Druck der Umstände kann selbst eine rechtmäßige Regierung versucht sein, die Armee gegen unser eigenes Volk einzusetzen, um ihre politischen Ziele zu erreichen. Das bedeutet aber das Ende ihrer Legitimität, und sie wird daher zu einem ‹Unterdrücker, der einem Goi gleicht› ... Vielleicht sollten unsere Politiker daran erinnert werden, daß jetzt noch Zeit ist, um Soldaten und ganz gewöhnliche Bürger davor zu bewahren, Mosrim zu werden.»

Anlaß dieser Warnung waren Gerüchte, die Regierung werde israelische Siedlungen räumen, die isoliert in dicht mit Palästinensern besiedelten Gebieten lagen, besonders im Gazastreifen. Sowohl Rabin als auch Peres bestritten die Absicht, in Laufe der im Osloer Abkommen vorgesehenen fünfjährigen Interimsperiode eine Siedlung aufzulösen. Dennoch ließ sich Rabinovitch genauestens darüber aus, wie «gewöhnliche Bürger aus allen Schichten» auf einen solchen Schritt reagieren sollten: Siedler sollten Minengürtel um ihre Gemeinden legen, um israelischen Soldaten den Zugang zu verwehren. Am 27. April 1995 rechtfertigte er seinen Vorschlag in einem auf Band festgehaltenen Gespräch mit Jitzhak Frankenthal, dem Führer der kleinen orthodoxen Friedensgruppe Netivot Shalom («Wege des Friedens»), indem er die israelische Regierung mit den Nazis verglich. Als Frankenthal dagegenhielt, solche Aktionen könnten israelische Soldaten das Leben kosten, meinte Rabinovitch:

«Die israelischen Soldaten sollten wissen, daß Sprengsätze da sind. Wir werden ihnen sagen: Wagt es nicht, auf Befehl hin die Siedlungen zu betreten.»

«Aber die Soldaten werden weiterhin auf Befehl hin in die Siedlungen kommen ...»

«Wenn sie dies tun, sind sie wahrhaft böse.»

«Warum böse?»

«Weil ein derartiger Befehl nicht befolgt werden darf, und ich übernehme die ganze Verantwortung dafür, wenn ich Ihnen dies jetzt sage. Denken Sie daran, daß die deutschen Soldaten die Befehle einer demokratisch gewählten Regierung befolgt haben.»

«Können Sie denn diese Katastrophe auf irgendeine Weise mit der jüdischen Regierung vergleichen?»

«Ja, ja. Zu Anfang wußten die Nazis nicht, was am Ende geschehen würde, doch je mehr sie sahen, daß ihr Vorhaben funktionierte, desto schlimmer wurde es.»

Rabbiner Rabinovitch, ein so überlegter wie leidenschaftlicher Gegner des Osloer Friedensprozesses, verpackte seine Botschaften gern in eine verschlüsselte Sprache voller Anspielungen für jene, die sich gründlicher Halacha-Kenntnisse rühmen konnten. «Jeder Akt, der unsere Kontrolle über das Land schwächt oder Juden aus unserem Land vertreibt, ist eindeutig verboten und eine Häresie gegen unsere heilige Thora», schrieb er in *Issue* (Nr. 28), der Zeitschrift des Rabbinischen Rats für das Land Israel. Dies mochte den Uneingeweihten als leidenschaftlicher Streit vorkommen, doch wußten Talmudgelehrte (babylonischer Talmud, Traktat Avodah Zahrah, 27:1–2) und Kenner der Schriften Maimonides' (Mischne Thora, Gesetze den Mord betreffend, 4:10), daß eine Häresie gegen die Thora eines der Vergehen ist, für welche die Halacha den Totschlag rechtfertigt. Gewiß wäre es schwer zu beweisen, daß solche Anspielungen auf wenig bekannte Schriften den Tatbestand der Hetze erfüllen. Doch angesichts der Atmosphäre, in der manche Israelis aktiv Gründe für Gewalttaten gegen die Regierung suchten, trugen sie zur Verbreitung des Glaubens an eine halachische «Anklage» gegen Rabin bei. Jedenfalls beschränkte sich Rabinovitch nicht auf Spitzfindigkeiten. In einer Sendung der Stimme Israels im August 1995 erklärte er unumwunden, «Rabin ist ein *Moser* und setzt Maimonides zufolge sein Leben aufs Spiel» – auch wenn er rasch wieder in Deckung ging und hinzufügte: «Das heißt nicht, daß das Todesurteil gegen ihn vollstreckt werden muß.»

Shmuel Dvir legte großen Wert auf Rabinovitchs Bestätigung, Rabin müsse als *Rodef* betrachtet werden, und schärfte dieses Urteil seinen Studenten mehrmals nachdrücklich ein. Die anderen Rabbiner, die sich, wie er jedenfalls gehört haben wollte, in gleichem Sinne geäußert hatten, waren gleichermaßen Persönlichkeiten: der einstige Oberrabbiner der Sephardim, Mordechai Eliyahu, und Rabbiner Dov Lior aus Kiryat Arba (der Melameds Fragebogen an die vierzig Rabbiner mitunterzeichnet hatte).

Rabbiner Lior war der Öffentlichkeit schon lange bekannt, bevor er seinen Namen unter das rabbinische Dekret setzte, das die Räumung von Armeestützpunkten in den besetzten Gebieten verbot. Die meisten kennen ihn wohl aufgrund des Streits, den er 1992 entfachte, als er Kandidat für den Rabbinischen Gerichtshof war, der höchsten Rechtsinstitution in religiösen Fragen. Lior hatte das Glück, daß ihn damals beide Oberrabbiner eifrig unterstützten: Avraham Shapira und Mordechai Eliyahu. Freilich verhinderte die ungewöhnliche Intervention des Generalstaatsanwalts Yosef Harish, daß er das begehrte Amt erhielt. Harish votierte gegen Liors Kandidatur, weil dieser sich bekanntlich offen rassistisch geäußert habe. Die Sache kam schließlich vor den Obersten Gerichtshof, der Lior zwar nicht unumwunden disqualifizierte, aber seine Ernennung als «unerwünscht» bezeichnete und sie damit praktisch vereitelte.

Rassistische Äußerungen waren allerdings keineswegs die

schwersten Vergehen, deren der ehrenwerte Rabbiner verdächtigt wurde. Zwei Mitglieder des jüdischen Untergrunds behaupteten 1984 im Verhör, Rabbiner Lior habe das Vorhaben, drei Bürgermeister im Westjordanland zu ermorden, anhand der Halacha gerechtfertigt (zwei von ihnen, Bassam Shaka aus Nablus und Karim Khalaf aus El Bireh, wurden bei der Explosion von Autobomben schwer verkrüppelt). Die Polizei nahm Lior daraufhin ins Verhör, doch er kam ohne Anklage davon und konnte somit weitere Urteilssprüche ähnlich zweifelhaften Geistes zum besten geben. Einen davon veröffentlichte er Anfang 1994, nachdem Lior Dr. Baruch Goldstein öffentlich als «Märtyrer» betrauert hatte, der «von Nichtjuden ermordet wurde, weil er ein Jude war, und damit den Opfern des Nazi-Holocaust gleichgestellt ist». Wütend ob der Gefahr solch verquerer Rhetorik für den Ruf der gesamten orthodoxen Gemeinschaft, machte sich Knessetmitglied Avraham Stern von der Nationalreligiösen Partei die Mühe, das Land an Liors Geschichte zu erinnern. Er präsentierte der Öffentlichkeit einen von Liors halachischen Urteilssprüchen, der Angriffe auf unschuldige Araber rechtfertigte. «Da die Nichtjuden uns Leid angetan haben», zitierte Stern das Pauschaldekret, «ist es uns erlaubt, Vergeltung zu üben, sofern wir können – und es gibt keine Einschränkung, was Maßnahmen gegen Unschuldige angeht, denn es handelt sich um eine Antwort auf einen kriegerischen Akt, und es steht außer Frage, daß es [religiöse] Pflicht ist, Vergeltung an Nichtjuden zu üben.» Rabbiner Lior bestritt nicht die Urheberschaft dieses Dekrets, verteidigte sich jedoch mit dem Argument, er habe «nie gesagt, daß jeder persönlich das Recht hat, eine solche Tat zu begehen; vielmehr ist es die Pflicht der Sicherheitskräfte des Landes». Als Rabbiner Dvir seinen Studenten gegenüber Rabbiner Lior als einen der «Großen» zitierte, die Rabin als *Rodef* verurteilten, hatten sie also kaum Grund, daran zu zweifeln.

Einer von Shmuel Dvirs Studenten berichtete Yoel Bin-Nun nach dem Attentat von den Diskussionen über *Din Rodef* und brachte ihn damit in eine peinliche Lage. Er kämpfte hart mit der Entscheidung, ob er aus dieser Information Konsequenzen ziehen und eine gerichtliche Untersuchung veranlassen oder zumindest in der einen oder anderen Weise an die Öffentlichkeit gehen sollte. In den ersten Tagen nach dem Attentat stand das Land unter Schock, und das untergründige Rumoren über *Din Rodef* schien verstummt zu sein; das Land versuchte, mit der Tragödie zurechtzukommen. Dennoch zog Bin-Nun beunruhigende Schlüsse aus dem, was ihm zu Ohren gekommen war, und zwei Tage nach der Beerdigung Rabins beschloß er, sein Schweigen zu brechen.

Der Anlaß, den er dafür wählte, war öffentlich und vertraulich zugleich: eine Zusammenkunft der Meimad-Bewegung mit dem Yesha-Rat, eine «Gewissensbefragung», die klären sollte, in welchem Maße Lehren und erzieherischer Ansatz der nationalreligiösen Gemeinschaft zu der Atmosphäre im Vorfeld des Attentats beigetragen hatten. Die Anzeigen, in denen zu dem Treffen aufgefordert wurde, sprachen viele überwiegend modern-orthodoxe junge Männer an, die führende Rabbiner und Politiker über diese heikle Frage debattieren hören wollten. In dem kleinen Auditorium in Jerusalem herrschte beträchtliche Spannung. Meimad und der Yesha-Rat traten sich selten in aller Offenheit gegenüber, und es gab wenig Gelegenheit, einem Dialog ihrer führenden Vertreter zu lauschen. Keiner hätte freilich erwartet, was bei dieser Gelegenheit geschah: Ein altgedientes Mitglied des Yesha-Rates, Rabbiner Yoel Bin-Nun, erhob sich und verlangte von den anwesenden Verantwortlichen zornentbrannt und kategorisch, für den sofortigen Rücktritt «gewisser Leute von allen rabbinischen Ämtern» zu sorgen, die Ministerpräsident Rabin als *Rodef* verurteilt hatten.

«Ich bin kein Kind, und ich weiß, was ich sage», rief er über die empörten Aufschreie aus dem Publikum hinweg. «Wenn Rabbiner den Mord nicht gebilligt hätten, dann hätte es kein solches Bürschchen gewagt, irgendetwas zu unternehmen ... Wenn diese Leute sich nicht aufraffen und bis zum Ende der siebentägigen Trauer alle rabbinischen Ämter niederlegen – und dies ist ein

Ultimatum –, dann werde ich sie vor dem ganzen jüdischen Volk bekämpfen. Ich warne Sie: Wenn diese Leute, deren Urteile oder Worte zu Rabins Tod geführt haben, sich nicht selbst dazu bekennen, Rechenschaft ablegen und von ihren Ämtern zurücktreten, dann werde ich persönlich ihre Namen enthüllen.»

Die meisten Anwesenden waren verdutzt ob dieses angesehenen Siedlerrabbiners und Urgesteins der Gush Emunim, der drohte, die Tür zu einem besonders dunklen Verlies aufzustoßen. Nach dem Rufen und Grollen zu schließen, hielten es viele für eine verrückte Absicht, die Bin-Nun, sollte er sie verwirklichen, selbst zu einem *Moser* machen würde. Zwar berichtete die Presse über das Drama, das sich bei diesem Treffen abgespielt hatte, doch Bin-Nuns Kampfansage wurde eher als eine Kuriosität denn als heiße Story behandelt. In gewissem Sinne hatte er genau für diese Reaktion gesorgt. Niemand wußte, ob und wie er seine Drohung verwirklichen würde, und unterdessen war Israel im Gefolge des Attentats noch zu sehr mit seiner Trauer beschäftigt. Nur innerhalb der nationalreligiösen Gemeinschaft wuchs die Spannung zusehends, als die Trauerzeit sich dem Ende näherte. Manche Rabbiner befürchteten, Bin-Nuns Herausforderung beziehe sich auf alle vierzig Gelehrten, die Melameds Brief erhalten hatten, oder daß sie zu einer Hexenjagd führen würde, in der Reputationen zerstört und geistliche Führer wegen Volksverhetzung angeklagt werden könnten, wenn nicht noch Schlimmeres. Niemand im religiösen Establishment reagierte auf Bin-Nuns Forderung, und keiner legte sein Amt nieder.

Vielmehr begann man Bin-Nun, kaum hatte er in dieser Nacht sein Haus betreten, unter Druck zu setzen, seine Forderung zurückzunehmen. Wegen Todesdrohungen am Telefon empfahl ihm die Polizei, eine kugelsichere Weste zu tragen, und stellte ihm Leibwächter an die Seite. Doch daß er sich demonstrativ vor körperlichen Attacken schützte, half nicht, den psychischen Druck zu lindern, den Persönlichkeiten des öffentlichen Lebens und Rabbinerkollegen auf ihn ausübten. Einige drohten ihm mit der Exkommunikation, sollte er sein Ultimatum einhalten. Seine Nachbarn in Ofra machten ihm unmißverständlich klar, es sei am besten, wenn er die Siedlung verließe. Rabbiner im Umkreis der Nationalreligiösen Partei berieten sich vertraulich, wie mit der Sache umzugehen sei, und aller Augen richteten sich auf Rabbiner Chaim Druckman, einen der angesehensten und einflußreichsten Vertreter des nationalreligiösen Lagers. Der ehemalige Knessetabgeordnete der NRP war sich seines Einflusses durchaus bewußt und ging deshalb mit aller Umsicht vor. Druckman beriet sich mit den Parteiführern und beschloß, es sei am besten, pauschal abzustreiten, irgendein Rabbiner habe ein *Din-Rodef*-Urteil gefällt.

Yoel Bin-Nun mußte daher wohl oder übel alleine vorgehen. Am Ende der Trauerwoche machte er sein Ultimatum wahr – wenn auch nicht so, wie die meisten erwartet hätten. Die durch seinen Zornausbruch entfachte Aufregung flaute ab, als bekannt wurde, daß er nicht die Absicht hatte, mit der Sache zur Polizei zu gehen. Die schiere Unverfrorenheit, ein *Din-Rodef*-Urteil zu fällen, war in seinen Augen ein trauriges moralisches Versagen, und daher war der richtige Ort, um das Thema zur Sprache zu bringen, die Rabbinergemeinschaft selbst. Bin-Nuns Ziel war es nicht, geistliche Führer hinter Gittern zu sehen, weil sie die Halacha fehlinterpretiert hatten. Er wollte eine vertrauliche Untersuchung im Sinne gemeinsamer Werte und in der Sprache religiöser Gelehrsamkeit, die eine gründliche Analyse der internen Verantwortlichkeit gewährleisten würde. Als sein Ultimatum abgelaufen war, wandte sich Yoel Bin-Nun daher direkt an die Spitze des rabbinischen Establishments – an den Oberrabbiner der Aschkenasim, Yisrael Lau, und den Oberrabbiner der Sephardim, Eliyahu Bakshi-Doron. Bin-Nun schlug vor, ein Rabbinerkomitee solle den beunruhigenden Zeugenaussagen nachgehen, die ihm vorlagen. Die beiden Oberrabbiner ließen sich von ihm überzeugen und stimmten der Bildung eines dreiköpfigen Gremiums zu. Erst dann enthüllte ihnen Bin-Nun die Namen von sieben Rabbinern, die er verdächtigte, dem Mord an Rabin den Weg bereitet zu haben. Der erste, Shmuel

Dvir, war praktisch unbekannt. Doch drei andere – Nachum Rabinovitch, Dov Lior und der ehemalige Oberrabbiner Mordechai Eliyahu – waren so bekannte Namen, daß Lau und Bakshi-Doron verdutzt aufhorchten. Dennoch hielten sich die Oberrabbiner an die Vereinbarung mit Bin-Nun, der die Unterredung mit dem sicheren Gefühl verließ, daß er nicht nur den richtigen Weg eingeschlagen hatte, sondern daß das Dreiergremium der Sache mit angemessener Hartnäckigkeit und Fingerspitzengefühl nachgehen würde.

Er irrte sich. Das Treffen wurde schnell bekannt, die beiden Oberrabbiner sahen sich bald unter dem Druck ihrer Kollegen, und schon beim nächsten hielt sich keiner mehr an die Übereinkunft. Bezeichnenderweise führte Bakshi-Doron das erste Gespräch mit Rabbiner Druckman, der ihm die Hände-weg-Politik der NRP nahelegte. Dann trafen sich beide Oberrabbiner mit ihren unmittelbaren Vorgängern, Ovadiah Yosef und Avraham Shapira, dessen wiederholte Invektiven gegen Rabin nicht erwarten ließen, daß er willens war, andere Rabbiner für ihren fahrlässigen Gebrauch der Halacha zur Verantwortung zu ziehen.

Nach diesen Gesprächen war Bakshi-Doron der erste, der seine Zustimmung zu einer internen Untersuchung widerrief. Er bat Rabbiner Rabinovitch zu einem privaten Treffen und kaufte ihm seine Beteuerung ab, er habe über Rabin nie ein Urteil im Sinne von *Din Rodef* oder *Din Moser* gefällt. «Rabbiner Bin-Nun ist nichts weiter als ein Lügner, ein Betrüger und ein Klatschmaul», schäumte Rabinovitch während ihres Gesprächs. «Ich glaube, er ist verrückt.» Bakshi-Doron befragte daraufhin einen Studenten von Rabbiner Lior, der die Anschuldigungen gegen seinen Mentor ebenfalls zurückwies. Zufrieden mit dem Ergebnis der beiden Unterredungen, erklärte Bakshi-Doron am nächsten Tag mit barschen Worten: «Falls jemand weitere anonyme Informationen besitzt, soll er damit zur Polizei gehen. Es ist nicht die Aufgabe des Rabbinats, Untersuchungen zu führen. Ich habe mit den beiden Rabbinern gesprochen, deren Namen mir Rabbiner Bin-Nun mitgeteilt hat, und was mich angeht, ist die Sache abgeschlossen.» Am Abend zuvor hatte Oberrabbiner Lau zufällig Polizeikommissar Assaf Hefetz getroffen und ihm die soeben getroffene Entscheidung mitgeteilt. Hefetz schlug vor, die Polizei solle die Sache in die Hand nehmen. Beide Rabbiner zogen sich daraufhin von der Bühne zurück, jedoch nicht, bevor Bakshi-Doron den Medien die Namen von zwei der Verdächtigen enthüllt hatte, die ihm Bin-Nun vertraulich mitgeteilt hatte: Nachum Rabinovitch und Dov Lior.

Yoel Bin-Nun war von dieser Indiskretion Bakshi-Dorons wie vom Schlag gerührt. «Ich bin fast in Ohnmacht gefallen», erinnerte er sich Monate später. «Man hatte mich schrecklich unfair behandelt. In der Nacht zuvor hatten sich die Oberrabbiner einverstanden erklärt, ohne meine Zustimmung keine Namen von Verdächtigen preiszugeben.» Aus Gründen, die er nur selbst kennt, verschwieg Bakshi-Doron die Namen Shmuel Dvir und Mordechai Eliyahu. Doch ein Vertreter des Oberrabbinats gab Eliyahus Namen einer Lokalzeitung preis, und der Artikel provozierte einen landesweiten Aufschrei. Zwei Tage später wurde Bin-Nun zu einem Gespräch mit Rabbiner Eliyahus Sekretär einbestellt. Er gab zu, keine direkten Beweise für ein Fehlverhalten Eliyahus zu besitzen, stellte jedoch fest, «daß sein Name öfter fällt – nicht Shapiras, nicht Druckmans, sondern Eliyahus». Als der Sekretär eine schriftliche Erklärung von ihm verlangte, daß er persönlich nichts in Händen habe, um Rabbiner Eliyahu eines *Din-Rodef*-Urteils zu verdächtigen, willigte der bedrängte Bin-Nun ein. Er wußte nicht, daß der Shabak einen anonymen Hinweis erhalten hatte, wonach eine Debatte über *Din Rodef* im Hof von Rabbiner Eliyahus Haus in Jerusalem stattgefunden hatte. Jedenfalls wurde Rabbiner Mordechai Eliyahus Name im Zusammenhang mit der Angelegenheit nicht mehr erwähnt.

Die Chance einer internen Untersuchung war vereitelt, und nun verfiel Polizeikommissar Hefetz ins andere Extrem und überließ die Ermittlung gegen die verbleibenden Verdächtigen der nationalen Behörde zur Verfolgung von Schwerkriminalität. Mit einiger

Beklommenheit – und erst nachdem ihm Stillschweigen versichert worden war – gab Bin-Nun die Namen der drei Har-Etzion-Studenten weiter, die ihn auf Dvirs Verhalten aufmerksam gemacht hatten. Nur zwei von ihnen wurden vorgeladen; der dritte leistete damals Reservedienst, und man machte sich nicht die Mühe, ihn ausfindig zu machen. Seine Aussage hätte das größte Gewicht gehabt, da Dvir ihm gegenüber seine Todesdrohung gegen Rabin ausgesprochen und nach dem Mord seine Befriedigung über Yigal Amirs Tat bekundet hatte. Tatsächlich ist dieser dritte Student bis heute nicht befragt worden.

Die Rabbiner Rabinovitch, Dvir und Lior jedoch wurden alle zur Befragung ins Polizeihauptquartier vorgeladen, wo sie unter den Augen der Fernsehkameras von einer Reporterschar bedrängt wurden. Alle drei bestritten die Anschuldigungen, und so stand ihr Wort gegen das ihrer Studenten. Als man Rabbiner Melamed aus Bracha zur Befragung vorlud, gab er zu, daß Dvir ihn gefragt habe, ob *Din Rodef* auf Rabin anwendbar sei, er ihm jedoch nachdrücklich versichert habe, «niemand» sei dieser Auffassung. Die Polizei nahm die Unschuldsbeteuerungen aller vier Rabbiner zu Protokoll und schickte sie wieder nach Hause. Daß die Kriminalpolizei auf dem schwierigen Feld der Halacha eindeutig überfordert war, zeigt sich deutlich anhand der Tatsache, daß die schriftlichen Protokolle der Befragungen mindestens vier verschiedene Interpretationen von *Din Rodef* und *Din Moser* enthalten. Schließlich unterzeichnete der Leiter der Ermittlungsabteilung, Majorgeneral Yossi Levy, eine Empfehlung für das Büro des Generalstaatsanwalts, das Verfahren gegen die Rabbiner einzustellen. «Ich denke nicht, daß ein Rabbiner Yigal Amir gegenüber Jitzhak Rabin ausdrücklich als *Moser* verurteilt hat», sagte Levy vor den Fernsehkameras, und Mitte März 1996 kam Generalstaatsanwalt Michael Ben-Ya'ir seiner Empfehlung nach, das Verfahren gegen die Rabbiner aus Mangel an Beweisen einzustellen.

Weder überraschten Yoel Bin-Nun die Ergebnisse der polizeilichen Untersuchung, noch brachten sie ihn in Verlegenheit. «Ich habe nie geglaubt, daß das israelische Rechtssystem die richtigen Mittel zur Verfügung hat, um gegen Rabbiner und ihre religiösen Dekrete zu ermitteln. Ich habe von Anfang an nicht auf ein Strafverfahren gedrungen, sondern auf eine öffentliche und religiöse Klärung, um den nächsten Mord zu verhindern», schrieb er im März 1996 in *Yediot Aharonot* und fügte hinzu, daß er die Entscheidung des Generalstaatsanwalts nicht als letztes Wort in dieser Frage betrachtete. «Die Beteuerungen der Rabbiner, sie hätten Rabin nicht verurteilt, haben zur Einstellung des Strafverfahrens geführt, doch vom öffentlichen und religiösen Standpunkt aus sind diese Beteuerungen unzulänglich. Die bloße Tatsache, daß über *Din Rodef* diskutiert wurde, bezeugt die unerträgliche Fahrlässigkeit vieler religiöser Menschen, wenn es um Blutvergießen geht.» Um dies zu verdeutlichen, verwies Bin-Nun auf die Geschichte der jüdischen Gewalt in den besetzten Gebieten. «Seit Jahren kommt es immer wieder zu sehr schwerwiegenden Vorfällen, und Religionsgelehrte, die ansonsten peinlich genau die Gebote befolgen, haben sich auf eine Art und Weise geäußert, die geistiger Nährboden für Gewalt gegen Personen, auch für Blutvergießen war – zunächst gegen die Araber und später gegen Offiziere, Polizisten und Soldaten –, bis die Tragödie im Mord am Ministerpräsidenten ihren Höhepunkt fand.* Wer den Abgrund nicht sehen kann, auf den dies zuführt, und auch heute noch glaubt, daß all diese Aktionen und ihre Urheber ‹Irrwege und unglückliche

---

* Hagai Segal schreibt in seinem Buch *Dear Brothers*, einem Porträt des jüdischen Untergrunds, daß die Rabbiner Dov Lior, Eliezer Waldman (ebenfalls aus Kiryat Arba) und Moshe Levinger (aus Hebron) an der Planung von Terrorakten gegen Bürgermeister im Westjordanland beteiligt waren. Menachem Livni, ein weiteres Mitglied des Untergrunds, verfaßte ein Memorandum, wonach Rabbiner Waldman mit der Bitte vorgetreten sei, an der Operation teilzunehmen. Rabbiner Levinger erteilte Rat bei der Planung eines Angriffs auf das Islamische Kolleg in Hebron, den sein Schwiegersohn Uzi Sharbaf und sein Nachbar Shaul Nir ausführten. Drei Studenten fielen diesen Aktionen zum Opfer, und Nir bezeugte danach, daß er von Rabbinern in Jerusalem und Kiryat Arba auch die Zustimmung zu Bombenanschlägen auf arabische Busse erhalten habe, die der Shabak im letzten Moment vereitelte.

Ausnahmen› oder ‹Spinner› waren, glaubt vielleicht auch, daß die gesamte Welt ein ‹Irrweg› ist. Ein Mann des Glaubens, und besonders ein Thora-Gelehrter, kann dies nicht gutheißen.»

Yoel Bin-Nun sprach sich auch weiterhin gegen die von manchen seiner Kollegen propagierte Gewalt aus, obwohl er anonyme Drohungen erhielt und von seiten der nationalistisch-religiösen Gemeinschaft gleichsam zur Persona non grata erklärt wurde. Die Empfehlungen seiner Nachbarn, er solle Ofra verlassen, schlugen in Forderungen um. Ein kabbalistischer Mystiker ging so weit, einen Fluch über ihn zu verhängen. Auf einem in Synagogen herumgereichten Handzettel wurden Bin-Nun und Dvirs drei Studenten beschimpft als «Gimpel, bösartige und verächtliche Leute, die von der Linken ausgebeutet werden», und im Wochenmagazin der NRP, Shabbat bi Shabbato – von dem gut 100 000 Exemplare in orthodoxen Synagogen ausgelegt wurden –, wurde der Vorschlag gemacht, sie als Denunzianten zu bestrafen. Bin-Nuns Familie hielt zu ihm, und die israelische Linke lobte seine Courage. Doch die Macht des religiösen Establishments war stärker als der schützende Arm der säkularen Öffentlichkeit. Sobald die Oberrabbiner die Tür vor dem moralischen Problem auf ihrer Türschwelle zugeschlagen hatten, schien keine Macht der Welt mehr in der Lage zu sein, das Schweigegebot zu brechen, das über den Umtrieben in Sachen *Din Moser* und *Din Rodef* lag.

Die drängenden Fragen verstummten freilich nicht, und etwa ein halbes Jahr nach dem Attentat ergab sich ein interessantes Nachspiel zu dem Schlag gegen Bin-Nun. Inzwischen hieß der Ministerpräsident Benjamin Netanjahu; und der erste Schreck nach dem Attentat, Rabbiner hätten etwas mit dem Mord an Rabin zu tun, war zu einer unangenehmen Erinnerung verblaßt. Doch einige gewissensstarke Menschen faßten den Entschluß, Bin-Nuns beunruhigende Anschuldigungen dürften nicht als düstere Wolke über der nationalreligiösen Gemeinschaft bleiben. Besonders im Yesha-Rat, wo Bin-Nuns Aufrichtigkeit nicht ohne weiteres in Frage zu stellen war, hatte man das bohrende Gefühl, die Sache sei noch nicht ausgestanden. «Wir dürfen Bin-Nuns Anschuldigungen nicht einfach abtun», meinte eines der Gründungsmitglieder. «In unserem eigenen Interesse müssen wir herausfinden, wer Rabin als *Rodef* verurteilt hat.» Aus dieser Forderung erwuchs eine Vereinbarung einflußreicher Rabbiner und Politiker in den besetzten Gebieten, zwei integre Vertreter der Siedlerbewegung mit einer eigenen vertraulichen Untersuchung zu beauftragen. Sie sollten über ihre Arbeit Stillschweigen bewahren, und die Ergebnisse sollten «in der Familie bleiben». Hinter diesem Schritt steckte der gleiche Impuls, der auch Bin-Nun zum Handeln veranlaßt hatte: Sollte etwas Wahres an den Gerüchten sein, daß vier Rabbiner (von denen drei in Jeschiwas in den besetzten Gebieten arbeiteten) Rabin als *Rodef* verurteilt hätten, dann mußten sie entlassen werden.

Die beiden Vertrauensmänner, Schüler von Rabbiner Kook und Mitbegründer von Gush Emunim, genossen die Achtung der fraglichen Rabbiner. Der nationalreligiösen Sache sollte nicht geschadet werden. Rabbiner Chaim Druckman, der Dekan der Jeschiwa Or Etzion, hatte den Vorzug, einer der Unterzeichner von Rabbiner Shapiras halachischem Dekret gegen die Räumung jeglicher Armeestützpunkte in den besetzten Gebieten zu sein. Hanan Porat, Knessetabgeordneter für die NRP, war ein gleichermaßen lautstarker Kreuzzügler gegen den Osloer Friedensprozeß. An der unverbrüchlichen Loyalität und dem Engagement der beiden für Groß-Israel war nicht zu zweifeln. Was auch immer ihre Untersuchung erbringen würde, sie würden das Problem jedenfalls klären.

Druckman und Porat begannen ihre Arbeit, indem sie dieselbe Spur wie die Polizei verfolgten – nur baten sie diesmal alle drei Studenten Dvirs, ihre Version der Ereignisse zu schildern (ein Protokoll wurde nicht angefertigt). Wiederum bezeugten die drei, Dvir habe gesagt, die Halacha schreibe die Tötung Rabins vor, und abermals konfrontierte man Dvir mit ihrer Aussage. Diesmal jedoch, getragen von der vertrauten und freundschaftlichen Atmosphäre, stritt er die Aussagen seiner Studenten nicht ab. Vielmehr versuchte er, die Sache herunterzuspielen, indem er behauptete, er habe *Din Rodef* nicht in praktischem Zusammenhang erörtert. Er habe nur «gescherzt», als er geprahlt habe, er würde Rabin erschießen, wenn der Ministerpräsident nach Gush Etzion komme. Druckman und Porat waren damit nicht zufrieden. Sie wiesen nicht nur auf die scharfe Diskrepanz zwischen seiner neuen Version und seiner Aussage gegenüber der Polizei hin, sondern waren auch keineswegs davon überzeugt, daß er nur im Spaß behauptet habe, er werde auf Rabin schießen. Das war nicht die Sorte Scherze, die einem Rabbiner und Lehrer gut zu Gesicht standen.

«Wir nahmen ihn schwer ins Gebet», erklärte Porat später, «und fanden seine Ansichten unausgegoren und verquer ... Er ist ein naiver und unreifer Mensch. Seiner Halacha-Auslegung mangelt es an historischer Einsicht, und er zieht daraus entsetzlich verquere Schlüsse. Während des Gesprächs hat er sich auch als naiver Mensch erwiesen, dem es an Verständnis für die Folgen seiner Worte mangelt ... Wir haben ihn gerügt, und er bekam es mit der Angst zu tun. Wir haben ihn angeschrien: ‹Sie können sich selbst ruinieren, wenn Sie zum Mord anstiften, und das gesamte Siedlungsprojekt zunichte machen.› Er war schockiert und erschüttert.»

In seiner verzweifelten Lage enthüllte Dvir die Namen von Rabbinern, die ihm privat mitgeteilt hatten, Rabin müsse als *Rodef* behandelt werden, sowie die Namen weiterer Rabbiner, die seines Wissens dasselbe Urteil gefällt hatten. Druckman und Porat versuchten seine Aussage zu erhärten, kamen dabei jedoch kaum voran. Von den verschiedenen Rabbinern, die Dvir benannt hatte, befragten sie persönlich nur einen: Nachum Rabinovitch. Und zu ihrer Überraschung wich seine Version der Ereignisse ebenfalls von der ab, die er der Polizei gegeben hatte. Bei der Befragung bestritt Rabinovitch, überhaupt mit Dvir gesprochen zu haben. Doch er gab Druckman und Porat gegenüber zu, daß sie ein «vertrauliches» Gespräch über den «halachischen», nicht den praktischen Sinn der Frage geführt hätten, «wer als *Rodef* gelten könnte». «Ich habe

Dvir gesagt, die Frage müsse diskutiert werden, doch dies sei jetzt nicht der Ort dazu, und in praktischer Hinsicht dürfe überhaupt nicht davon die Rede sein.» Porat und Druckman lagen nun widersprüchliche Aussagen über das Gespräch zwischen Dvir und Rabinovitch vor. Dvir behauptete, Rabinovitch habe ihm gesagt, *Din Rodef* sei auf Rabin anwendbar, «mit allen Konsequenzen»; Rabinovitch hingegen versicherte nachdrücklich, er habe davor gewarnt, das Gebot in praktischem Sinne zu interpretieren. Angesichts des insgesamt schlechten Eindrucks, den Dvir hinterlassen hatte, entschieden sich die beiden Ermittler für Rabinovitchs Version – und stellten ihre Untersuchung ein. Sie hielten sich an die festgelegten Regeln, brachten ihre Resultate nicht zur Polizei und beschränkten sich auf die «erzieherische Maßnahme», Dvir zu rügen und Rabinovitch aufzufordern, seine Ausführungen im Vorfeld des Attentats «der Öffentlichkeit näher zu erläutern». Dieser Forderung kam er nach, indem er Vorträge in einigen Jeschiwas hielt und sich bei einer Zusammenkunft mit linken Intellektuellen entschuldigte.

«Ich habe mich nicht als Untersuchungsrichter verstanden», erläuterte Porat die Entscheidung gegenüber Bin-Nun. «Wir können hier nicht zwischen schwarz und weiß unterscheiden – alles ist grau. Und die Polizei versteht die Feinheiten nicht, wenn Rabbiner sich äußern – und könnte deshalb auf die Idee kommen, Ermittlungen einzuleiten. Ich habe den Kern der Angelegenheit als erzieherische Frage verstanden. Es war wichtig für uns, eine eindringliche Botschaft zu vermitteln, daß die Begriffe *Rodef* und *Moser* für unsere Zeit nicht von Bedeutung sind und daß jeder, der sie gebraucht, mit dem Feuer spielt.»

Bin-Nun erhielt einen umfassenden Bericht über die Porat-Druckman-Untersuchung und bewertete ihn als «seriös». Ob es mit dem Bericht gelungen ist, seine Anschuldigungen zu entkräften, bleibt unklar. Jedenfalls scheint er den Widerstreit der beiden Rechtsordnungen Israels verschärft zu haben, von denen die eine – nach dem unterschwelligen Verständnis ihrer Vertreter – nicht anhand der Kriterien der jeweils anderen beurteilt werden darf. Rabbiner Dvirs «Strafe» für das, was dem einen offenbar als Mangel an ausgereiftem Urteilsvermögen vorkam, anderen womöglich als Anstiftung zum Mord, war eine Art Verbannung. Nicht lange nach dem Attentat forderte man ihn auf, Carmei Tsur zu verlassen. Druckman und Porat hätten es auch gern gesehen, wenn er von jeglicher Lehrposition ausgeschlossen worden wäre. «Dvir darf keine jungen Menschen mehr erziehen», sagte Porat in einem Interview. «Wir haben ihm gesagt: ‹Seien Sie so gut, Ihre Ansichten für sich zu behalten. Und sprechen Sie ein klärendes Wort mit jenen, die Sie womöglich völlig falsch verstanden haben, und zwar so schnell wie möglich!›» Dennoch fand Shmuel Dvir in einer anderen Bildungseinrichtung herzliche Aufnahme: in Rabbiner Melameds Jeschiwa in Bracha. Seine Nachbarn bezeichnen ihn als liebenswürdigen Mann, und Rabbiner Melamed ist über den Neuzugang höchst erfreut. «Wir haben einen Rabbiner aufgenommen, der höchst gebildet ist und der Jeschiwa helfen kann», antwortete er auf die Frage, ob Dvir als Lehrer die richtige Wahl sei. «Ich bin zufrieden, daß wir ihn bei uns haben.»

Die beiden oberflächlichen Versuche, eine Verbindung zwischen den Debatten um *Din Rodef* und *Din Moser* und der Ermordung Jitzhak Rabins herzustellen, erbrachten wenig mehr als Spuren, die wohl kaum weiterverfolgt werden. Die entscheidende Frage, ob Jitzhak Rabins Mörder für seine Tat den Segen von Rabbinern erhielt, ist aus der öffentlichen Debatte verschwunden. Seit dem Attentat hat Yigal Amir wiederholt behauptet, Rabin habe das Leben von Juden gefährdet und Teile des Landes Israel unter Fremdherrschaft gebracht und somit das Schicksal eines *Rodef* und *Moser* verdient. Und zudem erklärte er wiederholt, er habe den Ministerpräsidenten aufgrund der Urteile von Rabbinern getötet. «Wer bin ich denn, daß ich eine solche Verantwortung alleine auf mich nehmen könnte?» verwahrte er sich gegenüber den Vernehmungsbeamten.

Während des Verhörs jedoch wollte Amir nicht preisgeben, wer ihm den halachischen Segen erteilt hatte. Zuerst, noch verwirrt und unsicher, behauptete er, er habe den Urteilsspruch eines Rabbiners erhalten. Später, mit wiedergewonnenem Selbstvertrauen, versteifte er sich darauf, er habe gehört, daß verschiedene Rabbiner zu denselben Auffassungen wie er gelangt seien. Den Schluß allerdings, daß es seine Pflicht gewesen sei, gegen Rabin vorzugehen, verdanke er eigenen Talmudstudien. Zudem erklärte er im Verhör, sein Komplize Dror Adani habe einen Rabbiner konsultiert und ein Urteil erhalten, das sein Vorhaben billigte. Doch als er den fraglichen Rabbiner nennen sollte, behauptete er, den Namen nicht zu kennen.

Daß die Rechtfertigung seiner Tat auf Grundlage der Halacha für Amir wichtig war, bezeugt die Tatsache, daß er versuchte, das Problem *Din Rodef* mit Rabbiner Shmuel Kav zu klären, einem seiner Lehrer an der Jeschiwa Kerem D'Yavneh, wo er während seiner Armeezeit studiert hatte. Amir erinnerte sich deutlich an das Gespräch und wußte noch, daß es nicht unter vier Augen stattgefunden hatte, sondern in der Öffentlichkeit, nach einem Begräbnis, bei dem sie sich getroffen hatten. Rabbiner Kav wurde zur Befragung vorgeladen und erinnerte sich ebenfalls recht deutlich an den Wortwechsel: «Ich habe ihm erklärt, es sei verboten, auch nur darüber zu sprechen!» Amir lieferte den Vernehmungsbeamten eine zweideutige Version von Kavs Antwort: «Gemäß der Halacha ist es Pflicht, Rabin zu ermorden. Doch *Sie* dürfen ihn nicht töten.» Wie auch immer, die Ermittler maßen der Begegnung wenig Bedeutung für die Anklage bei, die sie gegen Amir zusammenstellten.

Ein weiterer Zeuge, der erklärte, Amir habe die Billigung von Rabbinern gesucht und erhalten, Rabin pflichtgemäß als *Rodef* niederzustrecken, ist sein Bruder und Mitverschwörer Haggai, der von Umständen berichtete, die in anderem Zusammenhang fast komisch wären. Im März 1996, kurz vor dem Purim-Fest, an dem die Juden sich traditionsgemäß verkleiden, kam Haggai in seiner

Gefängniszelle zu Ohren, Efraim Zalmanovich, der Rabbiner des Dorfes Mazkeret Batya, habe den Mitgliedern seiner Gemeinde verboten, als Yigal Amir aufzutreten. Der Grund für diese merkwürdige Anordnung war, «daß es einem Juden nicht erlaubt ist, sich in die Maske des Bösen zu werfen». Zu diesem Zeitpunkt, vier Monate nach dem Attentat, hatten schon viel gewichtigere Persönlichkeiten als der bescheidene Rabbiner Zalmanovich Yigal Amir verdammt. Doch Haggai machte sich die Mühe, einen wütenden Brief zur Verteidigung der Ehre seines Bruders zu schreiben:

«Eure Eminenz greift meinen Bruder an und nennt ihn böse. Weiß Eure Eminenz, warum er es getan hat? Mein Bruder tat es für Gott, auf die reinste mögliche Weise. Er hat von einem Rabbiner ein halachisches Urteil erhalten, und er hat die Tat gemäß der Halacha ausgeführt – im Bewußtsein seiner heiligen Pflicht, denn er glaubte, dafür sterben zu müssen. Und der Allmächtige, er sei gelobt, hat ein Wunder für ihn vollbracht, und er hat nicht einmal einen Kratzer abbekommen ... Es gibt keinen Zweifel, daß es etwas Schreckliches ist, einen Juden zu töten, aber Eure Eminenz weiß, daß es Zeiten gab, als dies gelegentlich mangels anderer Möglichkeiten getan wurde, und es ist nötig, solche Dinge zu tun, um das Volk Israels zu schützen.»

Dieser Brief verdient Erwähnung, nicht nur weil er Amirs ursprüngliche Behauptung bestätigt, daß er die Billigung eines Rabbiners für den Mord an Jitzhak Rabin erhalten hatte, sondern auch weil er deutlich macht, daß der Mord «gemäß der Halacha» ausgeführt wurde. Interessant ist dieser Umstand vor allem, wenn man ihn im Lichte eines anonymen Hinweises an den Shabak über Amirs Bitte um halachische Billigung sieht. Der anonyme Hinweisgeber beschreibt eine merkwürdige Szene, in der kein Wort zwischen dem künftigen Attentäter und dem Rabbiner gewechselt wird, den er um Rat befragt. Letzterer muß gewußt haben, daß

Amir zu ihm kommen würde, denn sobald Yigal in sein Studierzimmer trat, ging er durch eine zweite Tür hinaus. Auf einem Lesepult in der Mitte des Raumes lag jedoch ein Talmud, aufgeschlagen auf den Seiten des Traktats Sanhedrin, Kapitel 49, in dem die alten Weisen den Bibelabschnitt erörtern (2. Samuel 2,12–28), aus dem *Din Rodef* abgeleitet wird. Amir verstand den Hinweis, las die Seite aus dem Talmud und ging seiner Wege.

Historisch bezieht sich der Bibelabschnitt auf den Nachfolgekampf zwischen König Ischbaal, dem Sohn König Sauls, und David, der bereits zum König von Juda gesalbt ist, doch Saul als Herrscher über alle Stämme beerben will. Der Kampf der Rivalen beginnt als Turnier zwischen zwölf Männern jeder Seite, das sich zu einem Kampf auswächst, der mit der Niederlage von Ischbaals Männern endet. Die Kämpfer fliehen vom Schauplatz, doch Asaël, einer von Davids Hauptleuten, verfolgt (hebräisch *rodef*) weiterhin Abner, den Heerführer Ischbaals. Der knappe biblische Bericht sagt nur, daß sich Abner zweimal während der Verfolgung gegen Asaël wendet und ihn auffordert, einzuhalten. «Laß ab von mir! Warum soll ich dich zu Boden schlagen?» ruft er seinem Verfolger zu. Doch Asaël gibt nicht auf. Schließlich stellt sich Abner Asaël entgegen und tötet ihn mit dem Speer. Nun folgt ein entscheidendes Detail: Die talmudischen Weisen, die das Geschehen erörtern, verweisen darauf, daß Abners Speer Asaël unter der fünften Rippe trifft – genau dort, wohin Yigal Amir zielte, als er Jitzhak Rabin erschoß.

Somit deutet alles darauf hin, daß sich Yigal Amir unbedingt die Bestätigung von Rabbinern einholen wollte, daß Rabin als *Rodef* zu gelten habe. Ob er sie bekam und wer sie ihm gab, wurde nie geklärt, weil die Behörden offensichtlich nicht willens waren, diese heikle Frage zu verfolgen. Der Shabak wäre dazu am besten in der Lage gewesen, denn er hatte die drei Verschwörer – Yigal Amir, Haggai Amir und Dror Adani – gleichzeitig in Haft, doch er nahm in diesem Punkt keinen ernsthaft ins Gebet. Die Polizei befragte aufgrund der Vorwürfe Bin-Nuns vier Rabbiner sowie einen fünften (Rabbiner Kav) im Anschluß an das Verhör Yigal

Yigal Amir
bei seinem Prozeß.

Likud-Chef Benjamin Netanjahu bei der Ra'anana-Demonstration am 4. März 1994.
Hinter ihm ein Sarg mit der Aufschrift «Rabin ermordet den Zionismus».

Baruch Marzel, Rabbi Meir Kahanes Assistent und späterer Chef der Kach-Bewegung.

Der frühere Oberrabbiner Avraham Shapira, führende Autorität in Fragen jüdischen Rechts. Er erließ Vorschriften gegen einen Rückzug aus den besetzten Gebieten.

Yigal Amir im Sommer 1995 bei einer Zo-Artzenu-Demonstration in den besetzten Gebieten. Polizisten tragen ihn fort.

Sitzung des Yesha-Rates mit
Uri Ariel (Mitte) and Aharon
Domb (rechts).

Elyakim Ha'etzni (links)
aus Kiryat Arba, der Rabin
als Verräter brandmarkte.

Rabbi Abraham Hecht, der
öffentlich bedauerte, daß
es ihm nicht vergönnt gewesen
sei, das Urteil an einem *rodef*
zu vollstrecken.

Rabbi Shmuel Dvir, der mit der Erschießung Rabins gedroht hatte, falls der Ministerpräsident jemals seine Siedlung besuchen sollte.

Plakat, auf dem
Rabin als Verräter
beschimpft wird.

Avigdor Eskin belegt Rabin vor dessen Wohnung in Jerusalem mit dem Fluch *Pulsa Da-Nura.*

Am 5. Oktober 1995 wird während einer Demonstration auf dem Zionsplatz eine Fotomontage verteilt, die Rabin in einer SS-Uniform zeigt.

Benjamin Netanjahu
spricht am 5. Oktober 1995
auf dem Zionsplatz zu
Demonstranten.

Ministerpräsident Jitzhak
Rabin (rechts) am Ende der
Kundgebung vom 4. Novem-
ber, wenige Minuten vor
seiner Ermordung.

Yigal Amir rekonstruiert den
Mord für die Polizei.

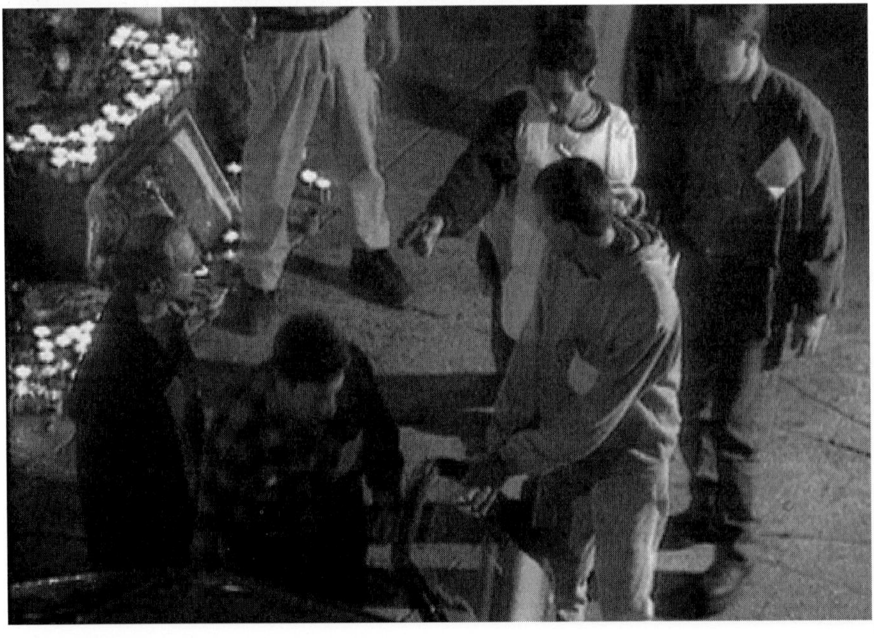

Shlomo und Geula Amir
auf dem Weg ins Gefängnis
zu Yigal.

Shabak-Informant
Avishai Raviv.

Ya'akov Novick,
Chef des Aktionszentrums.
(Mit freundlicher
Genehmigung des Israel
Government Press Office)

Der frühere Oberrabbiner Mordechai Eliyahu, Meir Kahanes Mentor.
(Mit freundlicher Genehmigung des Israel Government Press Office)

Dov Hilkind, Abgeordneter im Bundesstaat New York.

Amirs, gab sich jedoch mit deren Aussagen ohne weiteres zufrieden. Eine Gegenüberstellung von Dvir und seinen Studenten erfolgte nicht, wie auch Druckman und Porat bereits Rabinovitch eine Konfrontation mit Dvir erspart hatten. Wie die beiden Oberrabbiner und die beiden Amateurdetektive behandelten die israelischen Polizeibehörden das Problem wie die Büchse der Pandora.

«Ich behaupte immer noch, daß Rabbiner Dvir die Frage, ob es nötig war, Rabin zu töten, im persönlichem Gespräch mit mindestens drei Rabbinern erörtert hat, und auf anderem Wege mit weiteren Kollegen», erklärte Bin-Nun nach Abschluß der Ermittlungen. «Dvir sagte, böte sich ihm eine Gelegenheit, würde er Rabin töten. Dies sei Pflicht. Wir haben also Yigal Amir und Rabbiner Dvir und angesehene Rabbiner, auf die sich Dvir berief – und niemand hat genauer nach den Verbindungen zwischen ihnen gefragt.»

Inzwischen ist es fast unmöglich, dies nachzuholen. Yigal Amir war in einem Exklusivgespräch mit den Autoren nach seinem Prozeß nur bereit zu sagen: «Es gab eine Menge Rabbiner, die erklärten, *Din Rodef* gelte für Rabin.» Die Rabbiner Dvir und Lior sprechen nicht mit den Medien. Nur Rabbiner Rabinovitch ist bereit, Interviews zu geben, um seine Auffassung zu wiederholen, daß Yoel Bin-Nun einen Zusammenbruch erlitten haben muß. «Vielleicht braucht er psychiatrische Behandlung», erklärte er zu seinen Vorwürfen. «Er ist verleumderisch. Wie kann man nur Namen nennen? Ich bin überzeugt, daß kein Rabbiner irgend etwas in dieser Richtung (für Rabin gelte *Din Rodef*) gesagt haben kann. Jeder, der etwas über das jüdische Denken weiß, würde so etwas für unvorstellbar halten.»

Wie wir jedoch gesehen haben, gab es Rabbiner – allerdings außerhalb der Reichweite des israelischen Gesetzes –, die öffentlich erklärt haben, *Din Rodef* gelte für Rabin, und damit die Grenzen des Denkbaren für immer verändert haben. Was an Widersprüchen in Israel möglich ist, stellt sich in einem ganz anderen Licht dar, nachdem bekannt wurde, daß zwei der Rabbiner, die wegen ihrer Auseinandersetzung mit *Din Rodef* befragt wurden, sich nur fünf Tage vor dessen Ermordung mit Rabin getroffen hatten. Der Ministerpräsident persönlich hatte das Treffen anberaumt. Auf den Hinweis des Shabak hin, die Wut der Siedler steige in gefährlichem Maße, erklärte Rabin sich bereit, etwas dagegen zu tun. Seine Berater empfahlen einen Dialog mit den Siedlern, und Rabin entschloß sich, den Rabbinischen Rat für das Land Israel zu einem Treffen in seine Amtsräumen einzuladen. Die meisten seiner Mitglieder weigerten sich, daran teilzunehmen. Die einzigen Ausnahmen waren Rabbiner Rabinovitch und Rabbiner Melamed.

«Es war ein höfliches Gespräch», berichtete Melamed, «und Rabbiner Rabinovitch, der Professor ist, hielt Rabin einen langen und leidenschaftlichen Vortrag. Er sprach etwa eine Viertelstunde über jüdische Geschichte und das Schicksal des jüdischen Volkes, während Rabin gleichmütig zuhörte.»

Vermutlich fand der Ministerpräsident die Lektion ermüdend. Doch Eitan Haber, Rabins Stabschef, war von Rabinovitchs Monolog höchst beeindruckt, und nachdem der Rabbiner gegangen war, meinte er, er habe einige «bemerkenswerte Dinge» gesagt.

Rabin antwortete mit einem Lachen. «Sie glauben denen immer noch?» tadelte er Haber. «Wie naiv von Ihnen!»

5 American Connection

Die Hetzkampagne gegen Jitzhak Rabin in Israel mochte noch so roh und schrill sein – verglichen mit der Kampagne in den USA, die sich gemeinhin eines zivilen Umgangstons im politischen Streit rühmen kann, konnte sie einem fast maßvoll vorkommen. Im September 1995 brandeten die Haßtiraden gegen den Ministerpräsidenten und seine Regierung dermaßen hoch, daß Colette Avital, Israels Generalkonsulin in New York, dem Treiben nicht mehr untätig zusehen wollte. Zunächst hatten die Rabin-Gegner innerhalb der amerikanisch-jüdischen Gemeinschaft den Ministerpräsidenten als Verräter und *Rodef* beschimpft; doch dann waren sie so weit gegangen, ihn einen Nazi zu nennen. Avital wußte, daß rechte und orthodoxe Juden die Extremisten in Israel mit Ratschlägen und Geld versorgten – mit viel Geld. Auf ihrem Schreibtisch stapelte sich ein bedrückendes Sortiment von jüdischen Zeitungen, Zeitschriften, Pamphleten, Handzetteln, Radio- und Fernsehmitschnitten und Texten aus dem Internet – ein endloser Strom des Hasses auf Rabin, der sich aus Gerüchten, Lügen, Erfindungen, Halbwahrheiten und Verzerrungen speiste. Avital hielt es für ihre Pflicht, den Ministerpräsidenten davor zu warnen, selbst wenn ihr Bericht daheim zu Gerüchten Anlaß geben würde, die dritthöchste Diplomatin Israels in den Vereinigten Staaten sei der Hysterie verfallen.

Seit fast zwei Jahren, zunächst entgeistert, dann entsetzt, beobachtete Avital ein empörendes Phänomen: In der Stadt mit der größten jüdischen Gemeinde der Welt war nur eine einzige Stimme zu hören: die der radikal-orthodoxen Minderheit, die fast geschlossen gegen den nahöstlichen Friedensprozeß Front machte. Die Friedensanhänger in New York waren offenbar nicht in der Lage, mehr als ein leises Protestmurmeln dagegen über die Lippen zu bringen, während die orthodoxen Rabbiner und Rechtsradikalen pausenlos zur Beseitigung des israelischen Ministerpräsidenten aufriefen. Avital war konsterniert und verärgert zugleich. Wie konnte es sein, daß die amerikanisch-jüdische Gemeinde, die progressivste und neuerungsträchtigste der Welt, einzig und allein mit einem aggressiven Fundamentalismus zu hören war? Wie war es möglich, daß in diesem Schmelztiegel aus religiösem Pluralismus und Kreativität die Ansichten der orthodoxen Minderheit vorherrschten?

Tag für Tag spürte sie, wie die Mauer der Feindseligkeit zwischen den orthodoxen Juden New Yorks und den offiziellen Gesandten des Staates Israel breiter und höher wurde. Niemals zuvor war israelischen Diplomaten in den USA oder sonstwo der Zutritt zu ganzen jüdischen Vierteln verwehrt worden. Man hatte Avital gewarnt, und zwar unmißverständlich: Sollte sie einen Fuß in die Bastionen der orthodoxen Juden New Yorks setzen, würde man sie mit Flaschen und Steinen empfangen. Die älteren Menschen in den jüdischen Gemeinden sagten ihr, daß kein Teil des amerikanischen Judentums jemals soviel abgrundtiefen Haß gegen eine gewählte Regierung Israels zum Ausdruck gebracht hätte. Manchmal fühlte sie sich wie in einem Alptraum, während die große Mehrheit der amerikanischen Juden, und nicht zuletzt die israelische Regierung selbst, stumm danebenstanden und zusahen.

Colette Avital war die erste Frau im Amt des Generalkonsuls, die sich in der diplomatischen Residenz Israels an der Upper East Side von Manhattan eingerichtet hatte. Die gebildete, elegante Frau Anfang Fünfzig spricht leise, aber deutlich und, so heißt es in ihrem Umkreis, versteht es meisterhaft, selbst ihre turbulentesten Gefühle zu verbergen. Doch ihr sanftmütiges Gebaren täuscht, denn Avital hat Rückgrat und schreckt vor Streit nicht zurück. Um das Hindernisrennen des diplomatischen Dienstes in der von Männern beherrschten israelischen Politik zu bewältigen, muß eine Frau außer Talent auch Schneid und Entschlossenheit besitzen. Dreißig Jahre bevor sie nach New York geschickt wurde, war sie in das Büro ihres Vorgesetzten in Jerusalem gegangen und hatte um ihre Versetzung aus der Verwaltung in den diplomatischen Dienst ersucht. «Da haben Sie keine Chance», sagte er. «Frauen sind für die Diplomatie nicht geeignet. Frauen sind hysterisch.»

Dieses Vorurteil war ihr noch gut in Erinnerung, selbst nach dreißig Jahren einer Karriere, die es Lügen strafte. Avital wurde 1993 nach New York versetzt, nachdem sie zuvor als israelische Botschafterin in Portugal gedient hatte. Die als arbeitswütig verschrieene Expertin für Öffentlichkeitsarbeit fand bald Anerkennung als eine Diplomatin, die an ihre Mission glaubt und ihren Standpunkt ebenso elegant wie überzeugend durchsetzt. In der Arbeitspartei wurden Stimmen laut, man müsse sie aus dem diplomatischen Dienst holen und für eine politische Karriere gewinnen. Doch bei all ihrem Können war sie nicht auf den Schwall an Drohungen und Beschimpfungen vorbereitet, der ausgerechnet in New York auf sie und ihre Mitarbeiter niederging.

Schon bevor Avital ihnen entgegentrat, zeigten sich die orthodoxen Juden in New York mißvergnügt über die Neue. Die Rabbiner und führenden Vertreter der Gemeinden, befangen in ihren Vorstellungen von Kindern, Küche und Synagoge, waren der Meinung, eine Frau habe auf einem so hochrangigen Posten nichts zu suchen. Man lud Avital ein, beim Jahresdinner 1994 des Jerusalem Reclamation Project (JRP) zu sprechen, einer rechten Organisation, die Gelder sammelt, um Juden in arabischen Vierteln Jerusalems anzusiedeln. Als sie aufs Rednerpult zuschritt, empfing man sie mit einem Hagel aus Pfiffen und Buhrufen. Von da an ging es bergab. Und als die *Jewish Press* – die wichtigste Wochenschrift der Orthodoxen und radikalen Rechten New Yorks – ihre Leser aufforderte, über Avitals Leistung abzustimmen, war die überwältigende Mehrheit dafür, ihr so schnell wie möglich den Laufpaß zu geben. Daß man sie in Begleitung des ABC-Nachrichtenmoderators Peter Jennings sah, den man in rechten Blättern gewöhnlich als «Israel-Prügler» bezeichnete, trug gewiß nicht dazu bei, Avital bei den Verleumdern in ein besseres Licht zu rücken. Im Grunde stand ihr eine Einheitsfront aus orthodoxen und rechten jüdischen Aktivisten gegenüber, angeführt von dem Abgeordneten im Parlament des Staates New York, Dov Hilkind, den Rabbinern Abraham Hecht und Herbert Bomzer, den Geschäftsleuten Sam Domb und Jack Avital. Hinzu kam allerdings noch Bürgermeister Rudolph Giuliani, der eigentlich nicht richtig dazupaßte, doch politisch in der Schuld der andern stand. Es überrascht kaum, daß die meisten New Yorker Gegner des nahöstlichen Friedensprozesses über den verstorbenen Rabbiner Meir Kahane miteinander verbunden waren, dessen Organisationen und Zöglinge die Allianz der orthodoxen rechten Kräfte geschmiedet und den Bürgermeister für ihre Sache eingespannt hatten.

Avital, die eine Liste der Ausfälle gegen Jitzhak Rabin angelegt hatte, verfolgte besorgt die wachsenden Feindseligkeiten. In einem Bericht, den sie zwei Jahre nach dem Händedruck Rabins und Arafats verfaßte, listete sie die Namen der Organisationen auf, die an der Offensive gegen die Osloer Verträge beteiligt waren, darunter Americans für ein sicheres Israel, das Weltkomitee für Israel, die Amerikanischen Freunde von Hebron, Pro-Israel, Frauen in Grün, die Zionistische Organisation von Amerika (ZOA), das Jerusalem Reclamation Project, das Central Israel Fund-One Israel, Zo Artzenu, Yesha-One Israel Fund, Operation Kiryat Arba, Operation Chizuk («Stärkung») und das Komitee für die Bewahrung von Eretz Hakodesh (des Heiligen Lands). Am meisten beunruhigte sie, schon wegen ihrer Mitgliederzahl und ihres Einflusses, die orthodoxe Young-Israel-Bewegung.

Am 19. September 1993, nur sechs Tage nach dem historischen Händedruck auf dem Rasen des Weißen Hauses, gab der Nationalrat von Young Israel bei einem eilends einberufenen Treffen von Ostküstenrabbinern in New York – ihre israelischen Kollegen waren über Satellit dabei – das Signal zum Kampf gegen das Osloer Abkommen. Young Israel ist eine der mächtigsten Gruppierungen in der orthodox-jüdischen Gemeinschaft Amerikas, mit etwa 20000 Familien der Mittel- und Oberschicht, die enge Verbindungen zu ähnlichen Kreisen in Israel halten. Der rasch veröffentlichte Appell «für den Widerruf des Osloer Abkommens» hatte einen unmißverständlich aufrührerischen Unterton. Denn bei allen hartnäckigen Streitereien der politischen Lager in Israel waren die Organisationen der amerikanischen Juden bislang stillschweigend der Daumenregel gefolgt, in allen Staatsangelegenheiten die jeweils gewählte Regierung Israels zu unterstützen – oder zumindest nicht gegen sie aufzutreten. Das Gelübde von Young Israel, das Osloer Abkommen zu bekämpfen, spiegelte die Kluft im amerikanischen Judentum wider, die sich zwischen der orthodoxen Gemeinschaft und den konservativen und reformerischen Strömungen aufgetan und seit dem Sechstagekrieg ständig verbreitert hatte.

Anfangs war es nur ein feiner Riß gewesen, vorübergehend gekittet dank der Solidaritätswelle für Israel, die durch das amerikanische Judentum lief, als im Mai 1967 der ägyptische Präsident Nasser seine Truppen zusammenzog und die Straße von Tiran für Schiffslieferungen nach Israel sperrte. Mit viel Energie betrieb man Spendenkampagnen. Tausende von Freiwilligen wollten nach Israel fliegen und dort für die Reservisten einspringen, deren Einberufung die Wirtschaft fast lahmgelegt hatte. Das America-Israel Public Affair Committee (AIPAC), die wichtigste pro-israelische Lobby in Washington, legte Überstunden ein, um die Unterstützung von Wirtschaftsbossen und Kongreßmitgliedern für den bedrohten Staat zu gewinnen, und bewies dabei erstmals seine beeindruckende Stärke. Als den amerikanischen Juden am Ende des Juni-Blitzkrieges aufging, was für einen überwältigenden Sieg Israel errungen hatte, waren sie ebenso begeistert wie die Israelis selbst. Diese brüderlichen Gefühle wurden noch verstärkt durch ein unterschwelliges Schuldempfinden: Als das Gespenst der Vernichtung das letzte Mal aufgetaucht war, während des Holocaust, war es der Führung der amerikanischen Juden nicht gelungen, ihre Regierung für die Sache der europäischen Juden zu mobilisieren.

Die orthodoxen Juden allerdings hatten noch einen dritten Beweggrund: eine religiöse Erweckungsbewegung, die zugleich auch den Charakter der national-religiösen Gemeinschaft in Israel selber veränderte. In einem Artikel der von Young Israel herausgegebenen Vierteljahresschrift *Viewpoint* (Winter 1993) beschrieb Rabbiner Simcha Krauss von der New Yorker Gruppierung Young Israel of Hillcrest die Auswirkung des Sieges auf die orthodoxen Juden in den Vereinigten Staaten einerseits und seine Bedeutung für die Menschen, die ihn persönlich errungen hatten, andererseits.

«Für Rabin und andere israelische Führer, die keinen Sinn für die spirituellen Dimensionen unseres Vermächtnisses haben, war der Sieg im Sechstagekrieg in Wahrheit nur ein militärischer. Das Land, das damals befreit wurde, hatte für sie keine besondere Bedeutung. Für jene von uns, die *yirei shomayim* (gottesgläubig) sind, war die spirituelle Bedeutung des Sechstagekriegs überwältigend, und das Land, das er uns eingebracht hat, hat unser Leben verändert. Nicht nur hat es unseren Stolz, Juden zu sein, erneuert, sondern auch Tausende von Juden dazu angeregt, sich auf die spirituelle Suche zu machen und die *baal teshuva* (Rückkehr zur Religion) in die Wege zu leiten.»

Nach der Eroberung (oder, laut Krauss, «Befreiung») von Groß-Israel entwickelte sich eine enge Symbiose zwischen den orthodoxen Lagern auf beiden Seiten des Ozeans. Die Zahl der orthodoxen Touristen, die nach Israel fuhren, schnellte ebenso in die Höhe wie die der Studenten, die für ein Jahr oder länger an speziellen Jeschiwa-Seminaren teilnahmen. Tausende junger orthodoxer Amerikaner siedelten sich in den besetzten Gebieten an, und Stiftungen für national-religiöse Projekte – wie die JRP, der Yesha-Rat und die Gemeinde von Hebron – konkurrierten mit den schon etablierten Kampagnenorganisationen United Jewish Appeal und Israel Bonds um die Gelder orthodoxer Spender.

Besuche von israelischen Rabbinern und rechten Politikern in den USA taten das ihre, um die amerikanischen Freunde auf Trab zu bringen. Besonders gefragt für Vortragsreisen durch die orthodoxen Gemeinden war Ariel Sharon, der einige Male von Yehiel Leiter vom Yesha-Rat begleitet wurde. Dieser hatte das Organisationsbüro seiner Spendenkampagne schon 1992 nach New York verlegt und berichtete im Dezember 1993, man habe in den letzten anderthalb Jahren 1,5 Millonen Dollar an die Siedler überwiesen. Rusty Moslow, der Präsident von Pro-Israel, prahlte ebenfalls, daß die Antwort auf 160 000 Briefe, die man im Gefolge des Osloer Vertrags verschickt hatte, «unerwartet gut» gewesen sei. Andere Likud-Größen wie der ehemalige Ministerpräsident Jitzhak Shamir, der Jerusalemer Bürgermeister Ehud Olmert und der Likud-Vorsitzende Benjamin Netanjahu, traten ebenfalls den Weg durch die Vortragssäle an. Die Konkurrenz um amerikanische Gelder für die Siedlungen war so groß, daß es unweigerlich zu häßlichen Konflikten kommen mußte. Im Dezember 1993 zum Beispiel erhob Jack Avital, der Vizepräsident des Weltkomitees für Israel, gegen Benjamin Netanjahu den Vorwurf, er habe für den Yesha-Rat bestimmte 200 000 Dollar zum Abbau des riesigen Likud-Schuldenbergs verwendet. Der Likud entgegnete, das Geld sei für eine große Demonstration verwendet worden, die zusammen mit anderen Gruppen im Gemeinsamen Führungsstab organisiert worden sei – womit er freilich unabsichtlich preisgab, daß die Spenden aus den Vereinigten Staaten halfen, die Hetzkampagne gegen Rabin zu finanzieren.

Hier lag der Gegensatz, der sich dann zu einer Kluft verbreitern sollte, zwischen der orthodoxen Gemeinschaft in Amerika und den Konservativen und Reformern in Israel, ganz zu schweigen von den zahllosen amerikanischen Juden, die sich keiner religiösen Strömung zuordnen, doch ihre Identität als Juden bewahren. Da letztere keine ideologischen oder institutionellen Bande mit den entsprechenden israelischen Kreisen geknüpft hatten, engagierten sie sich nicht so vehement und direkt für Israel wie die orthodoxen Juden. Die jährlichen Umfragen des American Jewish Committee zeigen diesen Unterschied. In der Befragung von 1995 z. B. sagten

72 Prozent der Orthodoxen, sie fühlten sich Israel «sehr verbunden», verglichen mit 13 Prozent der reformerisch eingestellten Juden. Zwar stellen die Orthodoxen nur etwa ein Zehntel der sechs Millionen Juden Amerikas, die israelischen Orthodoxen hingegen ein Fünftel der Gesamtbevölkerung, doch inspirieren und unterstützen sich die beiden Gemeinschaften in hohem Maße. Ihr passionierter Glaube und nicht ihre Zahl sorgte für ihren politischen Einfluß.

Die Gebietseroberungen von 1967 veränderten laut Rabbiner Krauss das Leben der orthodoxen Juden in den Vereinigten Staaten grundlegend. Doch es gab einen weiteren «Tag, der unsere Welt verwandelt hat», den 13. September 1993, als das Osloer Abkommen zwischen Israel und der PLO unterzeichnet wurde. Yaakov Kornreich, ein Journalist, der für verschiedene orthodox-jüdische Zeitschriften schreibt, hat unter ebendiesem Titel seine Eindrücke und Gefühle beschrieben, als «ein Vertrag öffentlich besiegelt wurde, der eines Tages das Leben jedes einzelnen Juden verändern wird». Während andere Beobachter auf der ganzen Welt Rührung oder Begeisterung darüber empfanden, daß sich einstige Feinde auf friedliche Weise ein Land teilten, das Konflikte ein Jahrhundert lang zerrissen hatten, dachte Kornreich ganz anders: «Wir sahen erschrocken und ungläubig zu», erinnerte er sich, «sprachlos und hilflos außen vor stehend, als die Heimat von 130000 Juden [in den besetzten Gebieten] mit einem Federstrich vielleicht für immer hergegeben wurde.»

Sechs Tage nach dem schicksalhaften Federstrich in New York trafen die Rabbiner der Young-Israel-Bewegung zusammen und antworteten auf den Schock mit einem Aktionsplan. Keiner machte den Vorschlag, erst einmal abzuwarten, um zu sehen, ob Kornreichs Befürchtung über das Schicksal der Siedler zutraf. Niemand dachte daran, erst einmal Luft zu holen und dem Frieden eine Chance zu geben. Mit der Unterstützung schlachterprobter Kämpfer wie Rabbiner Herbert Bomzer aus Brooklyn führten der Präsident von Young Israel, Chaim S. Kaminetzki, und Geschäftsführer Rabbiner Pesach Lerner die Bewegung ganz im Sinne jener Mitglieder, die nach Israel emigriert waren und Dutzende von neuen Gruppen in den besetzten Gebieten aufgebaut hatten. Und Young Israel war nicht alleine. In den amerikanischen orthodox-jüdischen Kreisen war man entschlossen, das gerade unterzeichnete Osloer Abkommen mit allen Mitteln zu bekämpfen: mittels Gebeten, Versammlungen, Demonstrationen, Rundbriefen, Leserbriefen, Radio- und Fernsehsendungen und vor allem mittels Druck auf Lokal- und Bundespolitiker. Dieser Mühsal hätte man eigentlich das Prädikat «Graswurzelbewegung» in der besten Tradition der amerikanischen Demokratie verleihen können, hätte sie nicht voll blindem Haß das Ziel verfolgt, eine demokratisch gewählte Regierung in einem 12 000 Kilometer entfernten Land zu stürzen.

Am 13. Dezember 1993 vermerkte Colette Avital in ihren Aufzeichnungen die ersten Demonstrationen von Aktivisten der Anti-Oslo-Bewegung. 300 Leute hatten sich auf dem Times Square versammelt, die meisten von ihnen mit Gebetskäppchen und Plakate schwingend, auf denen es hieß: «Macht Israel nicht zu einem zweiten Libanon» und «Jüdisches Blut ist nicht billig», während sie den Reden von Rabbiner Abraham Hecht, des Parlamentariers Dov Hilkind, des Stadtrats Anthony Wiener und des Geschäftsmanns Sam Domb lauschten. Von Zeit zu Zeit stürmten Demonstranten auf die Straße und blockierten den Verkehr auf dem Broadway, bis der Polizeikordon sie zurückdrängen konnte. Die Demonstration wurde vom World Committee on Israel getragen, unter Führung des inzwischen verstorbenen Dr. Manfred Lehmann, der sie als «überparteilichen Protest» bezeichnete, weil «die alten und etablierten jüdischen Organisationen gelähmt» seien. Robert Friedman von der *Village Voice* fiel ein junger Demonstrant im Parka auf, der die Mütze der New York Ranger und eine Sonnenbrille trug. Warum er gekommen sei? «Rabin ist schlimmer als Hitler. Hitler war ein Goi, der Juden getötet hat. Rabin ist ein Jude, der Juden tötet. Rabin sollte umgebracht werden.»

Damals war dies noch eine vereinzelte Stimme; Rabbiner und andere führende Vertreter der orthodoxen Gemeinschaft schreckten vor solch hanebüchenen Vergleichen noch zurück. Dennoch, die Demonstration war ein Dammbruch. Zum ersten Mal ertönten Rufe wie «Tötet Rabin» und tauchten Plakate mit den Worten «Rabin – Verräter» in der Menge auf. In Israel erlebte man dies erst vier Monate später.

Voll Zorn über eine derart unerhörte Sprache beklagte sich Colette Avital direkt bei Malcolm Hoenlein, dem Direktor des einflußreichen Präsidentenrats von zweiundfünfzig großen jüdischen Organisationen. «Das ist verbale Gewalt», fauchte sie und verlangte eine scharfe Verurteilung der Haßtiraden. «Das ist ansteckend und muß im Keim erstickt werden.» Doch Avital war nicht die einzige, die Hoenlein anrief. Die Leiter von Young Israel und der ZOA, die von ihrem weit rechts stehenden Präsidenten Morton Klein zu den Demonstrationen geführt worden war, setzten Hoenlein unter Druck, er solle neutral bleiben. Selbst bekannte Verfechter des Friedens rieten zur Zurückhaltung, da ein Protest den Aktionen einer kleinen Minderheit weitere Aufmerksamkeit verschaffen würde. Schließlich brachte Hoenlein seine Mißbilligung zum Ausdruck – ohne nennenswerte Wirkung.

Nach New York war Capitol Hill Ziel eines Zangenangriffs von israelischen und amerikanisch-jüdischen Gegnern des Friedensprozesses. Dank ihrer direkten Verbindungen zum Likud und Yesha-Rat erhielten die orthodoxen Rabbiner in Amerika ständig Berichte über angebliche Vertragsverletzungen der Palästinensischen Autonomiebehörde. Viele dieser Meldungen stammten von Yossi Ben-Aharon, dem ehemaligen Leiter des Büros von Ministerpräsident Shamir; von Yigal Carmon, der Shamirs Berater für Terrorismusbekämpfung gewesen war, und von Yoram Ettinger, einem ehemaligen Attaché für Kongreßangelegenheiten der israelischen Botschaft in Washington. Doch die «Dreierbande», wie Rabin sie getauft hatte, ging noch einen Schritt weiter. Zur großen Verärgerung des AIPAC und der israelischen Botschaft richteten sie ihr eigenes Büro in Washington ein, um im Kongreß Lobbyarbeit zu betreiben. Man verfolgte drei Ziele: Verlegung der amerikanischen Botschaft in Israel von Tel Aviv nach Jerusalem; im Keim schon die Idee zu ersticken, amerikanische Truppen im Rahmen eines Friedensvertrags zwischen Israel und Syrien (der allerdings noch nicht in Sicht war) auf den Golanhöhen zu stationieren; und vor allem, amerikanische Gelder für die sich immer in akuter Geldnot befindende Palästinensische Autonomiebehörde zu stornieren, was diese – und den Friedensprozeß – an den Rand des Zusammenbruchs gebracht hätte.

Diesem Unternehmen schloß sich die orthodoxe jüdische Lobby an, die große Anstrengungen unternahm, um zwei mächtige republikanische Kongreßmitglieder für sich zu gewinnen: Jesse Helms aus North Carolina, den Vorsitzenden des außenpolitischen Ausschusses im Senat, und Benjamin Gilman aus New York, den Vorsitzenden des Ausschusses für internationale Beziehungen im Repräsentantenhaus. Der republikanische Senator Alfonse D'Amato aus New York und die Kongreßabgeordneten Michael Forbes, Charles Schumer und Peter King hatten sich schon bereit erklärt, die Schlacht im Kongreß anzuführen.

Der Höhepunkt des Kreuzzuges gegen die Palästinensische Autonomiebehörde war der 13. Juni 1995, als eine Delegation von 100 orthodoxen Rabbinern nach Washington kam, um den Aufschub der von der Regierung versprochenen Hilfen für die Palästinensische Autonomiebehörde durchzusetzen, bis die Palästinenser die Forderungen der israelischen Rechten erfüllt hatten. Zwei Wochen später sollte der Kongreß über das Verlangen der Regierung debattieren, den Palästinensern weitere 100 Millionen Dollar zu überweisen, aus einem Gesamtpaket von 500 Millionen an Hilfsgeldern und Krediten in einem Zeitraum von fünf Jahren. Washington war mit den Zahlungen an die Palästinenser bereits im Verzug. Obwohl zwei Jahre seit der Unterzeichnung des Osloer Abkommens vergangen waren, hatten die Vereinigten Staaten – über einen dafür eingerichteten Verteilungsapparat der Geberländer, den Holst-Fonds – der Palästinensischen Autonomiebehörde nur 80 Millionen Dollar überwiesen. Helms und Gilman hegten die Hoffnung, die Zahlungen noch weiter verzögern zu können, und beantragten, die Fortsetzung der versprochenen Hilfe müsse halbjährlich vom Kongreß abgesegnet werden. D'Amato hatte die Forderungen noch verschärft und vorgeschlagen, die amerikanische Hilfe an die Palästinensische Autonomiebehörde ganz zu streichen und sie statt dessen für amerikanisch geführte humanitäre Projekte zu verwenden.

Der Kreuzzug der Rabbiner – auf die Beine gestellt von Rabbi Sholom Gold, dem ehemaligen Präsidenten von Young Israel – hatte das Ziel, Unterstützung für diese Anträge zu mobilisieren. Gold erklärte vor der Presse, solange die PLO die Kriterien der freiwilligen Zusammenarbeit, Rechenschaftslegung und Offenheit nicht erfülle, müsse sie «immer noch als terroristische Organisation betrachtet werden». Young Israel, der Rabbinical Council of America, die Rabbinical Alliance of America und nichtjüdische Gruppen wie die Pro-Israel Christians und die Traditional Values Coalition (mit denen die orthodoxe Lobby ein Ad-hoc-Bündnis geschmiedet hatte): Alle heuerten sie Busse an, und man fuhr nach Washington. Dort fielen die Rabbiner in die Büros von Senatoren und Abgeordneten aus beiden außenpolitischen Ausschüssen ein. Sie beriefen sich auf einen sechzehnseitigen Bericht der ZOA mit einer Litanei palästinensischer Vertragsverletzungen, angefangen von der mangelnden Bereitschaft, den Terrorismus zu bekämpfen, bis hin zur antiisraelischen Propaganda in den staatlich kontrollierten Medien. Doch der Kern ihrer Klagen war das Osloer Abkommen selbst. «Wenn man Land für Versprechungen tauscht und die Versprechungen gebrochen werden, sagen sie ‹Tut uns ja so leid›, aber das Land ist unwiederbringlich verloren», erklärte Rabbiner Moshe Portnoy den Senatoren. «Israel wird nie mehr in der Lage sein, das Land zurückzuerobern.»

Was in diesen Gesprächen wohlweislich unterschlagen wurde, war ein zwei Wochen zuvor veröffentlichter Bericht des Außenministeriums, wonach die PLO sich an die Grundsatzerklärung (Osloer Abkommen) gehalten und Maßnahmen eingeleitet habe, um der Gewalt vorzubeugen und die Verantwortlichen für Terroranschläge zu bestrafen. Vertreter Israels informierten den Kongreß über diesen Befund und mühten sich nach Kräften, den Angriff der Orthodoxen abzuwehren. Botschafter Itamar Rabinovich zog persönlich über den Capitol Hill und warnte die Abgeordneten, daß «eine kleine, gutorganisierte und schlagkräftige Gruppe innerhalb der Vereinigten Staaten mit aller Entschlossenheit gegen die Regierung Rabin arbeitet». Diese Beobachtung wurde im Kongreß selbst bestätigt. Der demokratische Senator Joseph Lieberman aus Connecticut, selbst ein orthodoxer Jude, sah sich von Rabbinern und anderen rechten Lobbyisten unablässig durch die Korridore des Senats verfolgt, wies deren Annäherungsversuche jedoch ab. «Die Siedler investieren riesige Summen in die Propaganda», klagte Lieberman. Zwar gab er zu, daß die Palästinensische Autonomiebehörde weniger Fortschritte mache, als er erhofft hatte, doch er stellte entschieden in Frage, ob die richtige Antwort darauf sei, «die Hilfe für die Palästinenser einzustellen und damit den Friedensprozeß letztlich abzuwürgen».

Andere Kongreßmitglieder zeigten sich verärgert ob des Versuchs, das politische Schlachtfeld von Jerusalem nach Washington zu verlegen. Während einer Sitzung des außenpolitischen Ausschusses im Repräsentantenhaus machte sich der demokratische Abgeordnete Alcee Hastings aus Florida Luft: «Ich denke, wir veranstalten heute dieses Hearing, weil parteipolitische israelische Interessen mit Macht in die amerikanische Tagespolitik drängen. Und ich denke weiterhin, daß die israelische Innenpolitik im amerikanischen Kongreß nichts zu suchen hat … Ich verabscheue den Versuch von Oppositionsparteien in Israel, die aufrichtige Besorgnis amerikanischer Juden in den Dienst ihrer eigenen politischen Interessen zu stellen.» Ebenso schneidend äußerte sich der Geschäftsführer des AIPAC, Near Sher, in einem Interview: «Es ist sehr problematisch, wenn bestimmte Gruppen versuchen, im

Kongreß Lobbyarbeit gegen die rechtmäßige Regierung Israels zu betreiben. Es ist gefährlich, wenn innerisraelische Fragen in die Hallen des amerikanischen Kongresses gezerrt werden.»

Noch während die 100 Rabbiner versuchten, im Kongreß eine Lobby für ihre Ziele zu schaffen, warf sich sogar Außenminister Peres ins Zeug. Telefonisch bat er Gilman, die Rabbinerdelegation nicht zu empfangen, da ein solches Treffen den Friedensprozeß gefährden könne. «Die meisten amerikanischen Juden unterstützen das Osloer Abkommen», mahnte er den Kongreßabgeordneten, «die Orthodoxen sind nur Randfiguren.» Doch die Rabbiner setzten sich durch. Gilman empfing sie nicht nur, er gab gemeinsam mit den Delegationsleitern eine Pressekonferenz, in der er den Bericht des Außenministeriums als «Schönfärberei» abtat und sich hinter die Forderungen der Rabbiner stellte.

Begeistert von ihrem Erfolg, bestieg die Delegation die Treppe zum Lincoln Memorial und sprach Gebete zum Wohle Groß-Israels. Man hatte sich diesen Ort ausgesucht, um die Juden an eine andere, vierhundertköpfige Delegation von Rabbinern zu erinnern, die im Herbst 1943 an dieser Stelle demonstriert hatten, nach einem Gang zu Präsident Roosevelt, den man flehentlich gebeten hatte, die europäischen Juden zu retten. Die Anspielung war deutlich: Dem jüdischen Volk drohte eine Katastrophe von den Ausmaßen des Holocaust. Freilich ging man vor der Presse nicht so weit, die schweren Geschütze aufzufahren: «Es dreht sich hier nicht um die Frage, ob man für oder gegen den Friedensprozeß ist. Es geht nicht einmal unmittelbar um die Haltung der israelischen Regierung», erklärte Rabbiner Steven Pruzansky nicht ganz wahrheitsgetreu. «Es geht hier allein um ein Problem des amerikanischen Steuerzahlers.»

Vor ihren eigenen Gemeinden schlugen die führenden Vertreter der Orthodoxen und Rechten jedoch ganz andere Töne an. Beispiele für solche Brandreden gibt es genug. Der World Likud (ein Ableger der israelischen Partei) überschwemmte orthodoxe Synagogen in

Brooklyn und Miami mit Flugblättern, auf denen die israelische Regierung angegriffen wurde. Rabbiner Mordechai Friedman, Leiter der orthodoxen Vereinigung amerikanischer Rabbiner, klagte in Radio- und Fernsehinterviews: «Rabins Demokratie verfolgt die Siedler» und «Die israelische Armee ist in eine ultralinke Rabin/ Peres-Miliz verwandelt worden». Als Rabbiner Benjamin Schaferstein von der Kanzel aus wetterte, «Israel ist nicht mehr demokratisch, sondern eine Diktatur von Rabin und Peres», nahmen die Gläubigen das Diktum protestlos hin – kein Wunder, denn in den Blättern der orthodoxen Gemeinschaft war die israelische Regierung bereits als «Judenratpolizei» denunziert worden. Andere Würdenträger mieden demonstrativ die sumpfigen Felder der Politik und widmeten sich der allgemeinen Volksbildung. Rabbiner Moshe Tendler etwa, Biologieprofessor an der Yeshiva University und angesehene Halacha-Autorität, erläuterte den Medien geduldig, daß gemäß dem jüdischen Religionsgesetz jeder, der als *Rodef* erkannt ist, getötet werden muß.

Während die Gemeinderabbiner ihre Offensive vorantrugen, achteten sie sorgfältig darauf, ihre Flanken zu schützen. Den IDF-Offizieren, die nach Amerika geschickt wurden, um die Umsetzungsschritte des Osloer Abkommens zu erläutern, verwehrten sie den Zutritt zu ihren Synagogen. Die Mitglieder ihrer Gemeinden, so die Rabbiner, seien der gegenwärtigen israelischen Regierung nicht gewogen, und sie könnten daher nicht für die Sicherheit der Offiziere einstehen. Wenigstens ersparten sie den Militärs die Demütigung ihrer diplomatischen Weggefährten: Talia Lador etwa, Konsul für Öffentlichkeitsarbeit in New York, wurde bei der Eröffnung der Jerusalemwoche in Queens mit den Rufen «Verräter» und «Nazi» empfangen.

Auch Colette Avital kam bald unter Sperrfeuer. So beschimpfte man sie am Telefon als «Nazi» und drohte, sie zu «erledigen». Hörer, die bei Zev Brenners Radioshow «Talkline» anriefen, bezeichneten sie als «Feind Israels» und «Verräterin, die vor Gericht gestellt werden sollte». «Wir sorgen dafür, daß sie vor ein Erschießungskommando gestellt wird», raunzte ein Anrufer. Brenner, der nach eigenem Bekunden derlei noch nie erlebt hat, beobachtete, daß die Haßtiraden gegen die Regierung Rabin zweimal besonders explosiv waren: nach der Bekanntgabe des Friedensnobelpreises im Oktober 1994 und nach der Unterzeichnung des Abkommens Oslo II im September 1995. «Die Juden aus Brooklyn, die in der Sendung anriefen, legten gleich mit wüsten Beschimpfungen los und nannten Colette Avital und Rabin ‹Nazis› und ‹Verräter›. Ich mußte sie aus der Leitung werfen, um ein Mindestmaß an Würde zu bewahren.» Avital schlug zurück, in Sendungen, die ein viel breiteres Publikum erreichten. Bei Mike Wallace in «60 Minutes» antwortete sie auf Drohungen von Mike Gozovsky, dem Leiter der Kahane Chai in New York, und warnte vor der verbalen Gewalt jüdischer Fanatiker. Dieser Auftritt brachte ihr einen weiteren Schwall telefonischer Beschimpfungen ein, die zeigen sollten, daß sie jederzeit mit neuen Angriffen zu rechnen hatte.

Anregungen fand die Kunst der Hetze gegen die Regierung Rabin auch in selbstgebastelten «Infos», die per Fax und E-Mail verschickt oder auf Webseiten abgelegt wurden und dann mündlich oder durch Zitate in rechten jüdischen Publikationen weitergetragen wurden. Avital erinnert sich: «Einmal ging bei den Orthodoxen das Gerücht um, israelische Soldaten, die Siedler (im Westjordanland) begleitet hätten, hätten den Befehl erhalten, sie inmitten eines arabischen Gebietes zu verlassen und damit ihr Leben in Gefahr zu bringen. Viele orthodoxe Juden in Amerika haben Söhne und Töchter in den besetzten Gebieten und waren erbost. Doch das Ganze war natürlich eine Ente.»

Anfang 1995 sprach Rabbiner Sholom Gold vor einer Rabbinerversammlung in New York, und das *Algemeiner Journal* druckte lange Passagen seiner Rede ab. Gold verglich zunächst die Gefahren, die in Rabins Politik lauerten, mit dem Holocaust, und rechtfertigte dann seine Charakterisierung von Rabins Kabinett als «unmoralische Regierung» mit einem Gerücht, das ihm zu Ohren gekommen war. Dem *Algemeiner Journal* zufolge behauptete Gold:

«Vor zwei Wochen, an dem Abend, als ein junger israelischer Taxifahrer von Terroristen auf offener Straße ermordet wurde, hatte das israelische Kabinett zu einer Party eingeladen. Auf die Frage, ob es nicht angebracht sei, diese abzusagen, nachdem ein Jude von einem Terroristen getötet wurde, hat Rabin geantwortet: ‹Solche Dinge passieren in Israel jeden Tag.›» Das Publikum reagierte erwartungsgemäß mit Zornesschreien, woraufhin Gold seine Zuhörer mahnte: «Die Zeit der politischen Höflichkeiten ist um. Machen Sie jedem Mitglied der Regierung, das nach Amerika kommt, das Leben schwer.»

Ein in den orthodox-jüdischen Kreisen Amerikas besonders beliebtes Klagelied, das in Israel selbst nur von den Mitgliedern der radikalen Zo Artzenu zu hören war, handelte von der angeblichen Neigung der Regierung Rabin, die eigenen Bürger zu tyrannisieren. 1995 brachte *The Jewish Press* während des ganzen Sommers auf den ersten Seiten großformatige Fotos israelischer Polizisten, die haredische Demonstranten vom Ort einer Protestaktion wegschleiften. Die Fotos waren nicht gefälscht; die begleitenden Schlagzeilen, in denen behauptet wurde, Rabbiner seien bei Demonstrationen verhaftet worden, waren Mummenschanz. Berichte dieser Art häuften sich: Die israelische Regierung ließe Rabbiner systematisch verprügeln und verhaften und dann während der Haft foltern; die Regierung versuche jeglichen Protest zu ersticken, indem sie Demonstrationen verbiete, die Polizei anweise, Demonstranten mit brutaler Gewalt zu vertreiben und sie vor allem dazu anhalte, dabei auch Frauen und Kinder zu schlagen. Allenthalben behauptete die orthodox-jüdische Presse, Jitzhak Rabin habe das Land in eine «Diktatur» verwandelt, während dieselben Blätter in großer Aufmachung über die vielen Demonstrationen berichteten, die zum Teil von ihren Lesern finanziert wurden.

Die Parteilichkeit dieser Blätter tat dem Vertrauen in ihre Berichterstattung keinen Abbruch. Die *Jewish Press* und ihr Herausgeber Sholom Klass waren für ihre Sympathien für jüdische Fanatiker bekannt. Rabbiner Kahane und sein Sohn Benjamin hatten in der Zeitung ihre festen Kolumnen, ein Forum, das letzterer nutzte, um «das apathische jüdische Volk gegen die israelische Regierung zu mobilisieren, die israelische Kinder mit Drogen, AIDS und anderen Annehmlichkeiten der westlichen Kultur vollgestopft hat». Die Schlagzeile, mit der das Blatt 1994 seinen Bericht über das Massaker an Palästinensern in der Höhle der Stammesväter schmückte, überging solche Einzelheiten wie die Zahl der Opfer und den Namen des Mörders, um gleich auf den Punkt zu kommen: «Hintergründe des Massakers: Regierung Rabin auf der Anklagebank». In einem Artikel dieser Ausgabe wurde Goldstein als «Heiliger von Kiryat Arba» bezeichnet. Und in nicht mehr zu unterbietender Niederträchtigkeit zitierte man seine Bewunderer mit den Worten: «Die Araber, die Goldstein töteten, hatten vor, Juden zu töten.»

Der Wunsch, das Schlimmste über die von der Arbeitspartei geführte Koalitionsregierung zu denken, trieb die Leser dieser Zeitungen dazu, jedem Bericht zu glauben und dann die israelischen Vertretungen in New York und Washington mit Anrufen und Faxen zu überfluten, in denen Rabin und seine Minister als «Verräter» und «Regierung der Nazis» beschimpft wurden. «Woche für Woche bezeichnen sie die israelische Regierung als Nazis», klagte Avital in einem Interview mit der *New York Times,* während der Sprecher des Konsulats sich regelmäßig bei Klass über die giftige Sprache seines Blattes beschwerte – doch es nützte nichts.

Die orthodoxen Wochenblätter standen mit ihren Feindseligkeiten gegenüber Rabin und dem Vertrag von Oslo nicht allein. Und der Ministerpräsident war nicht das einzige Objekt von unverfrorenen Ausfällen und Tiraden. Peres eignete sich ebenso als Ziel, da er in Israel bereits mit einer Reihe von Verleumdungskampagnen konfrontiert gewesen war. Die Gerüchte, die man während seiner langen politischen Laufbahn über ihn in Umlauf brachte, reichten von der Behauptung, seine Mutter sei Araberin (Peres ist in Belorußland geboren und hat auch einen entsprechenden Akzent), bis hin zur Anschuldigung, sein Sohn habe sich vor dem Wehrdienst gedrückt (er war in Wahrheit Luftwaffenpilot). Doch als Ministerpräsident war Rabin ein lohnenderes Ziel, wenn auch gewiß ein weniger bequemes. Seine militärische Laufbahn, von den Tagen an, da er sich als Jugendlicher dem Palmach-Untergrund anschloß, bis zu seiner Ernennung zum Stabschef der IDF im Sechstagekrieg, verlieh ihm gerade in den Augen nationalistischer Kreise einen unangreifbaren Rang im Pantheon israelischer Helden und bekräftigte sein Image als Verkörperung eines «echten Eingeborenen», eines Sabra: Er stand für Bodenständigkeit und Aufrichtigkeit, ja sogar Reinheit. Rabin hatte an der politischen Börse Israels zwei beneidenswerte Beinamen: «Mr. Sicherheit» und «Teflon», letzterer, weil der Schmutz, mit dem ihn seine politischen Feinde bewarfen, nicht an ihm haftenblieb.

Auf der anderen Seite des Globus jedoch, fern von der Mythologie der «Sabra-Erfahrung», waren die Versuche, Rabin als Feind alles Gerechten, Guten und Aufrechten zu diffamieren, in geradezu unglaublichem Maße erfolgreich. Mit groben, unbeholfenen Pinselstrichen machte man aus dem Helden ein Schreckgespenst, das sich dem Alkohol ergeben habe, die Religion verabscheue und allen jüdischen Werten feindlich gegenüberstehe. Selbst seine militärischen Leistungen wurden durch Verleumdungen in den Schmutz gezogen: Er habe im Unabhängigkeitskrieg von 1948 seine Leute auf dem Schlachtfeld im Stich gelassen und am Vorabend des Sechstagekrieges einen Nervenzusammenbruch erlitten.

Die Februarausgabe 1995 der Vierteljahresschrift *Outpost* ist ein erhellendes Beispiel dafür, wie Hetze funktioniert: Haltlose Vorwürfe werden als Fakten vorgestellt, die dann als Rechtfertigung für Schmähungen dienen. Die meisten Autoren der Ausgabe schlagen in ihren Beiträgen auf Rabin und seine Friedenspolitik ein; der Aufmacher ist ein Artikel mit dem Titel «Der wahre Rabin» von Erich Isaac, emeritierter Geographieprofessor der New York City University und Mitglied des Herausgebergremiums von *Outpost*. Zu Beginn fragt Isaac nach der Quelle des Vertrauens, das die «etablierten jüdischen Organisationen und führende Persönlichkeiten der Vereinigten Staaten» Rabin entgegenbrächten, und kommt zu dem Schluß:

«Zum großen Teil gründet sich dieses Vertrauen auf Jitzhak Rabin, den Armeeführer. Typisch dafür ist eine Anzeige in einer Reihe von amerikanisch-jüdischen Blättern vom August 1994 mit der Überschrift: ‹Wenn es um Israels Sicherheit geht, kann keiner Rabin etwas vormachen. *Keiner.*› Tenor der Anzeige war, daß Rabin als der Mann, der 1967 für Israel die Gebiete eroberte, niemals territoriale Zugeständnisse machen würde, die den Staat gefährden.

Für all jene, die sich einlullen lassen von Rabins angeblichen militärischen Glanzleistungen als unerschrockener Führer in der Schlacht vor der Staatsgründung und als siegreicher General bei der Verteidigung des Landes, sollte Dr. Uri Milsteins demnächst erscheinendes Buch *The Rabin File* ein Weckruf sein. Vielleicht wird eines Tages dann folgende Frage zu den historischen ‹Was-wäre-wenn›-Gedankenspielen hinzukommen: ‹Hätte Milsteins Buch den knappen Sieg der Arbeitspartei verhindert, wenn es einige Jahre früher erschienen wäre?›»

Was in New York als durchaus vernünftige Frage klingen mochte, erwies sich bald als trügerisch. Denn Milsteins Buch – in dem er Rabin der blamablen Feigheit während des Unabhängigkeitskriegs bezichtigt – wurde von seinen Historikerkollegen in Israel in der Luft zerrissen. «Die kommentierenden Ausführungen Milsteins ergänzen nicht die Tatsachen, sie ersetzen sie und werden als Tatsachen aufgetischt», schrieb Dr. Levy Yagil in der *Ha'aretz* in einer trockenen, aber vernichtenden Kritik.

Isaacs Artikel ist in klarem und nüchternem Stil verfaßt und war – wenn auch auf Schlußfolgerungen aus zweifelhaften Forschungen beruhend – als ernsthafter Beitrag zur demokratischen Auseinandersetzung gemeint. Doch in derselben Ausgabe von

Outlook findet sich auch der Beitrag eines gewissen J. S. Sorkin, der sich alle Mühe gibt, den Ruf des Ministerpräsidenten zu vernichten, und sich über Rabins angebliche Feigheit hermacht. Die Autoren in *Outlook* werden immer kurz mit Hinweis auf ihre wissenschaftliche oder organisatorische Tätigkeit vorgestellt, doch unter Sorkins Beitrag hieß es nur, «bevor die Order ausgegeben wurde, man habe dem Händedruck zu applaudieren», habe der Autor «Arbeiten in verschiedenen Blättern veröffentlicht». Ein Wink mit dem Zaunpfahl: Sorkin macht erst gar nicht den Versuch, Isaacs nüchternem Stil zu folgen. Im Gegenteil, er beklagt die «gespenstische Charade der Nobelpreiszeremonie in Norwegen» und den Glauben, wonach der «Weg zum Frieden über einen Staat westlich des Jordan für das alte palästinensische Volk führt, ein Glaube, der in die besten Köpfe Israels eingedrungen ist wie eine ‹Invasion der Körperfresser›». Er stempelt Rabin zum «Borderline-Alkoholiker, der bekanntermaßen sein Leben lang immer wieder psychische und militärische Rückzüge angetreten hat», und holt am Ende zu folgendem Schlag aus:

> «Was immer Rabins persönliches Schicksal sein mag, sein bisheriges Vermächtnis ist belastet von Anschuldigungen, er habe sich 48 als feige vor dem Feind erwiesen, von seinem selbsteingestandenen psychischen Zusammenbruch von 67, seinem Rückzug im Libanon 85*, seinem Rückzug aus Gaza und Jericho 94 und Gott weiß aus welchen Gebieten noch in den kommenden Wochen …
> Viel jüdisches Blut ist bereits im Namen des Friedens vergossen worden, und obwohl man darauf vertrauen kann, daß sein Wahnsinn nie obsiegen wird, bleibt die Frage – ein halbes Jahrhundert nach dem Holocaust –, wieviel Blut die Juden noch vergießen müssen, bis dieser erbärmliche Mensch von dannen zieht.»

---

* Als Verteidigungsminister in der Regierung der nationalen Einheit 1984–1988.

Rabins «Feigheit vor dem Feind» im Jahr 1948 ist eine «Tatsache», die Sorkin bei Milstein auflas. Von anderen Historikern des Unabhängigkeitskrieges wird sie allerdings als die Entscheidung eines Feldkommandeurs bewertet, seine Männer nicht in eine Schlacht zu werfen, die nichts weiter gebracht hätte, als die ohnehin schon ausgebluteten Einheiten noch weiter zu dezimieren. Außerdem griff Rabins Harel-Brigade den Feind 1948 mehrmals an, bis sie die Straße nach Jerusalem freigekämpft und gesichert hatte. Sein «psychischer Zusammenbruch» zwei Wochen vor dem Ausbruch des Sechstagekriegs ist eine Episode, die Rabin mit seltener und vielleicht unvorsichtiger Offenheit in seinen Memoiren schildert. Dagegen half schon ein Beruhigungsmittel und eine gut durchschlafene Nacht. Sein «Rückzug im Libanon 85» war weder der seine noch ein «Rückzug», sondern ein Teilrückzug, befohlen von der Regierung der nationalen Einheit, in der einige Minister entsetzt waren, daß die israelischen Streitkräfte überhaupt so tief in den Libanon eingedrungen waren. Und sein «Rückzug aus Gaza und Jericho» ließ einen Seufzer der Erleichterung durch die Reihen der Soldaten und Reservisten gehen, die Befehl hatten, die israelische Kontrolle über die Million elend dort lebender Palästinenser aufrechtzuerhalten. Sogar Vertreter der Rechten unterstützten den Schritt, der Rabin dann den Friedensnobelpreis einbrachte.

Einige der amerikanischen Rabin-Gegner machten ihrem Ressentiment nicht nur in randständigen Publikationen Luft, sondern mühten sich, ihre Litanei seiner Verbrechen und kleineren Sünden in die amerikanische Mainstream-Presse zu bringen. Meister in diesem Spiel war Dr. Manfred Lehmann, ein Millionär aus Miami, der ein Vermögen damit gemacht hatte, Teile seiner Sammlung von Judaica und seltener Briefmarken zu verkaufen (letztere unter anderen an König Ibn Saud). Von der Ausbildung her Orientalist, tat Lehmann nichts, um seine bodenlose Verachtung für die Araber zu verhehlen, und bezeichnete die Palästinenser bei Gelegenheit als Nazis. Und in den Blättern, für die er regelmäßig schrieb, sparte er nicht mit Hieben gegen die Verfechter des Friedensprozesses. Rabin verglich er mit Marschall Pétain und Außenminister Yossi Beilin mit Hitlers Propagandaminister Joseph Goebbels.

So überraschte es, daß Lehmann im Oktober 1995 Gast bei einem Abendessen war, das vom Präsidentenehepaar Clinton gegeben wurde, die mit Rabin herzlich befreundet waren. Tatsächlich hatte das Weiße Haus die Einladung an Sam Domb verschickt, der Clintons Wahlkampagne 1992 unterstützt hatte. Domb bat um die Erlaubnis, Lehmann mitzubringen, und die Clintons vertrauten auf sein Urteilsvermögen. Im Laufe des Abends sprach Lehmann Mrs. Clinton an und teilte ihr mit, die Regierung Rabin ließe gewohnheitsmäßig jüdische Frauen brutal verprügeln, die gegen den Osloer Friedensprozeß demonstrierten. Mrs. Clinton gelang es offenbar mit Geschick, eine Antwort auf dieses Gambit zu vermeiden, doch Lehmann gab sein Spiel nicht auf. Denn am nächsten Tag rief ein Journalist im Weißen Haus an und bat sie um ihre Antwort auf das, was sie von Lehmann erfahren habe. Da es für Gäste des Präsidenten nicht üblich ist, den Inhalt von Gesprächen bei privaten Anlässen der Presse mitzuteilen, reagierte man im Weißen Haus erzürnt.

Trotz des Eklats schreckte Lehmann nicht davor zurück, seine Botschaften mittels einer anderen Strategie in der Presse unterzubringen, und diesmal außerordentlich erfolgreich. Im Februar 1996 veröffentlichte eine Reihe amerikanischer Zeitungen, darunter das *Wall Street Journal,* eine Meldung, die in Washington und Jerusalem großes Aufsehen erregte und den Friedensprozeß zu gefährden drohte. Es ging um eine Ansprache Jasir Arafats bei einem Klausurtreffen arabischer Botschafter in Stockholm. Thema der Rede war, so hieß es, «Der kommende totale Zusammenbruch Israels». In dem Bericht über das Treffen hieß es, Arafat habe den Diplomaten gesagt, mindestens die Hälfte der russischen Einwanderer nach Israel seien Christen oder Muslime, die, wenn der erwartete Bürgerkrieg dort ausbreche, für einen vereinten palästinensischen Staat kämpfen würden. «Wir Palästinenser werden uberall die Macht übernehmen, auch in ganz Jerusalem», habe er angeblich prophezeit und hinzugefügt, große Schwierigkeiten würde es nicht geben, da die meisten Juden nach Amerika auswandern würden. «Sie müssen wissen, daß wir vorhaben, den Staat Israel zu eliminieren und einen rein palästinensischen Staat aufzubauen. Wir werden den Juden mittels psychologischer Kriegsführung und einer Bevölkerungsexplosion das Leben unerträglich machen; die Juden werden nicht unter uns Arabern leben wollen!» Seine Rede habe Arafat mit einem Aufschrei beendet: «Ich kann mit Juden nichts anfangen; sie sind und bleiben Juden! Wir brauchen jetzt all die Hilfe, die wir von Ihnen bekommen können, in unserem Kampf für ein vereintes Palästina in ausschließlich arabisch-muslimischer Hand.»

Die Berichte lösten auf höchster Ebene derartige Bestürzung aus, daß sich die amerikanische und die israelische Botschaft in Stockholm zusammen mit dem Mossad an die Untersuchung der Angelegenheit machten. Wie sich herausstellte, hatte es tatsächlich ein Treffen arabischer Botschafter in Stockholm gegeben, und Arafat hatte dabei gesprochen. Doch es gab keine schriftliche oder Bandaufzeichnung seiner Rede, und alles, was die Ermittler in die Hände bekamen, waren heftige Dementis der Pressezitate durch Teilnehmer und Arafats Büro in Gaza.

In den Vereinigten Staaten schrieb man die ursprüngliche Meldung einer schwedischen Zeitung namens *Dagen* zu. Tatsächlich war sie am 16. Februar in einem gleichnamigen Blatt christlich-charismatischer Ausrichtung im norwegischen Bergen erschienen. Verblüfft darüber, daß ein norwegisches Provinzblatt die Riesen der Branche mit einer solch heißen Story übertrumpft hatte, machte sich Akiva Eldar von der *Ha'aretz* auf den Weg, um die Quelle der Meldung ausfindig zu machen. Beim norwegischen *Dagen* konnte man nur sagen, daß ein anonymer schwedischer Journalist die Information an einen Reporter des *Dagen* weitergegeben habe. Die außenpolitische Redakteurin des schwedischen *Dagen* erinnerte sich, daß ihr und einigen Kollegen die Story ebenfalls von einem «projüdischen Journalisten» angeboten wurde.

Man habe sie jedoch unter den Tisch fallen lassen, da die eigenen Leute nicht in der Lage waren, die Zitate anhand anderer Quellen zu erhärten.

Schließlich entdeckte Eldar, daß der Bericht zuerst gar nicht in Skandinavien, sondern in New York veröffentlicht worden war, am 9. Februar in *American Jewish Week*, von niemand anderem als Dr. Manfred Lehmann, einem gebürtigen Stockholmer, der sich enger Kontakte zu seinen schwedischen «Quellen» rühmte. Der anonyme «projüdische Journalist» hatte Lehmanns Story dem norwegischen *Dagen* untergeschoben, die amerikanischen und israelischen Blätter griffen den Bericht auf, und das Karussell begann sich zu drehen. Seltsamerweise entsprechen die angeblichen Zitate aus Arafats Rede in der *Jerusalem Post* vom 23. Februar, die ebenfalls dem *Dagen* zugeschrieben werden, fast wörtlich Lehmanns englischer Fassung. Die *Post* fügte die noch merkwürdigere Bemerkung hinzu, erstmals seien die entscheidenden Passagen von Arafats Rede schon am 7. Februar in Israel bekanntgemacht worden, und zwar von dem «Off-shore-Sender Arutz 7», der sie gewiß nicht aus dem *Dagen* hatte, wo die Story erst sieben Tage später erschien.

Wie hatte Lehmann den gesamten Text der angeblichen Arafatrede in die Hand bekommen? Das wollte er nicht sagen. Er sagte Eldar nur, einer der anwesenden Botschafter habe seine Aufzeichnungen «jemandem» in Stockholm überlassen, der sie dann ins Französische übersetzt habe. Der geheimnisvolle Übersetzer gab seinen Text dann einem ungenannten schwedisch-jüdischen Journalisten weiter, der ihn ins Schwedische übertrug und dem norwegischen *Dagen* übermittelte. Bis zum heutigen Tag gibt es keinen handfesten Beleg dafür, daß Arafat die ihm von Lehmann zugeschriebene Rede jemals gehalten hat, und der Millionär nahm die Wahrheit über seine Rolle in der Affäre mit ins Grab.

Im Juli 1995 waren die Angriffe auf Rabin so heftig und allgemein geworden, daß dem Premier eine grimmige Bemerkung über «eine kleine Gruppe Rabbiner in Amerika» entfuhr, «die man besser als Ayatollahs bezeichnen sollte». Anlaß dieser spitzen Bemerkung war ein Vorgang, der gewiß als Krönung der Hetzkampagne gegen Rabin in die Geschichte eingehen wird: der Aufruf zur Gewalt durch eines der angesehensten Mitglieder des rabbinischen Establishments, Rabbiner Abraham Hecht.

Mit seinen dreiundsiebzig Jahren war Rabbiner Hecht ein Mann von großem Einfluß. Der New Yorker Kardinal O'Connor hatte ihm eine Audienz beim Papst verschafft. Bürgermeister Giuliani hatte ihn bei seiner Amtseinführung im Dezember 1993 auf die Ehrentribüne gebeten. Als er im Dezember 1994 New York besuchte, hatte auch Rabin Hecht Zeit und besondere Aufmerksamkeit gewidmet und ihn über die Fortschritte des Osloer Prozesses unterrichtet, was der Rabbiner mit stoischer Ruhe aufnahm. Hecht galt zwar nicht als Halacha-Autorität, doch als Leiter der 540köpfigen Rabbinical Alliance of America war er als Mann mit exzellenten Beziehungen geschätzt, der die Karriere junger Kollegen voranbringen konnte. Schon früh in seiner Laufbahn hatte er sich politischen Tätigkeiten gewidmet, und während es mit ihm steil bergauf ging, unterstützte er Rabbiner Kahane und schloß sich Dov Hilkinds United Jewish Coalition an. Auch war er eine Säule des Konservatismus in Fragen, die über die Grenzen der Halacha hinausgingen. Als er sich 1989 für Giuliani einsetzte, verkündete er, sein Kandidat werde in einer von Übeln wie vorehelichem Sex, Abtreibungen und homosexuellen Verbrechen korrumpierten Stadt endlich aufräumen, und er unterstützte (wie der örtliche Ku-Klux-Klan) die milde Bestrafung eines Mörders durch einen texanischen Richter, weil dessen Opfer nach dem Wort des Richters «Schwuchteln» waren.

Über ein halbes Jahrhundert lang war Rabbiner Hecht mit der Shaare-Zion-Synagoge am Ocean Parkway in Brooklyn verbunden gewesen, mit einer Gemeinde aus überwiegend reichen, syrischstämmigen Juden. Vielleicht haben sie nicht bemerkt oder waren nicht besorgt darüber, daß ihr geistlicher Führer die Heiligkeit von

Groß-Israel vor allen anderen Werten verkündete. Nach dem 19. Juni 1995 jedoch war es schwieriger, gleichmütig zu bleiben.

Denn an jenem Tag sprach Hecht vor einer Versammlung der International Rabbinical Coalition for Israel – einer Organisation von 3000 orthodoxen Rabbinern zur Rettung der besetzten Gebiete vor dem Friedensprozeß – und machte dabei eine erschreckende Bemerkung. Die Aufgabe irgendeines Teils des biblischen Lands Israel sei eine Verletzung des jüdischen Religionsgesetzes, erklärte er seinen Zuhörern, und so sei es erlaubt und notwendig, Rabin und alle seine Helfer zu töten.

Die Reaktion unter den Zuhörern war gemischt. Viele der Rabbiner unterschrieben eine Erklärung, in der Hechts Ansichten unterstützt wurden. Anderen verschlug es die Sprache. Was immer sie über den Sinn des talmudischen Gebots *Din Rodef* insgeheim gedacht oder im vertraulichen Gespräch gesagt haben mochten, mit der öffentlichen Verkündung eines solchen Urteilsspruchs ging Hecht entschieden zu weit. Danach besuchten ein paar Kollegen Hecht in seinem Brooklyner Büro und baten ihn inständig, seine Aussage zurückzuziehen. Doch Hecht blieb unerbittlich. «Ich spreche nicht für mich, sondern für das jüdische Gesetz», erklärte er, «und die Aufgabe von Gebieten ist ein schweres Verbrechen im Judaismus». Tatsächlich verschickte Hecht in den Monaten darauf Briefe an amerikanische Rabbiner, mit Kopien für die israelischen Kollegen, in denen er seine Worte wiederholte. Im August 1995 nutzte er das Forum der *Jewish Press* für einen offenen Brief «an alle Rabbiner in den USA», in dem er bekräftigte, daß «die Thora den Einsatz der äußersten Mittel gegen jene gestattet, die unseren jüdischen Mitmenschen Schaden zufügen». Darüber hinaus erklärte er, die israelischen Offiziere, die nach Amerika geschickt wurden, um den Osloer Friedensplan zu erläutern, seien «hier nicht erwünscht, und wir müssen bereit sein, sie als das bloßzustellen, was sie sind: Feinde des jüdischen Staates und des jüdischen Volkes.»

Am 9. Oktober 1995 bekundete Rabbiner Hecht im *New York Magazine*, ihm sei «buchstablich schlecht» wegen des Friedensprozesses, «denn er frißt mich bei lebendigem Leibe auf». Auf die Frage, wie er sich fühlen würde, sollte jemand aus seiner Erklärung vom Juni den Schluß ziehen, daß er das Recht habe, Rabin zu töten, antwortete Hecht: «Ich würde gar nichts fühlen ... Rabin ist kein Jude mehr. Dieser Mann hat so viel Schaden angerichtet. Das kann ich ihm nicht vergeben.» Zur umstrittenen Erklärung selbst sagte er:

«Ich habe doch nur gesagt, daß gemäß dem jüdischen Gesetz jede Person – nehmen Sie, wen Sie wollen –, die willentlich, bewußt und absichtlich Menschen oder Eigentum oder den menschlichen Reichtum des jüdischen Volkes einem fremden Volk überantwortet, sich der Sünde schuldig macht, die unter Todesstrafe steht. Und bei Maimonides – zitieren Sie mich ruhig – heißt es ganz klar: *Wenn ein Mann ihn tötet, hat er eine gute Tat vollbracht.*»

Wie, so fragte sein Gesprächspartner, könne dieses Prinzip mit dem Gebot «Du sollst nicht töten» vereinbart werden?

«Das Gebot sagt, ich soll nicht morden, und nicht, ‹Du sollst nicht töten›», erklärte Hecht mit einem Glanzstück semantischer Akrobatik. «Wenn es sagt ‹Du sollst nicht töten›, kann man ja nicht in den Krieg ziehen. Und auch keine Hühner schlachten.»

In der letzten Oktoberwoche gab Hecht, inzwischen überall gefragt, dem Korrespondenten des ersten israelischen Fernsehens, Ya'akov Ahimeir, ein Interview, in dem er nachdrücklich wiederholte: «Ich habe gesagt, Maimonides zufolge gilt für jeden, der Land oder Menschen Israels an Fremde aushändigt – daß jeder, der rasch genug zur Stelle ist, das Vorrecht hat, ihn zu töten.»

«Welcher Schluß ist daraus zu ziehen?» fragte Ahimeir, erstaunt, daß jemand sich derart vor laufender Kamera äußerte. «Daß, Gott bewahre, dem Ministerpräsidenten von Israel Schaden zugefügt werden sollte?»

«Nein, nein –»

«Sie sagen, daß jeder, der –»

«Ja», bestätigte Hecht. «Aber ich hatte nicht das Vorrecht.»

«Was meinen Sie damit, ‹Ich hatte nicht das Vorrecht›?»

«Ganz einfach. Er lebt noch», sagte Hecht lachend.

Ahimeir war über das Material, das er auf Band hatte, so bestürzt, daß er beschloß, es nicht zu senden, um nicht Gefahr zu laufen, daß er oder sein Sender der Mordhetze angeklagt würden. Erst nach dem Attentat gab er das Interview frei.

Rabbiner Hechts Ausfälle waren die klarsten in aller Offenheit ausgestoßenen Hetzworte. Als angesehenes Mitglied des orthodoxen rabbinischen Establishments hörten oder lasen Hunderte von Rabbinern seine Tiraden. Nur eine Handvoll widersprach ihnen öffentlich. «Die Stimme Hechts ist nicht die eines einsamen, verrückten Extremisten», fühlte sich das *New York Magazine* verpflichtet zu erklären, als es das Interview brachte, «sondern die eines wachsenden Chors jüdischer Militanter, die die Grenze einer berechtigten Diskussion überschritten haben und sich das Recht herausnehmen, zur Gewalt aufzurufen – und selbst Gewalt zu üben.»

In diesem Netz war auch der republikanische Bürgermeister von New York, Rudolph Giuliani, gefangen.

Ehrengast bei seiner Amtseinführung war Dov Hilkind, ein beliebter Politiker Anfang Vierzig, der mal als offenherzig und schlagfertig, mal als schrullig und laut beschrieben wird. Er war auf der Liste der Demokraten in das Parlament des Staates New York gekommen und hegte Hoffnungen, eines Tages den Weg nach Washington zu schaffen. Hilkind, 1950 im Brooklyner Distrikt Williamsburg geboren, wuchs in der grauen Welt eines selbstauferlegten Ghettos auf, das die orthodoxen Juden als Bollwerk gegen die Assimilation errichtet hatten. Als Sohn von Holocaust-Überlebenden, die sich 1947 in New York niedergelassen hatten, fühlte er sich von Kahanes Evangelium angezogen, das die Zukunft der amerikanischen Juden in apokalytischen Tönen zeichnete, und 1970, als er am Queens College studierte, schloß er sich der Jewish

Defense League (JDL) an. Er beteiligte sich an deren Patrouillengängen, die die Bewohner der jüdischen Viertel vor der Gewalt armer und zorniger Schwarzer schützen sollten. Hilkind gewann unter den jungen «Milizionären» rasch den Ruf eines geborenen Anführers, der sich besonders bei den «Kommandounternehmen» der JDL und anderen Protestaktionen hervortat. Zusammen mit neun Bundesgenossen wurde er erstmals festgenommen, als die Gruppe die Amtsräume der sowjetischen UN-Botschaft stürmte und sich mit Handschellen an das Tor fesselte. Als Zugabe stürmte er gemeinsam mit einem anderen JDL-Aktivisten die ägyptische Botschaft und entfachte eine Schlägerei, bei der drei Botschaftsangehörige verletzt wurden.

Derlei Gebaren mag Hilkinds Karriereaussichten in der Politik nicht verbessert haben, doch es war Qualifikation genug, um von Rabbiner Kahane zur rechten Hand in der JDL erkoren zu werden. Seitdem lernte er eine ganz andere Spielart politischer Bildung kennen. Hilkind zog sich 1973 offiziell aus der Führungsriege der JDL zurück und wurde Chef der SOIL (Save Our Israeli Homeland), einer neuen Kahane-Gründung, der Juden auf den Leim gehen sollten, die sich vom kriegerischen Gehabe der JDL abgestoßen fühlten. Kahane hatte sein Hauptquartier inzwischen nach Jerusalem verlegt, befehligte jedoch von hier aus immer noch die New Yorker Operationen. Wie er arbeitete, geht aus einem Brief an ein Führungsmitglied der JDL hervor (der der *Village Voice* zugespielt wurde):

«SOIL unter Dov H. ist ein gutes Beispiel dafür, was gemacht werden kann. Ich denke, wir sollten Dov zum nächsten Vorstandstreffen [der JDL] einladen, damit er erklärt, was getan wurde und wird. Alle SOIL-Namen sollten diskret der JDL überlassen werden, die diese Leute erst viele Wochen später kontaktieren darf, ohne zu sagen, daß man die Adressen von SOIL hat. Arbeiten Sie eng mit Dov zusammen. Ich habe ihm gesagt, er soll Ihnen zuhören.»

Und er lauschte und lernte gut. Zwanzig Jahre später nutzte Hilkind immer noch den Namen der angeblich moderaten SOIL, um Zulauf für Demonstrationen gegen das Osloer Abkommen zu gewinnen.

Hilkinds Assistent bei der SOIL war Victor Vancier, ein stämmiger junger Mann, dessen hauptsächliche Arbeit darin bestand, Sprengsätze und Molotowcocktails zu basteln. Seinen Dutzenden von gewalttätigen Attacken auf Schwarze, Mitarbeiter sowjetischer Einrichtungen und Araber verdankte er die Aufnahme in die «Terroristen»-Kartei des FBI. Man konnte ihn schließlich festsetzen und vor Gericht stellen. Er hatte einen Bombenanschlag auf eine sowjetische Diplomatenresidenz in New York verübt sowie während eines Auftritts der Moiseyev Dance Company einen Kanister Tränengas in die Metropolitan Opera geworfen. Im Oktober 1987 wurde Vancier zu zehn Jahren Haft in einem Staatsgefängnis verurteilt, doch schon nach der Hälfte dieser Zeit wurde er entlassen und avancierte zu einem Star der jüdischen Medien New Yorks. In Zev Brenners Samstagabend-Talkshow «Talkline» pries er Baruch Goldstein als «Zaddik» (heiliger Lehrer) und nannte Rabin einen «Verräter und Judenmörder». Als Gastmoderator für zwei Sendungen im Kabelfernsehen, «Positively Jewish» und «Jewish Task Force», nutzte er die Gelegenheit zu Tiraden gegen Schwarze, Araber und Nichtjuden im allgemeinen.

Wundersamerweise fiel der Schatten von Vanciers Verbrechen nie auf seinen Chef bei der SOIL, obwohl Hilkind selbst ähnlicher Machenschaften verdächtigt worden war. 1976 stand er vor einem Bundesgericht, weil er nach der Stürmung der nach Entebbe entführten Air-France-Maschine durch ein israelisches Kommando eine Rauchbombe in die ugandische UN-Mission geworfen hatte. Ein Jahrzehnt später verdächtigte ihn das FBI, an der Planung einer Serie von sechs Bombenanschlägen gegen arabische Ziele in New York, Massachusetts und Kalifornien beteiligt gewesen zu sein – bei denen ein Mensch getötet und mehrere verletzt wurden –, doch Beweise gegen ihn waren nicht aufzutreiben. Mindestens fünf weitere Verdächtige in diesen Fällen, allesamt Kahane-Leute, flohen nach Israel und siedelten sich in Hebron oder Jerusalem an. Zwei von ihnen hatten Hilkind an einer weiteren Front zur Seite gestanden, in seinem abscheulichen Feldzug gegen Reverend Jesse Jackson, der 1984 bei den Vorwahlen der Demokraten kandidierte.

Als Jackson 1988 noch einmal antrat, nahm Hilkind mit zwei Organisationen den heiligen Krieg gegen ihn erneut auf: «Juden gegen Jackson» und die semantisch etwas hübscher verpackte «Koalition für ein Positives Amerika». Er scheute keine Mühe und keine häßliche Beschimpfung und verleumdete Jackson als «Antiamerikaner» und «PLO-Freund, also Israelfeind». Einige jüdische Stimmen mahnten, Hilkinds rabiate Attacken fügten dem Verhältnis von Schwarzen und Juden irreparablen Schaden zu. So etwa 1988 eine Anleihe bei Martin Luther King – «Ich habe einen Traum: Möge Jesse Jackson aus der amerikanischen Politik verschwinden» –, von Hilkind zum besten gegeben bei einem Fundraising-Abendessen für Jacksons Rivalen Al Gore. Doch die Angriffe brachten Hilkind großen politischen Gewinn, denn sein Name wurde weit über die orthodox-jüdischen Viertel von New York hinaus bekannt.

Hilkinds Wahlkreis Borough Park ist Heimat der größten orthodoxen und überwiegend ultraorthodoxen jüdischen Gemeinschaft in den Vereinigten Staaten. Der Lebensstil seiner Bewohner, von der religiösen Praxis bis zur Kleidung, unterscheidet sich kaum von dem ihrer Vorfahren in den osteuropäischen Ghettos der vergangenen Jahrhunderte. Und in wichtigen Lebensfragen, von der Geburt bis zum Tod, gehorchen die Haredim von Borough Park und des benachbarten Flatbush streng den Vorschriften ihrer Rabbiner. Hilkind fällt in den Straßen des ultraorthodoxen Brooklyn allerdings auf. Er trägt einen Geschäftsanzug und nicht den schwarzen Gehrock, den die Mitglieder der chassidischen Sekte immer noch gerne tragen; ein gehäkeltes Käppchen und nicht den schwarzen Hut, der das markanteste Kleidungsstück dieser Gemeinschaft ist; und er hält seinen Bart modisch kurz geschnitten. In den Augen der strenggläubigen Rabbiner mangelt es ihm auch an Frömmigkeit. Doch hält er sich an die haredische Regel unverbrüchlicher Treue zu den «Rebbes» und sorgt dafür, daß ihrer Gemeinschaft öffentliche Gelder zukommen. Neben dem Einsatz für ihre politischen Ziele in Amerika und Israel hat ihm dies das Vertrauen seiner Glaubensgenossen eingebracht.

Unter Hilkinds Führung entdeckten die ultraorthodoxen Juden von Brooklyn, daß sie einen bis dato nicht ausgespielten Trumpf in der Hand haben: Unter bestimmten Bedingungen, nämlich unter vorheriger Absprache, können sie bei einer Wahl in der Stadt ausschlaggebend sein. Die Offenbarung kam nach dem Bruch mit der fünfzigjährigen Tradition, immer dem demokratischen Kandidaten die Stimme zu geben. Hilkind schildert, wie er diese Wende herbeigeführt hat:

«Die orthodoxe Gemeinschaft ist bereit, Grenzen zu überschreiten und die Republikaner zu unterstützen. Obwohl wir Demokraten sind, haben wir [den republikanischen Senator D'Amato] unterstützt, und er hat gewonnen ... Wir haben den republikanischen Gouverneurskandidaten George Pataki unterstützt und haben gewonnen. In der Politik ist das schlimmste Verbrechen, das man begehen kann, Frontlinien zu überschreiten. Wenn du ein Demokrat bist und die Republikaner unterstützt, vergiß es – du bist erledigt. Sie werden dich ausfindig machen, und du wirst Prügel beziehen. Aber ich habe es getan, weil ich begriffen habe, daß es dumm von den Juden wäre, einer Seite treu zu sein. Mir ist etwas klargeworden: Als die Juden in Auschwitz während des Holocaust ermordet wurden, hatten wir gleichzeitig einen wunderbaren Präsidenten, FDR, ein großer Präsident für das amerikanische Volk, doch die schlimmste Tragödie für das jüdische Volk.»

Hilkind versuchte es 1989 zum ersten Mal mit dieser Strategie, als Rudolph Giuliani gegen den schwarzen Demokraten David Dinkins antrat. Um seinem Kandidaten den Weg ins Rathaus zu ebnen, schuf er die United Jewish Coalition, eine Dachorganisation von siebzig orthodoxen Gruppierungen, die zum wichtigsten jüdischen Machtfaktor in Hilkinds Händen wurde. Dank ihr konnte Hilkind mit 70 Prozent der jüdischen Stimmen im Bezirk rechnen. Freilich reichte es 1989 noch nicht, und Dinkins gewann die Wahl. Beim nächsten Mal, 1993, gab sich Hilkind mehr Mühe. Er half Giuliani, seine Beziehungen zu angesehenen Vertretern der Orthodoxen zu festigen, etwa zu den Rabbinern Hecht und Bomzer, und sich die finanzielle Unterstützung rechter Juden wie Sam Domb zu sichern. Domb wiederum brachte Jack Avital (Vizepräsident von Lehmanns World Committee for Israel) in Giulianis Wahlkampflager. Der Kreis wurde ergänzt durch Dr. Joseph Frager, einen Freund Hilkinds und Präsident des Jewish Reclamation Project; durch Charles Posner, der Hilkind im Jahr darauf nach Oslo begleiten sollte, wo sie bei der Nobelpreisverleihung gegen Rabin demonstrierten; und durch Sholom Klass von der *Jewish Press,* dessen Blatt Giulianis Wahlkampf eifrig unterstützte.

All diese Hilfestellung tat zweifellos ihre Wirkung. Doch was die orthodoxen Wähler massiv für Giuliani einnahm, war Hilkinds geschickte Ausschlachtung einer Doppeltragödie, die zwei Jahre zuvor im Brooklyner Distrikt Crown Heights geschehen war. Im August 1991 wurde Yankel Rosenbaum, ein Jeschiwa-Student aus Australien, während eines Aufruhrs von Schwarzen vor dem Welthauptsitz der Lubavitcher Juden in Brooklyn erstochen. Entfacht hatte den Aufruhr der Unfalltod eines schwarzen Jugendlichen, der von einem der Wagen aus dem Trauerkorso für den Lubavitcher «Rebbe» überfahren wurde. Drei Tage lang war Crown Heights ein einziges Schlachtfeld. Die jüdische Gemeinschaft New Yorks war tief erschüttert. Und Hilkind heizte den Zorn auf beiden Seiten noch an, indem er Bürgermeister Dinkins vorwarf, er zwinge die Polizei zur Zurückhaltung bei der Niederschlagung der Unruhen. Zwei Jahre später trommelte er immer noch auf diesen Vorwürfen gegen Dinkins herum. Zudem sparte er sich im Wahlkampf für Giuliani viel Lauferei, indem er sich auf die führenden Rabbiner der ultraorthodoxen Distrikte beschränkte, im Vertrauen darauf, deren Gefolgschaft werde ihren Ratschlüssen schon Folge leisten.

«Das Konzept ist recht einfach: ein Stimmenblock», erläuterte er sein Werben um die mächtigen «Rebbes». «Wissen Sie, manchmal muß ich rausgehen und Sie davon überzeugen, für mich zu stimmen. Dann Ihre Frau und Ihren Sohn. Aber wenn ich den Rebbe dieser Gemeinde habe, dann bekomme ich wahrscheinlich die ganze Gemeinde. Sobald man das Gefühl hat, Giuliani ist gut, oder Pataki ist gut... kriegt man nicht nur diesen einzelnen, sondern die ganze Gemeinschaft.»

Damit hatte er durchaus recht. Im Jahr 1993, als die orthodoxen Juden etwa 8 Prozent der New Yorker Bevölkerung und 2,8 Prozent der Wahlberechtigten stellten, stimmten 95 Prozent von ihnen für Giuliani. Hilkind gelang es zwar nicht, Dinkins mit seinen Vorwürfen bei der breiten jüdischen Bevölkerung von New York in Mißkredit zu bringen, denn der Amtsinhaber erhielt nur 3 Prozent weniger Stimmen aus der jüdischen Bevölkerung als 1989. Doch das orthodoxe Votum gab den Ausschlag; 1993 ging es knapp zu, und Giuliani siegte mit nur 2 Prozent Vorsprung über Dinkins. Giuliani hätte wohl schwerlich den Sieg davongetragen, wenn die orthodoxe Gemeinschaft nicht en bloc für ihn gestimmt hätte.

Der neue Bürgermeister New Yorks zahlte seine Schulden an seine rechten und orthodoxen Gönner prompt zurück: Er lud Hecht, Bomzer, Domb und Avital als Ehrengäste zur Amtseinführung; begleitete Domb und Klass zu jüdischen Feierlichkeiten; fand für Posner ein Amt an einem Zivilgericht in Queens; nahm an jüdischen Feiertagen und Familienfesten bei den Hilkinds zu Hause teil und nannte ihn «ein Vorbild für alle New Yorker»; schließlich verschaffte er Hilkinds Bruder Punchus und dessen Frau Shoshana (die nebenher das Jerusalem Reclamation Project leitete) Stellen in der City Hall. Auch einen Seitenhieb für Rabin hatte er noch auf Lager. Ein paar Wochen nach der Unterzeichnung des Osloer Abkommens sagte er zu ihm: «Ich hoffe, es funktioniert. Mal funktionieren solche Dinge, mal auch nicht.» Der Bürgermeister ließ es sich nicht nehmen, beim dem Jahresdinner der JRP zu sprechen, und verkündete, Israel täte gut daran, die besetzten Gebiete nicht aufzugeben. Bei dieser Gelegenheit erhielt er auch einen nützlichen Ratschlag des Gastredners, Bürgermeister Ehud Olmert, der vorschlug, Giuliani solle Jasir Arafat verbieten, New York zu betreten – mit, wie wir sehen werden, skandalösen Folgen.

Die Hilkinds waren von dieser Entwicklung begeistert. Doch das nächste jährliche Fundraising-Dinner der JRP, das Giuliani wiederum mit seiner Anwesenheit beehrte, sollte zum traurigen Ereignis für die Familie werden. Zeremonienmeister war diesmal Sam Domb, der einige Zeit zuvor die Seiten der *Jewish Press* mit einer Beschreibung von Rabin geschmückt hatte, wonach dieser ein Mann sei, dem es «offensichtlich an Ehre, Selbstachtung, Mitleid, gesundem Menschenverstand und historischem Verständnis» fehle und der «den Geist des jüdischen Volkes» zerstöre. Domb lud Shoshana Hilkind aufs Podium, die inzwischen Stabschefin des republikanischen Gouverneurs George Pataki war (der von Dov Hilkinds Einfluß in seinem Wahlkreis ebenfalls profitiert hatte). An diesem Abend nahm sie kein Blatt vor den Mund und verlangte den sofortigen Sturz der Regierung Rabin. Als dies Colette Avital zu Ohren kam, griff sie sofort zum Telefonhörer und beschwerte sich beim Gouverneur, es ginge nicht an, daß eine Staatsbedienstete einen öffentlichen Anlaß nutze, um sich in die inneren Angelegenheiten Israels einzumischen. Pataki, der Dov Hilkind weniger zugetan war als sein städtischer Politikerkollege, war ausgesprochen verärgert und setzte Mrs. Hilkind vor die Tür.

Mr. Hilkind geriet zwei Jahre später, im Sommer 1997, in noch peinlichere Verlegenheit. Nicht allein hatte er seine Beziehungen zu Giuliani eingebüßt, eine Bundes-Jury klagte ihn der Veruntreuung in vierunddreißig Fällen an, weil er gut 40 000 Dollar an Mitteln des Bundes und der Stadt zum einen Teil dem Council of Jewish Organizations of Borough Park zugeschoben und zum anderen für persönliche Zwecke verwendet habe – so eine Zahlung von 4500 Dollar an die Flatbush-Jeschiwa für die Ausbildung seiner Kinder und eine Spende von 3000 Dollar an Ateret Cohanim, eine Organisation, die den Erwerb von arabischen Grundstücken in Jerusalem für die Ansiedlung von Juden finanziert.

In einem Land, in dem politische Intrigen das Publikum in Bann halten, wären Hilkind und sein Netzwerk für die Medien durchaus von Interesse gewesen. Doch erst zwei Vorfälle des Jahres 1995 brachten ihn in die Schlagzeilen. Der erste, ein gefundenes Fressen für die Boulevardpresse, geschah im Umkreis der jährlichen Israeltag-Parade in New York. Der Israeltag war immer mit dem Gedanken an die Einheit des Judentums verknüpft gewesen. Die Teilnehmer an der Parade – Schulkinder, Vertreter zionistischer Organisationen und Mitglieder jüdischer Jugendbewegungen – bieten ein farbenprächtiges Schauspiel, wenn sie an Tausenden von jubelnden und fähnchenschwingenden Menschen vorbei singend und tanzend die Fifth Avenue entlangziehen. Im Mai 1995 jedoch lag der Schatten parteipolitischer Kämpfe über den Feierlichkeiten, nachdem die jüdische Rechte die Veranstaltung unter ihre Fittiche genommen hatte. Domb hatte angeboten, die Parade zu finanzieren, und sorgte dafür, daß sein Kumpan Jack Avital zum Ehrenvorsitzenden ernannt wurde. Bürgermeister Giuliani ehrte man mit dem Posten des Großmarschalls.

Israel schickt jedes Jahr einen Minister zur Parade, der den Marschierern von der Ehrentribüne aus salutiert. 1995 entschied sich die Regierung für die Ministerin für Kommunikation und Kultur Shulamit Aloni, Vorsitzende der Meretz-Partei und altgediente Frontkämpferin für Bürgerrechte und gegen religiöse Bevormundung. Colette Avital beschlich die Ahnung, es könne zu Konflikten mit den rechten Sponsoren des Marsches kommen, doch Aloni ließ sich nicht schrecken. Die meisten New Yorker

Juden seien nicht orthodox, meinte sie, daher spreche nichts gegen eine liberale Persönlichkeit. Als Domb feststellte, daß Aloni als Vertreterin Israels teilnehmen würde, drohte er, der Parade die Unterstützung zu entziehen. Aloni ließ sich auch dadurch nicht einschüchtern.

Der Vorfall, der den Israeltag verdüsterte und seinem Geist eine ganz neue Richtung verlieh, geschah nicht bei der Parade selbst, sondern bei einem Frühstück, das Domb am Morgen in einem New Yorker Hotel gab. Jedesmal, wenn Alonis Name erwähnt wurde, stießen einige der Gäste Buhrufe aus, und so auch, als sie sich zu ihrer Ansprache erhob. Dann, ganz plötzlich, stürmte Jack Avital ans Rednerpult und schlug Aloni, die gerade eine Unterleibsoperation hinter sich hatte und noch an Leberbeschwerden litt, mit der Faust in die Magengegend. Später bestritt er Berichte über diese Attacke und behauptete, da jemand im Publikum andauernd geschrien habe, sie solle verschwinden, habe er «eingegriffen, um das Chaos in den Griff zu bekommen. Ich wollte, daß der Zeitplan für das Frühstück eingehalten wurde und der nächste Redner an die Reihe kam.» Das gelang ihm zwar nicht, doch Aloni setzte er außer Gefecht. Sie brach zusammen und zog sich von den Feierlichkeiten zurück.

Wie alle anderen Ausbrüche rechter Gewalt seit dem Regierungsantritt der Arbeitspartei 1992 schlachtete die jüdische Rechte Jack Avitals Übergriff aus, indem sie der israelischen Regierung die Schuld dafür zuschob. Tags darauf schon schlug Joseph Frager verbal auf Aloni ein und nannte sie ein Symbol der «gottesfeindlichen, thorafeindlichen und siedlerfeindlichen Geisteshaltung»; ihr Auftritt in New York sei eine bewußte «Provokation».

Der zweite Vorfall, der die engen Beziehungen zwischen Giuliani und seinen rechten jüdischen Unterstützern stark unter Druck setzte, ereignete sich Ende Oktober 1995 und betraf einen anderen bequemen Sündenbock: Jasir Arafat. Giuliani sah sich nicht in der Lage, Olmerts Ratschlag zu befolgen und Arafat schlichtweg das Betreten New Yorker Bodens zu verbieten. Daher tat er wenigstens das «Zweitbeste» und ließ ihn grob unhöflich aus einer Galaveranstaltung werfen, die von der Stadt anläßlich des fünfzigsten Jahrestags der Gründung der Vereinten Nationen im Lincoln Center veranstaltet wurde. Der Bürgermeister rechtfertigte sein Verhalten mit dem Hinweis, Arafat sei für Akte von Brutalität verantwortlich. Das Außenministerium, UN-Generalsekretär Boutros Boutros-Ghali, Ex-Bürgermeister Dinkins und sein jüdischer Amtsvorgänger Ed Koch bedauerten diesen Vorfall. Koch warf dem amtierenden Bürgermeister «mangelnden gesunden Menschenverstand» und «Anstandsprobleme» vor. Doch die Kreise, denen Giuliani politisch verpflichtet war, überhäuften ihn mit Lobeshymnen. Der Brooklyner Kongreßabgeordnete Charles Schumer veröffentlichte einen Brief, in dem er Giuliani seine Anerkennung dafür aussprach, «das Richtige» getan zu haben, während es in einem Leitartikel der *Jewish Press* hieß: «Der Bürgermeister hat sich einfach geweigert, den Pakt einzuhalten, den sie mit dem Teufel geschlossen haben» («sie» sind der israelische Ministerpräsident, der Präsident der Vereinigten Staaten und der Generalsekretär der Vereinten Nationen). Die Autoren waren derart hingerissen, daß sie noch eine gereimte Lobeshymne folgen ließen: «Rudy Giuliani! Gratulation, daß du Arafat die Tür gewiesen hast! / Mit deiner Macht als Bürgermeister, denn Arafat gilt unser ganzer Haß.»

Die Demütigung Arafats im Lincoln Center war das spektakulärste Beispiel dafür, wie Giuliani sein Politikerglück von den Launen der rechten jüdischen Gemeinschaft abhängig gemacht hatte. Doch etliche New Yorker hatten schon früher ihre Zweifel an diesem Bündnis angemeldet, immerhin ein Pakt zwischen dem einstigen US-Generalstaatsanwalt – der seinen Wahlkampf für das Bürgermeisteramt mit einem Law-and-Order-Programm bestritten hatte – und einem Brooklyner Bezirksverordneten, der – als Mitglied einer vom FBI seit Mitte der siebziger Jahre als «inländische Terrororganisation» eingestuften Gruppierung – schon mehrmals mit dem Gesetz in Konflikt geraten war. (Noch 1991/92 spendete Hilkind für den amerikanischen Zweig der Kahane Chai.)

Israelische Diplomaten, die sich ein Bild von Giulianis Bett-genossen zu machen versuchten, waren besonders verdutzt, weil sie wußten, daß Leute wie Hilkind, Hecht, Bomzer, Klass, Domb und Avital nur für eine kleine Minderheit des amerikanischen Judentums standen. Die alljährliche Meinungsumfrage des American Jewish Committee, das vertrauenswürdigste Stimmungsbarometer auf diesem Gebiet, ergab im Jahr 1993, daß 84 Prozent der amerikanischen Juden das Osloer Abkommen und die entsprechende Politik unterstützten. Zwei Jahre später, im August 1995 – nach einer Reihe erschütternder Terroranschläge der Hamas –, zeigte eine Umfrage des AJC zu den Einstellungen amerikanischer Juden gegenüber Israel und dem Friedensprozeß, daß immer noch 75 Prozent den Osloer Prozeß unterstützten. Und im Januar 1996, nach der Unterzeichnung von Oslo II und dem israelischen Teilabzug aus dem Westjordanland, war diese Zahl unverändert. Diese feste Mehrheit war jedoch keine, die die Öffentlichkeit suchte, denn die führenden Stimmen der Juden zogen es vor, die politischen Differenzen innerhalb der Gemeinschaft möglichst totzuschweigen.

Auch die israelische Regierung trug Verantwortung für die schiefe Darstellung der Haltung der amerikanischen Juden gegenüber ihrer eigenen Politik. «Seit die Arbeitspartei 1992 die Regierung bildet, gibt es diesbezüglich ein Vakuum, und die Leute haben den Eindruck, man ignoriere sie», meinte David Pollack, der stellvertretende Direktor des Jewish Community Relations Council of Greater New York. «Unter dem Likud wäre das nicht passiert. Manche Juden hier sind deshalb schon ganz verdrossen.» Auch Avital gab zu, daß «die Öffentlichkeitsarbeit der israelischen Regierung in den Vereinigten Staaten gescheitert ist», weil «die Arbeitspartei die Arena der fortschrittlichen Juden vernachlässigt hat». Avital hatte versucht, ihre Vorgesetzten zum Handeln zu bewegen, und Peres und Beilin gewarnt, daß die vertragsfeindliche Hetze in den USA außer Kontrolle geriet. Bevor sie ihr ausführliches Memorandum für Rabin verfaßte, sprach sie das Problem auch bei einem Gespräch mit ihm während einem seiner Besuche in

New York an. Doch mit einer für ihn typischen Geste tat er ihre Warnung ab. Rabin hatte seine eigene Meinung zu diesem Thema. Leider war sie längst überholt. Rabins enge Vertrautheit mit dem amerikanischen Judentum ging auf seine Zeit als israelischer Botschafter in Washington in den späten sechziger und siebziger Jahren zurück, als man noch unverbrüchlich hinter der israelischen Regierung stand. Seitdem hatte sich die Lage verändert, doch Rabin hatte Schwierigkeiten, den Einfluß einer kleinen, doch lautstarken Minderheit zur Kenntnis zu nehmen, und lange Zeit hielt er deren Stimmen nur für lästiges Störfeuer. Doch im September 1995 hatte er die Lage erkannt, und als er nach Washington kam, um das Oslo-II-Abkommen zu unterzeichnen, erklärte er vor einer Versammlung führender amerikanischer Juden freimütig: «Niemals zuvor haben amerikanische Juden einen derartigen Versuch unternommen, den Kongreß gegen die Politik einer rechtmäßigen, demokratisch gewählten Regierung aufzubringen.» Diese «abscheulichen» Versuche, so warnte er seine Zuhörer, würden Israels Beziehungen zur Diaspora schweren Schaden zufügen. Die orthodoxe Lobby machte sich über seine verspätete Offensive lustig. Seine Sympathisanten in der «schweigenden Mehrheit» zollten ihm zwar Beifall, trugen die Offensive jedoch nicht aufs eigene Feld weiter.

Der 5. November 1995, der Tag nach Rabins Ermordung, war zufällig der fünfte Jahrestag eines anderen Attentats. In Brooklyn verwandelten sich die ansonsten von trüber Stimmung geprägten Gedenkfeierlichkeiten für Rabbiner Meir Kahane ob der guten Nachricht aus Israel in ein Freudenfest, bei dem sich Männer um den Hals fielen und von einem Wunder sprachen. In Flatbush richtete man Spendenkonten für die Verteidigung Yigal Amirs ein. Die *Jewish Press* veröffentlichte eine «Trauerausgabe», in der Klass von «Entsetzen und Wut unseres Volkes über den Tod von Ministerpräsident Jitzhak Rabin sprach» und fast im selben Atemzug noch einmal das Klagelied wiederholte:

«Wegen des Versuchs, die Implementation der Osloer Abkommen noch rasch vor der nächsten Wahl über die Bühne
zu bringen, um die Opposition zu schwächen, hat man Israel
praktisch in einen Polizeistaat verwandelt. Friedliche Demonstrationen wurden verboten, die Redefreiheit wurde
drastisch beschnitten, die Polizeibrutalität gegen Männer,
Frauen und Kinder nahm unerhörte Ausmaße an, und
politische Gegner wurden Belästigungen und Schlimmerem
ausgesetzt. Im Namen des Friedens wurden viele jüdische
Opfer und Hunderte brutale Übergriffe der Araber einfach
ignoriert ... Doch vor allem verletzt der Friedensprozeß die
Gebote der heiligen Thora. Gott hat unseren Vorfahren
versprochen, daß das gesamte biblische Israel das ewige
Vermächtnis der Kinder Israels sei. Die Verfechter des
Friedensprozesses haben als Antwort auf die Rabbiner von
heute den Pharao des alten Ägypten zitiert: ‹Wer ist Euer
Gott, daß ich ihm gehorchen müsse?›»

In derselben Ausgabe schrieb Professor Paul Eidelberg, ehemaliger
Dozent an der Bar-Ilan-Universität, einen rankünegetränkten Artikel über Rabin und seine Regierung, das israelische Rechtssystem
und den Obersten Gerichtshof, und besonders über die Anhänger
des Friedensprozesses. «Mir fällt es nicht leicht, aber es muß jetzt
gesagt werden», hob er an, «daß Jitzhak Rabin und seine Mitstreiter das emotionale Klima geschaffen haben, das zu diesem
Attentat geführt hat.»
    Andere nahmen die Nachricht mit merklicher Bestürzung auf.
Rabbiner Hecht, der um die Zeit des Mordes in Florida weilte,
äußerte gegenüber Vertrauten die Befürchtung, Peres könnte ihm
ein Mordkommando des Mossad auf den Hals jagen. Ein paar
Wochen vor dem Attentat (und nach seinem Interview mit Ahimeir) hatte er Rabin eine schriftliche Entschuldigung geschickt.
Später behauptete er, ihm sei zu Ohren gekommen, Rabin habe sie
angenommen. Doch Eitan Haber, Rabins Stabschef, erinnert sich,

daß der Brief so blutleer war, daß der Ministerpräsident ihn nicht einmal lesen mochte.

Im Dezember 1995 stufte das israelische Innenministerium aus Besorgnis über die möglichen Auswirkungen weiterer Hetzkampagnen Hecht und sechs weitere amerikanische Juden als Sicherheitsrisiken für das Land ein und verbot ihnen damit die Einreise nach Israel. Auch in der eigenen Synagoge nahm man Rabbiner Hecht nicht herzlicher auf. Mitte November erklärte der Präsident von Shaare Zion, Morris J. Franco, der *New York Times,* der Rabbiner sei aufgefordert worden, in Florida zu bleiben, bis die Gemeindemitglieder darüber entschieden hätten, ob sie seinen Rücktritt verlangen wollten. Als sie beschlossen, für sechs Monate auf seine Dienste zu verzichten, protestierte Hecht in einer Radiosendung: «Wenn überhaupt von Verleumdung die Rede sein kann, dann wird meine Person durch den Staat Israel auf unglaubliche Weise verleumdet.» Sein Freund Dov Hilkind sprang ihm in einem Interview zur Seite: «Seit fünfzig Jahren kämpft Hecht für Israel. Kann man denn einen Mann verurteilen wegen der zehn Sekunden, in denen er etwas Schreckliches gesagt hat?» Welchen der zehnsekündigen Ausfälle Hechts er meinte, muß offenbleiben. Jedenfalls war Rabbiner Hecht am 25. Oktober 1996 zurück im Gefechtsstand der *Jewish Week* und nahm nun Peres aufs Korn. Es könne einen «rasend machen, mit welcher Niedertracht Peres in den arabischen Kapitalen der Welt und in Amerika umhertourt» und mit seinen Äußerungen «eine Atmosphäre des Mißtrauens und des Zweifels» schaffe. Enttäuscht war er zudem darüber, daß selbst unter der Herrschaft Netanjahus der bürgerliche Rechtsstaat Israel intakt blieb. «In einer echten Demokratie», donnerte Hecht, «wäre Peres wegen Volksverhetzung und Landesverrat der Prozeß gemacht worden.» *

* Am 22. März 1998 hob der israelische Innenminister Eli Suissa von der ultraorthodoxen Shas-Partei das Einreiseverbot für Hecht auf, mit der Begründung, der Rabbiner habe sich für seine Äußerungen gegen Rabin entschuldigt und solle Gnade finden. Suissa fügte hinzu, sollte der Rabbiner nach Israel kommen, wäre er bereit, ihm die Hand zu geben.

Das war ein Jahr nach dem Attentat. Andere brauchten viel weniger Zeit, um erneut in Gefechtsstellung zu gehen. Das wiederum rief Colette Avital auf den Plan, die noch härter als je zuvor daran arbeitete, die Mehrheit der New Yorker Juden endlich zum Reden zu bringen, und diesmal gelang ihr der eindrucksvollste Sieg ihrer Amtszeit. Doch wenn sie nicht mit aller Macht darauf gedrängt hätte, wäre die Gedenkfeier für Jitzhak Rabin im Madison Square Garden vielleicht nie zustande gekommen. Der Präsidentenrat der großen amerikanisch-jüdischen Organisationen unterstützte die Idee, doch nicht alle seine Mitglieder waren bereit, sich dafür zu engagieren. Auch das Jerusalemer Außenministerium verströmte nicht gerade Begeisterung über das Vorhaben. In New York hatte es schon seit Jahren keine große Zusammenkunft von Juden mehr gegeben, und angesichts ihrer tiefen Gespaltenheit hielt man in Jerusalem eine solche Großveranstaltung für riskant. Der Madison Square Garden hat 15000 Sitzplätze, und wenn viele leer blieben, so krittelten Avitals Vorgesetzte, wäre die jüdische Gemeinschaft blamiert.

Dem folgten immer weitere Nervositäten. Edgar Bronfman, der Präsident des Jüdischen Weltkongresses, hatte sich bereit erklärt, das Ereignis mit 250000 Dollar zu sponsern, zog sein Angebot jedoch zurück, als er die Jerusalemer Bedenken spürte. Avital bat Peres, Bronfman umzustimmen, doch als er von Bronfmans Zweifeln hörte, geriet Peres ins Wanken und schlug vor, das Vorhaben abzublasen. Schließlich brachte sie den Ministerpräsidenten doch noch dazu, die Sache vorbehaltlos zu unterstützen. Von da an bemühte sie sich unermüdlich um die Unterstützung führender Vertreter der jüdischen Gemeinden in ganz Amerika. Das American Jewish Committee war eine große Hilfe, ebenso der Botschafter in Washington, der Generalkonsul in Philadelphia und hohe Berater im Weißen Haus. Das Ereignis sollte am 10. Dezember stattfinden, und der Präsidentenrat sprach sich dafür aus, die Veranstaltung unter das Motto der jüdischen Einheit zu stellen. Das erwies sich jedoch als Fehlschlag, denn zwei Mitgliedsorganisationen – der National Council of Young Israel und die Zionist Organization of America – zogen sich als Sponsoren zurück und beklagten in einer ganzseitigen Anzeige in der *New York Times* den «parteipolitischen» Charakter der Veranstaltung, bei der unter anderen Vizepräsident Gore, Ministerpräsident Peres, Frau Rabin und der israelische Oberrabbiner Yisrael Lau sprechen sollten.

Die Anzeige, die ihren Unterzeichnern eine offizielle Abmahnung des Präsidentenrats einbrachte, hielt zweifellos einige Leute vom Kommen ab. Durchaus zum Guten, denn nicht ein einziger Sitz im Madison Square Garden blieb leer, und Hunderte von Menschen mußten mangels Platz draußen vor den Türen bleiben, darunter eine Gruppe, die eigens aus Philadelphia angereist war. Freilich machten diese Menschen die wohl lehrreichste Erfahrung des Tages. Denn ihnen gegenüber, im letzten Schnee des Vortages, kampierte eine Abordnung von Kahane Chai, ausgerüstet mit Schildern: «Peres ist ein Verräter!»

6 Der Liebhaber

Er lehnte sich an den Wagen des Ministerpräsidenten und führte ein stummes Selbstgespräch. *Du hast immer gesagt, es sei nur Geschwätz, du hättest nicht den Mumm dazu. Du hast immer gedacht, du würdest einen Vorwand finden, es nicht zu tun. Die Freunde an der Universität nennen dich Yigal, das Plappermaul.* Er lächelte bei dem Gedanken. *Diesmal ist es anders. Du hast keine Ausrede mehr.* Er lachte laut auf, erschrak und hielt sich die Hand vor den Mund. *Still, du Idiot. Nicht auffallen.* Er blickte verstohlen nach links und rechts, stellte sich auf die Zehenspitzen und suchte mit den Augen den Parkplatz ab. Es war anzunehmen, daß er bewacht wurde. Daß er «steril» war. *Nichts.* Seine Ruhe kehrte zurück. *Niemand hat dich gehört. Niemand hat dich gesehen. Die beiden Polizisten sind weit weg. Du weißt, jetzt ist es soweit. Du bist zu allem bereit.* Amir wußte, heute abend würde er abdrücken.

An diesem 4. November, einem Samstag, hatte Yigal Amir am Morgen in der nahen Synagoge Etz Chaim vor der Thoralade das Morgengebet gesprochen. Kurz vor Ende des Gottesdienstes hörte sein Bruder Haggai, wie er die Bitte murmelte: «Herr, gib mir die Kraft, Rabin zu erschießen und mit dem Leben davonzukommen.» Haggai sagte nichts. Er wußte, daß jedes Wort an Yigal verschwendet gewesen wäre. Jetzt konnte seinen Bruder nichts mehr aufhalten. Haggai erinnerte sich, wie Yigal gestrahlt hatte, als Dror vom Rabbiner mit der Antwort zurückkam: «Es ist ein Gebot, ein Menschenleben zu retten, wichtiger noch als ‹Du sollst nicht töten›.» Dror war losgeschickt worden, um ein halachisches Urteil einzuholen, denn alle drei Verschwörer wußten, daß sie ohne die Billigung eines Rabbiners nicht zur Tat schreiten durften. Die Entscheidung des Rabbiners war klar: «In dem Augenblick, da ein Jude sein Volk und sein Land an den Feind ausliefert, muß er getötet werden, denn er gefährdet das Leben von Juden.» Yigal war zufrieden. Wer Rabin aus dem Weg räumte, rettete folglich das Land Israel und würde als Heiliger verehrt werden. «Genau das wird jetzt geschehen», dachte Haggai. «Er ist ein Gesandter Gottes, und es wird sich zeigen, daß unser Kampf der Mühe wert war.» Nichts konnte Yigal schrecken: weder Verhaftung noch Verhöre, nicht einmal der Tod. Seine einzige Befürchtung war, daß es ihm nicht einmal gelang, Rabin zu verwunden, er selbst aber bei dem Anschlag von dessen Leibwächtern getötet wurde – er wollte nicht umsonst sterben. Haggai sah seinen jüngeren Bruder in der Synagoge scharf an und hielt den Mund. Doch nach dem Gottesdienst, als sie nach Hause gingen, sprach er seinen Gedanken aus.

«Ich weiß, daß du es heute abend versuchen wirst», sagte er. «Rabin hat jetzt viel mehr Leibwächter, und deine Chancen, ihn mit der Pistole zu erwischen, sind gleich Null. Warte, wir können dir ein Scharfschützengewehr beschaffen.»

«Keine Sorge, Haggai», erwiderte Yigal nach ein paar Sekunden. «Wenn es soweit ist, werde ich schon die notwendige Entscheidung treffen.»

Am Abend, als es dunkel wurde und drei Sterne am Firmament aufgingen, versammelte Shlomo Amir die Familie zur Hawdala-Zeremonie, die den Sabbat beschloß. Yigal stand in einer Ecke des Wohnzimmers und wirkte ungewöhnlich in sich gekehrt. Haggai sah ihn lange und durchdringend an, doch Yigals Blick war leer. Einige Jahre zuvor hatte sich Haggai, von Zweifeln an seinem Glauben geplagt, Yigal anvertraut. «Ich habe zu viele Fragen», sagte er, «und sehr wenige Antworten.» Haggai nahm das Häkelkäppchen ab, doch Yigal überredete ihn, es wieder aufzusetzen. Das fiel ihm nicht schwer, denn Haggai liebte seinen Bruder. Zwischen ihnen bestand eine klare Arbeitsteilung: Yigal übernahm das Denken und traf die Entscheidungen, Haggai führte sie aus.

«Du hast geschickte Hände», sagte Yigal zu seinem älteren Bruder, nachdem Haggai über der Treppe im Elternhaus eine Holzdecke eingezogen hatte.

«Und du hast einen scharfen Verstand», hatte Haggai erwidert. Als Shlomo Amir den Segen, «der zwischen heilig und unheilig unterschied», sprach, musterte Geula ihren Sohn nachdenklich. Yigal kam ihr heute abend seltsam vor. Sie fragte sich, warum er so still war. Dann begegneten sich ihre Blicke. Yigal lächelte, und sie beruhigte sich. Geula und Shlomo Amir wußten, daß Jitzhak Rabin heute abend in Tel Aviv bei einer Kundgebung im Freien sprechen sollte. Ein paar Stunden zuvor, beim Sabbatmahl, hatte ihn Yigal als Verräter beschimpft. «Rabin muß beseitigt werden! Er ist für den faulen Frieden verantwortlich.» Shlomo überging diesmal die schon abgedroschenen Phrasen. Geula hielt sie für das übliche Gerede ihres Sohnes.

Jeden Samstagabend herrschte bei Amirs reges Leben. Das Haus stand den Nachbarn offen, und Gäste gingen ein und aus. Spielende Kinder lärmten im Hof. An diesem Abend fragte Geula ihren Sohn: «Was hast du heute abend vor?» Und Yigal antwortete, daß er ausgehen und sich mit Freunden treffen wolle. Am nächsten Morgen müsse er früh zur Universität, deshalb wolle er noch seine Bücher und Unterlagen zusammenpacken. Daran war nichts Ungewöhnliches. Auch Geula wollte noch ausgehen und sich mit Freundinnen treffen.

Kurz nach sieben ging Yigal nach oben in sein Zimmer. Er schloß die Tür ab, öffnete die Schublade seines Schreibtischs und zog eine 9-Millimeter-Beretta hervor. Er hielt das Magazin in der Hand und legte die Patronen in zwei sauberen Reihen auf den Tisch: eine bestand aus Dumdum-Geschossen, deren Hülsen mit einem Kratzer versehen waren, die andere aus normalen, nicht gekennzeichneten Patronen. Haggai hatte die Dumdum-Geschosse markiert und ihm erklärt, daß ihre Wirkung verheerend sei. Falls Rabin eine kugelsichere Weste trug, würden die Geschosse sie durchschlagen und im Körper, an Organen und Gewebe, schwere Verletzungen anrichten. Langsam schob Yigal die Patronen ins Magazin: zuerst eine markierte, dann eine normale. Dreimal wiederholte er diesen Vorgang, bis sechs Patronen im Magazin steckten. Dann lud er noch vier normale Patronen ins Magazin, schob es in den Schacht und stieß mit dem Handballen dagegen – sicherheitshalber zweimal. Zufrieden, daß das Magazin an seinem Platz war, trat er ans Fenster, hob den gestreckten Arm und zielte auf einen Punkt knapp unter Augenhöhe. *Meine Hand ist ruhig. Das ist ein gutes Zeichen.*

«Zwei Jahre lang habe ich darüber nachgedacht», sagte Yigal zwei Tage später beim Verhör. «Ich hatte immer Angst, daß sie [die Waffe] klemmen könnte. Meine größte Angst war, daß in dem Moment, wo ich abdrücke, nichts passiert und daß ich verhaftet werde und für den Rest meines Lebens wie ein Trottel im Gefängnis sitze ... Ich zog auch die Möglichkeit in Betracht, daß ich schieße und dann getötet werde. Aber darauf war ich gefaßt.»

Yigal legte die geladene Waffe auf den Schreibtisch und machte sich an seine Verkleidung. Er legte das weiße Sabbat-Hemd und den Gebetsschal ab und schlüpfte in ein dunkelblaues T-Shirt, zog seine guten Hosen aus und eine dunkle Jeans an. Dann griff er wieder nach der Beretta, vergewisserte sich, daß das Magazin eingerastet war, sicherte sie und steckte sie sich an der linken Hüfte in den Hosenbund. Er packte seinen Rucksack für den Fall, daß er ein Zeichen erhielt, heute abend nichts zu unternehmen, und am nächsten Tag doch zur Universität gehen mußte. Bevor er das Zimmer verließ, griff er zum Telefon und wählte eine Nummer in Beit El, einer Westbank-Siedlung nördlich von Ramallah. Margalit Har-Shefis Vater hob ab und sagte, daß sie bald zurück sein werde. Yigal war enttäuscht, doch er wertete ihre Abwesenheit nicht als schlechtes Omen. «Schade», dachte er. «Ich hätte mich gern von ihr verabschiedet.»

Um Viertel vor acht stand Yigal an der Bushaltestelle in der Nähe seines Hauses. Das Wetter war ungewöhnlich. Obwohl bereits November, war es immer noch warm. Er sah den Bus der Linie 247 näher kommen. *Noch kannst du es dir anders überlegen.* Der Bus hielt, und er stieg ein. Die Straße nach Tel Aviv war kaum befahren, und der Bus erreichte die Haltestelle an der Kreuzung der Arlosoroff- und Ibn-Gvirol-Straße, ein paar Straßen vom Platz der Könige Israels entfernt. Yigal stand auf, ging zur hinteren Tür, spähte auf die Straße hinaus, nahm das Häkelkäppchen ab, stopfte es in die Tasche und stieg aus. Seine Verkleidung war perfekt. *Jetzt sehe ich genauso aus wie die Linken auf dem Platz.* Er ging vorbei an den geschlossenen Geschäften die unbelebte Straße nach Süden entlang. Ein Polizeiauto raste vorüber, und in der Ferne hörte er gedämpften Beifall. *Ich habe ein gutes Gefühl. Heute abend passiert es.* Als er den schlecht beleuchteten Parkplatz unter der Unterführung vor dem Rathaus betrat, entdeckte er Rabins Wagen sofort. Lässig schlenderte er an der Treppe vorbei, die zum Platz hinaufführte. Die Bühne befand sich direkt über ihm. Einhunderttausend Bürger applaudierten freudig dem Ministerpräsidenten.

«Von dieser Kundgebung muß eine klare Botschaft für den Frieden und gegen die Gewalt ausgehen», dröhnte Jitzhak Rabins Stimme aus den Lautsprechern. Wieder jubelte die Menge. *Rabin spricht direkt über mir. Wenn meine Kugeln durch Beton dringen könnten, bräuchte ich nur senkrecht in die Höhe zu schießen.* Yigal blickte nach oben, wie um diese Möglichkeit zu überprüfen, dann plante er sein weiteres Vorgehen. Auf dem dunklen Parkplatz fühlte er sich sicher. *Wenn es hier hell wäre, hättest du eine Ausrede, die Sache abzubrechen. Aber es ist dunkel, also hast du keine Ausrede.* Es machte ihm Spaß, mit sich selbst zu diskutieren, sich Argumente auszudenken und anschließend zu zerpflücken. *Hör auf damit! Du verschwendest nur deine Zeit. Sei still und konzentriere dich!* Wie ein Trainer vor dem Spiel ging er noch einmal seine Taktik durch. *Du mußt sie überrumpeln, konzentrier dich, komm von hinten, schieß schnell, bevor die Leibwächter reagieren können, ziel auf die Wirbelsäule, unten auf die fünfte Rippe – das ist die Stelle. Alles hängt von deiner Treffsicherheit ab. Wenn du ihn verfehlst, stirbst du für nichts.*

Yigal lächelte bei dem Gedanken, daß er diesmal handeln würde. Bald würde die Kundgebung zu Ende sein. *Die VIPs werden hier herunterkommen. Der Verräter und seine Leibwächter*

werden die Stufen herunterkommen und direkt an dir vorbeigehen.
Dort steht sein Wagen. Siehst du, wie lax die Sicherheitsvorkeh-
rungen sind? Dann jagte ein Gedanke den nächsten, angefangen
bei Haggais Warnung, daß die Zahl von Rabins Leibwächtern
verdoppelt worden sei und Rabin möglicherweise eine kugelsichere
Weste trage, bis zu der Vorstellung, wie Margalit rasch den Weg
vor ihm herunterkam und ihr dicker Zopf auf ihrem Rücken
hüpfte. Er preßte sich beide Hände gegen den Kopf. *Genug!*
Beruhige dich, du Idiot. Vor einer Minute hast du noch gesagt, daß
du zu allem bereit wärst. Von jetzt an gibt es keine Margalit mehr.
Von jetzt an richtest du alle deine Gedanken auf diese eine Sache.

«Amirs größte Schwäche war, daß er auf Frauen anziehend wirkte.
Yigal fühlte sich zu den Frauen hingezogen, und die Frauen fühlten
sich zu ihm hingezogen.» So beschrieb ihn Avshalom Weinberg,
Student der Geschichte und Kommunikationswissenschaften an
der Bar-Ilan-Universität, der sich mit Yigal angefreundet hatte.
Beide vertraten radikale politische Ansichten, und Yigal überredete
Weinberg, bei der Vorbereitung der Wochenendseminare in den
Siedlungen zu helfen. Mehr als einmal hatte Weinberg gehört, wie
Yigal vor jungen Frauen, die sich um ihn scharten, sagte, daß
Rabin umgebracht werden müsse. Der schmächtige, redselige Jura-
student beeindruckte junge Frauen gern durch markige Sprüche,
denn auch in religiösen Kreisen genießen Männer, die bei Frauen
gut ankommen, hohes soziales Ansehen. Doch es gibt Regeln,
Normen und Werte, die es hochzuhalten gilt. Sexuelle Anziehungs-
kraft steht einem demütigen, frommen Mann nicht gut zu Gesicht.
Und wer wie Yigal danach strebt, den Zustand der Reinheit zu
erlangen, indem er streng alle 613 Gebote einhält, hat kein Recht,
mit Frauen allein zu sein.

Der Konflikt zwischen religiöser Überzeugung und sexuellem
Begehren bereitete Yigal Amir beträchtlichen Kummer. Schon als
Jugendlicher hatte er versucht, verbotene Gedanken und Gefühle
zu unterdrücken. Und als Soldat und Schüler an der Jeschiwa

Kerem D'Yavneh sah er sich genötigt, seinen Mentor, Rabbi Kav, zu fragen, wie man seine Begierde überwinden könne. Der Rabbi riet ihm, zu lernen und nicht mehr daran zu denken: Studiere noch eine Seite im Talmud, dann noch eine und noch eine, und das Gefühl wird verschwinden. Doch die sexuelle Begierde machte ihm weiter zu schaffen. Manchmal war sie so stark, daß er sich selbst bestrafte, indem er als Buße beschwerliche Aufgaben übernahm, sich in eine Seite des Talmud nach der anderen vertiefte oder sich freiwillig zu gemeinnützigen Arbeiten meldete. Einmal schrubbte er Grabsteine auf dem Friedhof, ein andermal betreute er autistische Kinder.

«Das Leben ist ein immerwährender Kampf zwischen Vernunft und Begierde», dozierte Yigal bei seinem Prozeß. «Mein Weltbild ist das der Thora: Einhaltung der 613 Gebote, totale Kontrolle über die Begierde. Der Judaismus verlangt unter anderem, daß wir den Körper und die Begierde, körperliche Genüsse und emotionale Bedürfnisse überwinden... Man muß den Trieb unterdrücken, auch wenn es schwerfällt. Das höchste Ziel besteht darin, sich zu beherrschen und den Gefühlen und Begierden nicht nachzugeben... Ich kann das kognitiv miteinander vereinbaren. In dem Moment, wo mein Verstand und meine Instinkte zu einem bestimmten Schluß gelangen, ist es keineswegs Schwäche, die mich davon abhält, etwas zu tun. Und entsprechend handele ich auch. Zuerst bringt mich die Begierde durcheinander, und ich unterdrükke sie... Alles im Leben ist vom Kampf zwischen Gefühl und Verstand bestimmt. Gewisse Dinge unterdrücke ich viele Male. Ich verstoße gegen das religiöse Gesetz und weiß, daß das nicht in Ordnung ist. Und am Ende überwinde ich meine Impulse. Manchmal versage ich; ich will nicht immer, daß es mir gelingt. Es ist in jedem Fall anders.»

«Er wollte immer beweisen, daß er mehr weiß, daß er klüger und gebildeter ist», klagte Weinberg. «Wenn ein Mädchen dabei war, riß er das Gespräch sofort an sich, und nach ein paar Minuten ging er mit ihr weg.»

Yigal war anscheinend ständig in Gesellschaft attraktiver, willensstarker aschkenasischer Mädchen anzutreffen. Seine erste Freundin war Navah Holtzman, eine zwanzigjährige Studentin an der Bar-Ilan-Universität. Weinberg spottete darüber, was die Medien aus dieser Beziehung gemacht haben. «Sie verwandelten Amirs Romanze mit Navah Holtzman in eine Episode von ‹Denver Clan›», sagte er. Doch wie man es auch betrachten mag, das Verhältnis der beiden war kompliziert. Sie war aschkenasischer Abstammung und die Tochter einer wohlhabenden und angesehenen Tel Aviver Familie. Er hingegen kam aus einer jemenitischen Familie, die in einem Viertel der unteren Mittelschicht lebte. Er empfing sie zu Hause, sie sah es lieber, wenn er sie nicht besuchte. Seine Eltern glaubten fest an eine spätere Heirat, ihre Eltern waren entschlossen, die beiden auseinanderzubringen. Nach dem Mord sagte Shlomo Amir bei der Vernehmung durch die Polizei, daß er Yigal gedrängt habe, sich mit seiner Freundin zu verloben, und der Beamte berichtete Yigal später von ihrem Gespräch.

«Ich habe mit Ihrem Vater gesprochen», begann der Beamte.

«Und?»

«Ich habe nicht das Wort geführt. Er hat mit mir geredet.»

«Was denkt er denn?» lachte Yigal. «Daß ich es ihretwegen getan habe ... Ich verstehe ... klar ...»

«Er wollte mit Ihnen darüber reden, daß Sie sich verloben sollten, und Sie sagen, Sie ließen ihn nicht.»

«Das ist einer der Gründe, warum ich mit ihr Schluß gemacht habe.»

«Sie ließen ihn überhaupt nicht [über sie reden]. Er wollte, daß Sie sie heiraten. Er wollte ...»

«Er dachte, wenn ich erst mal verheiratet war, würde ich es nicht tun ... Mein Vater ist eben ein Haredi, die Einstellung der Haredim hat ihn geprägt, ganz im Unterschied zu mir. Damit meine ich: ‹Tu nichts. Laß es andere tun. Warum willst du dich in etwas hineinziehen lassen?› Ich meine Dinge wie die Armee.»

«Geh nicht in die Armee, laß andere in die Armee gehen ...»

«Genau ...»

«Und in diesem Sinn äußerte er sich auch am Freitagabend, als Sie über das *Din Rodef* und all das sprachen ...»

«Ja, er sagte, daß bedeutende Leute darüber [über die Frage nach Rabins Verantwortlichkeit] zu entscheiden hätten, nicht ich.»

«Er sagte, daß der Himmel schon das Notwendige tun würde.»

«Ja, daß der Himmel es tun würde.»

«‹Widme dich deinem Studium.› Das hat er zu Ihnen gesagt.»

«Ich werde im Gefängnis studieren.»

Shlomo Amir hatte gehofft, seinen Sohn schnell zu verheiraten. Er glaubte, daß der leichtfertige Yigal, sobald er eine Familie gründete, ernsthafter und gesetzter werden würde und daß er sich den Unsinn, Rabin aus dem Weg zu schaffen und die Nation zu erlösen, aus dem Kopf schlagen würde. Doch über Navah wollte Yigal partout nicht mit seinem Vater sprechen. Er mokierte sich sogar über Shlomos Neugier, so daß ihn Geula mehr als einmal ermahnen mußte, seinem Vater mehr Respekt entgegenzubringen. Mit seinen in Yigals Augen naiven, konservativen Vorstellungen vom Familienleben brachte der höfliche, zurückhaltende Shlomo seinen Sohn ebenso in Harnisch wie mit seiner «laschen» politischen Einstellung. Ihre Wortwechsel verliefen stets nach dem gleichen Muster. Irgendwann verlor Yigal die Beherrschung und demütigte Shlomo vor der Familie. Dann griff Geula ein, besänftigte ihren aufgebrachten Sohn und tröstete ihren gekränkten Mann. Sie glaubte, Yigal besser als jeder andere zu kennen, und sie war überzeugt, er sei offen zu ihr. Doch auch ihr vertraute sich Yigal nur selten an.

Im Januar 1995, so sagen Freunde von Yigal, wurde Navah von ihren Eltern aufgefordert, die Beziehung zu lösen. Sie gehorchte und heiratete schon einen Monat später einen anderen. Yigal und Navah waren sechs Monate miteinander gegangen, hatten seinen Freunden zufolge aber niemals Sex miteinander gehabt.

«Soweit ich weiß, ist Yigal noch Jungfrau», sagte Shlomı

Halevy. «Ich lernte Navah in der Zeit kennen, als sie mit ihm ging. Ich weiß nicht, ob sie ihn verlassen hat oder er sie. In seinen Beziehungen zu Frauen gab immer er den Ton an. Er bestimmte, was getan wurde. Wenn er Mädchen erzählte, daß er Rabin ermorden werde, wollte er damit, glaube ich, keinen Eindruck schinden. Mädchen gegenüber war er erstaunlich selbstsicher, obwohl er kein Robert Redford war. Er fühlte sich ihnen nie unterlegen und gewöhnlich strahlte er Überlegenheit aus. Bevor er mit einem Mädchen anbändelte, testete er, ob sie sich von seinen Sprüchen beeindrucken ließ. Wenn sie rechte Ansichten vertrat, aber leicht zu beeinflussen war, interessierte sie ihn nicht.»

Nach der Trennung von Navah stürzte sich Yigal in die politische Arbeit. Er lief von Student zu Student und agitierte sie. Die meisten Kommilitonen ließen ihn höflich ausreden. Manche stoppten ärgerlich seinen Redefluß. Doch besonders von ihm angetan waren ausnahmslos Frauen. Er saß mit ihnen auf dem Campus im Gras, blickte ihnen tief in die Augen und fühlte sich wie ein biblischer Prophet. Er hielt seinen Monolog, und sie nahmen alles begierig in sich auf. Bei diesen «Gesprächen» spulte Yigal stets dieselben Argumente ab: Die radikale Linke habe den Ministerpräsidenten in der Hand; die Presse hetze gegen die Rechte, knebele sie und spotte über ihre verzweifelten Proteste; das Land befinde sich im Krieg – im Bürgerkrieg –, weil eine Minderheit von Atheisten alle Machtzentren unter ihre Kontrolle gebracht habe – das Militär, die Justiz, die Medien –, allen anderen ihre Ansichten aufzwinge und den Friedensgedanken verzerre. Im Namen des Friedens verschuldeten sie die Ermordung von Juden, pferchten Juden in Ghettos, die von Arabern umgeben seien, stellten für die Araber eine Armee auf und versorgten sie mit Waffen. Ergab es irgendeinen Sinn, daß Juden im Namen des Friedens für die Araber eine Armee aufstellten? Sei es logisch, daß sie Terroristen aus dem Gefängnis freiließen, damit sie weiter Juden ermorden konnten? Nichts anderes bedeute Oslo. Sie ließen Araber frei, an deren Händen Blut klebe.

Sie setzten den Shabak gegen Juden ein. Was sei das für eine Regierung, die ihre Sicherheitsorgane gegen die eigenen Bürger einsetze?

Es bleibe keine andere Wahl mehr, faßte Yigal seine flammende Rede zusammen: Rabin müsse «aus dem Weg geräumt» werden. Er gebrauchte nie das Wort «ermorden», «umbringen» oder «töten». Immer nur «aus dem Weg räumen» – obwohl er im Verhör und vor Gericht ein- oder zweimal das Wort «exekutieren» benutzte. Wenn Yigal von der Ermordung des Ministerpräsidenten sprach, sahen ihn seine Zuhörer erstaunt an und fragten sich, ob er es ernst meinte oder nur prahlte. Und wenn er es ernst meinte, war er zu einer solchen Tat überhaupt fähig?

Einige Kommilitonen wußten, daß Yigal hauptsächlich dank seiner Rührigkeit auf dem Campus über das Ende seiner ersten festen Beziehung zu einer Frau hinwegkam. Doch er erhielt auch Hilfe von anderer Seite. Kaum war Navah von seiner Seite verschwunden, trat eine neue Frau in sein Leben, die zwanzigjährige Margalit Har-Shefi, die an der Bar-Ilan-Universität Jura studierte. Ende Februar 1995, am Jahrestag des Goldstein-Massakers in Hebron, machte Yigal ihre Bekanntschaft. Er saß mit seiner Freundin Hila Frank im Gras und sang ein Loblied auf Goldsteins Tugenden, als Margalit zufällig vorbeikam. Hila kannte sie, und Yigal hatte sie mehrmals auf dem Campus gesehen, jedoch nie mit ihr gesprochen. Margalit fragte, ob sie sich zu ihnen setzen dürfe, und Yigal machte ihr sofort den Hof.

«Ich freunde mich mit Mädchen nicht einfach so an», sagte er später beim Verhör. «Zunächst führe ich mit ihnen eine ideologische Diskussion. Ich bin ein großer Bewunderer von Goldstein, und wenn ich ein Mädchen kennenlernen will, frage ich sie deshalb: ‹Was hältst du von Goldstein?› Die Antwort sagt mir, ob sie oberflächlich ist oder ob sie Substanz hat, das heißt, ob sie attraktiv ist.»

Als Yigal zu Margalit sagte, daß Goldstein ein Heiliger sei, wies sie ihn sofort zurecht. «Wie meinst du das?» fuhr sie ihn an.

«Goldstein ist ein Mörder, ein Schlächter.» Yigal gefiel die Antwort, denn sie stellte ihn vor eine Herausforderung. «Sie müßten Margalits Charakter kennen», erklärte er beim Verhör. «Sie ist ein sehr neugieriges Mädchen. Sie sah mich im Gras sitzen, als ich über Goldstein sprach. Ich redete mit ihr über Rabin und sagte, daß er getötet werden müsse, und sie erwiderte: ‹Was? Bist du verrückt? Ich zeige dich an.› Und in dem Moment, als sie das sagte, hatte sie mich erobert. Es war für mich eine Herausforderung, ihren Widerstand zu brechen. Das war der Grund, warum ich mit ihr zusammen war und mit ihr redete. Ich sprach mit ihr, legte ihr meinen Standpunkt dar [über das *Din Rodef*], und sie sagte: ‹Jetzt schwindelst du aber. Woher willst du das wissen? Du mußt einen Rabbiner fragen.› ‹Geh und frag, wenn du willst›, sagte ich zu ihr, und sie ging zu einem Rabbi und kam betreten zu mir zurück.»

Einen Monat vor dem Mord wandte sich Margalit an Shlomo Aviner, den Rabbiner ihrer Siedlung Beit El, und fragte ihn, wie es um Rabins Ansehen bestellt sei. «Die halbe Bar-Ilan hält Rabin für einen Verräter», sagte sie ihm. «Mit Recht», erwiderte Aviner nach Yigals Darstellung des Gesprächs. «Das *Din Rodef* läßt sich auf Rabin anwenden. Aber ihn umzubringen ist verboten.» Während des Verhörs berichtete Yigal, wie Margalit zu ihm zurückkehrte: «Sie erzählte mir, daß der Rabbiner versucht habe, der Frage auszuweichen; genauso hat sie sich ausgedrückt. Er hat sie durcheinandergebracht, meine ich, er hat sich herausgeredet.»

Nach dem Ende der Beziehung mit Navah setzte Yigal alles daran, die großgewachsene, stolze Margalit für sich zu gewinnen. Meist trug sie einen langen Rock und eine langärmelige Bluse über einem weißen Body, dazu farblich passende Turnschuhe. Margalit widmete dem Studium viel Zeit und büffelte stundenlang in der Bibliothek. Nach Auskunft einer Kommilitonin war sie intelligent und fleißig, aber nicht brillant. Einer von Yigals Freunden beschrieb sie als den Typ der religiösen jungen Frau, die sich so angestrengt bemüht, ihre Sittsamkeit hervorzukehren, daß sie schon wieder Aufmerksamkeit erregt. Sie wohnte in einem Studentenwohnheim auf dem Campus, und ihre Zimmergenossin, Re'ut Aviv, nannte sie ein «großartiges Mädchen» und fügte hinzu: «Eine bessere Mitbewohnerin hätte ich nicht finden können.» Ein Journalist, der an der Juristischen Fakultät der Bar-Ilan studierte, schrieb über sie: «Margalit ist irgendwo im fließenden Übergang von der Kindheit zum Erwachsensein steckengeblieben.» Ein anderer Freund charakterisierte sie als «verzogenes kleines Mädchen».

Margalit Har-Shefi ist die Tochter einer angesehenen Familie der neuen Siedler-Aristokratie, die engagierte Vertreter der Rechten und der Linken in ihren Reihen hat. Ihr Vater Dov vertritt radikale rechte Positionen. Pinchas Peli, einer ihrer Großväter und Dozent für Judaismus an der Ben-Gurion-Universität in Beersheba, ist überzeugter Demokrat und zählt sich nicht zum nationalistischen Lager. Ihre Tante Emuna und ihr Onkel Benny Elon sind Siedler, die damals in der Politik von sich reden machten. Rabbi Benny Elon, ein radikaler rechter Messianist, hatte Yigals Bewunderung erregt, weil er glaubt, daß die Erlösung nicht von selbst komme, sondern daß «wir lernen müssen, Gottes Willen zu verstehen und dem Herrn mutig zu Hilfe zu kommen». Er gehörte zu den Referenten, die Yigal zu seinen Wochenendseminaren einlud.

Yigal bot seine ganze Redekunst auf, um Margalit Har-Shefi, die er für eine junge Frau mit «Substanz» hielt, zu überzeugen, und sie war von der Logik seiner Argumente hingerissen. In Margalits Augen war Yigal in allen Welten zu Hause: Er war Haredi, religiöser Nationalist und weltlich orientiert. Er wußte, wie man in der säkularen Presse zwischen den Zeilen las, und konnte erklären, was im Land wirklich vorging. Die Studentenvereinigung war mit der Bitte an ihn herangetreten, als Vertreter der Rechten für die Studentenvertretung zu kandidieren. Er hatte Demonstrationen organisiert und dabei Hunderte von Studenten begeistert. Siedler wie sie rechnete er verächtlich zum duckmäuserischen «Establishment», während er sich selbst zur radikalen «Avantgarde» zählte.

«Rabin ist die Schlüsselfigur», betonte er immer wieder gegenüber Margalit. «Er muß gestürzt werden.» Margalit hörte ihm aufmerksam zu und versprach, bei der Beschaffung von Waffen zu helfen. Er bat sie, herauszufinden, wie gut die Waffenkammer in Beit El bewacht wurde; vielleicht war es möglich, dort ein Gewehr zu stehlen. Margalit willigte ein, und ihre Beziehung wurde enger. Sie gehörte nun zum engeren Kreis, und er erzählte ihr von Haggais geheimem Sprengstofflager. Sie wußte, daß Yigal Mordpläne gegen Rabin schmiedete. Er hatte ihr sogar seine Beretta gezeigt und gesagt: «Siehst du, mit dieser Waffe werde ich Rabin erschießen.» Und Margalit ermutigte ihn mit den Worten: «Ich bin froh, wenn Rabin tot ist.»

Doch als ihre Beziehung enger zu werden schien, war Yigal unangenehm überrascht, wie gut Margalit ihre Gefühle unter Kontrolle hatte. Er hatte die Trennung von Navah endlich verwunden, und in dem Gefühl, einen weiteren Schritt auf dem Weg zu «emotionaler Reinheit» getan zu haben, redete er sich ein, daß er höchstens an einer platonischen Beziehung mit Margalit interessiert sei. Doch das sexuelle Verlangen machte ihm zu schaffen. Er versuchte, seine Gefühle für Margalit zu unterdrücken und sich ganz auf die Vorbereitung der Seminare, der Demonstrationen und der letzten, verhängnisvollen Tat zu konzentrieren. Doch es gelang ihm nicht. Margalit nahm sein Denken und Fühlen in Anspruch. Sie besuchte ihn zu Hause, und Geula und Shlomo wären ihretwegen beinahe in Ohnmacht gefallen. Bevor er am 11. September 1995 das Haus verließ, um zur Einweihung des Autobahnkreuzes von Kfar Shmaryahu zu fahren, hatte er Margalit gesagt, daß er Rabin erschießen werde. Sie war seine Kampfgenossin, Partnerin und Vertraute. Damals erkannte er, daß er sich in sie verliebt hatte.

Sie hatten alle Pläne in dem kleinen Vorratsschuppen hinter Geulas Kindergarten geschmiedet, in dem sie sich ein- oder zweimal im Monat trafen. Sie waren nur zu dritt: Yigal, Haggai und Dror Adani. Yigal traf die Entscheidungen. Haggai war der Waffenexperte. Dror war der «Ideenlieferant», dessen fruchtbare Phantasie unablässig neue Vorschläge hervorbrachte, die von den beiden Brüdern auf ihre Tauglichkeit hin überprüft wurden. Ursprünglich hatte Yigal Dror nicht mit nach Hause gebracht, damit er ihnen bei den Mordplänen gegen Jitzhak Rabin half, sondern um ihn mit seiner Schwester Hadas zu verkuppeln. Die Idee stammte von seinem Vater.

«Dror ist ein netter junger Mann», hatte Shlomo zu seinem Sohn gesagt. «Bring ihn doch mal mit. Vielleicht wäre er der Richtige für Hadas.»

Yigal gefiel die Idee. Die Adanis waren eine große Familie jemenitischer Herkunft wie seine eigene. Drors Vater arbeitete an einer Tankstelle und einige seiner zahlreichen Verwandten in der Nachbarschaft der Amirs. Doch am meisten begeisterte Yigal an Dror, daß er nicht nur ein frommer Jude und Siedler war, sondern auch Rückgrat besaß und deshalb für seinen Geschmack genau der richtige Mann für seine dickköpfige Schwester war.

Als Hadas sich freiwillig zum Nationalen Dienst* gemeldet hatte, fürchtete Yigal, daß seine kleine Schwester, fern von zu Hause und auf sich allein gestellt, ihre Unschuld verlieren könnte. Und das um so mehr, als sie in dem Ferienort Eilat am Roten Meer – in seinen Augen ein wahrer Sündenpfuhl – die Kinder von Drogensüchtigen betreuen sollte. Yigal war über die Untätigkeit seiner Eltern empört.

«Holt sie sofort zurück! Eilat ist eine Stadt der Linken und Junkies», warnte er Geula und schnauzte Shlomo an: «Du hast deine Tochter nach Sodom geschickt! Sie gerät dort auf die schiefe Bahn, und du bist daran schuld!»

Hadas dachte jedoch nicht daran, ihre Arbeit aufzugeben, und sie war mitunter nicht weniger stur als ihr Bruder. Nur eine Heirat konnte die Schwester in Yigals Augen vor dem Verderben und die

---

* Alternativer Dienst für junge Männer und Frauen, die aus gesundheitlichen oder religiösen Grunden vom Wehrdienst freigestellt werden.

Familie vor unauslöschlicher Schande bewahren. Und so lud er Dror in ihr Haus ein. Das potentielle Paar verbrachte zusammen einen ganzen Abend im Wohnzimmer, konnte sich aber nicht füreinander erwärmen. Auf der einen Seite des Tisches saßen Hadas und zwei Freundinnen, die unablässig wie Schulmädchen kicherten, auf der anderen Dror, der keinen Ton herausbrachte, und der geschwätzige Yigal, der pausenlos plapperte. Hadas' Freier fanden die Mädchen langweilig, von Yigal waren sie hingerissen. Der Versuch, eine Ehe zu stiften, schlug fehl. Doch fortan war Dror regelmäßiger Gast im Schuppen hinter dem Kindergarten. Bald entdeckte er, daß er und die Amir-Brüder ein gemeinsames Interesse hatten: den Kampf gegen den Verrat am Land Israel. Alle drei brannten darauf, etwas zu unternehmen. Sie konnten wie die Selbstschutzgruppen randalieren und Palästinenser einschüchtern. Sie konnten auch das Gegenteil tun und sich freiwillig dazu melden, die bedrohten Siedler zu beschützen. Doch zu ihrem obersten Ziel erkoren sie übereinstimmend, Schritte gegen die unerträgliche Regierung zu unternehmen. Langsam nahm ein Ziel Gestalt an. Jitzhak Rabins Regierung mußte gestürzt werden, weil sie das verräterische Abkommen unterzeichnet hatte. Dror erwies sich als loyaler und verschwiegener Partner. Er zweifelte nicht im geringsten daran, daß Rabin den Tod verdient hatte.

«Rabin war zu weit gegangen, deshalb hatte er sich seinen Tod selbst zuzuschreiben», sagte Dror Adani nach dem Mord beim Verhör. «Und weil er mit seiner Politik die Juden im Stich ließ – sei es durch die Gefährdung der Staatssicherheit oder die Mißachtung der Juden in Judea und Samaria –, gab es keine andere Möglichkeit mehr, ihn aufzuhalten, als ihm das Leben zu nehmen.»

Yigal leitete die Zusammentreffen im Schuppen. Die drei Männer besaßen zwei Handfeuerwaffen – die mit dazugehörigem Waffenschein gehörte Yigal, die andere Haggai –, dazu Munition und den Sprengstoff, den Haggai bei der Armee gestohlen hatte: Auf dem Dachboden waren zehn Splitter- und Phosphorgranaten und sieben Dynamitstangen versteckt. Stundenlang planten sie

Vergeltungsakte an Palästinensern. Sie sannen über Möglichkeiten nach, Faisal Husseini, den PLO-Beauftragten für Jerusalem, auszuschalten. Sie spielten mit dem Gedanken, Jasir Arafat umzubringen, indem sie eine von einem Mann abfeuerbare Panzerabwehrrakete auf seinen Hubschrauber abschossen, wenn er den Gazastreifen überflog. Sie planten, im Westjordanland Straßensperren zu errichten, Autos anzuhalten und Männer festzunehmen, die auf der offiziellen oder ihrer privaten Fahndungsliste standen. Stundenlang beklagten sie, daß ein Großteil der Presse die Siedler mit negativen Klischees verunglimpfte. Yigal suchte nach praktischen Möglichkeiten, diese «warmherzigen, großartigen, empfindsamen» Menschen zu schützen. «Wir fällen die Strommasten [der Palästinenser] und brennen ihre Felder nieder.»

Wenn das Gespräch auf Rabins Verantwortlichkeit für die gegenwärtige Lage und Peres' Mitschuld kam, stellten sie Mutmaßungen über den Ausgang der Wahlen von 1996 an (die über ein Jahr später stattfinden sollten) und einigten sich darauf, daß der Ministerpräsident ihr Ziel sein müsse.

«Es gibt nur eine Möglichkeit», sagte Yigal seinen Mitverschwörern. «Wenn wir Rabin aus dem Weg räumen, bevor die Situation irreversibel wird, bricht alles zusammen, und ein ganz neues Spiel beginnt.»

Haggai fürchtete, daß sich dieses Ziel mit einer Faustfeuerwaffe nur schwer verwirklichen lasse, und schlug deshalb vor, ein Gewehr zu beschaffen.

«Wenn wir ein M-16 mit Schalldämpfer benutzen», sagte er, «können wir aus der Entfernung schießen.»

Diese Pläne begeisterten Yigal. «Wir brauchen Verstärkung», sagte er seinen Partnern. «Wir müssen noch ein paar Leute rekrutieren, die uns helfen.» Dror war dagegen; er fürchtete, der Shabak könnte Wind von dem Plan bekommen und einen Agenten in die wachsende Verschwörergruppe einschleusen. Doch Yigal bestand darauf, es zu probieren. Am besten eignete sich dafür in seinen Augen der Kolel an der Bar-Ilan. Er sprach dort mit

Avshalom Weinberg und bat ihn, zehn junge Männer für geheime Zellen anzuwerben, deren Ziel es sein sollte, Palästinenser zu attackieren, die gemäß den Osloer Abkommen aus israelischen Gefängnissen entlassen worden waren. Sprengstoff sollte Aryeh Schwartz liefern, ein Soldat, der mit Yigal die Jeschiwa Kerem D'Yavneh besucht hatte und in seiner alten Einheit, der Golani-Brigade, diente. (Nach der Mordtat wurden in Schwartz' Haus nicht weniger als 24 000 Patronen, Zündkapseln, Sprengstoffstangen und Granaten gefunden.) Ebenfalls rekrutiert wurde Ohad Skornik, ein dreiundzwanzigjähriger Jurastudent und ehemaliger Mitschüler Yigals an der Kerem D'Yavneh, der aus einer angesehenen, rechtsgerichteten Familie stammte (sein Vater war Chirurg im größten Krankenhaus von Tel Aviv). Vor der Kundgebung am 4. November besuchten die Brüder Amir Skornik in dessen Wohnung am Platz der Könige Israels und prüften nach, ob man von seinen Fenstern aus freies Schußfeld auf die Bühne hätte, auf der Rabin sprechen sollte.

Die Fortschritte der Zelle ermutigten Yigal, und er fühlte, daß er bald zu dem «großen Schritt» bereit sein würde. Noch hatte er Dror und Haggai nicht mitgeteilt, daß er die Absicht hegte, allein zu handeln. Doch die beiden erklärten sich bereit, ein Gewehr und einen Schalldämpfer zu besorgen. Haggai hatte bei der Armee eine Privatwaffe beantragt. «Ich wohne in einer Siedlung in den besetzten Gebieten», log er in dem Antrag, «und brauche zur Selbstverteidigung eine wirkungsvolle Waffe.» Die Armee lehnte ab. Dror schlug vor, statt eines Gewehrs seine Uzi zu nehmen. Die Brüder testeten die Maschinenpistole, stellten aber fest, daß sie für Schüsse aus größerer Entfernung nicht taugte. Darauf traf sich Haggai mit dem Siedler Michael Epstein, und Epstein versprach, ihnen sein Privatgewehr zu leihen. Die drei befanden, daß es für ihre Zwecke geeignet sei, und suchten nach einer Stelle, wo sie auf Rabin feuern konnten.

Die Planspiele allein dürften schon ein Vergnügen gewesen sein, denn auch nachdem ihnen Epsteins Gewehr sicher war, wartete

Dror mit weiteren Alternativen auf. So schlug er vor, Rabins Dienstwagen mit einer versteckten Bombe in die Luft zu jagen, und die beiden Brüder fuhren mit etwas Dynamit in Rabins Viertel; sie näherten sich vorsichtig dem Auto des Ministerpräsidenten, doch als sie sahen, daß es bewacht wurde, zogen sie wieder ab. Darauf schlug Dror vor, ein Auto mit einem versteckten Sprengsatz an der Strecke abzustellen, auf der Rabin regelmäßig nach Jerusalem fuhr, doch Yigal war dagegen, aus Angst, unschuldige Passanten zu verletzen. Den nächsten Geistesblitz hatte Haggai. «Wir besorgen uns eine LOW-Panzerabwehrrakete [von einem Mann abfeuerbar] und schießen damit von weitem auf Rabins fahrenden Wagen.» Er war überzeugt, daß sich eine solche Rakete problemlos beschaffen lasse. «Reservisten haben welche zu Hause», sagte er. Yigal übernahm die Aufgabe, herauszufinden, wer eine Rakete zur Hand hatte. In der Zwischenzeit sollte Haggai einen Schalldämpfer für Epsteins Gewehr auftreiben.

Dror sprühte immer noch von verrückten Ideen. Er schlug vor, ein Mikrofon mit einer Sprengladung zu präparieren; Yigal sollte sich als Reporter ausgeben, Rabin das Mikrofon vors Gesicht halten und die Ladung zünden. Die Diskussion über Sprengstoff brachte Haggai auf die Idee, eine Bombe durch die Wasserleitungen in Rabins Wohnung zu befördern. Yigal hielt es für besser, das Wasser zu vergiften, doch Haggai protestierte: «Wer weiß, wer das Wasser trinkt?» Dror warf ein, daß die Idee mit der Bombe gar nicht so schlecht sei, allerdings frage er sich, ob es überhaupt möglich sei, eine durch die Wasserrohre zu schicken. Also unternahmen Yigal und Haggai eine zweite Fahrt in Rabins exklusive Wohngegend Ramat Aviv am Nordrand von Tel Aviv. Sie parkten am Einkaufszentrum von Ramat Aviv und legten die kurze Strecke zu Rabins Wohnhaus zu Fuß zurück. Yigal betrat die Eingangshalle allein. Sollte er aufgefordert werden, sich auszuweisen, wollte er sich als Klempner ausgeben. Niemand hielt ihn auf, niemand stellte Fragen. Bei der Inspizierung der Wasserleitungen stellte er fest, daß die Beförderung einer Bombe ins Penthouse im fünften Stock ein schwieriges Unterfangen war, das die Installierung einer speziellen Druckpumpe erforderte. Die Brüder fuhren weiter zu dem nahegelegenen Haus von Peres und kehrten dann in den Schuppen in Herzliya zurück, wo sie lange darüber diskutierten, ob sie Rabin oder Peres aufs Korn nehmen sollten. «Vielleicht beide gleichzeitig?» grübelte Haggai. Doch Yigal vertrat die Ansicht, daß Peres ohne Rabin ein Niemand sei, und so beschlossen sie, sich auf den Ministerpräsidenten zu konzentrieren.

Der nächste Vorschlag – er kam von Yigal – war noch abenteuerlicher: Er wollte ein ferngesteuertes Modellflugzeug auf dem Dach von Rabins fahrendem Dienstwagen landen lassen. Haggai gab zu bedenken, daß sie sich mit Modellflugzeugen nicht gut genug auskannten. Besser sei es, Rabin mit einem Gewehr zu erschießen.

Freitags mischte sich Yigal unter die Dauerwache schreiender Demonstranten vor Rabins Haus in Tel Aviv, erkundete das Gebäude von allen Seiten und prägte sich die Lage des Penthouse ein. Nach zwei Wochen gelangte er zu dem Schluß, daß es schwierig sein würde, Rabin dort zu erschießen. «Es ist kompliziert wegen der Nachbarn und der Wachen», berichtete er seinen Mitverschwörern. Haggai schlug vor, Rabin beim Verlassen des Hauses mit einem Scharfschützengewehr zu erschießen, doch Yigal wandte ein, daß es keine Fluchtwege aus der Gegend gebe, und so wurde die Idee verworfen.

Es war nicht die Geschichte des Plans, die Yigals Gedanken beschäftigte, als er auf dem schlecht beleuchteten Parkplatz stand und auf seine Uhr sah, weil er das Gefühl hatte, daß die Kundgebung bald enden würde. Etwa eine halbe Stunde zuvor war ein Polizist auf ihn zugekommen, hatte ihn gemustert und offensichtlich mit sich gerungen, ob er die Personalien des schmächtigen jungen Mannes überprüfen sollte. Yigal spürte, daß der Polizist zögerte, und lachte in sich hinein. *Paß auf, wie ich den Typ im Handumdrehen unschädlich mache.* Er bekam Hilfe. Just in dem

Augenblick ging das Jugendidol Aviv Geffen an ihnen vorüber und stieg die Treppe zum Platz hinauf.

«He, haben Sie den Typ gesehen?» fragte Yigal den Polizisten und deutete auf den Rockrebellen.

Der Polizist nickte.

«Der hat sich vor dem Wehrdienst gedrückt», höhnte Yigal.

«Der Wichser ist ein Drückeberger», gab der Polizist zurück.

Nach diesem verbindenden Gedankenaustausch standen die beiden eine Weile da, und irgendwann deutete der Polizist auf eine andere Gestalt, die nicht weit entfernt von ihnen stand.

«Wer ist das?» fragte er.

Yigal hatte nicht die leiseste Ahnung, antwortete jedoch: «Schon in Ordnung. Das ist einer von uns.»

Tatsächlich war der Mann Rabins Chauffeur, Menachem Damti. Doch seine Identität war ohne Belang, denn Yigal hatte sein Ziel erreicht und den Polizisten davon überzeugt, daß auch er, Yigal, «einer von uns» sei.

Ein paar Minuten später war der Polizist weggegangen, und ein anderer Beamter trat auf Yigal zu und fragte barsch: «He, Fahrer, wo steht Ihr Wagen?»

«Dort», antwortete Yigal, machte aber keine Anstalten, darauf zu deuten.

«Schön», bellte der Polizist. «Stellen Sie sich daneben.»

«Okay», sagte Yigal beflissen, und der Polizist ging weiter.

Ein paar Minuten später kamen die beiden Polizisten so dicht an Yigal vorüber, daß er verstehen konnte, was sie sprachen. Der eine deutete auf ihn und fragte den anderen: «Wer ist das?»

«Schon in Ordnung», beruhigte ihn der Kollege. «Das ist ein Geheimer.»

Rabin redete noch, und Yigal führte immer noch Selbstgespräche. *Wenn ein Polizist gekommen wäre und gesagt hätte: «Verschwinde!», hättest du jetzt eine Ausrede, stimmt's? Du hättest ein Zeichen bekommen, daß der Zeitpunkt ungünstig ist und die Sache abgeblasen werden muß. Aber jetzt hast du ein Zeichen bekom-*

men, daß du handeln mußt. Er setzte sich lässig auf den Rand einer großen Pflanzschale aus Beton und spürte, wie das Griffstück der Pistole gegen seine Taille drückte. Rabins Wagen parkte nur etwa zehn Meter entfernt. Amir lächelte. *Siehst du, wie gut du dich deiner Umgebung anpassen kannst? Diese Idioten haben alles für dich arrangiert. Du bewachst das Auto oder bist, wenn dir das lieber ist, ein Geheimpolizist. Du hast immer nach einem Vorwand gesucht, es nicht zu tun. Jetzt haben sie dir deutliche Zeichen gegeben. Du kannst nicht sagen, du hättest nicht versucht, um die Sache herumzukommen. Aber jetzt bleibt dir keine Wahl mehr.*

Der Baß des Ministerpräsidenten dröhnte aus den Lautsprechern, und die Menge lauschte ihm still an diesem lauen Herbstabend in Tel Aviv. In diesen kurzen Augenblicken empfanden die Zuhörer ein Gefühl der Ruhe, das im hektischen Leben Israels selten ist. Gemeinsam den klaren, zuversichtlichen Worten des Regierungschefs zuzuhören, beschwor bei einigen die Erinnerung an die frühen Jahre herauf, als sie nur wenige gewesen waren und jeder aufgefordert war, Mut, Pioniergeist, Toleranz und ein hohes Maß an Verantwortungsgefühl zu zeigen. Sie hatten gelernt, mit wenig auszukommen. Ihre Eltern und Großeltern hatten die Bürde der konflikt- und entbehrungsreichen Jahre tragen müssen. Viele hatten ihr Leben geopfert. Und alle hatten ihre Bequemlichkeit und ihr Privatleben geopfert. In jenen Tagen fühlten sie sich noch eins mit dem «öffentlichen Leben». Sie waren wie ein Stamm, der nach der Devise «Einer für alle, alle für einen» lebte. Sie hielten Stadtversammlungen ab und entschieden dort über ihr Schicksal. Sie sangen die ergreifenden Lieder von Freundschaft und Leid, die im Krieg von 1948 entstanden waren. Sie wetteiferten leidenschaftlich darum, wer mehr für die Gemeinschaft tat, wer mehr freiwillige Arbeit leistete, sein Leben in größere Gefahr brachte. Sie fühlten nur Verachtung für die schwarzgekleideten Haredim, die sich vor dem Wehrdienst drückten, indem sie in ihre sicheren Jeschiwas flohen. Sie rümpften verächtlich die Nase über die jungen Männer mit ihren rosigen Gesichtern, die weit hinter der Front in den

Einheiten des Militärrabbinats eine Stelle suchten. Sie waren dazu erzogen worden, ihre Pflicht zu erfüllen, die Reihen zu schließen, die Zähne zusammenzubeißen und weiterzumachen.

Am 15. Mai 1948, als der Staat ausgerufen wurde, lebten 660 000 Juden in Israel. Bis Ende 1951 waren 645 000 neue Einwanderer zu ihnen gestoßen und hatten den jungen Staat beinahe überschwemmt: verwirrte und gebrochene Überlebende des Holocaust; Hunderttausende von Menschen aus Nordafrika und dem Irak; Familien, die unter primitiven Bedingungen im marokkanischen Atlasgebirge und in der Einöde des Jemen gelebt hatten. Sie aber, die «Veteranen» und «Sabras» – «die Israelis» –, setzten den Aufbau des Landes fort, stärkten ihre Armee, kämpften in den Einheiten an der Front. Sie waren die Angehörigen der Kommandotrupps, die Fallschirmjäger, die Piloten. Sie wurden einberufen und kämpften in fünf Kriegen. Sie begruben zahllose Väter, Söhne, Brüder, Ehemänner, Freunde. Wären sie nicht gewesen, wäre die Lage aussichtslos. Ihre Anführer versprachen, daß sie für ihre Opfer belohnt würden. «Seid stark», riefen sie. «Wenn wir überleben, wenn wir Erfolg haben, wird der Feind müde, und es wird Frieden geben.» Sie sehnten sich nach Frieden und wollten ihren Kindern die Schrecken des Krieges ersparen. Wenige wußten so gut wie sie, wie hoch sein Preis war.

Seit jenen Gründerjahren war der Staat gewachsen. Er hatte sich stabilisiert, gefestigt, war selbstbewußt geworden, und sie hatten sich ihren eigenen Angelegenheiten zugewandt. Inzwischen erhoben sie nur noch ihre Stimme, wenn sie ihre Entrüstung nicht mehr zähmen konnten. Nach dem Yom-Kippur-Krieg, als das ganze Ausmaß der Fehler bekannt wurde, hatten sie Golda Meirs Amtssitz belagert und wochenlang protestiert, bis sie und ihre Regierung schließlich zurücktraten. 1982, als Israel sich überheblich in einen Krieg im Libanon stürzte und seine christlichen Verbündeten unter den Augen der israelischen Truppen in den Beiruter Flüchtlingslagern Sabra und Shatila palästinensische Flüchtlinge massakrierten, hatten sie sich hier, auf diesem Platz, versammelt, Rechenschaft über die Greueltaten verlangt und die Einsetzung eines offiziellen Untersuchungsausschusses, die Entlassung von Verteidigungsminister Ariel Sharon und die Beendigung der sinnlosen Kämpfe gefordert. Das war die größte Demonstration von allen gewesen: 400 000 Teilnehmer nach Schätzungen der Polizei.

Heute abend waren sie aus einem ganz anderen Grund auf den Platz zurückgekehrt: Sie wollten dem Friedensstifter danken, ihn in seiner Entschlossenheit bestärken und ihm Mut machen angesichts der schmutzigen Hetzkampagne gegen ihn. Jitzhak Rabin blickte auf über 100 000 jubelnde Landsleute. Es war geraume Zeit her, daß das kampferprobte, übersättigte, weltlich orientierte Israel – in seinen Augen das «erste und wahre» Israel – ein solches Freudenfest veranstaltet hatte. Endlich sahen die Menschen ein Licht am Ende des langen Tunnels. Getragen von einer Welle der Begeisterung, schwenkten sie stolz ihre Fahnen und strahlten einander an. Einige weinten vor Rührung. Seit der Nacht von Rabins Wahlsieg drei Jahre zuvor waren sie nicht mehr so fröhlich gewesen. Selbst das Osloer Abkommen, der ersehnte erste Schritt zur Versöhnung mit den palästinensischen Nachbarn, hatte sie nicht in dieser Weise auf die Straße getrieben. Fünfzehn Jahre lang, angefangen bei Menachem Begins überraschendem Wahlsieg von 1977 bis zu Rabins Rückkehr an die Macht, hatten sie das Gefühl gehabt, daß das Land – «ihr Land» – ihren Händen entrissen und nationalistischen Kriegstreibern und feigen Drückebergern anvertraut worden war, die sich stets in ihren Jeschiwas verkrochen, wenn es brenzlig wurde. Jetzt endlich hatte sich das Blatt der Geschichte wieder gewendet. Rabin hatte ihnen ihr Land zurückgegeben, und dafür zumindest liebten sie ihn. Er spürte ihre Bewegtheit, und sie spürten seine.

«Erlaubt mir zu sagen, daß ich bewegt bin», sagte er, und die Stimme versagte ihm vor Rührung.

Das ist ein tapferer Mann, dachten sie, ein grundanständiger Kerl. Ein Mann, der den Teufelskreis des Krieges durchbrochen hat und unseren größten Traum verwirklicht. Keiner von ihnen ahnte, daß unter dem Podium, auf dem Rabin sprach, ein schmächtiger, junger Fanatiker die Absicht verfolgte, den Grund ihrer Freude zu zerstören.

Yigal Amir achtete nicht auf Rabins Rede. Er war ganz in sich gekehrt, von allem abgeschnitten, da und doch nicht da. *Du darfst nicht über die Folgen nachdenken. Konzentrier dich nur auf die Tat.* In einer Art Trancezustand konzentrierte er sich nur auf sich selbst. *Yigal, Sohn des Shlomo Amir des Leviten, wird sein Volk aus der Finsternis in ein herrliches Licht führen. Du bist ein würdiger Erlöser.*

Wie sein Vater rezitierte Yigal gern aus der Bibel, und wie seine Mutter schrieb er bisweilen genüßlich Verse. *Würdest du die* Gematria *beherrschen, könntest du jetzt in die Zukunft blicken.* Die *Gematria* war ein Produkt des Mystizismus, zu dem sich Yigal und Geula hingezogen fühlten. Ein alter Kabbalist, dessen Namen sie nicht einmal kannten, besuchte sie gelegentlich zu Hause und führte sie durch das Labyrinth des Kabbalismus, um ihren Glauben an Zeichen zu stärken. Er praktizierte die obskure Kunst der *Gematria*, sagte anhand der Buchstaben von Bibelversen die Zukunft voraus und wies nach, daß Yigal ein Erlöser sei. Einmal hatte der alte Mann Kapitel 6 des Buches Hiob aufgeschlagen und gesagt: «Seht, hier in Vers 15 werden die Verräter genannt: ‹Meine Brüder sind trügerisch wie ein Bach.› Hier steht es geschrieben.» Etwas weiter oben, in Vers 11, war Jitzhak Rabins Schicksal versteckt: «Was ist meine Kraft, daß ich aushalten könnte, / wann kommt mein Ende, daß ich mich gedulde?» stimmte der Alte Hiobs Klage an. Dann ermittelte er ihre mystische Bedeutung, während Geula diesen Wegweiser der Vorsehung in ihr Notizbuch schrieb. Der hebräische Vers «Was ist meine Kraft, daß ich aushalten könnte?» stand für die Worte «Hamas und die Islamische Dschihad», die grausamen Sendboten des Todes. Gleichfalls verborgen in den Buchstaben waren Israels Linksparteien und Rabins Schicksal zu sterben.

Geula nahm die Botschaften, die aus den Versen gewonnen

wurden, ernst. Jahre zuvor hatte sie Yigal gelehrt: «Alles ist für uns niedergeschrieben. Alles ist im Himmel vorherbestimmt, und du mußt die Antworten in den Versen der Psalmen und der Thora suchen. Hör zu», ermahnte sie ihn. «Dein Name ist Yigal. In der Thora steht nicht einfach nur Yigal. Dort steht ‹Yigal hat Tausende›. Dort steht explizit geschrieben: Yigal, Sohn des Shlomo Amir des Leviten. Bei deiner Geburt gab ich dir den Namen Ehud, nach Ehud, dem Sohn Geras, jenem Richter, der das Heer der Moabiter besiegte [Richter 3, 29]. Aber dein Vater wollte nichts davon hören. Er wollte dir den Namen Juda geben, damit du den Segen erhieltest ‹Juda, dir jubeln die Brüder zu, / deine Hand hast du am Genick deiner Feinde. / Deines Vaters Söhne fallen vor dir nieder› [Genesis 49, 8]. Als wir zur Beschneidungszeremonie kamen, wo wir deinen Namen bekanntgeben sollten, sagte mein Schwager zu mir: ‹Nennen wir ihn Yigal, damit er das Volk Israel erlösen kann.› Ich war niedergeschmettert, denn ich hatte dich Ehud nennen wollen, damit du ein Richter wirst. Dann hatte ich eingewilligt, dich Juda zu nennen, damit die Söhne deines Vaters vor dir niederknien. Ich ändere meine Meinung nicht leicht, und ich hatte Shlomo bereits meine Zustimmung gegeben. Doch diesmal gab ich nach. Ich stellte mir vor, daß das Volk Israel durch deine Tapferkeit gerettet werden würde. Hinterher wurde ich auf die heilige Trinität hingewiesen: Der Name des Kindes, der Name der Mutter und der Name des Vaters ergeben den Vers ‹yigal geula shlomo› [‹Er wird die Erlösung seines Friedens bringen›]. Ist das nicht der Beweis?»

Natürlich ist das der Beweis. Außerdem ist heute der Sabbat, an dem wir den Teil der Thora über die Schaffung der jüdischen Nation lesen – und das ist ein noch stärkerer Beweis, der endgültige Beweis. Haben wir nicht gehört, wie der Vorleser die Verse der göttlichen Verheißung vorgetragen hat: «Der Herr sprach zu Abram: Zieh weg aus deinem Land, von deiner Verwandtschaft und aus deinem Vaterhaus in das Land, das ich dir zeigen werde. Ich werde dich zu einem großen Volk machen, dich segnen und deinen Namen groß machen...» [Genesis 12, 1 – 2]. *Und als Abram sich im Gelobten Land niederließ, sandte der Herr eine Feuervision und schloß den Heiligen Bund mit ihm: «Die Sonne war untergegangen, und es war dunkel geworden. Auf einmal waren ein rauchender Ofen und eine lodernde Fackel da; sie fuhren zwischen jenen Fleischstücken hindurch. An diesem Tage schloß der Herr mit Abram folgenden Bund: Deinen Nachkommen gebe ich dieses Land vom Grenzbach Ägyptens bis zum großen Strom, dem Euphrat...»* [Genesis 15, 17 – 18].

Yigal stellte sich die Verse geschrieben vor, rückte einen Buchstaben jedes Wortes nach vorn zum nächsten und entdeckte Rabins Namen in der Geschichte vom Bund. Aus den hebräischen Worten «Eine lodernde Fackel da; sie fuhren zwischen [den Fleischstücken] hindurch» wurde «Feuer, Feuer, in Rabin [ist] das Böse». *Genau hier! Mitten in der Geschichte vom Heiligen Bund, wo Gott sich Abram offenbart. Kann es ein besseres Zeichen dafür geben, daß das Feuer Rabin heute verschlingen wird? Denn so steht es geschrieben, und so muß es gemacht werden.*

Die Beschäftigung mit der *Gematria* war keineswegs Amirs einziger Ausflug ins Okkulte. Sein Freund Yehoshua Yaron, Biologiestudent an der Bar-Ilan, berichtete von einem Experiment, bei dem Yigal versucht hatte, in Kontakt mit höheren Welten zu treten und zu einem tieferen Verständnis von Gottes Willen zu gelangen. Auf der Fahrt zum Campus zog Yigal einen Computerausdruck aus seinem Rucksack, zeigte ihn Yaron und erklärte, dies sei der Beweis für die Existenz Gottes. Yaron war verblüfft. Das Experiment, dessen Resultat der Ausdruck war, hatte in einer Einrichtung für autistische Kinder in der haredischen Stadt Bnei Bark bei Tel Aviv stattgefunden, wo Yigal als Freiwilliger in der Sonderschule arbeitete. Er hatte gehört, daß man mit Hilfe eines Computers Kontakt zu diesen Kindern herstellen konnte, und beschloß, dem Gerücht auf den Grund zu gehen, wonach autistische Kinder als Medium für die Übermittlung von Botschaften aus dem Jenseits fungieren könnten.

«Gestern saß ich mit einem autistischen Jungen vor dem Computer, legte meine Hand auf die Tastatur und die Hand des Jungen auf meine», erzählte er seinem Freund. «Der Junge konnte offensichtlich nicht sprechen. Ich stellte ihm Fragen, und er antwortete mir, indem er auf meine Finger drückte.»

Yigal fragte den Jungen, ob er als Autist auf die Welt gekommen sei, weil seine Eltern den Sabbat nicht eingehalten hätten, und das Kind drückte auf den Finger Yigals, der auf dem hebräischen Buchstaben für «ja» lag.

«Yigal glaubte an eine höhere Welt und sah in den Antworten der Kinder einen definitiven Beweis für die Existenz Gottes», sagte Yaron. «Er war von dieser ganzen Sache besessen. Wir sprachen ungefähr fünfmal darüber und vereinbarten, zusammen zu der Schule zu gehen, aber es ergab sich nie eine Gelegenheit dazu.

Ich diskutierte mit Yigal häufig über den Glauben. Seiner ist stärker als meiner; ich habe Zweifel und stelle Fragen. So behauptete ich beispielsweise, daß die Religion heute zu größerer Strenge tendiere und daß das nicht gut sei. Er hielt dagegen, daß alles, was schriftlich niedergelegt sei, auch befolgt werden müsse ... Doch am Ende des Gesprächs über autistische Kinder sagte er, daß er große Zweifel habe ..., ob die Kinder imstande seien, das Wort Gottes weiterzugeben.

Bei unseren gemeinsamen Fahrten redete er fast die ganze Zeit. Genaugenommen waren unsere Gespräche Monologe. Er erwähnte Rabin nie namentlich; er sprach nur von der Regierung und sagte, daß sie gestürzt werden müsse. Als bei Demonstrationen Plakate auftauchten, auf denen Rabin mit einer Kefiyah, Arafats Kopfschmuck, abgebildet war, sagte ich zu Yigal, das gehe zu weit. Doch er entgegnete, daß die Gegner der Regierung das Recht hätten, ihren Standpunkt auf jede mögliche Art zum Ausdruck zu bringen.»

Wenige wußten, daß dies auch Mord einschloß. Und zu diesen wenigen gehörte Margalit. Sie half bei der Vorbereitung der Wochenendseminare. Als die Brüder Amir den Einsatz von Sprengstoff planten, erbot sie sich, die Zeitzünder zu kaufen. Als Yigal mehr über Dynamit erfahren wollte, gab sie ihm den Namen eines Chemikers aus Beit El, der bereit war, ihn zu beraten. «Man könnte sagen, Margalit war wie wir», sagte er später beim Verhör. «Bei der Planung von Aktionen gegen Araber war sie die Nummer drei.»

Yigal liebte diese hübsche junge Frau, die stundenlang geduldig bei ihm saß, ihm in die Augen sah, seinen Hirngespinsten lauschte und gierig seinen Worten folgte, die nur so von seinen Lippen sprudelten. Er begehrte sie leidenschaftlich, doch ihre Reaktion verwirrte ihn. Sie gestand ihm ihre Zuneigung, zog sich dann aber zurück und wurde unnahbar. Er rutschte näher, und sie wich zurück. Wenn er in romantischer Stimmung war, signalisierte sie ihm, daß sie nicht wollte. Er hielt um ihre Hand an, und sie gab ihm einen Korb.

«Yigal Amir saß da und redete die ganze Nacht mit ihr», erinnerte sich Avshalom Weinberg. «Er begehrte sie. Er probierte es, aber sie wollte nicht. Er hätte sie ohnehin nicht angerührt – nicht einmal nachts, wenn es keiner sieht.»

Margalit hatte Yigal abgewiesen, und nach der Mordtat fragten sich einige Freunde, ob er Rabin nicht ermordet hatte, um ihr zu beweisen, daß er für sie zu jedem Opfer bereit war. Er wollte sie zur Frau, sie wollte ihn als Kamerad. Vielleicht war sie der Meinung, daß die gesellschaftliche Kluft zwischen ihnen zu groß sei.

Yigals Eltern waren im Jemen geboren und kamen 1949 nach Israel. Aus den Flugzeugen, die sie in den jungen Staat brachten, quollen Dutzende von schwächlich aussehenden Menschen, stiegen die Rolltreppe herunter, fielen auf die Knie und küßten den Boden. Die meisten Israelis, die ihre kulturellen Wurzeln in Europa hatten, betrachteten diese exotischen orientalischen Juden mit einer Mischung aus Verwunderung und Geringschätzung. In langen Baumwollkutten, mit Ledersandalen oder barfuß, die Füße mit Staub oder dickem Schmutz bedeckt, ähnelten sie einem Beduinenstamm.

Lange Schläfenlocken baumelten vor ihren Ohren wie bei den Haredim. Jemenitische Juden waren bereits in den dreißiger Jahren als Arbeitskräfte nach Israel geholt worden, doch der größte Teil war zurückgeblieben. Seit über tausend Jahren waren sie vom jüdischen Leben in Europa, im Irak und in Nordafrika abgeschnitten gewesen. Jetzt vereinten sie sich mit den Angehörigen ihres Volkes, die ihnen fremd geworden waren.

Geula Amir wurde auf dem Weg zum Flugzeug geboren. Ihr Mädchenname Shirian klingt persisch, leitet sich jedoch von dem hebräischen Wort *shir* («Lied») ab. Ihr Vater und Großvater waren talentierte Tänzer und verdienten sich ihren Lebensunterhalt mit Vorführungen bei Hochzeiten und anderen Festlichkeiten. Bei solchen Anlässen kletterten sie behende auf schmale Bretter, die an Seilen von der Decke hingen, sprangen graziös von einem zum anderen und wanden sich schlangengleich zu der Begleitmusik. Eine Gruppe von Frauen, mit Silberschmuck behangen, in weißen Baumwollkleidern und schwarzen, mit silbernen Stickereien verzierten Hosen, sang eine monotone Melodie mit arabischem Text, und hinter ihnen klopften männliche Musiker auf leeren Blechbüchsen einen langsamen Rhythmus.

Im Jemen schlugen sich die Mitglieder des Shirian-Clans mühsam mit künstlerischen Tätigkeiten wie Tanzen, der Herstellung von Silberschmuck und Stickerei durch. Sie lebten friedlich mit ihren muslimischen Nachbarn zusammen, vergaßen aber nie ihre Wurzeln. Ein Leben lang hatten sie gebetet, daß Gott sie in ihr heiliges Land zurückführen möge, und als die Gesandten aus Israel kamen, gaben sie bereitwillig ihre Steinhäuser auf und machten sich im Konvoi auf den Weg, die Männer zu Fuß, die Kleinkinder auf den Rücken geschnallt, die Frauen auf Eseln. Die Reise von Sana in die britische Kronkolonie Aden dauerte Wochen. Und als sie das Gebirge überquerten, setzten bei Geulas Mutter die Wehen ein. Das Neugeborene erhielt den Namen Geula («Erlösung»), da sie auf dem Weg in das Gelobte Land waren. Zwei Wochen später wurde Geula an Bord des Flugzeugs nach Tel Aviv getragen.

Zusammengepfercht und trunken vor Vorfreude, saßen die Immigranten auf dem kalten, nackten Boden der Maschine, wiegten ihre Kinder, umarmten ihre Eltern, hielten den Älteren die Hand. Das Unternehmen wurde «Operation Fliegender Teppich» getauft, und von Ende 1948 bis Mitte der fünfziger Jahre wurden auf diese Weise 49 000 Menschen nach Israel gebracht – fast alle jemenitischen Juden.

In Tel Aviv wurden sie auf Lastwagen verfrachtet und in primitive Übergangslager gefahren. Die Anpassung an die neue Kultur verlief ganz anders, als sie erwartet hatten. Fünf Jahre lang lebte die Familie Shirian in tiefer Armut in einer Blechhütte, in der sie im Winter fror und im Sommer schier vor Hitze umkam. Es waren entbehrungsreiche Jahre. Die Staatskassen waren leer, Lebensmittel rationiert, und der Hunger der mittellosen Einwanderer wurde mit einer Scheibe Brot und Marmelade gestillt. Viele Säuglinge erlagen Krankheiten, Kinder verschwanden, und das Gerücht ging um, daß jemenitische Babys aus Krankenhäusern entführt und an aschkenasische Familien weitergegeben oder an jüdische Familien in Nordamerika verkauft wurden. Während die Mütter in Schwermut und die Männer in Apathie versanken, päppelten Krankenschwestern die unterernährten Kinder in der Schule mit einem Glas Milch und einem Löffel Lebertran auf.

Die Einwanderer aus dem Jemen waren fromme Juden, die ein altes Hebräisch sprachen und dreimal am Tag beteten. Doch die Shirians waren keine Fanatiker. Geulas Eltern pflegten auch in der neuen Heimat die Tradition, waren aber bemüht, sich der Mehrheit anzupassen. Ihr Vater schnitt sich die Schläfenlocken ab und beschloß, daß seine Kinder eine moderne, liberal-religiöse Erziehung erhalten sollten. 1954, als Geula fünf Jahre alt war, verließ die Familie das Durchgangslager und zog in ein bescheidenes eigenes Haus. Hier fühlte sie sich wie im Paradies. Dann traf ein Schicksalsschlag die Familie. Geulas Mutter erkrankte und starb. In den neuen, kleinen Gemeinden sprachen sich Neuigkeiten schnell herum, und bald klopften Vertreter der haredischen

Gemeinde an die Tür der Shirians und boten ihnen Hilfe an in Form von Ausbildung, Kost und Logis für die Kinder – alles umsonst. Der einzige Preis war der Verzicht auf eine moderne Lebensweise.

In jenen frühen Jahren war die ultraorthodoxe Gemeinde in Israel klein, lebte isoliert in Ghettos und erhielt Spenden von Juden im Ausland. Ihre Schulen waren zumeist antizionistisch ausgerichtet und lehnten die Hegemonie des säkularen Systems in Israel ab. Ihr Lehrplan umfaßte, vom Kindergarten bis zur Oberschule, ausschließlich religiöse Inhalte: Thora, Talmud und Gebete; Naturwissenschaften, Geschichte, Literatur oder gar Fremdsprachen wurden nicht unterrichtet. In den meisten dieser Schulen war die Unterrichtssprache nicht einmal Hebräisch. Jiddisch herrschte vor.

Geula Shirian wurde auf eine dieser Schulen geschickt. Sie erwies sich als gescheites Mädchen und ausgezeichnete Schülerin und wurde für die Lehrerlaufbahn ausersehen. Doch aufgrund ihrer Herkunft wurde sie in der vielschichtigen, von ethnischen Vorurteilen geprägten haredischen Gemeinschaft benachteiligt. Im Alter von dreizehn wurde sie am Lehrerseminar Orech Chaim angemeldet, dessen Schülerschaft fast ausschließlich aus sephardischen Mädchen aus unterprivilegierten Familien bestand. Geula begehrte auf. Sie wollte lieber am Beit-Ya'akov-Seminar studieren, einem angesehenen Institut, das von Rabbi Wolff geleitet wurde. Der ehrwürdige Rabbi nahm nur wenige Sepharden auf, doch Geula ließ sich nicht umstimmen. Ganz allein ging sie zum städtischen Erziehungsamt und besorgte sich ein Stipendium für das Internat. Geula wurde zur Kindergärtnerin ausgebildet und bestand die Abschlußprüfung am Beit-Ya'akov-Seminar mit erstklassigen Noten.

Als arme Waise stand Geula auch in ihrem haredischen Umfeld auf der untersten Sprosse der sozialen Leiter. Mit sechzehn wurde sie mit Shlomo Amir verheiratet, einem jemenitischen Studenten von der Jeschiwa Ponevezh, einer Eliteschule, die haredische Juden aus Litauen gegründet hatten. Shlomo, ein kleiner, freundlicher junger Mann, der gerne lächelte und mit starkem jemenitischen Akzent sprach, war sieben Jahre älter als sie. Sie rümpfte die Nase über ihn. Sie träumte von einem aschkenasischen Bräutigam, einem aufgeschlossenen schicken jungen Mann, der wie die Jungs von der «litauischen» Jeschiwa moderne Ansichten vertrat und sich tadellos kleidete. An dem Tag, als Shlomo Amir sie kennenlernte, war er bereits verlobt. Seine Verlobte träumte von Reichtum und hatte eine aufwendige Hochzeit verlangt. Shlomo wußte, daß er ihre Wünsche niemals würde erfüllen können. Und Geulas Aufrichtigkeit und Anspruchslosigkeit beeindruckten ihn. Also löste er die Verlobung und versuchte, ihr Herz zu erobern. Er schrieb ihr unschuldige Liebesbriefe, verschnörkelte die Buchstaben wie ein Thora-Schreiber und flocht Verse in die Zeilen ein. Sie trafen sich ein paarmal vor ihrer Verlobung, stets unter der Aufsicht von Verwandten. Beide waren unter spartanischen Bedingungen aufgewachsen und würden ihre Kinder dazu erziehen, sich mit wenig zu bescheiden, die Thora zu studieren, einen Beruf zu erlernen und zum Gemeinwohl beizutragen.

Shlomo brachte ein kleines Haus und ein Grundstück in einem Viertel der unteren Mittelschicht in Herzliya in die Ehe ein, in dem aschkenasische und sephardische, weltliche und traditionelle Juden lebten. Hinter dem Haus baute das Paar einen schönen, modernen Kindergarten, der als «gemäßigt religiös» eingestuft wurde. Geula war eine tüchtige Kindergärtnerin, und bald war die Liste der Bewerber so lang, daß Familien ihre Kinder schon bei der Geburt anmelden mußten. Die meisten Eltern, die auf sie schworen, waren liberal eingestellt; einige waren Mitglieder der Bürgerinitiative «Frieden jetzt». Geula erzog die Kinder im Geist der Offenheit, des Pluralismus und der Toleranz, und mit säkularen Eltern sprach sie eine Sprache, die sie verstanden. Sie wurde als ernsthafte und verantwortungsbewußte Kindergärtnerin bewundert, die sich um eine bestmögliche Erziehung bemühte. Sie war temperamentvoll und galt, obgleich etwas laut, als äußerst liebenswerte Frau. Weder beschränkte sie sich auf den haredischen Lebensstil, noch hielt sie sich sklavisch an dessen Kleiderordnung. Geulas persönlicher Lebensstil überbrückte die tiefe Kluft zwischen zwei Welten. Eine Haredi-Frau, die sich «Melrose Place» ansieht und den Klatsch über Fernsehstars verfolgt, ist in Israel selten zu finden.

Geula und Shlomo bekamen acht Kinder und feierten niemals einen ihrer Geburtstage (eine «nichtjüdische Sitte» in ihren Augen). Ebensowenig machte man sich in der Familie Geschenke, außer am Purimfest, wo nach religiöser Vorschrift Körbe mit Leckereien verschenkt werden. «Geschenke sind etwas Törichtes», erklärte Shlomo. «Wozu brauchen wir so etwas? Wenn wir glücklich zusammenleben, ist dies das schönste Geschenk.» Shlomos und Geulas Familie widersetzt sich einer strengen Zuordnung; sie steht gewissermaßen an der Grenze zwischen den schwarzen Hüten und den bunten Häkelkäppchen.

Es gab weitere Besonderheiten in der Geschichte der Familie. Im Herbst 1993, um die Zeit, als das Osloer Abkommen unterzeichnet wurde, unternahm Geula einen kurzen Ausflug in die Politik – was für eine Frau ihres religiösen Hintergrunds äußerst selten ist. Sie kandidierte auf einer unabhängigen Liste für den Stadtrat von Herzliya. Spitzenkandidat der Liste war Chaim Peled, dessen Anhänger im allgemeinen aus dem linken Lager kamen. Geulas Wahlkreis hatte 23 000 Einwohner, und die Mehrheit wählte gewöhnlich rechts. Ein paar Wochen vor der Wahl traten einige linke Aktivisten an Peled heran und priesen ihm Geula als Kandidatin an. Es sei ein großer Vorteil, daß sie eine Frau sei, sagten sie. Sie leite die Organisation der freien Kindergärten in der Stadt, und das sei ein noch größeres Plus. Sie sei jemenitischer Herkunft, deshalb werde die jemenitische Gemeinschaft sie sicherlich unterstützen. Doch am bekanntesten sei sie, weil säkulare Kinder in ihren Kindergarten gingen, obwohl sie selbst eine Haredi sei. Peled bat Geula um ein Treffen und war von ihr beeindruckt. «Ich lernte sie als eine resolute, intelligente und kluge Frau kennen», erinnerte sich Peled später. Als sie ihn nach der politischen Ausrichtung der Liste fragte, antwortete er, sie sei «unpoli-

274

tisch». «In der Kommunalverwaltung geht es um Erziehung und die Qualität der Umwelt», sagte er, «nicht um Politik.» Sie bat um die Erlaubnis, mit ihrem Mann zu sprechen, dann gab sie Peled ihre Einwilligung und erhielt den Listenplatz sieben.

Peled verlor die Wahl, und Geula erlitt in ihrem Bezirk eine besonders heftige Niederlage. Verbittert äußerte Peled später den Verdacht, daß Geula von einem Unbekannten zu ihm geschickt worden sei, der es darauf abgesehen habe, seine Siegeschancen zunichte zu machen. Geula selbst erklärte, sie habe sehr hart für die Liste gearbeitet.

Jitzhak Rabin sang das «Friedenslied», und die Menge war im Freudentaumel. In seinem dumpfen Bariton schmetterte «Mr. Sicherheit» – liebenswert falsch – die Hymne der Friedensbewegung, über die er in der Vergangenheit so häufig gespöttelt hatte. Der Text war für ihn ausgedruckt worden, und als das Lied zu Ende war, faltete er das Blatt Papier zusammen und steckte es in die Tasche seines Jacketts. Dann legte er Shimon Peres die Hand auf die Schulter. Jitzhak Rabin war zufrieden. Seit über einem Jahr, als ihn der amerikanische Kongreß mit Standing Ovations gefeiert hatte, war ihm keine öffentliche Sympathiebekundung mehr zuteil geworden, die ihn so sichtlich bewegte. Das Gesicht gerötet vor Freude, dankte er den Organisatoren, ja sogar den Fernsehteams und umarmte Aviv, den schrillen, rebellischen Barden, der in jeder Hinsicht das genaue Gegenteil von ihm war.

Leah Rabin stand am Rand der Bühne, starrte auf ihren Mann und lächelte. Ein Journalist wandte sich an sie und fragte, ob Rabin eine kugelsichere Weste trage.

«Was soll die Frage?» fuhr sie ihn an. «Wozu braucht er eine kugelsichere Weste? Leben wir in einer Bananenrepublik? Ich verstehe nicht, was in den Köpfen von euch Journalisten vorgeht!»

Direkt neben ihr stand B., der Chef des Shabak-Personenschutzes.

«Gottlob ist alles friedlich verlaufen», sagte sie zu ihm.

«Bis jetzt», erwiderte er.

Als die Kundgebung endete, saß Yigal Amir auf der Pflanzschale neben dem Parkplatz. Shimon Peres kam die Treppe neben ihm herunter. *Sieh mal an, er hat nur einen Leibwächter bei sich und keine Polizisten. Nicht einen.* Yigals Hand zuckte, doch sein Verstand gebot ihm Einhalt. *Warte. Noch nicht. Das ist zu leicht. Untersteh dich, diese Gelegenheit zu vertun.* Peres' Leibwächter musterte ihn argwöhnisch.

«Um Himmels willen, was ist das für ein zwielichtiger Typ da hinten? Gehört der zu uns?» flüsterte der Leibwächter in sein kleines Mikrofon.

Yigal sah seinen drohenden Blick, und seine Lippen wurden trocken. *Warum gehen sie so langsam, wie in einem Stummfilm, der mit halber Geschwindigkeit abläuft?* Seine Gedanken sprangen zurück zu dem Gespräch mit Dror Adani im Schuppen hinter dem Kindergarten, bei dem Dror berichtet hatte, daß nach Auskunft seines Rabbiners das *Din Rodef* auf Rabin anwendbar sei. «Nur auf Rabin?» hatte Yigal gefragt, und Dror hatte geantwortet, daß das Urteil um so mehr für Peres gelte, denn Peres sei der Anführer, die treibende Kraft hinter den Abkommen von Oslo. Doch Peres war nicht das Ziel. Denn wenn er fiel, so hatte Yigal argumentiert, würde Rabin alleine weitermachen; doch wenn Rabin fiel, würde Peres, auf sich allein gestellt, scheitern.

Der Leibwächter und dicht hinter ihm Peres gingen an ihm vorüber auf den Wagen des Außenministers zu. «Bravo, Shimon!» rief jemand von der Seite, und Peres drehte den Kopf in die Richtung, aus der der Ruf gekommen war. Am Ende des Bürgersteigs stand eine kleine Gruppe seiner Anhänger. Er schritt forsch und selbstsicher auf sie zu und streckte ihnen die Hand entgegen, während sein Leibwächter nervös und schußbereit stehenblieb. «Bravo, Shimon! Bravo! Das war ein großartiger Abend!» hörte Yigal sie rufen und wunderte sich über seine Selbstbeherrschung. *Ich habe der Versuchung widerstanden. Ich habe nicht geschossen. Die geistige Vorbereitung hat sich gelohnt. Du hast dich von allem gelöst. Von Haggai. Von Mutter und Vater. Von Margalit.*

Als die Menge sich zerstreute, ging Rabin auf die Treppe zum Parkplatz zu. Jetzt stand Yigal auf. Aus dem Augenwinkel sah er, daß die Tür am Wagen des Ministerpräsidenten geöffnet wurde. Dann eilte Rabin an ihm vorbei. Keine fünf Meter trennten sie. Rabin streckte den Arm nach der Tür aus, und Yigal griff nach seiner Waffe. *Jetzt! Ziehe schnell. Du mußt schneller sein als die Leibwächter. Ziele auf die Wirbelsäule. Schnell! Schnell! Feuere drei-, viermal. Schieße ihm in den Rücken, ziele auf die fünfte Rippe ...*

Yigal Amir gab drei Schüsse ab. Zwei Dumdum-Geschosse trafen Rabin, zerfetzten seine Milz, durchtrennten Hauptarterien in seiner Brust und zerschmetterten sein Rückenmark. Die dritte Kugel traf seinen Leibwächter Yoram Rubin an der linken Hand. Beim Schießen rief Yigal: «Es ist nichts! Es ist nichts! Es ist nur ein Scherz.» Einer der Umstehenden hörte ihn schreien: «Platzpatronen, Platzpatronen.» Rabin faßte sich an den Bauch und fiel nach vorn. Sein verletzter Leibwächter packte ihn und stieß ihn in den Wagen. Der Fahrer, Menachem Damit, gab Gas und raste zu dem wenige Straßen entfernten Ichilov-Krankenhaus. Als die Schüsse krachten, warfen sich einige Leute, die neben dem Wagen standen, instinktiv auf den Boden, doch Polizisten und Shabak-Agenten stürzten sich auf Amir und entrissen ihm die Waffe. Dann schleppten sie ihn zu der Mauer des nahen Einkaufszentrums, wo Dutzende von Polizisten den Mörder von der Menge abschirmten. Etwa anderthalb Stunden später, kurz vor 23 Uhr, starb Jitzhak Rabin auf dem Operationstisch. Eitan Haber, sein Bürochef, trat vor die wartenden Reporter und verlas mit tränenerstickter Stimme folgende Erklärung: «Mit Abscheu, großem Kummer und tiefer Trauer gibt die Regierung Israels den Tod Jitzhak Rabins bekannt, der von einem Mörder hingemeuchelt wurde ...»

Gegen Mitternacht teilte die Polizei Yigal mit, daß Rabin gestorben sei. «Tun Sie Ihre Arbeit», erwiderte er. «Ich habe meine getan.» Dann wandte er sich an einen der Polizisten und sagte lächelnd: «Holen Sie Wein und Kuchen. Wir wollen einen Toast ausbringen.»

Eine Stunde nach dem Mord rief Margalit Har-Shefi bei Yigal Amir zu Hause an. Haggai hob ab, und es folgte ein kurzes Gespräch.

«War er es?» fragte sie.

«Ich weiß von nichts», antwortete Haggai.

«Sag Yigal nur, daß ich angerufen habe», sagte sie und legte auf.

Zwei Tage später wurde Margalit verhaftet und vom Shabak in Jerusalem in Gewahrsam genommen. Zwei volle Wochen machte sie von ihrem Recht zu schweigen Gebrauch, nicht ahnend, daß das Ausmaß ihrer Verwicklung dem Shabak fast bis in alle Einzelheiten bekannt war. In den ersten beiden Hafttagen gestanden die Amir-Brüder bereitwillig ihre Verbrechen und gaben die Namen derer preis, die zum engeren und weiteren Kreis gehörten. Nur in einem einzigen Punkt hielten sie sich bedeckt: Sie verschwiegen die Namen der Rabbiner, die Israels Ministerpräsidenten unter Berufung auf die Halacha zum Freiwild erklärt hatten.

Innerhalb von zwei Tagen wurden alle anderen «Weggefährten» – Dror Adani, Ohad Skornik, Aryeh Schwartz, Avshalom Weinberg und Michael Epstein – verhaftet und verhört. Sie legten ein volles Geständnis ab. Nur Margalit wollte nicht reden – bis auf die Forderung, in ihrer Zelle beten, Sabbat-Kerzen anzünden und alle anderen vorgeschriebenen Rituale erfüllen zu dürfen. Sie verblüffte die Beamten durch eine unfaßbare Arroganz. Da es ihnen untersagt war, sie mit «Spezialmethoden» zum Sprechen zu bringen, benötigten sie Yigals Hilfe. Der Shabak wußte von der Beziehung zwischen den beiden. Yigals Freunde waren ausführlich zu seinen Beziehungen mit Frauen befragt worden, und alle hatten gesagt, daß ihn ein besonderes Verhältnis mit Margalit verbinde.

«Haben Sie mit Margalit geschlafen?» fragte der Vernehmungsbeamte Yigal unverblümt.

«Sie sollten wissen, daß ich sie niemals berührt habe, niemals.»

Seine Antwort klang wahr.

Am 8. November, vier Tage nach dem Mord, wurde Yigal von dem Shabak-Beamten, den er unter dem Namen «Gonen» kannte, um Hilfe gebeten. «Margalit quält sich unnötig», sagte er zu Amir. «Sie weigert sich, mit uns zu reden, und solange sie nicht ausgesagt hat, können wir sie nicht freilassen. Sie können doch besser als jeder andere beurteilen, daß wir bereits alles über sie wissen. Wenn Sie wollen, daß sie freikommt, müssen Sie sie dazu bewegen, den Mund aufzumachen.»

Yigal willigte sofort ein. Seines Erachtens bestand kein Grund, warum Margalit leiden sollte; sie hatte sich nichts zuschulden kommen lassen. «Gonen» gab ihm einen Kugelschreiber und ein Blatt Papier, auf das Yigal einige Zeilen schrieb. Das ganze Verhör über war er ruhig, beinahe reserviert gewesen. Jetzt verriet seine Handschrift große Anspannung. Die Zeilen seines Briefes waren schief, die Buchstaben ungleich, manche Worte nicht ausgeschrieben. Yigal Amir schrieb der Frau, die er liebte, folgendes:

«Margalit

Ich weiß, was Du denkst, ich habe mir alles überlegt, bevor ich es tat.

Ich bedauere nichts, und wenn ich könnte, würde ich es wieder tun. Es ist nur schade, daß die Familie nicht stark genug ist und nicht an mich glaubt Sie hilft mir auf diese Weise nicht.

Sag [den Vernehmungsbeamten] alles, was ich jemals zu Dir gesagt habe, und hab keine Angst und versuch nicht, die Heldin zu spielen Sie wissen sowieso alles Dir wird nichts geschehen.

Wir sehen uns in besseren Zeiten.

Yigal Amir

P.S.: Ich habe ihnen gesagt, daß Du hinterher von Yad Vashem und Kfar Shmaryahu erfahren hast, Du kannst also beruhigt sein.

Grüße an meine Eltern und alle Freunde, besonders an Hila und Nili und Ohad. [Unleserliche Zeile] daß die Clique meiner Familie hilft, indem sie sie besucht und über mich spricht, denn meine Familie kennt mich nicht so gut wie Ihr. Alles kommt vom Himmel. Bis dann. Der Beamte, dem ich diesen Brief mitgebe, heißt Gonen. Du hast nichts zu befürchten.»

Margalit erhielt den Brief noch am selben Tag. Sie las ihn mehrmals und beschloß, über einen Teil der Ereignisse auszusagen, ließ jedoch die meisten Fragen der Beamten nach wie vor unbeantwortet. Nach elf Tagen bat «Gonen» Amir, es noch einmal zu versuchen, und Yigal brachte einen zweiten Brief zu Papier. Dieser Brief wurde von einem ganz anderen Mann geschrieben. Yigal hatte sein Selbstvertrauen zurückgewonnen. Das Verhör hatte sich für ihn nicht als Alptraum entpuppt. Niemand setzte ihn unter Druck, niemand schlug ihn; im Gegenteil, er hatte die Beamten um den Finger gewickelt. Die Welt der Haredim war ihnen nicht vertraut, und über die Halacha wußten sie praktisch nichts. Bisweilen hatte er sogar den Eindruck, daß er den Verlauf des Verhörs bestimmte, Themen und Tempo diktierte.

Diesmal schrieb er einen ordentlichen Brief mit geraden Zeilen und gleichmäßigen Buchstaben in gut leserlicher Handschrift. Seit dem Mord waren erst zwei Wochen vergangen, und Amir wußte, daß sein Plan ein voller Erfolg gewesen war. Rabin war tot; er hatte überlebt; und die Kampagne gegen den Friedensprozeß ging weiter. In der Regierung herrschte noch immer Verwirrung, doch Yigal plante bereits die nächsten Schritte und gab Anweisungen. Er gestattete sich sogar, Margalit zu necken. Er wußte, daß sie nur das preisgeben würde, was er ihr erlaubte. Er war überzeugt, daß sie seine Tat unterstützen würde, indem sie stolz erklärte, daß der Mord gerechtfertigt gewesen sei. Immerhin glaubte er auf der Basis seiner juristischen Laienkenntnisse, daß sie sich durch eine solche Erklärung nicht strafbar machte; sie konnte nicht der Verschwörung oder der Beihilfe zu einer Straftat bezichtigt werden, nur weil sie die Tat hinterher billigte. Am 19. November schrieb er ihr folgenden Brief:

«Liebe Margalit,
Ich darf noch immer keine Zeitungen lesen oder Nachrichten hören, aber einige Berichte erreichen mich dennoch. Ich habe den Eindruck, daß Peres ein paar Lehren gezogen hat, doch das ist noch nicht genug. Die Wochenenden müssen weitergehen. Wenn meine Vernehmung abgeschlossen ist, kann das Programm wieder aufgenommen und die Arbeit fortgesetzt werden. Nichts ist vorbei. Mir geht es gut, und ich tue alles, was ich mir vorgenommen habe. Meine Eltern brauchen Beistand, und die Clique muß mit ihnen über mich reden, denn sie verstehen nicht richtig, was hier geschehen ist. Sie leben in einer säkularen Umgebung, die ebenfalls keine Ahnung hat, was im Land vorgeht, und sie stehen total unter Schock.
Gonen kommt heute zu Dir nach Jerusalem. Er ist ein prima Kerl und ehrlich. Glaube, was er Dir sagt, und sage ihm die *ganze* Wahrheit. Du hast nichts zu verlieren. Im Gegenteil, wenn Du ihm nicht die Wahrheit sagst, kann Dir das nur schaden. Versuche nicht, die Heldin zu spielen, wenn es nicht nötig ist. Ich brauche Dich draußen, damit Du die Arbeit fortsetzt, also mach keine Dummheiten.
Ich vermisse die Clique, besonders Nili und Hila. Grüße sie herzlich von mir. Du bist draußen mein Sprachrohr. Nur Du weißt genau, was ich getan habe, und nur Du kannst die Botschaft verständlich machen, also vermassele es nicht. Niemand schlägt mich bei den Verhören, und was sie über Dich wissen, stammt nicht von mir. Ich habe nur versucht, zu helfen und den Schaden zu begrenzen, deshalb habe ich ihnen von dem Waffenlager erzählt, was wirklich passiert ist und von deiner [unleserliches Wort]. Was wirklich passiert ist

und was nicht, weil sie versucht haben, Dir etwas anzuhängen. In dieser Hinsicht hast Du nichts zu befürchten. Du hast nichts getan. Im übrigen spricht einer der Beamten hier die ganze Zeit von Dir. Was hast du mit ihm angestellt? Viel Glück draußen und auf Wiedersehen im nächsten Leben.

Yigal Amir»

Dieser zweite Brief zeigt, daß er Margalit noch immer vertraute. Er konnte natürlich nicht wissen, daß sie im Begriff war, sich von seinem Einfluß zu befreien.

War Margalit Har-Shefi an dem Mordkomplott beteiligt gewesen? Die Verhöre geben darüber keinen klaren Aufschluß. Die Vernehmungsbeamten und Ankläger waren sich unschlüssig. Ein paar Tage später wurde Margalit gegen Kaution freigelassen, kehrte nach Beit El zurück und wurde wie eine Heldin empfangen. Hunderte von Siedlern jubelten ihr ausgelassen zu. Rabbi Aviner hielt ihr zu Ehren eine Rede. Nachbarn trugen sie singend und tanzend auf einem Stuhl wie eine glückliche Braut zu ihrem Haus. Am Abend, als Szenen von dem Empfang in den Nachrichten gezeigt wurden, war das immer noch trauernde Israel fassungslos. Zu diesem Zeitpunkt wußte die Öffentlichkeit noch nicht, daß Margalit zwei Wochen zuvor, als die siebentägige Trauerzeit endete und im Gedenken an den ermordeten Ministerpräsidenten die Sirenen losheulten, gegen eine geheiligte nationale Tradition verstoßen hatte. Als alles Leben zum Erliegen kam und ganz Israel stillstand, saß Margalit in einem Verhörraum und zog es vor, sitzen zu bleiben.

«Sie können mit Ihren Fragen anfangen», sagte sie zu den Beamten, die bereits aufgestanden waren. «Ich habe jedenfalls nicht die Absicht, im Andenken an Rabin stillzustehen.»

Im selben Augenblick erhob sich Yigal Amir, der ebenfalls in einem Verhörzimmer saß, schweigend von seinem Platz und wartete geduldig, bis die Sirenen verstummten.

Im Juni 1996, nachdem Yigal Amir bereits wegen vorsätzlichen

Mordes verurteilt worden war, begann in Tel Aviv sein zweiter Prozeß. Diesmal standen sein Bruder Haggai und sein Freund Dror Adani mit ihm vor Gericht. Die Anklage lautete auf Mordkomplott gegen Jitzhak Rabin, illegalen Waffenbesitz und geheime Verabredung mit dem Ziel, Araber zu attackieren und ihr Eigentum zu beschädigen. Nicht auf der Anklagebank saß Margalit Har-Shefi. Die Staatsanwaltschaft war sich unschlüssig gewesen, ob sie sie wegen Komplizenschaft vor Gericht stellen sollte. Tatsächlich zögerte sie, überhaupt ein Verfahren gegen sie zu eröffnen, und beschloß erst anderthalb Jahre nach Rabins Tod, sie der Beihilfe zum Mord anzuklagen.

Am 16. Juli 1996 bekam Yigal Margalit erstmals seit dem Mord wieder zu Gesicht. Die Begegnung im Tel Aviver Gerichtssaal wurde für ihn zu einer grausamen Enttäuschung. Margalit war erschienen, um gegen die Brüder Amir und Dror Adani auszusagen. Yigal sah sie unentwegt an, suchte nach einem Zeichen, wartete auf eine Geste, doch Margalit wandte sich ab. Margalit wirkte ruhig, Yigal verzweifelt. Er erwartete, daß sie vor Gericht wiederholen würde, was sie ihm in ihren langen, vertraulichen Gesprächen gesagt hatte: daß sie die Beseitigung Rabins für notwendig gehalten habe. Er betrachtete sie als politische Mitstreiterin und wollte, daß sie den Mord vor der Nation und der Welt verteidigte. Auf jeden Fall glaubte er, daß der Staat keine stichhaltigen Beweise gegen sie hatte. Immerhin war Margalit frei. Und wenn sie vor einer Strafverfolgung sicher war, warum sollte sie ihn dann nicht unterstützen? Warum sollte sie seine Tat nicht gutheißen?

Margalits Anwalt war weitaus vorsichtiger. Mit Unterstützung ihrer Angehörigen hatte er sie dazu gebracht, sich von Yigal Amir zu lösen. Er überredete sie, den Amir, den sie kannte, als albernen Prahler und Schwätzer zu beschreiben, und sie befolgte seinen Rat. Margalit sagte aus, daß Yigal in ihrer Gegenwart von der Notwendigkeit gesprochen habe, Rabin zu beseitigen, fügte aber hinzu, sie habe nicht geglaubt, daß er es tun würde. Es sei ihr nie in den Sinn gekommen, daß Amir tatsächlich die Absicht haben könnte, den Ministerpräsidenten zu ermorden.

«Mir war nicht klar, daß Yigal Amir es ernst meinte», sagte sie im Zeugenstand, und Yigal konnte seine Wut kaum bezähmen.

«Du Lügnerin! Du lügst», zischte er auf der Anklagebank und hob die Hand, als wollte er sagen: Seht, sie verrät mich, und Gott wird ihr Richter sein.

Yigal Amir wurde zweimal verurteilt: das erste Mal allein, das zweite Mal zusammen mit seinem Bruder Haggai und seinem Freund Dror Adani. Am 27. März 1996, am Ende des ersten Prozesses, wurde er des Mordes an Jitzhak Rabin für schuldig befunden und zu einer lebenslangen Haftstrafe und weiteren sechs Jahren Gefängnis für die Verwundung von Rabins Leibwächter verurteilt. Am 11. September 1996, nach dem zweiten Prozeß, erhielt er zusätzlich fünf Jahre Gefängnis für die Verabredung von Straftaten gegen Araber. Haggai Amir wurde zu zwölf und Dror Adani zu sieben Jahren Gefängnis verurteilt, beide wegen des Mordkomplotts gegen Jitzhak Rabin und der Verabredung von Straftaten gegen Araber. Yigal verbüßt seine Strafe im Süden und sitzt in einer Isolierzelle des Gefängnisses von Beersheba. Haggai ist im Norden inhaftiert, im Shata-Gefängnis auf dem Berg Karmel. In den Augen der Mutter ist Yigal der über alles geliebte Sohn, Haggai hingegen derjenige, der mehr Zuspruch und Aufmerksamkeit braucht. Jede zweite Woche fährt Geula Amir nach Süden zu Yigal, einmal pro Woche reist sie in den Norden und besucht Haggai. Sie bekommt feuchte Augen, wenn sie von Haggai spricht, und manchmal weint sie.

Nach dem Mord ging in Geula eine totale Veränderung vor. Zunächst war sie erschüttert. «Im ersten Monat kam ich mir jeden Morgen nach dem Aufwachen wie in einem Traum vor, wie in einem Nebel. Ich öffnete die Augen und fragte mich, ob alles um mich herum real war oder nur ein Traum. Am liebsten hätte ich mich unter der Decke verkrochen. Ich wollte nicht aufstehen.» Auf

den Schock folgte die Wut. «Wie konnte er uns so etwas antun? ...
Ich gehörte zu denen, die den Mord verurteilten.» Doch die Wut
hielt nicht lange an. Der Zuspruch rechter Kreise, eine Flut von
Telefonanrufen und stapelweise Briefe von Fremden, die Yigal
bewunderten, veranlaßten sie, sich mit ihrem Sohn zu identifizieren. Ein Jahr nach dem Mord verurteilte sie den Mord an Jitzhak
Rabin zwar immer noch als verabscheuungswürdiges Verbrechen,
schränkte aber sofort ein, daß nicht Yigal für die Tat verantwortlich sei, sondern «Kräfte, die stärker sind als er».

Wer sind diese Kräfte?

«Ich weiß es nicht», sagte Geula. «Yigal wurde von starken
Kräften dazu gebracht. Es ist wahr, daß er Rabin erschossen hat,
aber ‹fertiggemacht›, wie man hier in der Gegend sagt, haben ihn
andere.»

Sie meinte den Shabak. Sie war fest davon überzeugt, daß ihr
Sohn einem in den Korridoren der Macht geschmiedeten Komplott
gegen Rabin zum Opfer gefallen war.

«Sie wußten, daß er es tun wollte, und sie hielten ihn nicht auf.»

Seit dem Mord hat sich Geula Amirs Leben völlig verändert.
Aus der unbekannten Kindergärtnerin ist die Mutter des Mannes
geworden, der den Ministerpräsidenten ermordet hat. Sie drängt
ins Rampenlicht. Sie genießt es, als Mutter eines Mannes, der
traurige Berühmtheit erlangt hat, vor den Kameras zu sitzen.
Genüßlich nimmt sie den Kampf gegen die öffentliche Meinung auf
und schilt die Gesellschaft für die grausame Behandlung ihrer
Familie. Sie spielt die Rolle mit Elan bis zu dem Moment, wo sie
erkennt, daß sie gar keine Rolle spielt, sondern ihr Dilemma real
ist. Sie ist keine Figur aus einem Bühnenstück, einem Film oder
einem fiktiven Thriller. Zwei ihrer Söhne sitzen im Gefängnis.
Einer hat kaltblütig gemordet, der andere war sein Komplize. In
Sekundenschnelle schlägt ihr Verhalten um, Tränen treten ihr in
die Augen, und die starke, standhafte Frau ist nur noch ein
Häuflein Elend.

Shlomo Amir meidet weiter die Öffentlichkeit. Aus Abscheu

vor jedem Kontakt mit den Symbolen der Macht besucht er seine Söhne im Gefängnis nur selten. Weder erhebt er Vorwürfe gegen den Shabak, noch prangert er die Ungerechtigkeit der Gesellschaft an. Er fügt sich still in sein Schicksal, denn alles ist im Himmel vorherbestimmt und Gottes Wille.

Fast ein Jahr nach dem Mord, an einem Dienstag im Herbst, besuchten beide Eltern Yigal im Gefängnis. Geula brachte ihm einen Walkman mit, damit er Predigten von Rabbinern auf Kassette hören konnte. Außerdem bat sie die Gefängnisleitung um die Erlaubnis, ihm einen eleganten Füllfederhalter auszuhändigen, den ein Bewunderer geschickt hatte. «Für Yigal, in Liebe von Sharon» war auf der Seite eingraviert. Noch immer strömten Briefe von Anhängern ins Haus Amir. Mädchen schrieben für Yigal Gedichte und wünschten ihm eine «freundliche Begnadigung». Einige Bewunderer fügten zahlenmystische Deutungen von Bibelversen bei, die die Richtigkeit seiner Tat untermauerten. Ist es da ein Wunder, daß Yigal Amir keinerlei Reue zeigte? Die Meinung seiner Eltern ist in dieser Frage gespalten.

«Ich finde, er muß sich für das, was er getan hat, entschuldigen und um Verzeihung bitten», sagte Shlomo auf der Fahrt an jenem Tag.

«Ich weiß nicht, ob er sich entschuldigen muß», unterbrach ihn Geula. «Gali darf nur tun, was gut für ihn ist. Wir haben immer noch nicht geklärt, wer für den Mord wirklich verantwortlich ist.»

Bald sollte Israel viel darüber hören.

7 Dementi

Am Tag nach Jitzhak Rabins Ermorderung erwartete Dr. Marc R.,
praktischer Arzt in Jerusalem, ein weiterer Schock. Sein zehnjäh-
riger Sohn David kam am Nachmittag von der Schule nach Hause
und erzählte, daß einige Lehrer über die Ereignisse der vergangenen Nacht hoch erfreut gewesen seien.

«Sie sagten, Rabin sei bestraft worden, weil er gesündigt habe,
weil er einen Teil des Landes Israel Ausländern gegeben habe»,
wiederholte er die Parole, die er in der Schule gehört hatte.

Marc sah seinen Sohn fassungslos an. «Deine Lehrer haben den
Mord gerechtfertigt?» stieß er hervor.

David antwortete nicht. Möglicherweise hatte er die Frage nicht
verstanden. Statt dessen erzählte er, daß der Mord den ganzen Tag
das einzige Gesprächsthema gewesen sei und unter den Kindern
einen heftigen Streit entfacht habe.

«Es kam fast zu einer Prügelei, als viele Kinder sagten, daß ihre
Eltern nicht bestürzt gewesen seien, und die anderen schrien, daß
sie sich schämen sollten, denn Mord sei ein schreckliches Verbrechen. Als wir im Unterricht darüber sprachen, sagte die Lehrerin,
wir alle müßten begreifen, daß Rabin für seinen Verrat am Land
Israel von Gott bestraft worden sei.»

Marc war fassungslos. Er spürte, wie er vor Zorn rot anlief.
«Genug!» brüllte er den erschrockenen Jungen an. «So etwas will
ich nie wieder hören! Nie wieder! Hörst du? Jitzhak Rabin ist
ermordet worden. Das ist ein verabscheuungswürdiges Verbrechen!»

«Schrei mich nicht an, Papa», weinte der Junge. «Ich kann doch
nichts dafür. Die Lehrerin hat das gesagt!»

Marc gewann seine Fassung zurück, zog seinen Sohn an sich
und entschuldigte sich bei dem verwirrten Kind. Dann schloß er

sich in seinem Arbeitszimmer ein, empört über das, was in seinem Land vorging. «Lehrer verteidigen den Mord? Erziehen sie eine Generation von Faschisten? Dazu kann ich nicht schweigen», dachte er und beschloß, am nächsten Tag mit dem Direktor zu sprechen.

Marc R. war nicht in Jitzhak Rabins säkularisiertem Israel aufgewachsen. Er war vierzig Jahre zuvor in Straßburg als Sohn einer praktizierenden jüdischen Familie geboren worden, deren Vorfahren sich im Mittelalter im Elsaß niedergelassen hatten. Marc trug ein Häkelkäppchen, achtete die jüdischen Traditionen und verstand sich als moderner, liberaler Jude. Zehn Jahre zuvor hatte er sich nach bestandenem Medizinexamen seinen Jugendtraum erfüllt und war nach Israel übergesiedelt. Im selben Jahr bekam seine Frau Suzanne einen Sohn – den ersten Sabre der Familie. Marc absolvierte seine Assistenzzeit in einem Jerusalemer Krankenhaus und eröffnete dann in dem vornehmen Viertel Rehavia, in dem vorwiegend die Jerusalemer «Aristokratie» residierte, eine Privatklinik. Auf Empfehlung hatte er David in einer religiösen Grundschule des «Noam»-Netzwerks angemeldet, die für ihre liberale Ausrichtung und ihren ausgezeichneten Unterricht in religiösen und weltlichen Fächern bekannt war.

Marc und seine Familie fanden sich in Jerusalem gut zurecht und führten ein angenehmes Leben. Als Jean-Marie Le Pens rassistische Bewegung in Frankreich wachsende Unterstützung erhielt, war er vollends überzeugt, die richtige Entscheidung getroffen zu haben. Zwei von Suzannes Schwestern folgten ihnen nach Israel und ließen sich, wie unter religiösen Einwanderern üblich, im Westjordanland nieder. Marc fühlte sich erneut in seiner Entscheidung bejaht – bis zum November 1995, als ihn die Reaktion auf Rabins Ermordung nicht weniger schockierte als der Mord selbst.

Am Abend, als er wieder aus seinem Arbeitszimmer auftauchte, sagte er Suzanne, daß er mit Davids Direktor sprechen und energisch gegen die Bemerkung der Lehrerin protestieren werde.

«Schweigen ist ein Zeichen von Zustimmung», sagte er zu ihr, «und die Schule muß wissen, daß wir eine solche Erziehung nicht dulden werden. Ich habe die Absicht, die Entlassung der Lehrerin zu verlangen.» Er zweifelte nicht daran, daß seine Frau ihm beipflichten würde, und war um so erstaunter, als sie das Gegenteil tat.

«Geh nicht zum Direktor», sagte sie in bestimmtem Ton. «Das wird in unseren Kreisen keinen Beifall finden.»

«Ist dir klar, was du da sagst?» griff er sie an. «Es ist abscheulich, den Mord stillschweigend zu dulden. Das widerspricht allem, woran wir glauben!»

«Du übertreibst», entgegnete Suzanne. «Es besteht kein Grund, jetzt die Linken zu stützen.»

«Ich verstehe nicht, was in dich gefahren ist!» schrie Marc und starrte seine Frau entgeistert an. Doch am nächsten Tag ging er nicht in Davids Schule, aus Angst, seiner Ehe zu schaden. Am Abend kamen Suzannes Schwestern und sprachen mit ihm. «Der Junge bekommt eine anständige Erziehung», sagten sie. «Am besten, du hältst dich aus der Sache heraus.» Doch in den folgenden Tagen kam Marc nicht zur Ruhe. Er eröffnete Suzanne, daß er den Jungen von der Schule nehmen wolle, doch sie protestierte energisch und erhielt Schützenhilfe von ihren Schwestern. Marc spürte, daß die Beziehung zu seiner Frau irreparablen Schaden nahm. Ein Jahr später reichte er die Scheidung ein, was in ihren Kreisen so gut wie nie vorkam.

Allmählich wurde deutlich, daß die Reaktion auf den Mord an der Noam-Schule keineswegs eine Ausnahme war. Die Ansicht, daß «Rabin an seinem Tod selbst schuld ist» oder «sich sein Ableben selbst zuzuschreiben hat», war in haredischen Vierteln, jüdischen Siedlungen, Jeschiwas, religiösen Schulen und auf Versammlungen religiöser Organisationen nicht selten zu hören. Einige lobten Yigal Amir unverhohlen. Weit häufiger war, daß man den Mord nicht unmißverständlich verurteilte, sondern halbherzig rügte und dann Verständnis für die Zwangslage eines jungen Mannes wie Amir bekundete, der dem Land Israel so ergeben sei.

Nur eine Handvoll Leute erklärte Amir öffentlich zum Helden, aber viele sannen lange darüber nach, daß er sich geopfert hatte, um die Osloer Abkommen, dieses Teufelswerk, das mit Sicherheit in die Katastrophe führte, zu Fall zu bringen. Wie verbreitet diese Haltung war, blieb der breiten Öffentlichkeit zunächst verborgen. In Israels gespaltener Gesellschaft haben die säkularen Medien Mühe, in die Welt der orthodoxen und ultraorthodoxen Juden einzudringen, selbst wenn ihnen daran gelegen ist. Die meisten religiösen Bürger des Landes wohnen in relativ abgeschotteten Gemeinschaften – sei es in getrennten Vierteln oder abgeschiedenen Siedlungen –, und die Synagoge bildet dort den Mittelpunkt des Lebens. Sie haben sich unabhängige soziale und politische Netzwerke geschaffen, über die Rabbiner oder Parteifunktionäre gebieten, die das Wort der Rabbiner respektieren. Dieser «religiöse Sektor» betreibt eigene Schulen und bildet eigene Lehrer aus. Im Lauf der Jahre schwand die Möglichkeit zur Begegnung mit nichtreligiösen Juden im selben Maße, wie diese Gemeinden eigene Supermärkte eröffneten, die sich strikt an die religiösen Ernährungsvorschriften hielten, ihre internen sozialen Systeme ausbauten und sogar eigene Krankenhäuser errichteten.

Je stärker die religiöse Gemeinschaft von innen heraus regiert wurde, desto feindseliger wurde sie gegenüber den säkularen Massenmedien, die in ihren Augen nur negative Klischees über religiöse Juden verbreiteten. Die religiösen Siedler in den besetzten Gebieten waren von den Medien besonders enttäuscht, weil sie es ablehnten, sie als unschuldige Opfer von grundlos feindseligen Palästinensern darzustellen. So war in den zurückliegenden zwanzig Jahren der Wunsch immer größer geworden, die Medien auf Distanz zu halten, mit dem Ergebnis, daß verschiedene Entwicklungen in der religiösen Bevölkerung erst dann in das Blickfeld der säkularen Öffentlichkeit rückten, wenn sie bereits weit fortgeschritten waren. Nur wenige säkulare Israelis waren sich bewußt, daß Hunderttausende von religiösen Juden die Lehre von der Erlösung durch den Messias verinnerlicht hatten und folglich der politischen Rechten die Stange hielten. Die Indienstnahme der Religion für eine rechte Ideologie war keine ganz neue Entwicklung. Allerdings dauerte es eine Weile, bis das ganze Ausmaß ihres Einflusses spürbar wurde.

Die «neo-messianistische Revolution» wurde von Synagogen und Bildungseinrichtungen aus gesteuert. Synagogen waren nicht mehr nur Bethäuser, sondern auch Zentren der politischen Indoktrination, Jeschiwas nicht mehr nur Stätten der Gelehrsamkeit, sondern Kaderschmieden der großisraelischen Bewegung. Gemeinderabbiner predigten für die Sache. Autoritäten auf dem Gebiet der Halacha überboten sich gegenseitig in einer strengeren Auslegung jüdischen Rechts. Einige der einflußreichsten Rabbiner Israels verwendeten beträchtliche Energie darauf, Instrumente für die Verbreitung der Erlösungsbotschaft zu schaffen. In den von ihnen erlassenen Richtlinien räumten sie der Integrität des Landes oberste Priorität ein und stellen sie noch über die Heiligkeit des Lebens. Sie verboten jede Maßnahme, die, wie etwa die Räumung von Militärposten in den besetzten Gebieten, ihrer Rechtsauffassung widersprach. Auffällig stark vertreten waren bei den ersten Demonstrationen gegen die Regierung Rabin haredische und nationalreligiöse Teenager, bis schließlich bekannt wurde, daß einige religiöse Schulen den Unterricht vorzeitig beendeten, um ihren Schülern Gelegenheit zur Teilnahme an diesen Veranstaltungen zu geben. Ein riesiger Propaganda-Apparat wurde aufgebaut, unter anderem von angeblich unpolitischen Verbänden, die Steuerfreiheit genossen, und regelmäßig wurden Broschüren und Flugblätter in Millionenauflage in den Synagogen verteilt. Jeder Befürworter Großisraels, auch der überzeugteste Atheist, galt als Freund. Jeder Befürworter eines Kompromisses in der Territorialfrage, und sei er auch der frömmste Gläubige, wurde zum Feind erklärt. Eine «Erweckung» dieses Ausmaßes hatte es seit dem Aufstieg des Zionismus ein Jahrhundert zuvor in der jüdischen Welt nicht mehr gegeben. Doch Israels säkulare Mehrheit unterschätzte die Wirkung dieser fieberhaften Aktivitäten. Erst nach dem Mord erkannte sie, daß vor ihren Augen eine neue theokratische Subkultur entstanden war. Unmittelbar nach dem Mord berichteten die Medien ausführlich über Rabins Beisetzung, die anschließenden Trauerfeierlichkeiten und nicht zuletzt über die «Kerzenkinder» auf dem Platz, auf dem Rabin erschossen worden war. Wie auf ein unsichtbares Zeichen hin versammelten sich Massen von Kindern und Teenagern auf dem Platz, entzündeten Kerzen, sangen Lieder und trauerten gemeinsam, indem sie einander umarmten und leise weinten. Viele schrieben Gedichte und Briefe an Rabins Familie, einige sprühten Graffiti am Schauplatz des Mordes. Fast alle diese jungen Leute kamen aus einem säkulären Zuhause. Ihr Ritual hatte keinerlei Ähnlichkeit mit dem traditionellen Trauerzeremoniell, und es zog sich beinahe zwei Wochen lang hin, Tag und Nacht. Kinder aus armen und reichen Familien, aus bekannten Kibbuzim und Entwicklungsstädten, Schulkinder, Studenten und Soldaten auf Urlaub strömten auf den Platz. Sie saßen in kleinen Kreisen, sangen das «Friedenslied» und das Lied «Mein Bruder, ich werde immer deiner gedenken» mit dem untypisch ergreifenden Text ihres rebellischen Popidols Aviv Geffen. Wenn ihr Klagegesang den Platz erfüllte, schlenderten Erwachsene langsam zwischen den Grüppchen hindurch, voller Stolz auf diese großartigen jungen Leute, die ihr Land hervorgebracht hatte. Das Fernsehen stellte Kameras auf und sendete zwischen den Berichten von den offiziellen Feierlichkeiten in Jerusalem immer wieder Bilder von den weinenden «Waisen», die Rabin einen «Vater» nannten. Leah Rabin dankte den jungen Leuten und schalt sie zugleich. Wo, so fragte sie, seien die vielen tausend Anhänger gewesen, als es gegolten habe, ihren Mann vor den Gehässigkeiten seiner Gegner zu schützen? «Jitzhak, sie zwangen dich, alleine zu kämpfen. Sie sahen nicht die Schrift an der Wand», rief sie, und Tränen liefen den Zuhörern über das Gesicht. Sie versicherten sie ihrer Liebe und ihres Mitgefühls. Sie drückten ihr Gedichte und Briefe in die Hand, in denen sie gelobten, Rabins Gedenken und Vermächtnis in Ehren zu halten.

Leah Rabin erhielt über 100000 Briefe, die meisten von den «Kerzenkindern».

Es schien, als habe sich der Geist Israels in jenen Tagen auf dem Platz niedergelassen. Bürgermeister Ronni Millo taufte ihn in «Rabin-Platz» um, und er wurde zu einer Art Kultstätte. Wer nicht selbst dabeisein konnte, verfolgte das Ritual im Fernsehen – zumindest schien es so. Sozialpsychologen wurden nach einer Erklärung für dieses beispiellose Phänomen gefragt. Wie kam es, daß diese jungen Leute, die sich der Politik völlig entfremdet hatten, so emotional auf die Ermordung eines reservierten, mitunter unbeholfenen und oftmals schroffen Politikers reagierten, der zwei Generationen älter war als sie? Bisher hatte man diesen Jugendlichen nachgesagt, sie seien im allgemeinen nur auf ihren Spaß aus. Sie wüßten kaum etwas über Rabins Leben und hätten nur eine vage Vorstellung von seinen politischen Überzeugungen. Woher also rührte ihre Trauer? War sie überhaupt echt, oder war sie nur eine Modeerscheinung, die sie in ausländischen Fernsehsendungen aufgeschnappt hatten?

Zyniker höhnten, daß die «Kerzenkinder» nach getaner Trauerarbeit auf dem Rabin-Platz zu den Stränden von Goa – einem Anziehungspunkt für junge israelische Rucksacktouristen, die jedes Jahr zu Tausenden nach Indien und in den Fernen Osten reisen – aufbrachen und sich dort bekifften. Andere konterten, daß ihre Trauer echt sei, daß Rabin ihrer Sehnsucht nach Frieden entsprochen habe und daß sie nun ihren verspäteten Dank zeigten. Der Platz wurde zur Geburtsstätte einer neuen politischen Bewegung, die sich «Eine ganze Generation fordert Frieden» nannte und Rabins Sohn Yuval zu ihrem Wortführer erkor. Große Spruchbänder, die ihre Forderung zum Ausdruck brachten, erschienen über Nacht auf Balkonen im ganzen Land. Aufkleber mit der neuen Losung prangten an Autos bei Präsident Clintons bewegendem Abschied von Rabin – *Shalom, Haver* («Frieden, mein Freund»).

Zwei Wochen lang waren die Fernsehkameras auf den Rabin-Platz gerichtet, und mit jedem Tag wurde die Berichterstattung süßlicher. Am Ende der Trauerwoche, die traditionell mit einer Gedenkfeier beschlossen wird, drängten sich Hunderttausende von Israelis auf dem Platz und in den angrenzenden Straßen und sangen, diesmal angeführt von den bekanntesten Rockstars des Landes, nostalgische Lieder. Auch diese Feier ähnelte in keiner Weise dem traditionellen jüdischen Trauerzeremoniell. Niemand las Psalmen. Niemand sang das Trauergebet. Die Menschen, die sich auf dem Platz versammelten, waren nicht die Söhne des alten jüdischen Volkes; sie waren «Israelis», und sie nahmen von ihrem Führer – dem Musterbeispiel des «neuen Juden» – auf ihre eigene, völlig säkulare Weise Abschied. Der Geist der Solidarität, der das Herz Tel Avivs an diesem Abend erfüllte, war seit Jahrzehnten nicht mehr empfunden worden. Das tröstliche Gefühl der Einigkeit in einer Zeit der Not war so überwältigend, so berauschend, daß das Andenken an den ermordeten Ministerpräsidenten fast in den Hintergrund trat. Plötzlich sprachen die Israelis höflich und leise. Autofahrer fuhren so rücksichtsvoll, daß die Zahl der Verkehrsunfälle deutlich sank. Die Bürger benahmen sich so manierlich, daß sie sich selbst kaum wiedererkannten. Und die Medien verstärkten den Eindruck, daß sich Israel in ein freundlicheres, liebenswürdiges Land verwandele, indem sie ausführlich über die wunderbaren Szenen auf dem Platz berichteten.

Doch der Schein trügt. Schaut man sich diese «ganze Generation», die angeblich Frieden forderte, genauer an, so wird deutlich, daß ihr Interesse an den Problemen nur von kurzer Dauer war und ihr Engagement nicht über die Erzeugung eines vorübergehenden Wir-Gefühls hinausging. Am 29. Mai 1996, knapp sieben Monate später, als das Land ein neues Parlament wählte, zeigte sich nach Auszählung der Stimmen, daß die Jugend ebenso gespalten war wie die gesamte Bevölkerung. Tatsächlich hatte die Mehrheit der jungen Israelis Parteien gewählt, die mehr oder weniger gegen die Osloer Abkommen waren. Die Fernsehkameras hatten ein selektives, einseitiges Bild gezeigt. Über der ausführlichen Berichterstattung vom Rabin-Platz war vergessen worden, daß zwei große

Gruppen innerhalb der israelischen Gesellschaft nicht mittrauerten. Die Mitglieder der haredischen und national-religiösen Gemeinden pilgerten nicht zum Rabin-Platz, entzündeten keine Kerzen und gelobten nicht, «aus der schockierenden Erfahrung Lehren zu ziehen», «die Gesellschaft zu reformieren» und «dafür zu sorgen, daß aus der schrecklichen Tragödie ‹ein neues Israel› hervorgehe». Bis zu dem Mord hatte das säkulare Israel ein absurdes Theaterstück aufgeführt. Selbstgefällig betrachtete es sein Spiegelbild in den Medien und filterte «das andere» in seiner Mitte heraus: die Hunderttausenden von Gläubigen, in deren Augen der neue Jude ein Ungläubiger war, der die Werte des Judaismus verwarf, ein Hedonist, der dem «fremden, westlichen Lebensstil frönte» und das heilige Erbe feindlichen Nichtjuden überließ. Aus Sicht der meisten frommen Juden Israels stand eine Katastrophe unmittelbar bevor. Ihr Land ging seinem Verhängnis entgegen, und diese Vorstellung peinigte sie. Doch die meisten säkularen Israelis taten ihre verzweifelten Klagen als melodramatische Manipulationsversuche ab, die allenfalls gelangweilte Jeschiwa-Studenten und pubertierende Mädchen beeindrucken konnte – bis Jitzhak Rabin ermordet wurde.

Eine Krise schärft den Blick, wirft ein Schlaglicht auf Details und zerstört Illusionen. Der Mord zwang das säkulare Israel, der Realität ins Auge zu sehen, und mit Bestürzung stellte es fest, daß das Land keine unteilbare Nation war, sondern aus zwei Völkern bestand, daß die tiefe weltanschauliche Kluft, die sie trennte, möglicherweise nicht mehr zu überbrücken war und daß die tiefe Unvereinbarkeit ihrer Werte die kollektive Existenz bedrohte. Die Gefahr eines Zerfalls der israelischen Gesellschaft im Innern war größer als die Bedrohung des Landes von außen. Langsam dämmerte den Israelis, daß der Mord an Jitzhak Rabin ein vorübergehender Ersatz für einen Bürgerkrieg gewesen sein könnte.

Wohldosiert sickerten Berichte über Gruppen innerhalb des religiösen Lagers durch, die Yigal Amir unterstützten. In der Haredim-Hochburg Bnei Bark traten Bürger vor die Fernsehkameras und erklärten unverblümt: «Hier wird nicht getrauert. Jitzhak Rabin war keiner von uns.» In dem Jerusalemer Viertel Ramat Polin erhoben Haredim das Weinglas und brachten vergnügt den Toast «Le-chaim!» aus. Andere gingen noch weiter und dankten Gott dafür, daß sie diesen Tag noch erleben durften. In Tapuach und Yizhar, zwei von kahanistischen Extremisten bewohnten Siedlungen im Westjordanland, hängte man Bilder von Amir auf und feierte das «Wunder» mit Festen. In der Westbank-Siedlung Ariel erhoben sich die Teilnehmer einer politischen Versammlung, als die Nachricht von dem Mord eintraf, und applaudierten; niemand im Saal machte Anstalten, sie zum Schweigen zu bringen. In der kahanistisch orientierten Jeschiwa des jüdischen Gedankens in Jerusalem beglückwünschten junge Männer einander. In der Kollel-Arbeitsgruppe an der Bar-Ilan-Universität nannten Studenten Yigal Amir einen «Heiligen». Und Avigdor Eskin, der Rabin mit dem Fluch *Pulsa Da-Nura* belegt hatte, prahlte im Fernsehen, daß seine Zeremonie Erfolg gehabt habe.

Ähnliche Berichte trafen aus New York ein. Ultraorthodoxe Juden in Borough Park und andernorts beglückwünschten einander zu dem Mord und fügten Rabins Namen den Fluch an, «möge sein Name und Andenken ausgelöscht werden» (eine Verwünschung, die gewöhnlich antisemitischen Tyrannen vom Kaliber eines Hitler oder Stalin vorbehalten blieb). Rabbi Mordechai Friedman, einer der Wortführer bei der Verleumdungskampagne gegen Rabin, pries Yigal Amir. Der Welt-Likud ließ in Synagogen ein Flugblatt verteilen, in dem er monierte, daß über die Zahl der Trauernden, die an Rabins Sarg vorbeidefiliert waren, in Israel irreführende Angaben gemacht worden seien. Rabbi Moshe Tendler, der Journalisten das *Din Rodef* erläutert hatte, ließ verlauten, daß er seine Meinung nicht geändert habe, und Rabbi Abraham Hecht verlieh seinem Bedauern darüber Ausdruck, daß es ihm nicht vergönnt gewesen sei, die «gute Tat» selbst auszuführen. Meir Kahanes Nachfolger in der Jüdischen Verteidigungsliga traten im New Yorker Kabelfernsehen auf und grüßten Yigal Amir. Und in den meisten Leserbriefen, die bei der New York Post eingingen, wurde der Mord wohl verurteilt, gleichzeitig jedoch auch betont, daß der Ministerpräsident nur deshalb zur Zielscheibe eines Attentäters geworden sei, weil er wie «Chamberlain in München» gehandelt und die amerikanischen Rabbiner verleumdet habe.

In Israel wurde kein ernsthafter Versuch unternommen, solchen Kommentaren einen Riegel vorzuschieben oder ihrer Bedeutung auf den Grund zu gehen. Folglich gingen sie weiter. Erst Monate später, im August 1996, entbrannte vorübergehend eine Debatte, als Kanal Eins des israelischen Fernsehens über Schülerinnen einer staatlich-religiösen Schule berichtete, die einen Yigal-Amir-Fanclub gegründet hatten. In erster Linie sammelten sie Fotos und Zitate von Amirs Auftritten vor Gericht. Doch sie schickten ihm auch Briefe, in denen sie ihn anhimmelten, und trafen sich regelmäßig, um gemeinsam von ihm zu schwärmen. Drei dieser Mädchen ließen sich ohne Bedenken vom öffentlich-rechtlichen Fernsehen interviewen. «Jemand mußte es tun», sagte eine, die Rabin auch als Mörder bezeichnete, «und er war der einzige, der den Mut dazu hatte.» Ihre Lehrer zeigten sich bestürzt über das Verhalten der Mädchen, doch ein Mitglied des Fanclubs behauptete, daß einige von ihnen den Mord verteidigt hätten.

Die Ansichten, die diese Mädchen äußerten, waren keineswegs auf ihre Schule beschränkt. Eine der Abitursfragen in Staatsbürgerkunde förderte 1996 eine beträchtliche Anzahl von Antworten zutage, die auf Sympathien mit Yigal Amir und Verständnis für seine Motive schließen ließen. Zwei Prüfer waren besonders über die Antworten von Schülern an religiösen Gymnasien schockiert und wollten sie veröffentlichen, doch das Erziehungs- und Kulturministerium unter seinem damaligen Minister Zevulun Hammer von der National-Religiösen Partei (NRP) untersagte es ihnen. Alles, was gegen das Problem unternommen wurde, war, daß man den Rektoren die Namen der ungeratenen Schüler gab und sie aufforderte, mit ihren Eltern zu sprechen.

Unterdessen war es in den Siedlungen, Jeschiwas und Synagogen, in denen Vertreter der großisraelischen Bewegung den Ton angaben, an der Tagesordnung, von einem göttlichen Eingreifen zu sprechen. «In der religiösen Öffentlichkeit neigt man dazu, in Rabins Tod ein Wunder zu sehen», schrieb sechs Monate nach der Mordtat Professor Nissan Rubin, Soziologe an der Bar-Ilan-Universität. Rubin beschrieb das Weltbild der «Gläubigen» und analysierte ihre Reaktion im Kontext alter jüdischer Mythen von der wundersamen Rettung. «So wie die Juden immer in letzter Minute vor der Vernichtung bewahrt wurden», schrieb er in *Ha'aretz* unter Anspielung auf die Teilung des Schilfmeers bei der Flucht der Kinder Israel aus Äygpten und die Rettung der persischen Juden vor den Machenschaften des heimtückischen Haman in letzter Minute, «so ist auch jetzt ein Wunder geschehen. Rabin ist getötet worden, und wir [so glauben sie] sind gerettet.»

Säkulare Israelis waren über solche Reaktionen nicht überrascht; ähnliches hatten sie in der einen oder anderen Form bereits gehört. Entsetzt aber war das weltliche Lager über die weite Verbreitung solcher Ansichten. Wie sich nun herausstellte, vertrat Yigal Amir keine extremistische Randgruppe der Rechten, sondern eine große Zahl von Israelis, die drei ideologische Lager bildeten: säkulare Nationalisten, religiöse Nationalisten und Haredim. Soziologen, die untersuchten, wer Amir unterstützte, und dabei zwischen den «überzeugten» und «zaghaften» Anhängern unterschieden, fanden heraus, daß eine statistische Einschätzung mit Hilfe der üblichen Meinungsumfragen nicht möglich sei, da wenige seiner Bewunderer Fremden gegenüber ihre Haltung zugaben. Erhebungen, die mit Hilfe indirekter Fragen durchgeführt wurden, zeigen jedoch, daß jeder sechste den Mord verzieh oder zumindest nicht verurteilte. Bei einer dieser Befragungen, die Mitte 1996 erfolgte, mißbilligten 25 % der Befragten an religiösen Gymnasien den Mord nicht, gegenüber 10 % an säkularen Schulen.

Professor Moshe Lissak von der Hebräischen Universität, einer der bekanntesten Soziologen Israels, bringt deutlich zum Ausdruck, daß «Yigal Amir aus dem Hauptstrom kam, nicht von den

Rändern. Was gemeinhin als ‹ideologischer Rand› bezeichnet wird, ist in Wirklichkeit sehr breit. Wir sprechen hier von einer Vielfalt von Gruppen – sozialen Netzwerken –, von denen einige auf hohem Niveau sprechen und schreiben. Sie haben viele Gemeinsamkeiten, und sie leben und agieren in Kreisen, die sich gegenseitig berühren. Diese Gruppen führen kein isoliertes oder zurückgezogenes Leben, und es besteht ein großer Unterschied zwischen ihnen und den kahanistischen Schlägern.» Doch ein Großteil der israelischen Öffentlichkeit, so Lissak weiter, kenne ihre Ideologien nicht, da er mit dem Material, das in Jeschiwas und Synagogen verteilt werde, nicht in Berührung komme und nicht verfolge, welche Strömungen sich in der religiösen Gemeinschaft durchsetzten.

Zusätzliche Verwirrung stiftete eine Verfügung von Generalstaatsanwalt Michael Ben-Ya'ir, der den Medien unter Androhung strafrechtlicher Verfolgung wegen «Beihilfe zur Aufwiegelung» untersagte, Sympathiebekundungen für Amir zu verbreiten. Diese Drohung hatte zur Folge, daß die Öffentlichkeit eine Zeitlang nicht mehr über die tiefe Wertekrise, sondern über Meinungs- und Pressefreiheit diskutierte. Einer der merkwürdigsten Artikel, der in der Presse erschien, war der Aufruf des geständigen Mitverschwörers Dror Adani: «Ich appelliere an die Führer der Rechten. Seit Rabins Ermordung ist genug Zeit verstrichen, um sich von dem Schrecken zu erholen. Erfüllt eure Aufgabe!»

Einige rechte Politiker brauchten keine Ermunterung. Sie hatten schon einiges dafür getan, die nationale Tragödie herunterzuspielen. Wie Amir mieden sie im Zusammenhang mit dem Attentat das Wort Mord geflissentlich und sagten lediglich, daß Rabin «ums Leben gekommen» oder «gestorben» sei, als wäre er einem Unfall, den niemand verschuldet habe, zum Opfer gefallen. Ein paar hielten Angriff für die beste Verteidigung und bestritten jede Mitschuld an dem Klima, das zu dem Mord geführt hatte, indem sie es als eine skandalöse und ungeheuerliche Anschuldigung bezeichneten, daß die Rechte, die an der Hetze mitgewirkt hatte, in irgendeiner Weise für deren Folgen verantwortlich sei.

Der Knesset-Abgeordnete Uzi Landau, eines der radikaleren Mitglieder des Likud, warf der Regierung vor, sie versuche, aus der Tragödie politisches Kapital zu schlagen, «indem sie auf Rabins Blut tanzt». Der Abgeordnete Ariel Sharon spottete über die Warnung vor einem weiteren Mord mit der zynischen Bemerkung: «In Israel gibt es Minister, die Schlange stehen, um bedroht zu werden.» Andere Rechte warfen der Koalition Heuchelei vor und erinnerten ihre Mitglieder höhnisch daran, daß zwölf Jahre zuvor, während des Kriegs im Libanon, Linke vor der Residenz von Ministerpräsident Begin demonstriert und «Begin ist ein Mörder» und «Sharon ist ein Mörder» gerufen hatten.

Doch Heuchelei war ein seltsamer Vorwurf an die Linke in jenen ersten Tagen der Bestürzung, des Zorns und des Abscheus. Vor dem Mord hatte Ex-General Rehavam Ze'evi, Chef der ultrarechten Moledet-Partei, gegen den Ministerpräsidenten gehetzt, indem er schrieb: «Rabin treibt uns bis an die Grenzen von Auschwitz», und verlangt, daß er vor Gericht gestellt werde. Nach dem Mord vergoß er Krokodilstränen und hielt eine süßliche Lobesrede auf seinen «Waffengefährten». In ähnlicher Weise hatte Sharon Rabin vor der Mordtat als «Zuhälter des Blutes» beschimpft, seine Regierung mit den Judenräten während des Holocaust verglichen und hinzugefügt: «Damals, während der Schoa, wurden die Juden zur Kollaboration gezwungen; heute tut die Regierung alles aus freiem Willen.» Zwei Monate vor dem Attentat hatte er Rabin in der auflagenstarken Tageszeitung *Yediot Aharonot* als Despot beschimpft und seiner Regierung vorgeworfen, sie schüre die Angst vor politischem Mord, um auf diese Weise die Opposition zu diskreditieren, genau wie die Bolschewiken bei «Stalins großen Säuberungen und blutigen Verleumdungskampagnen». Doch nach dem Mord forderte Sharon selbstgerecht ein Ende der Hetze. In einem Artikel, der im selben Blatt unter der Überschrift «Stoppt die Hetze und vereinigt euch» erschien, sang er ebenfalls ein Loblied auf Rabin und rühmte seine Leistungen als «großer Kommandeur». «Jitzhak Rabin war für mich ein politischer Rivale», schrieb er, «aber ich betrachtete ihn als unser aller Ministerpräsident. Er war ein Gegner, aber er war auch ein Freund.» Im übrigen bewies Sharon am 6. September 1997 in einem Interview für Kanal Eins des israelischen Fernsehens abermals, wie aalglatt er war. Das Osloer Abkommen sei umstritten gewesen, sagte er, folglich hätte es Rabin nicht gegen den Willen weiter Teile der Bevölkerung unterzeichnen dürfen. Hätte Rabin seinen Aufruf beherzigt und eine Einheitsregierung mit der Rechten gebildet, wäre er wahrscheinlich nicht getötet worden. Diese Erklärung war kein Versprecher. Sie war im voraus genau überlegt worden und wurde ruhig und mit Bedacht in einem Fernsehstudio vorgetragen und nicht etwa in einer Aufwallung der Gefühle vor einer aufgewiegelten Menge hinausgebrüllt. Fast zwei Jahre nach dem Mord wiederholte Sharon, zu der Zeit Minister in Netanjahus Regierung, die Behauptung der rechtsradikalen und extremistischen Rabbiner: Jitzhak Rabin habe seinen Tod durch seinen Starrsinn selbst verschuldet.

Am hartnäckigsten und schamlosesten leugnete jedoch Benjamin Netanjahu. In den ersten Stunden nach dem Mord war der Oppositionsführer verzweifelt. Er rief Ya'akov Novick, den Chef des Aktionszentrums, an, weil er befürchtete, daß Peres Novick habe verhaften lassen und daß er selbst nach dessen Vernehmung der Mitschuld an der Hetze bezichtigt werden könnte. Wie sollte er seine Teilnahme an Treffen erklären, bei denen die Führung des Aktionszentrums angewiesen wurde, Massendemonstrationen zu organisieren, auf denen zahlreiche Plakate mit der Parole «Tod für Rabin» gezeigt wurden? Und wie ließ sich rechtfertigen, daß er die Zusammenarbeit mit dem Aktionszentrum auch dann noch fortsetzte, als er gesehen hatte, daß ihre Hetze in Gewalt umschlug? Novick machte den Vorschlag, einen Verwandten von ihm zu konsultieren, einen Bezirksrichter, der rechte Ansichten vertrat.

Netanjahu willigte ein, und die beiden trafen sich mit dem Richter und entwickelten eine Verteidigungsstrategie.

An den folgenden Tagen wurde Netanjahu zudem mit Vorwürfen von führenden Mitgliedern seiner eigenen Partei konfrontiert. So hielt ihm der Knesset-Abgeordnete und frühere Justizminister Dan Meridor vor, daß er sich niemals von den Extremisten distanziert habe. Meridor hatte mit seinem engen Freund Benny Begin, ebenfalls Knesset-Abgeordneter und der vielleicht vehementeste Kritiker der Osloer Abkommen im Likud, Demonstrationen besucht, die vom Politischen Leitungszentrum und Novicks Aktionszentrum organisiert worden waren. «Ich sah Spruchbänder mit der Aufschrift ‹Rabin ist ein Verräter› und ‹Rabin ist ein Mörder›», sagte Meridor über die Demonstration auf dem Jerusalemer Zionsplatz im Juli 1994. «Ich sah, daß sie Rabin und seine Regierung jede Legitimität absprachen mit der Begründung, daß sie keine jüdische Mehrheit habe … Ich begriff, daß bei diesen Demonstrationen schlimme Dinge geschahen, und sagte mir: ‹Da gehst du nicht mehr hin.›»

«Netanjahu fühlt sich unter Extremisten wohl», äußerte der Abgeordnete David Levy gegenüber dem Journalisten Daniel Ben-Simon von der Tageszeitung *Ha'aretz.* «Er trommelte sie zusammen und wiegelte sie auf. Ich weiß genau, daß er hinter den Verleumdungen, Verwünschungen und Schmähungen steckte, die bei der gewalttätigen Demonstration auf dem Zionsplatz einen Monat vor dem Mord gegen Rabin laut wurden. Ich habe das sorgfältig nachgeprüft. Netanjahu und seine Leute waren diejenigen, die aus der Kundgebung ein gefährliches faschistisches Spektakel gemacht haben.»

Der Abgeordnete Shaul Amor, einer der Likud-Vertreter der Entwicklungsstädte und ärmeren Viertel, erhob noch schärfere Vorwürfe gegen Netanjahu. «Ich habe Rabin innig geliebt», bekannte er, «und ich kann es mir nicht verzeihen, daß ich geschwiegen habe, als ein paar irregeleitete Mitglieder meiner Partei sich an der

gefährlichen Demagogie gegen ihn beteiligten.» Der Likud-Abgeordnete Michael Eitan enthüllte, daß er Netanjahu im Vorfeld
rechter Demonstrationen zweimal gewarnt habe, daß die Veranstal-
tung außer Kontrolle geraten könnte. Eitan hatte apokalyptische
Visionen, in denen ein Fanatiker das Feuer auf die Polizei eröffnete,
Tote und Verletzte in den Straßen lagen und das Politische Leitungs-
zentrum, dem er, Netanjahu, Ze'evi, Tsachi Hanegbi und Hanan
Porat angehörten, für das Blutbad verantwortlich gemacht wurde.
«Ich sagte ihm, daß die Leute [auf den Demonstrationen] mit
Waffen herumliefen – darunter Geistesgestörte und politische
Elemente, die an einer Eskalation interessiert waren – und daß
Organisationen mit radikalem, revolutionären Gedankengut dabei
waren, terroristische Organisationen, die quasi offen agitierten ...
Ich hatte große Angst, daß sie uns im Verlauf einer solchen Kund-
gebung, die unter dem Deckmantel eines anständigen und legitimen
parlamentarischen Protests durchgeführt wurde, in eine furchtbare
Krise stürzen könnten», sagte er mit Tränen in den Augen. «Wie
konnten wir den Likud in die Operationszentrale einer Gruppe von
Verrückten verwandeln? Ich weiß noch, wie ich Bibi mehrmals
sagte: ‹Hör mal, die Leute, die da randalieren und hetzen, gehören
nicht zu uns. Sie werden uns schaden.» Ich sagte ihm, daß ich
keinen Fuß auf eine von der Rechten organisierte Demonstration
mehr setzen würde. Leider schenkte Bibi dem keine Beachtung. Er
sah nur die Stimmen, die es ihm brachte.»

«[Netanjahus] Ehrgeiz, um jeden Preis Ministerpräsident zu
werden, brachte ihn um den Verstand», bestätigte Meir Sheetrit,
einer der beiden Likud-Abgeordneten, die sich bei der Abstimmung
über das Osloer Grundsatzabkommen der Stimme enthalten hatten. «Ich glaube, dies wird die Menschen dazu bringen, ihre
Meinung über ihn zu revidieren. In Anbetracht der Lage bezweifele
ich, daß Netanjahu der Likud-Kandidat für das Amt des Ministerpräsidenten sein wird.» Doch er blieb der Kandidat des
Likud, und folglich sollten ihn alle diese Männer bei den Wahlen
im Mai 1996 unterstützen.

Unmittelbar nach dem Mordanschlag war Netanjahus moralischer und politischer Ruf jedoch so ramponiert, daß er am vierten Tag nach dem Mord Shimon Peres um ein Treffen bat. Wenn Rabins politischer Partner und Nachfolger seine Erklärungen akzeptierte, so spekulierte er, wäre er rehabilitiert, und die Attacken aus der eigenen Partei gegen ihn würden aufhören. Peres' Berater rieten energisch von einem solchen Treffen ab, da es einer Rechtfertigung von Netanjahus zweifelhaftem Verhalten gleichkäme. Doch Peres glaubte, die Öffentlichkeit würde eine Geste der Versöhnung in dieser Stunde der nationalen Krise begrüßen, und erklärte sich bereit, Netanjahu in seinen Amtsräumen zu empfangen.

«Shimon, man begeht ohne jeden Grund einen Rufmord an mir», klagte Netanjahu dem Ministerpräsidenten. «Die Diskussion zwischen uns ist sachlich gewesen und wird es immer bleiben. Ich habe das Feuer nicht entfacht. Ich habe die kahanistischen Aufwiegler von meinen Veranstaltungen stets entfernen lassen ... und ich kann nicht jeden Kahanisten kontrollieren, der auf unseren Zug aufspringt.»

Peres hielt Netanjahu darauf eine kleine Moralpredigt, riet ihm, «seinen Ton zu mäßigen», und reichte ihm die Hand.

Drei Tage später trat die Knesset zusammen, um die Trauerwoche zu beschließen. In der ersten Reihe auf der Tribüne saß Rabins Witwe mit ihren Kindern und Enkeln. Netanjahu sollte im Namen der Opposition sprechen. Fünf Wochen zuvor hatte er über dem Zionsplatz gestanden, unter sich Plakate mit der Parole «Tod für Rabin». Zeugen behaupten, daß die Handzettel mit Rabin in SS-Uniform an diesem Abend ebenfalls auf den Balkon der Redner gelangt waren. Unten auf dem Platz hatte ein riesiger Chor gelobt: «In Blut und Feuer werfen wir Rabin hinaus.» Am selben Abend, als die Knesset über das Abkommen Oslo II mit den Palästinensern abstimmte, war Netanjahu im Saal an ein Mikrofon getreten und hatte erklärt, daß er für das verabscheuungswürdige Flugblatt nicht verantwortlich sei. Als der Parlamentspräsident Netanjahu das Wort erteilt hatte, war Rabin wütend aus dem Saal gestürmt.

Jetzt stand Netanjahu am Rednerpult in der Knesset und sah zu Rabins Witwe hinauf, die seinem Blick demonstrativ auswich. Es war nicht das erste Mal seit dem Mord, daß sie ihn zurückwies. Als Netanjahu am aufgebahrten Leichnam Rabins vorbeidefilierte, hatte er ihr die Hand geben wollen, doch sie hatte ihm die Geste verweigert. Nach der Beisetzung ignorierte sie seine Kondolenzworte am Grab. «Herr Netanjahu hetzte gegen meinen Mann und stand an der Spitze der wütenden Demonstrationen gegen ihn», hatte sie am 6. November vor der Presse erklärt. Und nun stand Netanjahu neben Rabins Porträt und nutzte die Gedenkstunde im Parlament, um seine eigene Absolution zu verkünden. «Wir hätten nie damit gerechnet, daß in unserer Generation etwas so Schreckliches geschehen könnte. Ein Ministerpräsident und ein großer Mann ist diese Woche durch die Hand des Bösen gefallen.»

Netanjahu entschied sich für die Strategie, alles rundweg zu leugnen. Doch von Anfang an erschütterten Beweise des Gegenteils seine Behauptung, er habe nicht bemerkt, was vorging. Ein paar Tage nach dem Mord brachten die beiden israelischen Fernsehanstalten Berichte über einen kleinen Protestmarsch, den rechte Aktivisten im März 1994 an der Straßenkreuzung Ra'anana in der Nähe von Tel Aviv veranstaltet hatten. Mindestens zwei ausländische Fernsehteams – von ABC und WTN – und der Fotograf Shlomo Ben hatten die Demonstration im Bild festgehalten. Ein kurzer Filmausschnitt wurde nach dem Mord gesendet. Darin war zu sehen, daß Netanjahu vor einem schwarzen Sarg herging, der mit den Worten «Rabin ermordet den Zionismus» bemalt war. Ein neben dem Sarg marschierender Demonstrant trug eine Stange mit der Aufschrift «Osloer Abkommen», an der ein Henkersstrick baumelte. Gefragt, wie er es habe wagen können, vor einem Sarg zu marschieren, der Rabins Namen trage, beteuerte Netanjahu, daß er zufällig auf die Demonstration gestoßen sei und keinen Sarg gesehen habe. Anhand des kurzen Ausschnitts, der an diesem Tag gesendet wurde, ließ sich diese Behauptung nicht widerlegen, und so galt der Grundsatz «im Zweifel für den Angeklagten».

Vor den Wahlen im Mai 1996 trug Rabins Freund Jean Friedman bei Fernsehsendern in aller Welt Videoaufnahmen von der Hetzkampagne zusammen. Darunter war auch die ungeschnittene Version der Ra'anana-Demonstration. Er gab die Kassette der Arbeitspartei, doch sie wurde im Wahlkampf nicht öffentlich gezeigt. Dann, ein Jahr nach den Wahlen, im Mai 1997, wurde das vollständige Video der Demonstration in den Film *The Road to Rabin Square* aufgenommen, bei dem Rabins Freund David Mosevics als Produzent fungierte und Michael Karpin Regie führte. Als eine gekürzte Version von Mosevics' Film in der TV-Dokumentarsendung «Fact» gezeigt wurde, hatten die Redakteure die meisten Szenen herausgeschnitten, in denen Netanjahu zu sehen war – darunter auch die Ra'anana-Demonstration. Ihre Begründung: Es sei legitim, wenn ein Oppositionsführer an Demonstrationen teilnehme, und folglich taugten die Aufnahmen nicht als Beleg für die Hetze gegen Rabin. Wenige Tage vor der Ausstrahlung der gekürzten Version lief der ungeschnittene Film vor achthundert Zuschauern im Tel-Aviv-Museum. Als die Bilder von dem Protestmarsch an der Ra'anana-Kreuzung gezeigt wurden, stockte den Zuschauern der Atem, und einige riefen: «Er hat ihn doch gesehen!» Der Sarg und der Henkersstrick waren bei der Demonstration so deutlich zu sehen, daß sie jeder Teilnehmer bemerkt haben mußte. Ministerpräsident Netanjahus Sprecher bekräftigte das ursprüngliche Dementi.

Drei Monate später, im August 1997, veröffentlichte Yaron London, einer der angesehensten Journalisten Israels, Shlomos Foto von der Demonstration in der Tageszeitung *Yediot Aharonot*. Diesmal war jeder Zweifel ausgeschlossen: Das Foto zeigt eindeutig, daß Netanjahu den Sarg und den Strick vor Augen hatte. Abermals wiederholte der Sprecher die ursprüngliche Behauptung, daß Netanjahu zufällig auf die Demonstration gestoßen sei und den Sarg nicht gesehen habe. Ebensowenig wollte Netanjahu, wie er bei anderen Gelegenheiten beteuerte, die Fotomontage mit Rabin in SS-Uniform, die Plakate mit der Parole «Tod für Rabin» oder die Transparente gegenüber dem Balkon auf dem Zionsplatz gesehen haben, auf denen Rabin als Verräter beschimpft wurde. Die Sprechchöre «Rabin ist ein Verräter» seien vom Wind in eine andere Richtung geweht worden und er habe sie deshalb nicht hören können. Bei unzähligen Gelegenheiten forderten Rabins Anhänger Netanjahu dazu auf, sich wenigstens dafür zu entschuldigen, daß er die Hetze stillschweigend geduldet habe. Jedesmal verwahrte er sich mit Empörung dagegen.

Fünf Tage nach dem Mord meldeten sich erstmals Rabbiner und andere Führer des religiösen Lagers zu Wort. Wiederholt war Amir als «Unkraut» in einer sonst gesetzestreuen Wiese der religiösen Nationalisten bezeichnet worden. Doch es war der anhaltende Verdruß in einem Teil des religiösen Lagers, der Dutzende von Häkelkäppchenträgern und einige haredische Jeschiwa-Studenten veranlaßte, sich in einem kleinen Saal in Jerusalem zu einer kollektiven «Gewissensprüfung» zu versammeln. Initiator der Versammlung war Meimad («Dimension»), eine kleine, politisch gemäßigte Bewegung religiöser Nationalisten. Als sie ihre Gemeinde aufforderten, Rede und Antwort zu stehen, sagten die Führer des Yesha-Rats sofort ihre Teilnahme an der Veranstaltung zu.

Hatten am Abend des Mordes in Tel Aviv noch milde Temperaturen geherrscht, so war in Jerusalem jetzt der Winter eingezogen, und als der ungeheizte Saal sich mit jungen Männern füllte, wurde die Atmosphäre zunehmend gespannter. Auf dem Podium saßen angesehene Rabbiner. Die erste Reihe war mit Führern der Nationalreligiösen Partei (NRP) besetzt, die, vormals eine Gruppierung der Mitte, nach dem Sechstagekrieg einen Kurswechsel vorgenommen hatte und mittlerweile den stärksten Block der radikalen Rechten bildete. «Heute abend wird es hier heiß hergehen», sagte sich Dov Greenberg, ein Jurastudent an der Hebräischen Universität, der zwischen den beiden nationalreligiösen Lagern schwankte. «Gemäßigte gegen Radikale, Meimad gegen den Yesha-Rat. Ginge es nicht um so ein tragisches Ereignis, könnte man sich zurücklehnen und das Spektakel genießen.»

Rabbi Yehud Amital, der Gründer von Meimad, trat als erster ans Rednerpult. Er hatte die Bewegung vier Jahre zuvor ins Leben gerufen: als Alternative zu der messianisch-nationalistischen Welle, die das religiöse Lager erfaßt hatte, und als Gegengewicht zu dem Yesha-Rat, der die religiösen Siedler zu weit nach rechts geführt hatte. Amital hielt unbeirrt daran fest, daß die Heiligkeit des Lebens Vorrang vor der Integrität Großisraels habe. Auch er lebte in einer Siedlung im Westjordanland, und auch er glaubte, daß die gesamte alte Heimstatt das Patrimonium des jüdischen Volkes sei. Doch im Gegensatz zur Führung des Yesha-Rats war er vor allem überzeugter Demokrat und der Ansicht, daß eine Regierung, die über eine parlamentarische Mehrheit verfügte, das Recht habe, Land abzutreten. Er beabsichtigte, der Versammlung den Ton vorzugeben, damit die Zeitungen am nächsten Tag vom Beginn kritischer Selbsterkenntnis in Israels religiöser Gemeinde berichten konnten.

«Wir sind fassungslos, bedrückt, schockiert, schmerzerfüllt, traurig, verletzt, beschämt und entrüstet angesichts des Mordes am israelischen Ministerpräsidenten», begann er und ließ seine Worte wirken. «Der Ramban* sagt: ‹Ist einer vom Volke auserwählt, so ist das ein Zeichen von oben, daß er [dazu ausersehen ist], König und Führer zu sein.› Das Geschehene ist ein Angriff auf das Reich Israel in einer Zeit der Heimkehr nach Zion und der beginnenden Erlösung. Meine Herren, wir müssen uns wahrhaftig in den Staub werfen wegen dieser schändlichen Entweihung des Namens Gottes.»

Köpfe senkten sich in der nachfolgenden Stille. Obwohl Amital bei den religiösen Nationalisten als Autorität auf dem Gebiet der Halacha Respekt genießt, finden seine moderaten politischen

---

* Maimonides, ein verehrter spanischer Rabbiner und Exeget aus dem zwölften Jahrhundert.

Ansichten in religiösen Kreisen nur wenig Zustimmung. Bei den Wahlen von 1992 scheiterte Meimad an der 1-Prozent-Sperrklausel und schaffte nicht einmal den Sprung in die Knesset. 1974, als die Siedlerbewegung Gush Emunim ins Leben gerufen wurde, forderten ihn die Gründer auf, ihre Führung zu übernehmen. Er lehnte ab, und hinterher sagte einer der enttäuschten Siedler, daß er sein Haus «in dem Gefühl» verlassen habe, «daß er ein furchtsamer Mann ist, der das Volk Israel nicht für fähig hält, das Land Israel aufzubauen». Von da an begegneten ihm die messianistischen Siedler mit Argwohn. Einige ächteten ihn ganz offen. Und nun hatten sie ein zweites Hühnchen mit Amital zu rupfen, denn er strebte eine Wiederbelebung des politischen Bündnisses an, das die Misrachi-Partei (die Vorläuferin der NRP) in den vierziger Jahren mit der Arbeiterbewegung geschlossen hatte. Tatsächlich vertraten die meisten modern-orthodoxen Juden in Israel bis in die achtziger Jahre hinein ganz ähnliche Positionen wie Meimad. Nach dem Mord signalisierte Shimon Peres, daß auch er die Allianz wiederzubeleben wünschte, und bot Amital eine Beteiligung an seiner Regierung an. Doch der Geist der Misrachi-Bewegung war längst erloschen. Die Anhänger der NRP hatten für den aufgeschlossenen Rabbiner nur Verachtung übrig und bezichtigten ihn hinter seinem Rücken der «Kollaboration mit den Verrätern des Landes Israel».

Heute abend schlug Amital zurück. «Solange die Möglichkeit besteht, und sei sie auch noch so gering», rief er, «daß der Mord unterblieben wäre, wenn in unserem Lager nicht Bezeichnungen wie ‹Regierung des Verrats› und ‹Blutregierung› erklungen wären, so lange können wir nicht behaupten, daß unsere Hände dieses Blut nicht vergossen hätten.» Ein leises Murren lief durch den Saal, aber noch immer wagte keiner zu protestieren. Noch war nicht ganz klar, worauf er hinauswollte. Dann kam er auf den Punkt.

«Der Mörder kam aus unserer Mitte, aus dem religiösen Zionismus und Judaismus, und wir können nicht sagen, daß unsere Hände dieses Blut nicht vergossen hätten. Viele unserer Rabbiner haben keinen mäßigenden, sondern einen radikalisierenden Einfluß ausgeübt, ein politisches Dogma formuliert und ein Klima erzeugt, das den Mord erst ermöglicht hat ... Politischer Extremismus ist zur Religion erhoben worden. Nicht nur der Mörder des Ministerpräsidenten kommt aus unserer Mitte, auch [Baruch] Goldstein, der Mörder im Grab der Patriarchen. Daß die religiöse Gemeinschaft dieses Gemetzel bagatellisierte ..., zeigt, daß ihr moralisches Empfinden gestört ist ... Der Verfall begann, als die Rabbiner beschlossen, bei den Übergriffen gegen Araber, die schließlich in Mordanschlägen gipfelten, ein Auge zuzudrücken. Unsere ehrwürdigen Weisen haben uns gelehrt: ‹Wer einen Nichtjuden beraubt, der wird am Ende einen Juden berauben. Wer einen Nichtjuden belügt, der wird am Ende einen Juden belügen. Wer das Blut eines Nichtjuden vergießt, der wird am Ende das Blut eines Juden vergießen.›»

Noch immer reagierte niemand auf die Schelte. Nach Rabbi Amital sprach Shalom Rosenberg, Professor für jüdische Philosophie an der Hebräischen Universität und ebenfalls Mitgründer von Meimad. Seine Rede war nicht weniger scharf.

«Der Mord an Rabin ist schlimmer als die fanatischen Aktionen des jüdischen Untergrunds und das Goldstein-Massaker. Hier wurde eine Grenze überschritten, die Zerstörung bedeutet.»

Rosenberg spielte auf eines der traumatischsten Kapitel in der jüdischen Geschichte an – die Zerstörung des Zweiten Tempels im Jahr 70 v. Chr. –, und seine Zuhörer verstanden die Anspielung. Und sie wußten, daß er nicht nur die Zerstörung Jerusalems durch die Römer meinte, sondern auch die innenpolitischen Verhältnisse, die dieser Katastrophe vorausgingen. Denn der Angriff auf Jerusalem wurde ausgelöst durch eine Revolte der messianischen Zeloten gegen den Kaiser. Die Zeloten, die «Gott allein als ihren Herrn und Meister anerkannten», wie der verstorbene Professor Menachem Stern schrieb, «betrachteten die Unterwerfung unter die Herrschaft des römischen Kaisers als eine der schlimmsten Sünden, die einem Sakrileg gleichkam». Und der Fall der Stadt wurde durch die innere Zerrissenheit der Verteidiger selbst beschleunigt. Aus dem Fanatismus jener Zeit ließen sich viele Lehren ziehen. Die eine freilich, die seit zwei Jahrtausenden im nationalen Gedächtnis verankert war, lautete, daß Jerusalem wegen des «grundlosen Hasses unter den Juden» zerstört worden sei. Rosenberg ging auf diese Lehre nun explizit ein. «Bevor wir einen Bürgerkrieg bekommen», mahnte er seine Zuhörer, «ist es besser, wir gehen wieder ins Exil.» Wenn die Erlösung einen Mord als Katalysator brauche, sei es besser, sie komme überhaupt nicht.

Doch die schwersten Vorwürfe sollten noch folgen. Denn nun erhob sich Rabbi Yoel Bin-Nun und trug sein *J'accuse* gegen die Rabbiner vor, die das *Din Rodef* auf Rabin angewendet hatten. Er bezeichnete sie als «Revolutionsgerichte einer Art jüdischen His-bollah» und verlangte, daß sie am Ende der Trauerwoche zurück-treten oder von ihren Posten entfernt werden sollten. Die Rabbiner im Saal rutschten unruhig auf ihren Stühlen hin und her, und einige junge Männer aus dem Publikum riefen: «Halten Sie den Mund! Drohen Sie niemandem! Wenn Sie Beweise haben, rücken Sie jetzt damit heraus.»

«Das Schlimmste steht uns noch bevor», rief Bin-Nun gegen den Tumult an, «und wenn diese schreckliche Sache nicht aufhört, werden wir alle dafür die Verantwortung tragen. Denn wenn, was der Himmel verhüten möge, ein weiterer politischer Mord ge-schieht, ist es fraglich, ob es noch einen jüdischen Staat geben wird, ist es fraglich, ob wir durchhalten werden.»

Wieder brach im Saal ein Chaos aus. Rufe wie «Linker!» und «Schande über dich!» wurden Bin-Nun entgegengeschleudert. Der Lärm legte sich erst, als der Knesset-Abgeordnete Zevulun Ham-mer aufstand und das Publikum zur Ruhe mahnte.

Hammer führte die NRP mittlerweile seit etwa zwanzig Jahren. Obwohl er selbst nicht in den besetzten Gebieten lebte, unter-stützte er die Siedler tatkräftig und führte seine Partei aus der pragmatischen Mitte an den rechten Rand. In den frühen achtziger Jahren hatte Hammer einigen Rabbinern, die Kontakte zur Gush Emunim unterhielten und im Verdacht standen, terroristische

Aktionen des jüdischen Untergrunds sanktioniert zu haben, geholfen, einer Strafverfolgung zu entgehen. Er war nicht der Typ des Volksverhetzers. Im Gegenteil, einige Kollegen in der Knesset nannten ihn einen frömmlerischen Heuchler, weil er mit sanfter Stimme und unter Berufung auf Vernunft, Gerechtigkeit und Moral Dinge verteidigte, die von Grund auf verworfen waren. «Da geht Hammer und rollt die Augen gen Himmel» war eine Spitze gegen ihn, die von linker Seite häufig zu hören war.

Im Saal kehrte wieder Stille ein, als Hammer an diesem Abend ein ganz anderes Thema anschnitt. «Wenn wir uns selbst Rechenschaft ablegen, so spricht das nicht für unsere Schuld, sondern für unsere Werte und unsere Moral», begann er. «Wir verwahren uns mit Empörung gegen die böswilligen Anschuldigungen, die gegen uns als Gemeinschaft erhoben werden, und gegen jene, die mit dem Finger auf uns zeigen.» Ein Raunen ging durchs Publikum, und ein Jeschiwa-Student rief: «Seien Sie nicht so selbstgerecht! Sie selbst haben Rabins Politik als antijüdisch und antizionistisch bezeichnet. Sie selbst haben an Demonstrationen teilgenommen, auf denen ‹Rabin ist ein Verräter!› gebrüllt wurde.» Seine Worte gingen in Rufen wie «Maul halten!» und «Was fällt dir ein?» unter, und abermals geriet der Saal in Aufruhr. Doch das spielte kaum noch eine Rolle. Hammer hatte seine Botschaft an den Mann gebracht: daß nämlich für das nationalreligiöse Lager kein Anlaß bestehe, seine Argumente, seine Überzeugungen oder sein Verhalten zu überdenken.

Ihm folgte der Knesset-Abgeordnete Hanan Porat, der die extremistischen Siedler repräsentierte. Seit dem Massaker in der Höhle der Patriarchen im Februar 1994 hatten viele Landsleute Porat mit beißendem Spott überschüttet. An jenem kalten Morgen des Purimfestes hatte Baruch Goldstein neunundzwanzig Palästinenser erschossen. Doch am selben Tag, als das Land von dem Schock tief erschüttert war, tauchte Porat freudestrahlend in Hebron auf und wünschte den Siedlern einen schönen Feiertag. Zur gleichen Zeit, als palästinensische Familien ihre Toten begruben, trat er grinsend vor die Fernsehkameras und erklärte: «Wir sind fröhlich, weil heute Purim ist, und an Purim muß man sich freuen, auch in Krisenzeiten.» Porat gehörte auch zu den Leuten, die lange vor dem Mord der Regierung Rabin jede Legitimität abgesprochen und ihre Entscheidung, das Abkommen Oslo II zu unterzeichnen, als Verrat bezeichnet hatten, weil die Knesset ihn mit den Stimmen der «antisemitischen arabischen Abgeordneten», wie er die Vertreter der arabischen Minderheit bezeichnete, ratifiziert habe. Porat war auch gemeint gewesen, als Rabbi Amital jene, die sich an der Hetze beteiligt hatten, aufgefordert hatte, Reue zu zeigen. Einige Zeit nach Rabins Ermordung brachte Porat eine zweifelhafte Art von Bedauern zum Ausdruck, die dem spitzfindigsten Talmud-Gelehrten zur Ehre gereicht hätte.

«Jedesmal, wenn ich mich des Ausdrucks ‹Verrat› bediente, wies ich ausdrücklich auf den Unterschied zwischen der Tat, die ich als Verrat ansehe, und der Charakterisierung des Mannes [Rabin] als Verräter hin», sagte er in einem Interview. «Rückblickend räume ich ein, daß der Begriff ‹Verrat›, zu dem ich aus logischer Sicht stehe, von einem philosophischen Standpunkt aus als unpassend angesehen werden könnte, da zu befürchten steht, daß nicht jeder zwischen dem Akt selbst und dem Mann, der ihn begangen hatte, unterscheidet.»

Porat ist ein Meister der Verwirrung. Bei der Versammlung am 8. November gab er keinerlei Kommentar zu Yigal Amirs Mordtat ab. Vielmehr versuchte er, dieses schwere Verbrechen und die ihm verhaßte Politik der Regierung Rabin, die mit der Preisgabe heiliger Gebiete das jüdische Siedlungsunternehmen gefährdete, auf eine Stufe zu stellen. Rabin hatte, wie Porat ziemlich unverblümt zum Ausdruck brachte, die schlimmste Sünde begangen, indem er sich Gottes Wort widersetzte.

«Ich hatte Dutzende von Gesprächen mit Rabin», sagte er. «Ich bewunderte ihn als Ministerpräsidenten. Doch wenn ich nachts, in schlaflosen Nächten, an Rahels Grab [in Bethlehem] vorüberkomme und daran denke, daß die Stadt Ausländern überlassen werden soll, dann höre ich Rahels weinende Stimme um ihre Söhne trauern, und ich weiß, wer immer die Hand erhebt, um jüdische Gemeinden aus ihrem Land herauszureißen, der erhebt auch die Hand gegen das Wort Gottes, der Rahel verheißt: ‹Die Söhne werden zurückkehren in ihre Heimat› [Jeremia 31, 17] ... Wer über sich selbst Rechenschaft abzulegen wünscht, muß sich an diesen Ort begeben, einen schrecklichen Schrei gegen diese Regierung ausstoßen, in den Abgrund blicken und sagen: Wer immer in diesen Abgrund geht und glaubt, das Schicksal des jüdischen Volkes ließe sich auf diese Weise erfüllen, ist einfach dumm und gottlos.»

Die kurze Versammlung vom 8. November 1995 blieb jedoch der einzige Versuch dieser Art von Gewissensprüfung. Weitere seien nicht nötig, signalisierten die Führer der wichtigsten religiösen Organisationen ihrer Gefolgschaft. Es gebe nichts zu prüfen, nichts zu diskutieren. Statt selbstkritisch in sich zu gehen, leisteten sie Lippenbekenntnisse und verschanzten sich gleich wieder hinter einer Mauer der Frömmelei. Prominente Rabbiner bekämpften weiter jeden, der es wagte, ihre Wertvorstellungen und Vorherrschaft in Frage zu stellen, und Israels Regierung drückte beide Augen zu. Der Ministerpräsident forderte sie zu keinem Zeitpunkt auf, das Gesetz zu achten und damit aufzuhören, sich als höhere Instanz zu gebärden. Ebensowenig forderte er sie auf, ehrlich einzugestehen, daß sie bei der Hetzkampagne eine tragende Rolle gespielt hatten. Tatsächlich wurde diese Kampagne nie ernsthaft untersucht. Statt dessen gab sich der Ministerpräsident mit halbherzigen und relativierenden Verurteilungen des Mordes zufrieden. Dank dieser Zaghaftigkeit kamen gewisse Mitglieder des religiösen Establishments ungeschoren davon, obwohl sie zum Mord angestiftet hatten.

Sieben Monate nach dem Mord verlor die Arbeitspartei die Wahlen. Der Sieger im Rennen um das Amt des Ministerpräsidenten im Jahr 1996 hieß nicht Shimon Peres, Rabins Partner bei der Friedensinitiative und natürlicher Nachfolger. Er hieß Benjamin

Netanjahu, der Führer der Opposition gegen den Oslo-Prozeß, der, als der Wahltag näher rückte, widerwillig gelobte, ihn fortzusetzen. Der «Faktor Mord», so schien es, hatte kaum Auswirkungen auf das Votum der Wähler, während dieselben Kräfte, die die Hetze gegen Rabin inszeniert und sich zu eigen gemacht hatten, die aktivsten Befürworter Netanjahus waren. Den Direktiven ihrer geistlichen Führer folgend, stimmten die Frommen geschlossen für den Kandidaten des Likud. Sie errangen einen phantastischen Triumph und bezwangen den Amtsinhaber, dem alle Demoskopen und die meisten Experten einen sicheren Sieg prophezeit hatten. Das Ziel ihres Kampfes, zuerst gegen Rabin und dann gegen Peres, war dasselbe: einen Kompromiß mit den Palästinensern in der Territorialfrage zu verhindern.

Aus streng religiöser Sicht bestand für die religiösen Juden Israels keinerlei Grund, Netanjahu seinem Rivalen vorzuziehen. Wie Peres war er im Grunde seines Herzens ein säkularer Jude. Er hielt den Sabbat nicht ein, aß Speisen, die nicht koscher waren, und hatte, was in den Augen der orthodoxen und haredischen Gemeinden in Israel vielleicht am meisten Anstoß erregt, seine zweite Frau Fleur in einer konservativen Synagoge geheiratet (die Ausübung des konservativen und reformierten Judentums gilt bei diesen Gemeinden als noch viel verwerflicher als totale religiöse Abstinenz). Die Gemeinsamkeiten mit Netanjahu lagen woanders, und sie stellten klar – insbesondere nachdem er erklärt hatte, daß er gezwungen sei, die Osloer Abkommen zu respektieren –, daß er lediglich ein Werkzeug in ihren Händen war, ein Führer auf Probe. Wenn er die Erwartungen, die sie in ihn setzten, erfüllte und den Oslo-Prozeß sabotierte, war ihm ihre Unterstützung sicher. Wenn er die Integrität des Landes Israel gefährdete, würden sie ihn stürzen.

Bereits kurze Zeit nach dem Mord wurde Ministerpräsident Peres von Parteifreunden und Beratern ermuntert, umgehend Neuwahlen anzusetzen. Die Meinungsumfragen, so argumentierten sie, verhießen einen überwältigenden Sieg und somit ein neues Mandat für die Fortsetzung der Friedenspolitik, die er mit Rabin eingeleitet hatte. Die kurz nach dem Mord durchgeführten Umfragen zeigten, daß die Arbeitspartei in der Wählergunst einen deutlichen Sprung nach vorn gemacht hatte. Selbst Gegner des Oslo-Prozesses hielten sich mit Kritik jetzt zurück aus Angst, die innere politische Zerrissenheit, die bereits in Gewalt ausgeartet war, weiter zu verschlimmern. Gleichzeitig wurde mit Blick auf das vieldiskutierte Thema *Din Rodef* in der säkularen Öffentlichkeit die Forderung laut, den elementaren Grundsatz zu untermauern, daß politische Führer mit dem Stimmzettel und nicht mit der Waffe aus ihren Ämtern entfernt werden.

Peres wurde zu raschem Handeln gedrängt. Doch er zögerte, unverzüglich Neuwahlen auszurufen, denn er fürchtete den Vorwurf, er wolle aus einer nationalen Tragödie politisches Kapital schlagen. Seines Erachtens bestand ohnehin kein Grund zu unziemlicher Hast. Die Mehrheit der Wähler befürwortete den Friedensprozeß – zumindest hatten das alle Umfragen gezeigt –, so daß die Arbeitspartei auf jeden Fall im Vorteil war. Zudem war Peres zuversichtlich, daß die Nachwirkungen des Mordes noch lange anhalten würden, wenigstens einige Jahre. Und anfangs schien er damit auch recht zu haben. Erfahrene Beobachter waren überzeugt, daß sich das Land mitten in einem Läuterungsprozeß befinde und daß Israel nach dem Mord mit dem Israel vor dem Mord nicht mehr zu vergleichen sein würde. Die Gesellschaft würde ihre Lehren ziehen, die Extremisten aus ihrer Mitte verstoßen und zu einem Geist der Toleranz und Mäßigung finden. Mit Neuwahlen habe es keine Eile, denn man werde Jitzhak Rabins Friedensvermächtnis in Ehren halten – und damit sei die Machtposition seiner Partei gesichert.

Innerhalb von drei Monaten zeigte sich, daß Meinungsforscher, Experten und Peres geirrt hatten. Hätte der neue Ministerpräsident für Ende 1995 Neuwahlen angesetzt, hätte er fast sicher gewonnen. Doch Ende Januar war die Unterstützung, die der Friedensprozeß nach dem Mord noch erhalten hatte, dahingeschwunden, und

Umfragen belegten, daß die Osloer Abkommen, die Arbeitspartei und Peres persönlich in der Wählergunst stark abgesackt waren. Die Führung der Arbeitspartei brauchte lange, bis sie auf diese Trendwende reagierte. Sie vertraute auf die Umfragen, die von der Partei selbst in Auftrag gegeben waren, und ignorierte die Zahlen, die unabhängige wissenschaftliche Institute veröffentlichten. Zu den wichtigsten Zahlen der letztgenannten Gruppe gehörte der «Friedensindex», eine Erhebung, die seit Sommer 1994 monatlich vom Tami-Steinmetz-Zentrum für Friedensforschung an der Universität Tel Aviv unter Leitung von Professor Ephraim Ya'ar durchgeführt wurde. Der «Friedensindex», der als das zuverlässigste Stimmungsbarometer in bezug auf den Friedensprozeß und damit zusammenhängende Fragen galt, bestätigte anfangs die Erwartungen der Arbeitspartei. Bei der Umfrage, die im November 1995, also unmittelbar nach dem Mord, durchgeführt wurde, sprachen sich 73,1 Prozent der Israelis für den Oslo-Prozeß aus. Ende Januar 1996 war dieser Spitzenwert um 12 Punkte auf 60,3 Prozent gefallen.

Im selben Zeitraum schwand laut «Friedensindex» auch die Unterstützung für Peres. Im November 1995 sprachen sich 57,3 Prozent der Befragten für Peres als Ministerpräsident aus und lediglich 24,5 Prozent für Netanjahu. Im Dezember rutschte Peres auf 53 Prozent ab, während Netanjahu auf 30,4 Prozent kletterte. Ende Januar votierten nur noch 46 Prozent der Befragten für Peres und 35,2 Prozent für Netanjahu. Im Verlauf dieser drei Monate war Peres' Vorsprung also um 66 Prozent von 33 Punkten auf weniger als 11 Punkte geschrumpft. Ende Februar, als Peres Neuwahlen ausrief, hatte sich laut «Friedensindex» die Lücke zwischen den Kontrahenten auf 9 Punkte verringert.

Der vielleicht bemerkenswerteste Aspekt dieses Prozesses war, daß Peres den größten Vertrauensverlust noch vor Ende Februar 1996 verzeichnete, als eine beispiellose Terrorwelle der fundamentalistischen Hamas Israel erschütterte. Sie war die Vergeltung für die Liquidierung des «Ingenieurs», des neunundzwanzigjährigen

Yihye Ayyash, der den militärischen Arm des Hamas befehligte. Ayyash war für den vorausgegangenen Bombenterror vom Sommer 1994 bis Winter 1995 verantwortlich gewesen, mit dem das Goldstein-Massaker in Hebron gerächt worden war. Den Beinamen «Ingenieur» trug er, weil er Sprengsätze baute und zum Selbstmord bereite Terroristen auswählte, die mit ihren am Körper oder in Aktentaschen versteckten Bomben verheerende Verwüstungen auf Israels Straßen anrichteten. Zwei Jahre lang fahndete der Shabak vergeblich nach ihm. Die Palästinenser-Behörde wurde aufgefordert, Ayyash zu verhaften und an Israel auszuliefern, behauptete jedoch, er sei nicht in Gaza oder Jericho, den beiden Gebieten, die unter palästinensischer Kontrolle standen. Im Januar 1996 entdeckte man sein Versteck in Gaza-Stadt. Der «Ingenieur» starb durch eine Bombe, die in einem Handy versteckt war und in seiner Hand explodierte. Niemand bekannte sich zu der Tat, doch in Israel wurde die Nachricht von seinem Ableben mit Genugtuung aufgenommen. Die Palästinenser reagierten mit Empörung und gingen zu Zehntausenden – Anhänger der Hamas wie der PLO – auf die Straße. Über 100000 Menschen wohnten Ayyashs Beisetzung bei. Wieder war die Spirale der Gewalt weitergedreht worden; wieder gab es eine Rechnung zu begleichen.

Knapp zwei Monate später, Ende Februar 1996, rächte die Hamas Ayyashs Tod mit einer Serie von vier Selbstmordattentaten innerhalb von neun Tagen. Die erste Bombe explodierte in einem Bus der Linie 18 in Jerusalem, die zweite kurz darauf an einer bei Soldaten beliebten Tramperstelle vor der Stadt Ashkelon nördlich des Gazastreifens. Eine Woche später sprengte sich in Jerusalem ein dritter Selbstmordattentäter in die Luft, abermals in einem Bus der Linie 18, und tags darauf zündete ein vierter einen doppelten Sprengsatz vor dem Dizengoff-Center, einem Einkaufszentrum in der Innenstadt von Tel Aviv. Die Bilanz war grauenhaft. Zwischen dem 25. Februar und dem 4. März wurden sechzig Menschen getötet und Hunderte verletzt, einige davon so schwer, daß sie ihr Leben lang Krüppel bleiben. Das Fernsehen sendete live von den

Schauplätzen der Anschläge, und die Israelis waren einer Hysterie nahe. Wohin sie auch gingen, ständig hielten sie nervös nach verdächtigen Subjekten Ausschau. Und ebenso wie zuvor Rabin war Peres machtlos.

Die Opposition machte sich Peres' Dilemma zunutze und behauptete, daß die Anschläge der Hamas eine unmittelbare Folge der Verträge von Oslo seien. Hätte die Regierung aus dem Gazastreifen und den Städten im Westjordanland keine israelischen Truppen abgezogen, wären sie nicht zu Terroristennestern geworden. Mitte März hatte Peres seinen Vorsprung in den Umfragen eingebüßt; einige prognostizierten ein Kopf-an-Kopf-Rennen der beiden Kandidaten, andere sahen Netanjahu knapp an der Spitze. Die Führung der Arbeitspartei machte die Hamas und ihre Geldgeber im Ausland für den Popularitätsschwund ihres Kandidaten verantwortlich. Gegen diese Schuldzuweisung spricht allerdings, daß Peres in den Umfragen wieder vorpreschte, sowie er seine Verwirrung und Lähmung überwunden hatte und die Grundregeln änderte: Arafat zwang, entschlossene Maßnahmen gegen die Hamas zu ergreifen, die Verlegung der israelischen Truppen in Hebron verschob und die besetzten Gebiete abriegelte, was die palästinensische Wirtschaft enorm belastete. Im Mai lag er wieder 5 Punkte vor Netanjahu. Von da an war es nicht mehr möglich, die palästinensischen Fundamentalisten für seine Probleme verantwortlich zu machen. Peres und seine Partei verloren die Wahl, weil sie im Wahlkampf jeden nur erdenklichen Fehler machten. Ihre Niederlage war selbstverschuldet.

Im nachhinein ist es nicht schwierig, die Fehler zu erkennen. Zwei rühren von der grundlegenden Wahlkampfstrategie der Arbeitspartei her und hängen mit dem Mord an Rabin zusammen. Der erste war Peres' Entscheidung, die religiösen Parteien des Landes zu umwerben und für eine Koalition mit der Arbeitspartei zu gewinnen. Der zweite war, daß die Arbeitspartei den Mord an Rabin in ihrem Wahlkampf zum Tabuthema erklärte. Beide Entscheidungen zeigen, daß Peres die wichtigste politische Lehre aus dem Mord nicht gezogen hatte oder aber ignorierte: daß nämlich in Israel eine enge Bindung bestand zwischen Religion und Nationalismus – oder genauer gesagt, zwischen nomineller Frömmigkeit und selbsternanntem Patriotismus. Peres' Werben um die religiösen Parteien war ein trauriges Schauspiel. Er bekniete die NRP förmlich, das historische Bündnis mit der Arbeitspartei zu erneuern, und als Geste des Entgegenkommens verzichtete er darauf, die Rabbiner zu belangen, die sich über das bürgerliche Recht hinweggesetzt hatten. Statt über die Hetzkampagne gegen Rabin Nachforschungen anzustellen, suchte er den Dialog mit den Rabbinern, Politikern und radikalen Siedlern, obwohl sein Vorhaben von vornherein zum Scheitern verurteilt war. In der Hoffnung, Zustimmung zu erhalten, wartete er demütig vor der Tür der wenigen Rabbiner, die sich widerwillig dazu herabließen, ihn zu empfangen. Er stand Schlange, um von einem altersschwachen Mystiker das Privileg seines Segens zu empfangen. Er versuchte, sich bei arroganten Politikern einzuschmeicheln, die ihm seine Bemühungen mit Verachtung vergalten. Und in dem Bemühen, den pragmatischen Kern der NRP für sich zu gewinnen, übersah er, daß an die Stelle der Pragmatiker längst reaktionäre Messianisten getreten waren.

Am Ende erwiesen sich Peres' Gesten als nutzlos, und er wurde mit leeren Händen abgewiesen. Die große Mehrheit der religiösen Gemeinde stimmte fast geschlossen für Netanjahu. Wäre Peres nicht um Rabins Kritiker herumscharwenzelt, so hätte er möglicherweise die Wahl zwar auch verloren, doch sie hätten ihn wenigstens mit Respekt behandelt. So kann man dem religiösen Block zwar Netanjahus Sieg zuschreiben, paradoxerweise aber nicht Peres' Niederlage. Dafür waren drei andere selbstverschuldete Fehler verantwortlich.

Der erste Fehler der Arbeitspartei war ihre Strategie der Selbstverleugnung. Das vielleicht sonderbarste Merkmal dieses Wahlkampfes war das Bemühen der beiden Hauptkontrahenten Arbeitspartei und Likud, in die Rolle des jeweils anderen zu schlüpfen.

Beide gaben sich so, wie sie nicht waren, um die Stimmen der nebulösen «Mitte» zu gewinnen, wie die Wechselwähler genannt wurden. Beide rückten von ihren traditionellen Grundsätzen ab und verschleierten bewußt ihre Botschaften an die Öffentlichkeit. Aus Netanjahus Sicht hatte diese Taktik einiges für sich, und so setzte er alles daran, seine extremistische Grundeinstellung zu kaschieren und als Taube mit Falkenschnabel zu erscheinen. Umgekehrt versuchte Peres, seine gemäßigte Haltung zu verschleiern und sich als Falke mit Taubenschnabel zu gerieren. Bei diesem Spiel zog Peres den kürzeren. Denn sein Image als Friedensstifter ließ sich nicht von heute auf morgen korrigieren. Im Vergleich zu dem bekannten Peres, der seit nahezu fünfzig Jahren in der Politik mitmischte, war Netanjahu ein politischer Parvenü, dessen Image weitaus formbarer war. Daher klappte die Verwandlung, die beide Seiten anstrebten, nur bei einem. Die Arbeitspartei zog mit dem Slogan «Israel ist stark mit Peres» in den Wahlkampf. Das Wort «Frieden» war aus ihrem PR-Vokabular gestrichen und tauchte wundersamerweise im Slogan «Ein sicherer Friede mit Netanjahu» des Likud auf. Statt die Unterschiede zum Gegner herauszuheben, zogen es die Kandidaten vor, sie zu verwischen.

Die Verschleierungstaktik war offenbar so vielversprechend, daß die NRP sie übernahm. Hatte sie gegen Rabin noch einen radikalen Kurs verfolgt, so rückte sie im Wahlkampf völlig davon ab. Der Yesha-Rat hielt sich im Hintergrund. Nationalistische Parolen wurden aus der Parteipropaganda nahezu völlig gestrichen, und in einem Kraftakt proteischer Verwandlungskunst präsentierte sie sich jetzt als eine Partei freundlicher Juden, die nur von dem Verlangen beseelt waren, die Tradition zu wahren und die Werte der Familie hochzuhalten. Und in dem Wunsch, sie an seiner nächsten Koalition zu beteiligen, schreckte Peres davor zurück, diese List zu entlarven.

Getreu ihrer Verschleierungstaktik und aus Angst, die Wechselwähler zu verprellen, verzichtete die Arbeitspartei zudem darauf, die Rechte an ihrem schwächsten Punkt zu attackieren und ihre aktive Rolle bei der Hetzkampagne anzuprangern, die in Rabins Ermordung gegipfelt hatte. Die Entscheidung, den Mord nicht zum Wahlkampfthema zu machen, rangiert auf der Liste der Fehler, die zur Niederlage der Arbeitspartei beitrugen, weit oben. Doch ihr schlimmster Schnitzer war, daß sie ihren natürlichsten Verbündeten vor den Kopf stieß: die arabischen Bürger Israels. Der Grund war eine mißglückte Militäroperation nur einen Monat vor der Wahl. Ironischerweise auf den Namen «Früchte des Zorns» getauft (eine Ironie, die sich freilich erst im nachhinein offenbarte), war diese Operation als Vergeltungsschlag für einen massiven Raketenbeschuß durch libanesische Hisbollah-Freischärler gedacht, der in Galiläa schweren Sachschaden anrichtete.

Die Operation geriet außer Kontrolle. Der «chirurgische Schnitt», den der Generalstab geplant hatte, artete in einen Zermürbungskrieg aus. Israel setzte die Bewohner des Südlibanon von seiner Absicht in Kenntnis, die von ihren Dörfern aus operierenden Freischärler unter Beschuß zu nehmen, und empfahl ihnen, das Gebiet zu verlassen. Wie von Israel geplant, flohen eine halbe Million Menschen nach Norden. Die Regierung hoffte auf einen Dominoeffekt: Die Flüchtlinge sollten Beirut unter Druck setzen, die libanesische Regierung wiederum Druck auf die Syrer ausüben und die Regierung in Damaskus – ein heimlicher Förderer der Hisbollah – schließlich die Freischärler zwingen, das Raketenfeuer einzustellen. Es war eine grausame Strategie, die zu Lasten der Zivilbevölkerung ging, doch aus israelischer Sicht hatte sie bislang stets funktioniert, und auch diesmal wurde an ihrem Erfolg nicht gezweifelt. Israels Botschaft an die Nachbarn war klar: Solange an seiner Nordgrenze kein Frieden herrschte, würde auch im Südlibanon keine Ruhe einkehren.

Am siebten Tag der Operation kam es zur Tragödie. Ein UN-Lager in der Nähe des libanesischen Dorfes Kafr Kana geriet unter israelischen Artilleriebeschuß. Hunderte von Dorfbewohnern hatten sich hierher geflüchtet, und einhundert von ihnen kamen bei dem Angriff ums Leben. Die Weltöffentlichkeit war empört und erwartete von Israel, daß es den Beschuß einstellte und die Verantwortung für die Katastrophe übernahm. Doch Peres gab den Freischärlern die Schuld an der Katastrophe und ließ den Beschuß fortsetzen. Er erwartete, mit dieser Demonstration der Entschlossenheit in der Endphase des Wahlkampfs Punkte zu machen. Aber sie sollte den gegenteiligen Effekt haben und seinen Sturz herbeiführen.

Unter den lautstarken Kritikern des Gemetzels protestierten Israels Araber am schärfsten. Die Arbeitspartei hatte es jedoch als selbstverständlich betrachtet, daß sie für Peres stimmen würden, die Seele des Friedensprozesses und den Visionär des «Neuen Nahen Ostens», in dem Juden und Araber erfolgreich zusammenarbeiteten. Peres wurde nun von arabischen Knesset-Abgeordneten als «Kindermörder» bezeichnet. Andere Wortführer dieser Minderheit brüskierten ihn demonstrativ und riefen ihre Anhänger dazu auf, bei der Direktwahl des Ministerpräsidenten einen leeren Stimmzettel abzugeben und dadurch ihrer Abscheu Ausdruck zu verleihen. Trotz aller Bemühungen der Arbeitspartei um einen Widerruf dieser Wahlempfehlung wurden am Wahlabend 30000 leere Stimmzettel gezählt – fast alle von arabischen Bürgern abgegeben. Diese Protestwähler entschieden die Wahl, denn wie die Auszählung ergab, betrug Netanjahus Vorsprung vor Peres lediglich 1 Prozent. Peres hätte schon mit zusätzlichen 15000 Stimmen die Wahl gewonnen.

8 Verschwörung

Gerüchte über einen *stinker*, einen Informanten, der für den Sicherheitsdienst arbeitete, waren in den besetzten Gebieten bereits weit verbreitet, als Amnon Abramovich am Freitag, dem 17. November 1995, im Studio von Kanal Eins vor den Kameras Platz nahm und eine Bombe platzen ließ, die das Land innerhalb von knapp zwei Wochen zum zweiten Mal in Aufruhr zu versetzen drohte. «Der rechtsradikale Aktivist Avishai Raviv ist ein Shabak-Agent mit dem Decknamen ‹Champagner›», verkündete er in seiner knappen, routinierten Sprechweise, als gehe es um nichts Dramatischeres als den Wetterbericht. Die Folgen dieser Meldung sollten Israel noch zwei Jahre später erschüttern.

Abramovich, ein erfahrener Journalist und vormals Starkolumnist beim Massenblatt *Ma'ariv*, bevor er zu Kanal Eins wechselte, war für seine zuverlässigen Quellen in führenden politischen Kreisen und im Sicherheitsdienst bekannt. Doch es dauerte eine Weile, bis seine Meldung in ihrer vollen Bedeutung erfaßt wurde. Erst kürzlich war Avishai Ravivs Name in Israel in aller Munde gewesen. Der achtundzwanzigjährige stämmige Student mit dem runden Gesicht genoß bereits eine bescheidene Prominenz als rechter Aktivist, ehe er zwei Tage nach der Mordtat als mutmaßlicher Komplize Yigal Amirs verhaftet wurde. Sein Name wurde mit der Kach und einer kleinen, zwielichtigen Gruppe namens «Eyal», die sich auf die Schikanierung von Palästinensern spezialisiert hatte, in Verbindung gebracht.

Nun sollte er zur Hauptfigur in einer weitaus aufregenderen Geschichte werden. Wenn die sensationelle Meldung von Kanal Eins stimmte, bestand dann nicht die Möglichkeit, daß die Eyal-Gruppe ihre Gewalttaten auf Geheiß der staatlichen Sicherheitsorgane begangen hatte? Hatte Raviv als Agent provocateur den

325

Auftrag gehabt, die politische Rechte in Mißkredit zu bringen? Diese Fragen waren zutiefst beunruhigend, aber noch harmlos im Vergleich zu anderen Spekulationen: War es denkbar, daß Raviv seinen Führungsoffizieren von Yigal Amirs Mordplänen gegen den Ministerpräsidenten berichtet, der Shabak jedoch nichts unternommen hatte? Oder war es möglich, daß eine oder mehrere Personen im Shabak Raviv dazu benutzt hatten, Amir zu der Tat anzustacheln? Kurzum, war der Mord an Jitzhak Rabin das Resultat einer heimtückischen Verschwörung, die im Shabak angezettelt worden war?

Bevor der Abend vorüber war, begriffen viele Israelis, daß Abramovichs Enthüllung Jitzhak Rabins Andenken für immer mit Spekulationen über eine Verschwörung in Verbindung bringen würde. Einige Feinde Rabins sollten sogar noch weiter gehen und behaupten, daß der israelische Ministerpräsident, dem der Shabak direkt unterstand, persönlich in ein skrupelloses Komplott verwickelt gewesen sei mit dem Ziel, einen Anschlag auf sein Leben zu inszenieren.

Doch dazu kam es erst später. Zunächst einmal galt es, das verworrene Knäuel aus womöglich Realem und rein Spekulativem zu entwirren. Abramovich war beileibe nicht der erste, der öffentlich behauptete, daß Raviv für den Shabak arbeite. So hatte am Tag vor seiner Enthüllung Rabbi Benny Elon aus Zo Artzenu auf einer Pressekonferenz den Verdacht geäußert, daß der junge Krawallmacher Kontakte zum Sicherheitsdienst unterhalte. Tatsächlich war Raviv am selben Tag aus polizeilichem Gewahrsam entlassen worden und hatte, als er von Elons Anschuldigungen erfuhr, seine Führungsoffiziere um Instruktionen gebeten. Er erhielt die Anweisung, die Vorwürfe öffentlich zu dementieren und Elon mit einer Anzeige wegen übler Nachrede zu drohen. Die Medien glaubten ihm. Sie wußten zwar, daß Raviv alles andere als ein lauterer Charakter war, doch Elons Behauptungen klangen zu sehr nach einem politischen Täuschungsmanöver. Tags darauf, als Abramovich mit derselben Information aufwartete, wurde sie vorbehaltlos geglaubt. Niemand konnte sich vorstellen, daß ein Journalist seines Formats, der für das öffentlich-rechtliche Fernsehen arbeitete, auf eine Falschmeldung hereingefallen sein könnte. Damit begann ein langer Hexentanz um einen brodelnden Kessel mit Verschwörungstheorien. Der Shabak verfiel in Apathie und grollte, und die Regierung unternahm nur zaghafte Versuche der Schadensbegrenzung. Ministerpräsident Peres forderte von Shabak-Chef Carmi Gillon alle Informationen über Raviv, und Gillon antwortete knapp: «Wir gehen der Sache nach.» Bis das Büro des Ministerpräsidenten umfassend unterrichtet werden konnte, zog es sich hinter einer Mauer des Schweigens zurück und blieb dort auch dann, als Polizeiminister Moshe Shahal mit einer Erklärung an die Öffentlichkeit trat, die sich wie eine indirekte Bestätigung von Abramovichs Bericht las. «Wir glauben nicht, daß der Shabak in irgendeiner Verbindung zu dem Mordanschlag steht», erklärte er. «Ich glaube an die Loyalität und Integrität der Mitarbeiter des Sicherheitsdienstes. Alles andere ist Spekulation.» Den Journalisten fiel auf, daß der Minister Abramovichs Bericht nicht ausdrücklich dementiert hatte, und so ließen sie dem Büro des Ministerpräsidenten keine Ruhe mehr und forderten eine Stellungnahme. Doch Peres und seine Mitarbeiter hüllten sich in Schweigen. Selbst bei einer Kabinettssitzung am 19. November verweigerte der Ministerpräsident eine Stellungnahme und forderte seine Minister lediglich auf, sich zu Gerüchten über den Shabak nicht mehr zu äußern. «Wenn Sie nach Avishai Raviv gefragt werden, dann sagen Sie, daß die Angelegenheit von der staatlichen Untersuchungskommission geklärt wird.* Es findet eine Untersuchung statt, und sie wird alles aufklären.»

Doch die Nachricht von Ravivs Verbindung zum Shabak gab der bedrängten Rechten wieder Selbstvertrauen, und Netanjahu ging daran, aus dem politischen Schaden für sich Kapital zu

---

* Die Shamgar-Untersuchungskommission, die am 5. November 1995 von der Regierung eingesetzt wurde.

schlagen, auch auf die Gefahr hin, daß er damit das Vertrauen der Nation in ihren Sicherheitsdienst untergrub.

«Ich bin besorgt», sagte er seinen Parteifreunden bei einer Sitzung des Likud-Büros am 22. November. «In den letzten vierundzwanzig Stunden sind Dinge ans Licht gekommen, die für die israelische Demokratie bedrohlich klingen. Selbst wenn nur ein Teil der Enthüllungen der Wahrheit entspricht, stellen sie für unsere Demokratie eine große Gefahr dar. Wir verlangen eine umfassende Untersuchung. Wir werden nicht zulassen, daß irgend etwas vertuscht wird.»

Sein Parteifreund, der Knesset-Abgeordnete Uzi Landau beschuldigte die Linke, sie wolle «die politische Debatte mit Hilfe einer Hexenjagd unterdrücken. Von heute an werden wir jenen die Maske vom Gesicht reißen, die versuchen, auf [Rabins] Blut zu tanzen.»

Durch die Reaktion der Oppositionsführung zu neuem Leben erweckt, stürzten sich andere beteiligte Gruppen in den Kampf, heizten die Spekulationen über eine Verschwörung mit neuem Klatsch und Mutmaßungen an, bis sie paranoide Züge annahmen. Gerüchte über «furchtbare Dinge», die der Shabak und seine «Kommissare» von der Linken angestellt hätten, kursierten in den besetzten Gebieten bereits kurz nach dem Mord. Aktivisten aus Zo Artzenu waren die ersten, die im Zusammenhang mit dem Mord von einer «linken Verschwörung» sprachen. In der Monatszeitschrift *Nekudah* («Punkt») des Yesha-Rats behauptete der rechte Anwalt Shlomo Filmer: «Der Mord war wahrscheinlich ein Betriebsunfall des Shabak, der beizeiten wußte, wer der Mörder war und wo die Tat verübt werden sollte.» Zu den Leuten, die Gerüchte dieser Art verbreiteten, gehörten Politiker, Journalisten und einfache Klatschmäuler. Bezeichnenderweise tat sich Arutz 7 in dieser Hinsicht besonders hervor, und Adir Zik behandelte das Thema genüßlich in aller Breite. Die fantastischsten Geschichten wurden durch Mundpropaganda verbreitet, und jedesmal, wenn die Medien von einer neuen abstrusen Theorie Wind bekamen, informierten sie mit Freuden die ganze Nation. Ein rühriger Forscher wäre wohl monatelang damit beschäftigt gewesen, die Verschwörungstheorien bis zu ihren Anfängen zurückzuverfolgen und zu zeigen, wie aus einer zufälligen Bemerkung eine komplizierte Geschichte konstruiert worden war. Und am Ende wäre dabei das Bild einer politisch verwirrten Gruppe innerhalb der israelischen Gesellschaft herausgekommen, die den Vorwurf, sie habe den Haß geschürt, der in einem verabscheuungswürdigen politischen Verbrechen gipfelte, nicht in befriedigender Weise zu entkräften vermochte und sich deshalb mit der Verbreitung von Gerüchten, Halbwahrheiten und offenkundigen Lügen zur Wehr setzte.

Das erste bösartige Gerücht, das die Runde machte, lautete, daß einer von Rabins Leibwächtern unmittelbar nach dem Mord in Depressionen verfallen sei und Selbstmord begangen habe. Der Grund für seine Angst sei die Entdeckung gewesen, er habe seine Aufgabe, Rabin nach hinten abzuschirmen, als dieser vom Platz zu seinem Wagen ging, nicht erfüllt, sondern sei absichtlich ein paar Schritte zurückgeblieben, so daß Amir in den Ring um den Ministerpräsidenten habe eindringen und ihn erschießen können. Wie jedes vielversprechende Gerücht wurde auch dieses im Lauf der Zeit ausgeschmückt. So hieß es, daß die Regierung den Selbstmord vertuscht habe, indem sie die Autopsie des Leibwächters im Icholov-Krankenhaus (in dem Rabin verstorben war) statt im Nationalen Institut für Gerichtsmedizin durchführen ließ. Der nächsten Ausschmückung zufolge kam ein Mitarbeiter des Bestattungsunternehmens, der dem geheimen Begräbnis des Leibwächters beiwohnte, auf mysteriöse Weise ums Leben, worauf sich seine verängstigten Kollegen eidlich zur Verschwiegenheit verpflichten mußten. Mit den besten Zutaten des Groschenromans gewürzt, hielt sich dieses Gerücht unter den Siedlern und in religiösen Kreisen besonders hartnäckig. Ein Jahr nach dem Mord wärmte es Ya'akov Novick vom Aktionszentrum in ermüdender Breite wieder auf und verbürgte sich für seine Richtigkeit. Eine andere Version der Geschichte klang da schon überzeugender: Danach war der

Agent, der sich das Leben genommen hatte, kein anderer als Yoram Rubin, jener Leibwächter, der bei dem Mordanschlag von einer Kugel am Arm verletzt wurde. Diese Version verbreitete sich so rasch und erschien so glaubwürdig, daß der Shabak genötigt war, Rubin der Presse vorzuführen und Reportern Gelegenheit zu geben, ihn im Krankenbett zu fotografieren.

Ebensoschnell kam eine richtiggehende Verschwörungstheorie auf, und auch sie trieb wunderliche Blüten. Ihre Grundelemente waren, daß der Shabak mit Rabins Wissen und Billigung versucht habe, die Opposition zu verleumden und dadurch die Popularität des Ministerpräsidenten zu stärken. Auf die Idee zu dem Komplott kam man angeblich, als der Informant Avishai Raviv von Yigal Amirs Absicht berichtete, den Ministerpräsidenten zu ermorden. Der Shabak witterte die Chance, aus einem Mitleidseffekt für Rabin Kapital zu schlagen, und statt Amir zu verhaften, benutzte er ihn für seine Zwecke und lud seine Waffe heimlich mit Platzpatronen. Doch dann wurde die Angelegenheit verzwickt, denn Außenminister Peres – Rabins langjähriger politischer Rivale und natürlicher Nachfolger im Falle seiner Liquidierung – bekam Wind von der Sache und überredete Ravivs Führungsoffiziere, den Plan zu ändern und die Platzpatronen durch scharfe Munition zu ersetzen.

Diese Version war besonders vielversprechend, denn sie lehnte sich an zwei Geschichten an, über die in der Presse ausführlich berichtet worden war. Die erste betraf einen Vorfall, der über ein Jahr zurücklag und einen, wenn auch sehr vagen, Hinweis darauf lieferte, wie der Shabak an Amirs Waffe herangekommen sein könnte. Im Sommer 1994 erhielt der Shabak den Tip (anscheinend von Raviv), daß die beiden Brüder Eitan und Yehodaya Kahalani aus Kiryat Arba die Absicht hatten, als Vergeltung für palästinensische Anschläge einen Araber, ein Zufallsopfer, zu töten. Ein Shabak-Agent verschaffte sich Zugang zu ihren Gewehren und entfernte die Schlagbolzen, so daß die Waffen nicht losgingen, als die beiden abdrückten. Am Ende wurden die beiden Brüder wegen versuchten Mordes verurteilt, und die israelische Öffentlichkeit hatte erfahren, daß der lange Arm des Shabak bis zu den Waffen jüdischer Fanatiker reichte.

Die zweite Komponente dieser Theorie stützte sich auf die Aussagen von Zeugen, die gehört haben wollten, wie jemand in dem Moment, als Amir auf Rabin schoß, «Platzpatronen, Platzpatronen» rief. Drei Zeugen schrieben diesen Ruf Amir zu, doch Gerüchten zufolge war er von der Seite gekommen, möglicherweise von einem Komplizen. Die Shamgar-Kommission untersuchte dieses interessante Detail, konnte aber nicht klären, ob der Ruf tatsächlich gehört worden war und, wenn ja, wer gerufen hatte. «Bei unserer gründlichen Untersuchung dieses Punktes, dessen Klärung wir für wichtig erachteten, gelang es uns nicht, die Identität der Person, die gerufen hat, eindeutig zu ermitteln», hieß es in ihrem Abschlußbericht. «Es besteht kein Grund, die Aussagen des Fahrers Damti [Rabins Fahrer] und des Polizeikommissars Youlzary anzuzweifeln, die den Ruf Yigal Amir zuschrieben. Denkbar wäre auch, daß er [Amir] sich gar nicht bewußt war, daß er in dem Moment, als er feuerte, den Ruf ausstieß. Möglicherweise wollte er sich schützen oder tarnen und dies später nur nicht zugeben. Dieser Punkt bleibt unklar.»

Da die Untersuchungskommission das Rätsel nicht zu lösen vermochte, bauten es begeisterte Verschwörungstheoretiker in ihre Geschichten ein und schrieben den Ruf einem Leibwächter zu, der über das doppelte Doppelspiel nicht informiert war und im Glauben, daß der Attentäter nur Platzpatronen verschoß, seine Kollegen instinktiv daran erinnerte, daß alles nur ein abgekartetes Spiel war. Im März 1996 tauchte in der Londoner Wochenzeitung *The Observer* eine einfachere Version dieser Geschichte auf, die insofern weniger verleumderisch war, als jeder Hinweis auf Peres fehlte. Auch sie ging davon aus, daß der Shabak den Plan ausgeheckt hatte, einen Mordanschlag auf Rabin zu fingieren, um die Öffentlichkeit gegen die Rechte aufzubringen. Nur war es diesmal Raviv, der den Shabak täuschte, indem er Yigal Amir verriet, daß der Sicherheitsdienst beabsichtigte, seine Waffe mit Platzpatronen zu laden. Amir ersetzte dann die Platzpatronen durch scharfe Munition und rief am Tatort «Platzpatronen, Platzpatronen», um ganz sicherzugehen, daß die Leibwächter nicht auf ihn schossen. Diese Geschichte erschien in einer weiteren Variante in einer französischen Studentenzeitung, die berichtete, daß die Verschwörung von keinem anderen als dem französischen Präsidenten François Mitterrand ausgegangen sei. Nach dieser Version hatte Mitterrand 1994 seinem guten Freund und sozialistischen Genossen Shimon Peres vorgeschlagen, einen Mordanschlag auf Rabin zu inszenieren und hinterher der Rechten anzulasten.

Im Sommer 1996 verwoben die beiden israelischen Journalisten Uri Dan, langjähriger «Hofberichterstatter» Ariel Sharons, und Dennis Eisenberg, Kommentator der *Jerusalem Post,* all diese Elemente zu einer umfassenden Verschwörungstheorie und veröffentlichten sie in einem Buch mit dem Titel *Crimes d'État* («Staatsverbrechen»). Kern ihrer Argumentation war, daß der Shabak beabsichtigt habe, den Anschlag Amirs zu vereiteln, indem er die Polizei informierte und Amir verhaften ließ, um auf diese Weise für Rabin politisches Kapital aus der Affäre zu schlagen, ohne sein Leben zu gefährden. Der Plan ging schief, weil Amir beschloß, allein zu handeln, und Raviv nicht einweihte. Kein Aspekt dieser Theorie wurde durch Beweise gestützt, und die Erklärungen des Buches waren so wenig einleuchtend, daß sich kein israelischer Verleger dafür fand.

Schließlich ist da noch Barry Chamish, ein in Kanada geborener israelischer Journalist, der sich zwei Jahre lang wie besessen mit Verschwörungstheorien beschäftigte und schließlich darüber verzweifelte. Von dem Ehrgeiz beseelt, der Jim Garrison des Rabin-Mords zu werden, hofierte er die Presse, hielt Vorträge vor rechten Zuhörern, plazierte verwickelte Theorien und Aussagen im Internet – über die Flugbahnwinkel der Projektile, die Zusammensetzung der Treibladung in den Patronen und den Weg, den die Geschosse nach dem Eindringen in Rabins Körper nahmen – und faßte seine Ergebnisse in einem Buch mit dem Titel *Who killed Yitzhak Rabin?* zusammen. Chamishs Theorie zielt in dieselbe Richtung wie die anderen – auf ein Mordkomplott innerhalb des Shabak gegen Rabin –, bietet aber einige originelle Details. So behauptet Chamish, es gäbe Beweise, daß Rabin nicht an den Verletzungen, die ihm Amir beigebracht hatte, gestorben sein könne, sondern an denen, die ihm hinterher in seinem Wagen vom Shabak zugefügt worden seien. Die radikale Rechte in Israel und in den Vereinigten Staaten machte sich diese Theorie sofort zu eigen und zitierte ihre «Ergebnisse», als seien sie über jeden Zweifel erhaben.

Gleichwohl schickte ein gebrochener und unter Verfolgungswahn leidender Chamish Anfang Dezember 1997 ausgewählten Adressaten eine vor Selbstmitleid triefende E-mail-Botschaft. Unter der Überschrift «Ich gebe auf» beklagte er sich über seine Behandlung durch die Medien (die ihn weitgehend ignorierten) und die israelische Linke (die ihn als rechten Fanatiker abgestempelt habe). Er habe Angst, «jederzeit unter dem Vorwand falscher Anschuldigungen verhaftet zu werden», und fürchte sogar um sein Leben (so behauptete er, aus «zuverlässiger Quelle» zu wissen, daß «bei einer geheimen Sitzung der Meretz-Führer ein Plan zu meiner Beseitigung gefaßt wurde»). Aus diesem Grund, so jammerte Chamish, wolle er «kein Risiko mehr eingehen» und «keine eigenen Nachforschungen mehr anstellen».

Eineinhalb Jahre lang kochten die Gerüchte in israelischen Siedlungen, Jeschiwas und Synagogen auf kleiner Flamme weiter. Sowie der erste Kitzel vorüber war, schenkte ihnen die Presse kaum noch Beachtung. Selbst nach der Enthüllung, daß Raviv als Spitzel für den Shabak gearbeitet hatte, gab es nicht den geringsten Beweis dafür, daß jemand aus der politischen Führung oder den Sicherheitsdiensten in die Planung oder Ausführung eines Komplotts verwickelt gewesen war. Dann, am Morgen des 13. Mai 1997, wurde – diesmal als Ablenkungsmanöver – erneut der Vorwurf erhoben, daß die Rechte durch eine Verschwörung in Mißkredit gebracht werden sollte. Am selben Abend sollten im kommerziellen Kanal Zwei des israelischen Fernsehens Ausschnitte aus *The Road to Rabin Square* gezeigt werden, einem Dokumentarfilm über die Hetzkampagne gegen Rabin. Ein paar Tage vor der Ausstrahlung war der Film bereits in Tel Aviv aufgeführt und in der Presse besprochen worden. Die Rechte schrie Zeter und Mordio. Justizminister Tsachi Hanegbi, ungehalten darüber, wie seine Rolle bei der Kampagne in dem Film dargestellt wurde, drohte dem Produzenten und dem Regisseur mit einer Klage. Das Aktionszentrum und seine Anhänger beließen es nicht bei Drohungen. Sie reichten beim Obersten Gerichtshof Beschwerde gegen die Ausstrahlung ein, doch alle Anträge wurden abgewiesen.

Zu den schärfsten Kritikern der Hetzkampagne, die in dem Film zu Wort kamen, gehörte überraschenderweise der Knesset-Abgeordnete Michael Eitan, ein führender Likud-Politiker. Im Interview gab er zu, daß nicht jeder in seiner Partei angemessene Schritte unternommen habe, um Extremisten von den mit Likud-Unterstützung organisierten Kundgebungen fernzuhalten. Und er gestand ein, daß die Demonstration am 5. Oktober auf dem Zionsplatz mit «der stillschweigenden Duldung einiger Organisatoren ungesetzliche Formen angenommen» habe, wie er sich vorsichtig ausdrückte. Zu Tsachi Hanegbi sagte er, daß er seinen «sehr schweren Fehler» sicherlich bedauere – Hanegbi hatte bei einer öffentlichen Veranstaltung Rabins Mikrofon abgestellt –, doch «können Menschen daraus ohne weiteres den Schluß gezogen haben, daß sie selbst noch zwei oder drei Schritte weitergehen dürfen, wenn uns Politikern so etwas erlaubt ist.» Noch schärfere Vorwürfe erhob Eitan gegen die Verbündeten des Likud, indem er erklärte: «Im Aktionszentrum gab es gewisse, von Uri Ariel [vom Yesha-Rat] kontrollierte Kräfte, die Elemente tolerierten und vielleicht auch stillschweigend unterstützten, die bereit waren, Gewalt als eine Form des Protestes zu propagieren.»

Durch seine Offenheit zog sich Eitan den Zorn von Parteifreunden zu, die daraufhin verlangten, er solle etwas unternehmen, um den Eindruck, den er in dem Film hervorgerufen hatte, zu verwischen. Er kam ihrem Wunsch unverzüglich nach. Allerdings nahm er nichts von dem zurück, was er vor der Kamera gesagt hatte. Vielmehr trat er im Fernsehen auf und erklärte, der Film sei «einseitig», weil er in keiner Weise auf den «Agent provocateur» Avishai Raviv eingehe. Um die Aufmerksamkeit auf ein Thema zu lenken, das dem Likud genehmer war, gab er anschließend eine Pressekonferenz und verkündete, daß er gegenwärtig die Verbindungen zwischen dem Shabak und Raviv untersuche, der, wie er sich ausdrückte, «für mehr Bedrohungen, Gewalttaten und Akte politischer Aufwiegelung verantwortlich sei als jede andere Person in der Geschichte des Staates». Er werde darauf bestehen, daß die Staatsanwaltschaft Raviv vor Gericht stelle, versprach Eitan und begann, Beweise zu sammeln, indem er Zeugen befragte und Aussagen zusammentrug.

Der plötzliche Eifer, mit dem Eitan Raviv vor Gericht bringen wollte, warf natürlich Fragen auf. Ohne ihm eigennützige Hintergedanken zu unterstellen, wiesen Beobachter auf einen nicht uninteressanten Umstand hin: In der Zeit zwischen Eitans Interview mit den Filmemachern und der Ausstrahlung des Films war Wissenschaftsminister Benny Begin aus Netanjahus Regierung ausgeschieden und somit für Eitan eine ganz neue Situation entstanden. Er wurde als einer von drei Kandidaten für den vakanten Kabinettssessel gehandelt. Als Fraktionschef des Likud in der Knesset bot er sich für den Posten förmlich an, doch hatte er unter den Anhängern der großisraelischen Ideologie viele Gegner. Im Jahr zuvor hatte er zusammen mit dem Knesset-Abgeordneten der Arbeitspartei Yossi Beilin, der die geheimen Verbindungen aufgebaut hatte, über die das Grundsatzabkommen von Oslo ausgehandelt worden war, und einer Anzahl anderer Abgeordneter den seltenen Versuch unternommen, eine Vereinbarung über die Zukunft der besetzten Gebiete zu treffen, die für beide großen Parteien des Landes tragbar war. Es war eine anspruchsvolle und zugleich undankbare Aufgabe, für die Eitan abwechselnd gelobt und geschnitten wurde. Als Ermittler bewies er freilich weitaus weniger Geschick.

Auf der Grundlage hinlänglich bekannter Aussagen verfaßte Eitan ein langes Schreiben und schickte es an die Staatsanwältin Edna Arbel. Als deren Mitarbeiter erklärten, daß es keine neuen Beweise enthalte, beschimpfte er sie, ließ anklingen, daß er im Besitz «erstaunlicher Informationen» sei, und erhob den Vorwurf, daß die Staatsanwaltschaft «Weisung von oben» erhalten habe, gegen Raviv nicht zu ermitteln. «Ich lasse nicht locker, bis Raviv der Prozeß gemacht wird», erklärte er. Vier Monate später wandte sich Eitan erneut an die Staatsanwaltschaft und erinnerte sie in scharfer Form an den Fall Raviv. «Wir sprechen hier von dem größten Provokateur in der Geschichte des Staates Israel», schrieb er und bezichtigte Shabak und Staatsanwaltschaft, «zusammenzuarbeiten und die Öffentlichkeit hinsichtlich der strafrechtlichen Immunität, die dem Provokateur Raviv gewährt wird, irrezuführen. Raviv ist für viele hundert aufwieglerische und gewalttätige Delikte verantwortlich, für viel mehr, als ihm die Staatsanwaltschaft zuschreibt.»

Diesmal fielen Eitans Anschuldigungen auf fruchtbaren Boden, denn der zweite Jahrestag des Mordanschlags rückte näher, und die Rechte bereitete sich darauf vor, neuerlichen Vorwürfen wegen ihrer Rolle bei der Hetzkampagne gegen Rabin entschieden entgegenzutreten. In gewisser Hinsicht erinnerten diese ersten beiden Wochen im November 1997 an den Sommer 1995.

Nicht von ungefähr war es die Tageszeitung *Hatsofeh* («Der Beobachter»), ein unbedeutendes Blatt, das von der Nationalreligiösen Partei, der «Hüterin des Landes Israel» in Netanjahus Koalition, herausgegeben wurde, die am Freitag, dem 30. Oktober 1997, dazu aufrief, den Kampf wieder aufzunehmen. Obwohl keineswegs für einen Hang zum Sensationsjournalismus bekannt, brachte *Hatsofeh* in seiner Wochenendausgabe einen groß aufgemachten, mehrseitigen Artikel, in dem Auszüge aus einer Internet-

Seite mit dem Titel «Wer tötete Yitzhak Rabin?» zitiert wurden. Nach Auskunft der Web-Seite stammte der Text aus einem Buch mit dem Titel *Srak*. Der Autor war ein gewisser Uri Barkan (ein Pseudonym), der sein Material im Web plaziert hatte, weil er keinen Verleger finden konnte. In einem Interview im Anhang des Textes weist er ausdrücklich darauf hin, daß es sich bei dem Buch nicht um eine Enthüllungsschrift, sondern um einen Roman handelt. Gleichwohl wird sein Zweck in keinster Weise verschleiert, denn Barkan läßt in seinem Buch wirkliche Personen auftreten, darunter auch Peres und Richter Shamgar. Barkan gibt zu, daß Chamish eine der Quellen für die Romanhandlung war. Das Buch unterstellt, daß der Shamgar-Bericht die Wahrheit verschleierte und die Mitglieder der Kommission wußten, daß Peres hinter Rabins Ableben steckte. Das einzige Detail, das Barkan dem altbekannten Klatsch hinzufügte, war der Name des Chefs der Jüdischen Abteilung im Shabak, der angeblich mit Peres konspirierte. Nach der Theorie, die *Hatsofeh* entwickelte, war es Rabin selbst, der, nachdem Raviv seinen Führungsoffizieren von Amirs Plan berichtet hatte, vorschlug, den Möchtegernmörder nicht zu verhaften und statt dessen die Patronen in seiner Waffe auszutauschen. Darauf trat Avri Zamir, der Chef der Jüdischen Abteilung des Shabak, an Peres heran und unterbreitete ihm die Idee, die Waffe wieder mit scharfer Munition zu laden. Peres willigte ein und versprach, Zamir zum Chef des Shabak zu ernennen, wenn der Mordanschlag glücken sollte. In einem gesonderten Artikel zitierte die Zeitung einen jungen Siedler, der zufällig gehört habe, wie Raviv zu Amir sagte, daß Rabin umgebracht werden müsse.

Wie auf ein Stichwort schrie das rechte Establishment auf und zitierte feierlich aus dem Blatt, als stammten seine «Enthüllungen» von Woodward und Bernstein. Umweltminister Rafael Eitan von der Tsomet-Partei verlangte eine sofortige Untersuchung der vom Shabak eingefädelten «Provokation» und Ermittlungen gegen Avishai Raviv. Adir Zik von Arutz 7 verlas eine Litanei von achtundfünfzig Fragen zu der Verschwörung. Am Samstag, dem 31. Oktober, erhielt Finanzminister Ya'akov Ne'eman abends einen Anruf von einem anonymen «Freund», der ihn auf den Artikel aufmerksam machte – so jedenfalls behauptete der Minister am nächsten Tag, nachdem er den Artikel fotokopiert und dem Generalstaatsanwalt und dem Chef des Shabak zugeschickt hatte. «Ich war über das, was ich da las, schockiert», erklärte Ne'eman, «und habe einen Brief an den Ministerpräsidenten und den Chef des Shabak geschrieben und sie aufgefordert, den ungeheuerlichen Vorwürfen unverzüglich nachzugehen. Es besteht kein Grund, sich vor einer neuerlichen Prüfung der Theorie über eine Verschwörung gegen Rabin zu fürchten.» Noch am selben Tag wiederholte Ne'eman seinen Vorschlag bei einer Kabinettssitzung.

Diesmal witterten die Journalisten eine heiße Story und stürzten an ihre Computer und Mikrofone. Professor Ne'eman war nämlich kein Dummkopf. Als einziger Minister in Netanjahus Kabinett war er kein Berufspolitiker, hatte an der Universität Karriere gemacht und sich dann einen Ruf als brillanter Anwalt erworben. Die Experten wunderten sich daher zu Recht, wie ein Mann seines Formats auf ein anonym im Internet plaziertes Machwerk hereinfallen oder auch nur einen Gedanken daran verschwenden konnte, daß Shimon Peres in eine so ungeheuerliche Sache wie ein Mordkomplott verwickelt sein könnte. Hatte er, abgelenkt durch seine Amtsgeschäfte, nur einen Flüchtigkeitsfehler begangen, oder war er einem bedauerlichen Irrtum aufgesessen? Oder war seine scheinbar naive Reaktion der gezielte Versuch eines Präventivangriffs gegen jene, die am zweiten Jahrestag des Mordes höchstwahrscheinlich bittere Erinnerungen an die Hetzkampagne heraufbeschwören würden?

Wie auch immer, Peres war jedenfalls nicht gewillt, sich mit billigen Erklärungen für Ne'emans Lapsus zufriedenzugeben. Nur mühevoll seine Wut bezähmend, gab er in den Hauptnachrichten am Abend ein Interview und warf der Regierung vor, sie verbreite schamlos Verleumdungen. «Dies ist in der Tat eine unerhörte Diffamierung des Shabak von seiten der Regierung», schäumte er.

«Wenn so etwas in der Moskauer Prawda oder in Deutschland veröffentlicht worden wäre, hätte man in den Straßen lautstark gegen diesen Antisemitismus protestiert. Die Rechte weiß genau, was der Shabak ist. Was versucht sie uns zu sagen? Daß der Apparat [der uns beschützt] eine Bedrohung ist? Das ist grotesk und verabscheuungswürdig!»

Am nächsten Tag änderte die Regierung wohlweislich ihren Kurs. Ein verschämter Ne'eman entschuldigte sich für sein Verhalten und beteuerte, daß es nicht in seiner Absicht gelegen habe, Peres zu verleumden. Netanjahu erklärte von sich aus: «Es gab keine Verschwörung.» Und Generalstaatsanwalt Elyakim Rubinstein bekräftigte diese Einschätzung in einer öffentlichen Stellungnahme, indem er daran erinnerte, daß «die Shamgar-Kommission ihre Arbeit getan hat und zu dem Ergebnis gelangt ist, daß es so etwas [wie eine Verschwörung] nicht gegeben hat. Jeder, der Augen im Kopf hat, muß es dabei bewenden lassen.» Justizminister Hanegbi stimmte unüberhörbar in den Chor mit ein und schimpfte, daß «die Verschwörungstheorie das Produkt einer krankhaften und widerwärtigen Phantasie ist. Die verleumderische Behauptung, hinter dem Mord stecke eine Verschwörung, kommt einer Leugnung des Holocaust nahe.»

Selbst Richter Meir Shamgar fühlte sich zu einer Stellungnahme bemüßigt. Es ist äußerst ungewöhnlich, daß eine Untersuchungskommission nach Veröffentlichung ihres offiziellen Abschlußberichts ein Kommuniqué herausgibt, doch Shamgar hielt es für angebracht, noch einmal darauf hinzuweisen, daß die Behauptung, der Shabak habe eine Verschwörung angezettelt, nach Auffassung der Kommission völlig aus der Luft gegriffen sei. In der Hoffnung, damit endgültig einen Schlußstrich unter die ganze Angelegenheit zu ziehen, betonte er, daß die Kommission im Interesse einer lückenlosen Aufklärung keine Mühe gescheut habe.

«Die Untersuchungskommission ging den verschiedenen Behauptungen nach und lud Zeugen zu diesem Thema vor. Das zusammengetragene Beweismaterial lieferte keinen Hinweis, der die Behauptung, im Shabak sei ein Mordkomplott gegen Rabin geschmiedet worden, untermauern könnte ... Die Gerüchte stützen sich auf Interpretationen von Fakten bezüglich der Umstände des Mordes, die durch Mutmaßungen und Spekulationen ergänzt wurden. Diese Gerüchte wurden der Kommission in Briefen von Bürgern zur Kenntnis gebracht, und sie beschloß, die Behauptungen im Lichte des gesamten zusammengetragenen Beweismaterials zu prüfen ... Die Kommission gab Weisung, mit einem Bürger zusammenzuarbeiten, der einen Brief geschickt und darum gebeten hatte, in einem Kabelfernsehsender ein Kennwort zu senden. Sobald es gesendet werde, wolle er sich melden. Die Kommission gab Anweisung, das Kennwort auf Kabelkanal 8 zu senden, doch der Mann ließ nichts von sich hören.»

Meir Shamgar, der ehemalige Präsident des Obersten Gerichtshofs, gehört in Israel zu den wenigen Persönlichkeiten des öffentlichen Lebens, die gewissermaßen über den Parteien schweben und von dem Spott verschont bleiben, mit dem Staatsdiener gewöhnlich von dem einen oder anderen Teil der Presse und Öffentlichkeit überschüttet werden. Sein reserviertes, distinguiertes Auftreten erinnert an den längst verabschiedeten Verhaltenskodex der traditionellen israelischen Rechten, und stets achtet er darauf, daß er bei öffentlichen Auftritten eine ernste Würde wahrt, während er seinen Charme für private Begegnungen aufspart. Dieses für einen Israeli höchst untypische Verhalten, verbunden mit seinem Ruf unbedingter richterlicher Unparteilichkeit in einer hochpolitisierten Gesellschaft, hat Shamgar in Israel zu einem Muster an Redlichkeit gemacht. Doch selbst seine kurze Zusammenfassung der Bemühungen und Ergebnisse der Kommission brachte die Stimmen nicht zum Verstummen, die eine nochmalige Untersuchung der Angelegenheit forderten. Besonders neugierig war die Öffentlichkeit auf die Ergebnisse, die in dem geheimen Anhang des Kommissionsberichts aufgeführt waren und, wie es hieß, speziell die Beziehungen zwischen dem Shabak und Raviv betrafen. Der Inhalt des Anhangs war lediglich einer kleinen Zahl von Beamten vorgelesen worden, bevor er in einem Safe im Büro des Ministerpräsidenten verschwand. Jetzt war eine neue Regierung an der Macht – die vermutlich andere Interessen zu schützen hatte –, und es lag in ihrem Ermessen, ob sie den Anhang publik machen wollte. Ein dreiköpfiges Team wurde beauftragt, den 118 Seiten starken Anhang zu lesen und dem Ministerpräsidenten eine Empfehlung zu geben. Als das Team vorschlug, Teile des Anhangs zu veröffentlichen, willigte die Regierung ein, beschloß aber, die Veröffentlichung bis zu dem Tag nach den offiziellen Gedenkfeiern für Rabin hinauszuschieben. Mit gutem Grund, denn auch so war eine unwürdige Störung der Feierlichkeiten durch politische Verleumdungen zu befürchten. Und das letzte, was die Regierung Netanjahu jetzt gebrauchen konnte, war der Vorwurf, sie wolle durch die Veröffentlichung bestimmter Auszüge aus dem Bericht die Öffentlichkeit bewußt von den Gedenkfeiern für den ermordeten Ministerpräsidenten ablenken.

Avishai Raviv hat das gemütliche Israel, das bis Juni 1967 innerhalb der Grenzen der Grünen Linie existierte und fest zusammenhielt, niemals kennengelernt. Er wurde im Jahr nach dem Sechstagekrieg geboren – dem Jahr der großen Euphorie – und wuchs in Holon auf, einem grauen Tel Aviver Vorort der unteren Mittelschicht. Seine säkulare Familie wählte stets die Arbeitspartei. Jede Form von Extremismus war ihr fremd, und die Erlösung Großisraels war alles andere als ihr Herzenswunsch. Nach Auskunft von Lehrern und Klassenkameraden war der junge Avishai ein durchschnittlicher Schüler. Er stotterte leicht, spielte anderen gern einen Streich und war größer als die meisten Jungs in seiner Klasse. Er glänzte im Sport und spielte Fußball in dem von der Arbeitspartei geförderten Jugendclub Hapo'el, wenn er nicht gerade an den Aktivitäten der Bewegung Hano'ar Ha'oved («Arbeitende Jugend») teilnahm, die grundsätzlich Kompromisse in der

Territorialfrage befürwortete. Avishai interessierte sich für Politik anscheinend mehr als andere Kinder seines Alters. Doch bis zu seinem dreizehnten Lebensjahr deutete nichts darauf hin, daß aus dem kräftigen, hübschen Jungen später ein Schläger und Anführer einer Bande von Fanatikern werden sollte.

Die Wandlung vollzog sich 1981, in dem Jahr, als er seine Bar-Mizwa feierte. Seine Einführung in die jüdische Männerwelt fiel in eine Zeit, als gemäß dem Friedensvertrag mit Ägypten der israelische Rückzug aus dem östlichen Teil des Sinai begann. Möglicherweise war es die plötzliche Einengung von Israels Perspektiven, die bei dem Teenager einen radikalen Gesinnungswandel auslöste. Als Vierzehnjähriger trug Avishai stolz das gelbe T-Shirt der Kach-Bewegung und ließ keine Gelegenheit aus, seinen neuen Kameraden zu zeigen, aus welchem Holz er geschnitzt war. Er nahm an den Märschen der Gush Emunim in den besetzten Gebieten teil, verteilte Flugblätter und agitierte Trauergäste bei Beerdigungen von Terroropfern. Er wurde aufmüpfig und gewalttätig, brüllte bei Demonstrationen aus Leibeskräften und verprügelte Aktivisten von Yesh Gvul («Es gibt eine Grenze»)*. Noch vor seinem siebzehnten Geburtstag wurde Raviv unter dem Verdacht des tätlichen Angriffs auf Araber verhaftet. Mit dreiundzwanzig schlug er den Knesset-Abgeordneten Tamar Gozansky von der kommunistisch orientierten Demokratischen Front für Frieden und wurde dafür zu neun Monaten Gefängnis mit Bewährung verurteilt. Von all den Delikten, deretwegen Raviv im Lauf der Jahre verhaftet wurde, war die Attacke auf Gozansky die einzige, für die er vor Gericht gestellt wurde.

Drei Jahre in der Armee hätten den jungen Mann dem Einfluß seiner Kach-Mentoren entziehen können. Doch nachdem er den Fallschirmjägern beigetreten war, wurde er von einer verirrten Kugel am Bein getroffen, als dienstuntauglich eingestuft und aus der Armee entlassen. 1987 schließlich ging er dem Shabak ins

* Protestbewegung, die sich während des Libanonkriegs formierte und wehrpflichtige Israelis dazu aufrief, den Reservedienst im Libanon oder in den besetzten Gebieten zu verweigern.

Netz, als er nach seiner Verhaftung während einer Demonstration der Kach in einer Zelle wartete. Man versprach ihm strafrechtliche Immunität, wenn er sich bereit erklärte, als Informant zu arbeiten – «Schließlich sind Sie doch ein Patriot», schmeichelte ihm der erfahrene Werbeoffizier –, und er willigte ein, Informationen über die radikale Rechte zu liefern. Heimliche Aktivitäten und Geheimdienstausrüstung übten auf Raviv eine magnetische Anziehung aus.

«Sie glauben gar nicht, wie gern manche Leute Spitzel werden, wenn sie ein Walkie-talkie, einen Piepser oder ein Mobiltelefon bekommen», sollte ein Shabak-Mitarbeiter später erklären.

Avishai Raviv arbeitete für die Jüdische Abteilung des Shabak, die zu Beginn der siebziger Jahre, nachdem Meir Kahane sein Hauptquartier nach Israel verlegt hatte, ins Leben gerufen worden war. In der Zeit zwischen der Zerschlagung des von Rabbi Mordechai Eliyahu gegründeten religiösen Untergrunds in den frühen fünfziger Jahren bis zum Eintreffen Kahanes, der eine Nachfolgeorganisation aufbauen wollte, hatte der Sicherheitsdienst keine Veranlassung gesehen, die Rechte auszuforschen. Er konzentrierte sich ganz auf Linksextremisten, die im Verdacht standen, Kontakte zu Geheimdiensten in der arabischen oder kommunistischen Welt zu unterhalten. Erst in den siebziger Jahren verlagerte sich das Interesse des Shabak auf subversive jüdische Gruppen. Alarmiert durch die Bildung geheimer Zellen in den besetzten Gebieten und Pläne zur Zerstörung der Moscheen auf dem Tempelberg, richtete er sein Augenmerk auf die radikale Rechte, stieß aber auf eine nahezu undurchdringliche Mauer des Zusammenhalts. Dank einem Insider-Tip deckte er 1984 den Jüdischen Untergrund auf. Und erst bei der Vernehmung von siebenundzwanzig Mitgliedern des Untergrunds und den Rabbinern, die ihn unterstützten, erkannte der Shabak, wie lückenhaft sein Agentennetz unter den Siedlern tatsächlich war. Das Problem wurde dem damaligen Ministerpräsidenten Jitzhak Shamir vorgetragen, und der genehmigte eine ehrgeizige Kampagne, die dem Mißstand abhelfen sollte.

Dutzende von Siedlern wurden zu einem informellen «Plausch» in unauffällige «konspirative Häuser» und Hotelzimmer bestellt, bei dem Werbeoffiziere an ihre patriotischen Gefühle appellierten. «Schließlich stehen wir doch auf derselben Seite!» schmeichelten sie. «Wir wollen nur zu Ihrer Sicherheit beitragen.» Obwohl viel Aufhebens um Sicherheitsvorkehrungen gemacht wurde, erfolgte die Anwerbung neuer Agenten mehr oder weniger offen, als wolle man unter den Siedlern bewußt Mißtrauen schüren und so jeden Versuch, sich heimlich zu organisieren, erschweren. Die Nachricht von der Anwerbungskampagne sprach sich in den Siedlungen schnell herum und löste eine Flut von Warnungen aus, «sich vor finanziellen und sexuellen Verlockungen oder Erpressung zu hüten». In den Siedlungen wurden Beratungen darüber abgehalten, wie man Shabak-Agenten entlarven und verhindern könnte, daß man unter ihren Einfluß geriet. Wochenlang herrschte in den Siedlungen ein paranoides Klima, überall witterte man Spitzel. Siedler in Hebron schlugen Nachbarn zusammen, die sie für Agenten hielten, und ein Rabbiner, der plötzlich radikale Ansichten äußerte, wurde offen der Kollaboration mit dem Shabak bezichtigt. Hier und dort wurden die Wörter «Spitzel» oder «Verräter» an die Häuser derer gesprüht, die so erpicht darauf waren, an Überfällen auf Araber teilzunehmen, daß es schon wieder verdächtig war. Das Mißtrauen ging so weit, daß ein Siedler, der sich eine Videokamera gekauft hatte, vor seine Nachbarn geschleift und aufgefordert wurde, sein plötzliches Interesse am Filmen zu erklären.

Das Problem für den Shabak war, daß er nicht beides haben konnte: Er konnte keine guten Informationen bekommen und gleichzeitig Mißtrauen unter den Siedlern schüren. Seine Strategie der Spaltung und Einschüchterung scheiterte, denn die Siedler rückten enger zusammen und entwickelten ein tiefes Mißtrauen gegen alle Außenstehenden. Aus diesem Grund war Avishai Raviv ein guter Fang. Er benötigte keine «Tarnung», denn seit seinem vierzehnten Lebensjahr war er tief in der radikalen Rechten verwurzelt. Obwohl er nicht in den besetzten Gebieten lebte, wurde er mit einer Gruppe in Verbindung gebracht, die unter dem Namen «Die Tempelberg-Gläubigen» bekannt war und zu den radikalsten Befürwortern Groß-Israels zählte. In der Kach gehörte er praktisch zum lebenden Inventar. Und da Rabbi Kahane eine Schwäche für den hitzköpfigen Rabauken hatte, wagte es niemand, an seiner Loyalität zu zweifeln.

Acht Jahre lang arbeitete Avishai Raviv für den Shabak als bezahlter Informant, ohne Verdacht zu erregen – fast bis zum Schluß. Anfangs erhielt er nur kleine Summen, die freilich im selben Maße wuchsen, wie er unentbehrlich wurde. Er fuhr einen teuren japanischen Wagen, den er, wie er Freunden erzählte, angeblich von Spendengeldern aus den Vereinigten Staaten gekauft hatte. Sein Studium wurde vom Shabak bezahlt, ebenso die Rechnungen für sein Handy. Doch erst nach dem Mord wunderte sich seine nähere Umgebung über seinen Lebensstil.

Als Gegenleistung für die Großzügigkeit des Shabak vermittelte Raviv seinen Führungsoffizieren ein genaues Bild der Rechten und identifizierte ihre Aktivisten auf Fotos. Er verpfiff Leute, die sich Sprengstoff beschafften, beschwatzte Häftlinge, bis sie sich ihm anvertrauten, und trug bisweilen auch ein verstecktes Mikrofon bei sich, um belastende Aussagen aufzunehmen. Im Lauf der Jahre arbeitete er unter verschiedenen Führungsoffizieren, von denen ihm keiner genauer auf die Finger sah – wenngleich der letzte, ein intelligenter und listiger junger Mann, sich die Mühe machte, auch privat mit Raviv und seiner Freundin zu verkehren und vorgab, sein Freund zu sein.

Ab 1990 wurden Ravivs Dienste immer häufiger in Anspruch genommen, und nach dem Wahlsieg der Arbeitspartei 1992 avancierte er zum wichtigsten Informanten der Jüdischen Abteilung des Shabak. In jenen Jahren studierte er Jüdische Geschichte an der Universität Tel Aviv und wurde als Vertreter der Kach in die Studentenvertretung gewählt. Doch im Sommer 1993, als ein Druse zum Vorsitzenden der Studentenvereinigung gewählt wurde, sorgte er für einen Eklat, als er ihn als «Angehörigen der fünften

Kolonne»* beschimpfte. Professor Itamar Rabinovich, der Rektor der Universität (den Rabin später zum israelischen Botschafter in Washington ernennen sollte), verwies ihn wegen rassistischer Hetze von der Universität. Doch damit war die Sache nicht zu Ende. Raviv beschwerte sich bei seinem Führungsoffizier, und der Chef des Shabak bat keinen Geringeren als Ministerpäsident Shamir um Vermittlung. Shamirs Stabschef schrieb Rabinovich einen Brief und forderte ihn darin auf, «Avishai Raviv in jeder erdenklichen Weise dabei zu helfen, sein Studium wieder aufzunehmen». Rabinovich lehnte dies rundweg ab. Doch ironischerweise erwies sich die Affäre als ein Segen, denn sie erhöhte Ravivs Glaubwürdigkeit innerhalb der radikalen Rechten und führte ihn in Jagdgründe, die aus Sicht des Shabak vielversprechender waren: an die Bar-Ilan-Universität, wo er Yigal Amir kennenlernte.

Der Wechsel fand kurz nach der Unterzeichnung des Osloer Abkommens statt, und in der Folgezeit lieferte Raviv eine Fülle von Informationen über das gesamte Spektrum rechter Organisationen. Er nannte Einzelheiten über die meisten im Gemeinsamen Führungsstab zusammengeschlossenen Gruppierungen: die Frauen in Grün, die Moledet-Partei, Zo Artzenu, das Hebron-Büro und radikale Gruppen an der Universität Tel Aviv und der Bar-Ilan. Seine Führungsoffiziere und ihre Berater von der Staatsanwaltschaft waren sich darüber im klaren, welchen Preis der Staat für seine wertvollen Auskünfte bezahlte. Raviv, der unablässig gegen das Gesetz verstieß, genoß strafrechtliche Immunität, und 1993 hatte sich eine Routine eingestellt, die an eine Drehtür erinnerte: Die Polizei verhaftete Raviv wegen rassistischer oder gewalttätiger Delikte, und der Shabak holte ihn umgehend wieder heraus.

Zwei Punkte wurden aus den Aussagen von Ravivs Führungsoffizieren vor der Shamgar-Kommission deutlich: Sie erlaubten ihm, an Aktionen teilzunehmen, die sich gegen die Regierung

---

* Mitglied einer Sekte, die sich im elften Jahrhundert vom Islam abgespalten hatte. Anders als Israels muslimische und christliche Araber dienen Drusen in der Armee.

richteten, befahlen es ihm aber nicht; und dies taten sie, um seinen Ruf innerhalb der Rechten zu schützen. So gestatteten sie ihm etwa, Plakate mit Parolen gegen den Friedensprozeß zu tragen, doch Raviv ging weit darüber hinaus. Auf einem der Flugblätter, die er verteilte, wurde mit Gewaltaktionen gegen die Armee gedroht und gewarnt: «Die Armee muß wissen: Sobald die israelische Regierung beschließt, Gebiete zurückzugeben, werden in Yesha und auf den Golanhöhen Dutzende von Widerstandsnestern mit Hunderten von gut bewaffneten Juden entstehen. Wenn irgendein Soldat versucht, uns mit Gewalt zu vertreiben, werden wir ihn auf der Stelle erschießen.» In einem anschließenden Presseinterview ging Raviv noch einen Schritt weiter und rief israelische Soldaten zur Befehlsverweigerung auf: «Eins muß klar sein», erklärte er. «Keine in Israel gebildete Regierung hat das Recht, Gebiete des Landes Israel zurückzugeben. Die IDF-Soldaten müssen sich den Befehlen einer solchen Regierung einfach widersetzen. Ein Soldat, der dies nicht tut, ist in unseren Augen wie ein Kapo, ein Nazi-Kollaborateur, und wird zum Tode verurteilt.»

Drohungen waren freilich noch Ravivs geringste Vergehen. Im Schutz der vom Shabak zugesicherten Immunität attackierte er wiederholt Palästinenser, wobei er von Stacheldraht über den Griff eines Revolvers bis zu Schlagringen alles benutzte. Er machte Wegweiser mit den Namen palästinensischer Dörfer unleserlich, warf Fenster ein, demolierte Autos, schlitzte Reifen auf und zog randalierend mit Teenagern durch Hebron, wobei sie auf unschuldige Zuschauer einschlugen und mit Steinen Fensterscheiben zertrümmerten und Sonnenkollektoren auf Dächern beschädigten. Einmal stachelte Raviv einen Minderjährigen dazu auf, Feisal Husseini anzugreifen, den PLO-Beauftragten für Jerusalem. Und wenn er keine unschuldigen Araber verprügelte, fütterte er Journalisten mit Geschichten über seine Eskapaden, die sie ungeprüft veröffentlichten. Doch auch Juden hatten weiter unter seiner Brutalität zu leiden. Einmal schickte er seinen Trupp los, damit sie dem Leiter des Siedlerrats von Kiryat Arba die Reifen zerstachen, als Warnung, die «Verfolgung» der Extremisten in den Siedlungen einzustellen.

In seiner Personalakte wird Raviv von seinen Führungsoffizieren als «hinterlistig» beschrieben, als «ein großes Kind», als ein «Introvertierter, der danach strebt, eine herausragende Führungsrolle zu spielen», und als ein Mann, der Macht jeder Art bewundert. In vertraulichen Sitzungen vertraten die Shabak-Direktoren – Ya'akov Perry und nach ihm Gillo – die Ansicht, daß der Nutzen, den man aus Ravivs Informationen ziehe, die Unannehmlichkeiten, die er bereite, bei weitem überwiege. Sie hielten ihn für einen «guten Agenten» und befürworteten seine weitere Beschäftigung. Doch mit der Zeit wurden Ravivs Führungsoffiziere zunehmend ungehalten über ihren unlenksamen Schützling, und bisweilen fragten sie sich, auf welcher Seite er eigentlich stand. Mehr als einmal empfahlen sie, ihn zu feuern, doch der Gedanke wurde wieder fallengelassen, wenn sich herausstellte, daß er nicht zu ersetzen war. Wenn Raviv wegen seiner Vergehen gerügt und verwarnt wurde, entschuldigte er sich jedesmal verlegen und gelobte Besserung. Danach fiel er in seine alten Verhaltensweisen zurück. Aus einer Aktennotiz seines Führungsoffiziers vom 30. April 1992 geht hervor, welches Problem den Shabak am meisten beunruhigte und daß zumindest ein Agent bezweifelte, daß es sich lösen ließ:

«Ich machte Raviv klar, daß seine Rolle, was seine Verbindung zu uns angeht, nicht darin besteht, zu Aktionen anzustiften, sondern die Aktionen anderer zu verzögern, zu behindern und darüber zu berichten. Der ‹Person› [Raviv] wurde erklärt, daß wir aufgrund ihrer Initiativen weitgehend ‹hinter unserem eigenen Schwanz herjagen›. Raviv wurde instruiert und davor gewarnt, sich an illegalen Aktionen zu beteiligen, ohne den Shabak vorher [über seine Absichten] zu informieren. Die ‹Person› drückte ihre Bereitschaft aus, sich entsprechend zu verhalten. Die Initiativen, die von Raviv ergriffen werden, gehen auf seinen problematischen Charakter zurück, und obwohl er bei dem Gespräch Gehorsam versprach, darf davon ausgegangen werden, daß er seine Initiativen von Zeit zu Zeit fortsetzen wird».

Avishai Raviv verübte seine Gewaltdelikte, die der Shabak als «Initiativen» verharmloste, unter dem Deckmantel diverser subversiver Organisationen. Diese Taktik hatte er von Meir Kahane gelernt, der sich darauf spezialisiert hatte, Organisationen zu gründen, die weder über Mitglieder noch über Mittel verfügten, jedoch mit Erfolg Lügen, Gerüchte und Verleumdungen verbreiteten und die Medien manipulierten, so daß der Eindruck entstand, das Programm ihres Gründers finde in der Öffentlichkeit breite Unterstützung. Ravivs Organisationen trugen eingängige hebräische Namen wie «Dov», «Nefetz», «In» und «Eyal».* Letzterer war auch der Name des jüdischen Untergrunds, der sich im April 1943 im Warschauer Ghetto gegen die Nazis erhob. Doch die Motive von Eyal hatten keinerlei Ähnlichkeit mit denen der hungernden und erniedrigten Juden, die wußten, daß sie in jedem Fall von den Nazis ermordet werden würden, und es vorzogen, im Kampf zu sterben. Ravivs Ziele erinnerten eher an die der Stern-Bande, der radikalen Fraktion des jüdischen Untergrunds im Palästina der vierziger Jahre, und nicht von ungefähr hielt er die Aufnahmezeremonien am Grab ihres Gründers, Avraham Stern, ab.

Eine dieser Zeremonien wurde von Kanal Eins des israelischen Fernsehens gefilmt. In dem Bericht, der am 22. September 1995 ausgestrahlt wurde, war eine Gruppe junger Männer mit schwar-

---

* «Dov» bedeutet wörtlich «Bär», doch in diesem Fall war es ein Akronym für *Diku'i Bogdim*, «Ausschaltung von Verrätern». «Nefetz», was wörtlich «Explosion» bedeutet, stand für *Noar Facisti Tsioni*, «Faschistische Zionistische Jugend». «In» hat dieselbe soziale Konnotation wie im Englischen und war ein Akronym für *Irgun Yehudi Nokem*, «Jüdische Vergeltungsorganisation». «Eyal», die bekannteste dieser Organisationen, bedeutet wörtlich «Macht», war aber ein Akronym für *Irgun Yehudi Lochem*, «Jüdische Kampforganisation».

zen Skimasken zu sehen, die auf die Bibel schworen, Arabern Schaden zuzufügen und sich mit Gewalt jedem Rückzug aus den besetzten Gebieten zu widersetzen. Der Film löste in Israel heftige Kritik aus und wurde in den Vereinigten Staaten, in Europa, Südamerika und Japan gezeigt. Daraufhin erstattete eine rechte Gruppe namens «Das Recht der Öffentlichkeit zu erfahren» Anzeige mit der Begründung, die Zeremonie sei vom Fernsehen gestellt worden. Die Polizei fand keine Beweise, die diesen Vorwurf bestätigten. Der Journalist, der die Szene gefilmt hatte, bestritt energisch, etwas Ungesetzliches getan zu haben, und seine Vorgesetzten gaben ihm Rückendeckung. Doch die Shamgar-Kommission kam, ohne dies näher zu begründen, zu dem Schluß, daß Raviv die Zeremonie für das Fernsehteam gestellt habe.

Dieser Schluß ist zweifellos berechtigt, wenn man bedenkt, daß Raviv wußte, wie wichtig Publicity für subversive Organisationen ist. Wie wir noch sehen werden, arbeitete er so energisch an der Vergrößerung von Eyal, daß er sich dabei selbst schadete. Ravivs Führungsoffiziere begriffen wahrscheinlich weder, daß seine Eskapaden Methode hatten, noch was in ihrem unbotmäßigen Agenten vorging. In verschiedenen Shabak-Dokumenten wird er als Opportunist bezeichnet, doch seine Freunde behaupten, daß er an die faschistischen Grundsätze, nach denen er handelte, aufrichtig glaubte. Nach der Ermordung Rabbi Kahanes etwa setzte Raviv ein Gebetskäppchen auf und hielt sich an alle Vorschriften der Halacha. Er hoffte, zu Kahanes Nachfolger in Israel gewählt zu werden, nicht um seinen Auftraggebern besser dienen zu können, sondern um die Arbeit seines Mentors fortzusetzen. Daß er eigene Ziele verfolgte, die ganz und gar nicht im Sinne des Shabak waren, beweist der Umstand, daß er die Eyal-Gruppe gründete, ohne seine Führungsoffiziere vorher davon zu informieren – und als er schließlich damit herausrückte, waren sie ungehalten. In einer Aktennotiz vom 29. Juni 1992 schreibt einer seiner Führungsoffiziere:

«Wie man es von ihm gewohnt ist, berichtete er über die Gründung von ‹Eyal› erst im nachhinein. In Anbetracht seiner Vergangenheit und Gewohnheit, post festum zu berichten, wurde er energisch zurechtgewiesen. Ich setzte ihm lang und breit auseinander, daß ... jemand, der erst im nachhinein berichtet, aufgrund seines fehlenden Überblicks irren könne; daß er keine legale Rückendeckung habe, wenn er sich nicht mit uns abspreche; [und daß] dies ein schweres Disziplinarvergehen sei und unsere Möglichkeiten einschränke, ihn auf Ziele anzusetzen, die wir für wichtig erachteten. In Anbetracht seiner Abhängigkeit von uns eröffnete ich ihm, daß ich noch einmal seine Akte durchgesehen und über unsere kurze Bekanntschaft nachgedacht hätte und daß mir dabei Zweifel gekommen seien, ob eine weitere Zusammenarbeit sinnvoll sei, wenn er ein Verhalten an den Tag lege, für das wir nicht die Verantwortung übernehmen könnten. Dies sagte ich ihm in schärfster Form, und ich glaube, er nahm es sich zu Herzen. Dennoch ist fraglich, ob er sich lange daran halten wird.»

Ein ähnlich düsteres Bild von Raviv zeichneten seine Führungsoffiziere vor der Shamgar-Kommission. Sie sagten aus, er habe gelogen, Befehle mißachtet, zu spät Bericht erstattet und sei allgemein undiszipliniert gewesen. Zweimal brach der Shabak wegen seiner unerlaubten Aktivitäten den Kontakt zu ihm ab, und wiederholt wurde ihm mit Rausschmiß gedroht, wenn er sich weiterhin Befehlen widersetze. Jedesmal tat er den Rüffel mit einem Schulterzucken ab. Er war unersetzlich, und das wußte er genausogut wie der Shabak. Jede Diskussion über seine weitere Beschäftigung führte zu demselben Ergebnis: daß sein Nutzen unterm Strich größer sei als der Schaden, den er anrichte. Ein möglicher Grund für diese Einschätzung ist, daß der Shabak nur von einem Bruchteil seiner Aktivitäten Kenntnis hatte. Wahrscheinlicher aber ist, daß man es immer noch für besser hielt, sich mit einem unsicheren Kantonisten herumzuärgern, als völlig im dunkeln zu tappen.

Besonders deutlich wurde dies nach dem Massaker im Grab der Patriarchen, das dem Shabak bewies – sofern das noch nötig war –, daß seine Quellen in Kiryat Arba und Hebron keine zufriedenstellenden Informationen lieferten. In dem Bemühen, Abhilfe zu schaffen, wies man Raviv an, nach Kiryat Arba zu ziehen, wo er in Block 306 eine Wohnung mietete, eine Etage über Baruch Goldsteins Familie. Wie bei dem Prozeß gegen Yigal Amir das Eyal-Mitglied Eran Ojalbo aussagte (den der Ankläger wiederholt zum Schweigen zu bringen versuchte*), gingen dort ständig Mitglieder der Kach und Vorsitzende von Siedlerräten aus und ein. Auch Amir war regelmäßiger Gast, wenn er nach Hebron kam.

Einerseits konnte sich Raviv in Kiryat Arba noch stärker der Kontrolle seiner Führungsoffiziere entziehen, andererseits war er dem Objekt seines Hasses näher. Und er lebte diesen Haß aus, indem er in den Gassen von Hebron «Pogrome» anführte. Dies kam den Interessen des Shabak insofern entgegen, als er damit selbst den militantesten Siedlern bewies, daß keiner loyaler zum Land Israel stand als er. Als der Shabak erfuhr, daß er Palästinenser schikanierte, wurde er nach Tel Aviv zitiert und erhielt einen «Anpfiff», der in der Ermahnung gipfelte, sich zu bessern, nicht mehr. Daß seine Aktivitäten in Hebron seinem offiziellen Auftrag schaden könnten, wurde erst im Sommer 1995 offenbar, als Raviv zwei Fehler beging, die seinen Ruf bei der radikalen Rechten ruinierten und ihn folglich für den Shabak nutzlos machten.

In den Verdacht, für den Geheimdienst zu arbeiten, geriet Aviv erstmals im Februar 1995, als Dmitri Goldin, ein zweiundzwanzigjähriger Student der Mathematik und der Computerwissenschaften an der Bar-Ilan-Universität, vom Shabak verhaftet wurde. Kurz vor

---

* Unter anderem behauptete Ojalbo vor Gericht, daß «Avishai [mit Amir] über einen gewissen Shabbat sprach ... Avishai sagte, daß Rabin mit dem Bannspruch *Din Rodef* belegt und zum Tode verurteilt worden sei und daß derjenige, der es vollstrecke, ein Heiliger sei ... Im wesentlichen war Avishai mit Organisieren beschäftigt. Er übermittelte Yigal den Befehl und beaufsichtigte ihn.»

seiner Festnahme hatte Goldin in seiner Wohnung im Tel Aviver Vorort Bat Yam an Bomben gebastelt, die für Terroranschläge gegen Araber gedacht waren. Er wollte sich gerade auf den Weg zur Jeschiwa des Jüdischen Gedankens in Jerusalem machen (einem Ableger der Kach-Bewegung), als er einen Anruf von Raviv erhielt. Gefragt, was er vorhabe, sprach er offen über seine Pläne, verließ anschließend die Wohnung und wurde auf der Fahrt zur Jeschiwa von Shabak-Agenten gestoppt. Bei der Durchsuchung seines Wagens fand man zwei Messer, zwei Flaschen mit Säure und etwas Quecksilber (eine brisante Kombination) sowie Flugblätter, in denen zum zivilen Ungehorsam aufgerufen wurde. Als Goldin wegen illegalen Sprengstoffbesitzes vor Gericht kam, behauptete sein Verteidiger, daß der Staatsanwalt auf Drängen des Shabak von einer Anklage seines Mandanten wegen Volksverhetzung abgesehen habe, weil die in seinem Wagen beschlagnahmten Flugblätter von Avishai Raviv geschrieben worden seien. Um auf Nummer Sicher zu gehen und eine Einvernahme Ravivs zu verhindern, vermittelte der Shabak zwischen Ankläger und Verteidiger einen Kompromiß. Goldin gestand und kam dafür mit einer Gefängnisstrafe von vier Monaten davon.

Die Nachricht von Goldins Verhaftung sprach sich schnell bis nach Hebron und Kiryat Arba herum. Und der Kach-Aktivist Itamar Ben-Gvir steuerte das interessante Detail bei, daß Raviv als einziger gewußt habe, wann Goldin an jenem Tag aufgebrochen und welche Strecke er gefahren sei. Von da an galt auf den Straßen von Kiryat Arba die Parole, jeden Kontakt mit Avishai Raviv zu vermeiden. Das endgültige Aus für ihn kam allerdings erst im September 1995, als er, um seinen angekratzten Ruf aufzupolieren, im Namen von Eyal die Verantwortung für den Mord an einem Araber in der Stadt Halhul bei Hebron übernahm. Die Tat, so hieß es in dem Bekennerschreiben, sei aus «nationalistischen Gründen» verübt worden. Die empörte Linke reagierte prompt mit der Forderung, Hebron von allen Siedlern räumen zu lassen. Doch wenig später brachten die polizeilichen Ermittlungen ans Licht, daß der Ermordete das Opfer eines von Palästinensern begangenen Raubüberfalls geworden war. Raviv stand nach dem Vorfall nicht nur als unreifer Aufschneider da, dessen Dummheit ein schlechtes Licht auf die Siedler warf, sondern auch als richtiggehender Feind ihrer Sache. Sein Abstieg vom Liebling Kahanes zum Agent provocateur war in ihren Augen perfekt. Denn zusätzlich zu den Gerüchten über seine Rolle bei Goldins Verhaftung verstärkte der Fauxpas von Halhul den Argwohn gegen Raviv. Überall in den besetzten Gebieten warnten Siedlerführer und Rabbiner davor, sich mit ihm einzulassen, auch wenn sie davon absahen, seine gewalttätigen Aktionen gegen Palästinenser zu verurteilen. Die Haltung gegenüber Raviv war in Siedlerkreisen ebenso zwiespältig wie im Shabak. Solange seine Aufmüpfigkeit ihren Interessen diente, erlaubten ihm die Siedler, weiter in ihrer Mitte zu operieren, und behandelten ihn nach der Devise: «Achte und mißtraue ihm.»

Schwieriger war die Situation für den Shabak. Im Sommer 1995, als in Siedlungen, Jeschiwas, Synagogen und an der Bar-Ilan-Universität das Gerücht kursierte, daß Raviv Kontakte zum Sicherheitsdienst unterhalte, lief der Shabak nicht nur Gefahr, einen nützlichen Agenten zu verlieren, sondern sah obendrein seine Integrität in Frage gestellt. «Etwa einen Monat vor dem Mord», erinnerte sich Uri Elitsur vom Yesha-Rat, «erfuhr ich von Leuten an der Bar-Ilan, daß Raviv ein Shabak-Agent sei. Das war einer der entscheidenden Faktoren, die unser Vertrauen in die staatlichen Institutionen nachhaltig erschütterten ... Es fällt mir schwer zu glauben, daß Avishai Raviv ohne Wissen [der Führungsebene im Shabak] handelte, wenn er in Hebron und Nablus Pogrome durchführte. Dies war eine [gegen uns gerichtete] Provokation. Sie fügte uns Schaden zu und machte uns wütend.»

Während der Shabak noch mit der Frage rang, ob er das Band zwischen sich und Avishai Raviv zerschneiden solle, verlor er im Herbst 1995 völlig die Kontrolle. Daß der «fragwürdige» Agent eigene Wege ging, wurde spätestens am 5. Oktober bei der Demonstration auf dem Zionsplatz offenbar, als Dutzende von Kopien einer widerwärtigen Fotomontage, die Rabin in SS-Uniform zeigte, durch die Menge gereicht wurden. Es hätte möglicherweise weniger Aufsehen erregt, hätte Raviv nicht ein Exemplar zu dem Journalisten gebracht, der für Kanal Eins über die Demonstration berichtete, und ihn gedrängt, die Zuschauer sofort darüber zu informieren. Ein pflichtbewußter Shabak-Agent hätte es tunlichst vermieden, mit einem solch ungeheuerlichen hetzerischen Machwerk auch nur im entferntesten in Verbindung gebracht zu werden. Doch Raviv war alles andere als ein loyaler und disziplinierter Agent, sondern ein gewöhnlicher Faschist, der aus Gewinnsucht für die staatlichen Sicherheitsorgane Spitzeldienste leistete. Es entsprach absolut seinem Charakter, daß er der Versuchung, die das gehässige Flugblatt darstellte, nicht widerstehen konnte. Aus Sicht des Shabak war Avishai Raviv eine Zeitbombe. Und als die Bombe dann hochging, richtete sie großen Schaden an.

Denn auch andere erwiesen sich als zu schwach und zu impulsiv, um der Verlockung zu widerstehen. Ohne die Fakten zu prüfen, beschuldigten die Führer der israelischen Rechten Raviv – und damit den Shabak –, die Fotomontage hergestellt zu haben. Uri Alon, der Chef der Likud-Jugendorganisation, der Trupps zusammengestellt hatte, die Rabin durch Zwischenrufe störten, tat sich dabei besonders hervor und stützte den völlig aus der Luft gegriffenen Vorwurf mit der Behauptung: «Ich habe selbst gesehen, wie Avishai Raviv die Flugblätter aus einem Rucksack nahm und verteilte.» Sorgfältige Nachforschungen ergaben jedoch, daß Raviv an jenem Abend gar keinen Rucksack getragen hatte. Er hatte ein Exemplar der Fotomontage einem unbekannten Demonstranten entrissen und war damit zu dem Fernsehreporter gerannt. Es dauerte eine Weile, bis der Fall aufgeklärt wurde, doch Ende Dezember 1995 fand die Polizei heraus, daß zwei jugendliche Haredim aus Jerusalem die Montage hergestellt hatten: Sie hatten aus einer französischen Enzyklopädie ein Bild Heinrich Himmlers kopiert, Rabins Kopf darauf geklebt, die Montage mit dem Kopierer, der dem Vater eines der Jungen gehörte, vervielfältigt und

bei der Demonstration verteilt. Wie Raviv waren sie Anhänger
Meir Kahanes. Doch darüber hinaus bestand keinerlei Verbindung
zwischen ihnen.

Dennoch führte die Lüge, der Shabak-Agent Avishai Raviv sei
der Urheber des berüchtigten Flugblatts, weiter ein Eigenleben und
ist nach wie vor ein wichtiger Baustein der Theorie, Rabin habe
einen Mordanschlag auf sich inszeniert. Nach dieser Theorie waren
Yigal Amir und Avishai Raviv lediglich die Marionetten skrupel-
loser Männer, die es nur darauf abgesehen hatten, die politische
Opposition zu vernichten. Dumme Gerüchte sind nicht totzukrie-
gen, wenn sie nur oft genug aufgewärmt werden.

Die Gerüchte über Ravivs Kontakte zum Shabak schadeten seiner
Effektivität in einer sehr speziellen Weise, die unmittelbar mit dem
Mord an Jitzhak Rabin zusammenhing. Raviv lieferte sporadisch
Informationen über Yigal Amir, und auf der Grundlage dieser
Informationen befahl der Shabak seinem Informanten im August
1995, Amir im Auge zu behalten. Für Raviv eine leichte Aufgabe,
denn er war mit Amir befreundet und unterhielt sich auf dem
Campus, in Kiryat Arba und bei den Wochenendseminaren, die er
organisieren half, häufig mit dem Jurastudenten. Ja, sie standen
einander so nahe, daß Amir seinen beiden Mitverschwörern
irgendwann vorschlug, Raviv in ihren engeren Kreis aufzunehmen.
Ein Vorschlag, den Haggai Amir allerdings unter Hinweis auf die
Gerüchte über Ravivs Spitzeltätigkeit ablehnte. Bei seiner Vernehmung bezeichnete Yigal Raviv als «guten Freund», bestätigte
allerdings auch Haggais Vorbehalte. «Wir hatten ihn im Verdacht,
für den Shabak zu arbeiten. Jedesmal, wenn ich ihn anrief, wußte
[der Shabak] schon von mir.»

Auf Anweisung seiner Führungsoffiziere führte Raviv zwei
lange Gespräche mit Amir, bei denen er ihm seine Ansichten über
das *Din Rodef* zu entlocken suchte. Er sprach auch mit zwei
Freunden, die mit Amir die Jeschiwa Kerem D'Yavneh besucht
hatten, und gewann dabei den Eindruck, daß sie ihn für einen

Angeber hielten. Raviv berichtete seinen Führungsoffizieren, daß Amir rechte Ansichten vertrete, jedoch unfähig sei, seine Worte in die Tat umzusetzen. «Ein Plappermaul und Prahler», waren die genauen Worte, mit denen er seinen Freund beschrieb. Aus dieser Einschätzung zogen die Analytiker des Geheimsdienstes den Schluß, daß sich eine weitere Überwachung Amirs erübrige. Ravivs Bericht zirkulierte nicht einmal in der Jüdischen Abteilung; er wurde einfach ad acta gelegt.

Von da an führte der Shabak in seinem Computer eine Akte über Amir, in der er als «Extremist» charakterisiert wurde, der «zur Konfrontation mit Palästinensern und der Regierung neigt». Außerdem enthielt die Akte Einzelheiten über die Demonstrationen, an denen er teilgenommen, sowie araber- und regierungsfeindliche Äußerungen, die er gemacht hatte. Wie es scheint, fügte Raviv diesen Informationen nicht viel hinzu. Vor der Shamgar-Kommission beschrieben Shabak-Agenten das Material, das er über Amir lieferte, als «sehr rudimentär und allgemein. Es enthielt keine Hinweise darauf, daß er in Aktion treten könnte». Nach Haggai Amirs Version wußte Avishai Raviv erheblich mehr über seinen Bruder. So berichtete er beim Verhör, daß «Avishai Raviv hörte, wie Yigal sagte, daß die Ermordung des Ministerpräsidenten die Lösung [der politischen Probleme] sei.» Raviv bestritt nicht, die Äußerung gehört zu haben. Hinter verschlossenen Türen sagte er vor der Shamgar-Kommission aus, Amir habe in seinem Beisein erklärt, daß Rabin getötet werden müsse, doch er habe ihm nicht geglaubt und deshalb seinen Führungsoffizieren nicht davon berichtet: «Ich habe ihn immer für einen Prahler gehalten.»

Nach dem Mord nahm der Shabak Raviv fest und versuchte in stundenlangen Verhören herauszubekommen, ob er von Amirs Plänen gewußt und ob er ihm geglaubt habe. Ein Lügendetektortest ergab, daß Ravivs Behauptung, er habe Amir für einen Schwätzer gehalten, der Wahrheit entsprach, und überzeugte den Shabak überdies davon, daß er von dem Sprengstoff, den die Amir-Brüder besaßen, keine Kenntnis gehabt hatte. Nach Abramovichs

Enthüllung wurde natürlich allenthalben darüber spekuliert, worüber Amir mit Raviv bei ihren gemeinsamen Unternehmungen gesprochen hatte und was Raviv gewußt, seinen Vorgesetzten jedoch verschwiegen hatte. War es denkbar, daß Raviv hinter das Mordkomplott gegen Rabin gekommen war, dem Shabak aber keine Meldung gemacht hatte? Alle bekannten Fakten sprechen dagegen, und somit entbehrt auch das zweite, viel diskutierte Szenario – Raviv habe seinen Führungsoffizieren von dem Plan berichtet, der Shabak habe den Hinweis aber bewußt ignoriert – jeder Grundlage.

Avishai Raviv und Yigal Amir begegneten sich zum letzten Mal am Tag des Mordes, am 4. November 1995, an der Bar-Ilan-Universität und verabredeten sich für den darauffolgenden Samstagabend am Rande des Platzes der Könige Israels, wo mit polizeilicher Genehmigung eine kleine Gegendemonstration stattfinden sollte. Raviv traf erst gegen Ende der Kundgebung ein und teilte Benny Aharoni, seinem Stellvertreter in der Eyal-Gruppe, mit, daß er verschlafen habe. Er verbrachte die meiste Zeit in der Nähe des Platzes, telefonierte mit seinem Handy und rief, kurz nachdem die Schüsse gefallen waren, Eran Ojalbo an. Das Gespräch ist interessant, denn es zeigt, daß Raviv, entgegen seiner Aussage, daß Amir außerstande sei, etwas Ernsthaftes zu unternehmen, sofort Yigal hinter dem Anschlag vermutete. Dies geht aus Ojalbos Rekonstruktion seines Gesprächs mit Raviv hervor.

«Ungefähr zehn Minuten nach der Meldung, daß Rabin verletzt worden sei, erhielt ich einen Anruf von Avishai, und er fragte mich, wie es mir gehe … und ob mein Fernseher laufe. Ich bejahte. Er fragte mich, ob sie gezeigt hätten, wer [auf Rabin] geschossen habe. Ich schaute hin und sah einen kleinen Jemeniten und war mir sicher, daß es der Mann war, den alle Benny nannten – ein Freund, der Amir mehr oder weniger ähnlich sieht. Aber ich täuschte mich. Dann fragte mich Avishai: «Ist es nicht Yigal?» Ich sagte ihm, daß ich ihn mir noch einmal genauer ansehen würde ... Ich sah das Bild noch einmal und erkannte, daß es eindeutig Yigal war. ‹Avishai›, sagte ich zu ihm, ‹es ist Yigal.›»

Benny Aharoni schlug daraufhin vor, ‹In› – eine von Ravivs Scheinorganisationen – aus dem ‹Schrank zu holen› und sich in ihrem Namen bei der Presse zu dem Anschlag zu bekennen. (Die beiden Männer glaubten, daß Rabin nur leicht verwundet worden sei.) Raviv, der aus dem Fauxpas von Halhul offensichtlich keine Lehre gezogen hatte, stimmte zu und schickte Aharoni los, um ein Telefon zu suchen. Mit Hilfe eines Nachrichtenübermittlungsdienstes verschickte er eine großspurige Presseerklärung: «Beim nächsten Mal haben wir Erfolg.» Als Aharoni zum Platz zurückkehrte, war Raviv nirgends zu finden. Seine Führungsoffiziere hatten ihn angewiesen, nach Hause zu gehen, «sich hinzulegen und weiter Informationen durchzugeben». Von der Wohnung seiner Eltern aus sprach er mit mehreren Journalisten, beteuerte aber, daß er über den Mord oder Yigal Amir nichts wisse.

Zwei Tage später wurde Avishai Raviv vom Shabak festgenommen und zu Margalit Har-Shefi geschickt, um sie auszuhorchen. Am Abend zuvor verhaftet, hatte sie bislang jede Aussage verweigert. Als Raviv den Raum betrat, in dem Margalit auf das nächste Verhör wartete, war sie überrascht, allerdings weniger über sein Erscheinen als über seine Mitteilung, daß er nicht sofort nach dem Mord verhaftet worden war. Wieder erwies sich der Verdacht, der Raviv umgab, bei seiner Arbeit für den Shabak als hinderlich. Er versuchte so unauffällig wie möglich, die übermüdete Margalit Har-Shefi zum Reden zu bringen, doch sie war auf der Hut und wich ihm aus. Es war offensichtlich, daß sie ihm nicht traute und ahnte, daß er jedes Wort von ihr an den Shabak weitergeben würde. Tatsächlich wurde das Gespräch heimlich gefilmt und auf Tonband aufgenommen.

Raviv: «Ich kam abends bei der Demonstration an. Plötzlich, um zehn, kursierten die ersten Gerüchte. Rabin sei ermordet worden, Rabin sei erschossen worden. Niemand glaubte es. Sie begannen, ‹Tod für Rabin› zu rufen, die gesamte Rechte …»

Har-Shefi: «Paß auf deinen Freund auf. Ich muß mich ausruhen. Was haben die nur vor? Wollen die uns zusammen verhören oder was?»

Raviv: «Wovon redest du?»

Har-Shevi: «Wozu sonst sind wir beide hier?»

Raviv: «Das ist ein Warteraum. Warst du nie mit jemand zusammen?»

Har-Shefi: «Wer ist im Moment drin? Was habe ich mit den anderen zu schaffen? Was geht mich dieser ganze Quatsch an?»

Raviv: «Sie verhören die Mitglieder aller radikalen rechten Bewegungen. Ich bin schon mal hier gewesen, vielleicht zwanzigmal.»

Har-Shefi: «Weißt du, wo hier die Toilette ist?»

Raviv: «In einem der Räume da hinten. Ruf doch den Beamten. Sag ihm, daß du auf die Toilette mußt. Warst du in einer Zelle für Minderjährige?»

Har-Shefi: «Ich habe keine Zelle. Sie haben mich überhaupt nicht schlafen lassen.»

Raviv: «Wo warst du denn die ganze Nacht? Wo hast du geschlafen?»

Har-Shefi: «Ich habe nicht geschlafen. Sie haben mich die ganze Nacht dabehalten. Glaubst du, daß er es war?»

Raviv: «Nein, ich begreife das nicht …»

Har-Shefi: «Daß er einfach los ist und ihn erschossen hat?»

Raviv: «Nein, ich begreife das nicht. Wie kann man so was tun? Das begreife ich nicht …»

Har-Shefi: «Ich kannte ihn nicht. Es ist, als könnte ich die beiden nicht mehr zusammenbringen: den Yigal vor dem Samstagabend und den Yigal nach dem Samstagabend. Nein, ich kann es einfach nicht fassen …»

Raviv: ‹Ich begreife das nicht …»

Har-Shefi: «Das ist nicht Yigal. Es ist, als ob …»

Raviv: «Er ist ein Held.»

Har-Shefi: «Oh, bitte! Verschon mich damit!»

Raviv: «Er hat die ganze Verantwortung auf sich genommen. Die ganze Verantwortung, das ganze Land auf seine Schultern geladen. Er wird in die Geschichte eingehen ...»

Har-Shefi: «Er wird in die Geschichte eingehen. Fragt sich nur, als was.»

Raviv: «Als Held natürlich!»

Har-Shefi: «Was?»

Raviv: «Als Held natürlich.»

Har-Shefi: «Ja, ihr und eure Helden ... Ich bin nicht stark.»

Raviv: «Wer ihn jetzt verurteilt, hat einfach keinen Stolz als Jude ...»

Har-Shefi: «Dieser Stolz führt zu solchen Dingen.»

Raviv: «*Din Moser* ...»

Har-Shefi: «Ich kenne diese Halacha.»

Raviv: «Sie glauben, sie können dich kleinkriegen.»

Har-Shefi: «Die reden so, als hätte Yigal gesagt, daß ich von seinem Anschlag gewußt hätte, und sagen, daß sie mir nur helfen wollten. Wie lange dauert das denn noch ...»

Raviv: «Das ist eine von ihren Methoden, uns kleinzukriegen. Warten lassen ...»

Har-Shefi: «Was meinst du mit ‹kleinkriegen›? Was wollen sie denn? Daß ich sage, was los war? Ich glaube nicht, daß mir das passiert. Weißt du, es ist, als ob Yigal wüßte, daß ich jetzt hier bin, und mir scheint, daß er nur darüber lacht ...»

Aviv: «Wie soll er das wissen?»

Har-Shefi: «Weil wir gestern Stimmen gehört haben. Ich habe laut gesprochen, und er hat laut gesprochen. Ich glaube, er hat mir Grüße geschickt. Es ist typisch für ihn, daß er so was tut. So typisch, wegen all der Streitereien und weil ich ihm gesagt habe, er soll endlich zu sich finden ...»

Raviv: «Er kann von Glück sagen, daß er nicht getötet wurde.»

Har-Shefi: «Genau. Weißt du, wenn es jemand anders wäre,

dann wäre mir alles ganz klar. Aber wenn ein Freund so etwas tut, ist es ein Schock, eben weil er ein Freund ist. Ich weiß, daß ich die ganze Sache anders sehen würde, wenn es jemand anders wäre.»

Raviv: «Er wird uns erlösen ...»

An dieser Stelle kamen die Shabak-Agenten offenbar zu dem Schluß, daß der Versuch nur Zeitverschwendung war, denn aus dem Off ertönt eine Stimme: «Okay, es geht los. Du kommst mit, du bleibst da.» Der Mißerfolg hielt den Sicherheitsdienst freilich nicht davon ab, Raviv in derselben Absicht in Amirs Zelle zu schicken. Ihr Gespräch brachte wenig mehr als Amirs Äußerung: «Ich habe meinen Teil getan. Ich bin zufrieden.» Und als Raviv zu ihm sagte, daß er mit einer lebenslänglichen Haftstrafe rechnen müsse, erwiderte er ebenso zuversichtlich: «Die Gemara* genügt mir.» Hinterher berichtete Raviv den Vernehmungsbeamten, Amir befinde sich in einem euphorischen Zustand.

Der Shabak behielt Raviv lange in Gewahrsam und quetschte ihn darüber aus, ob er mehr über Amir wußte, als er früher herausgelassen hatte. Bei dieser Vernehmung wurde er dem erwähnten Test am Lügendetektor unterzogen, der bestätigte, daß seine Aussage, er habe weder von dem Mordkomplott noch von dem hinter dem Haus der Brüder Amir versteckten Sprengstoff gewußt, der Wahrheit entsprach. Dennoch wurde er volle zehn Tage festgehalten – vielleicht weil eine zu baldige Freilassung Verdacht erregt hätte – , und danach fuhr er mit einer Freundin zur Erholung in ein Hotel am See Genezareth. Der Shabak teilte ihm einen Bodyguard zu, der ihm die Journalisten vom Leib hielt, und seit damals ruft ihn einmal pro Woche ein Shabak-Agent an und warnt ihn davor, mit der Presse zu sprechen.

Tatsächlich hat Avishai Raviv heute nur noch wenig Kontakt zu Personen außerhalb des engen Familienkreises. Er kehrte nicht an die Bar-Ilan-Universität zurück. Eine Zeitlang arbeitete er in einem Heim für geistig Behinderte in Tel Aviv, gab die Stelle aber auf, als

---

* Talmud.

ihn Reporter dort aufspürten. Zweieinhalb Jahre nach dem Mord ist er ein vereinsamter und deprimierter Mann, der von einer Invaliditätsrente der Armee und einem Gehalt des Shabak lebt. Jeden Tag geht er zum Training in ein Sportzentrum, wo ihn andere Stammgäste verspotten und provozieren, jedoch ohne Erfolg. Mit versteinerter Miene trainiert er etwa eine Stunde lang, ohne ein Wort zu sagen, und kehrt dann in die Wohnung seiner Eltern in Holon zurück.

Im Februar 1998 wartete Raviv noch immer auf die Entscheidung der Staatsanwaltschaft, ob wegen unterlassener Anzeige eines Verbrechens, wegen des Verdachts auf Mitgliedschaft in einer illegalen Organisation (Eyal) oder wegen beider Delikte Anklage gegen ihn erhoben werden sollte. Von allen Verfahren im Zusammenhang mit dem Mord ist seines als einziges noch in der Schwebe. Bis auf die drei Mitverschwörer und Margalit Har-Shefi ist keiner der Studenten, die sich im Umfeld der Verschwörungsgruppe bewegten oder an der Planung von Angriffen auf Araber in den besetzten Gebieten mitwirkten, vor Gericht gestellt worden, und daran wird sich auch künftig nichts ändern. Schuld an der Verzögerung im Fall Raviv ist der Shabak, der auf Ravivs Immunität pocht. Es liegt auf der Hand, daß er ein Strafverfahren verhindern will, bei dem seine Agenten enttarnt und seine Methoden aufgedeckt werden. «Es wäre ein großer Fehler, Raviv vor Gericht zu stellen», warnte der Leiter des Shabak Carmi Gillon die Staatsanwaltschaft, nicht zuletzt deshalb, weil dies den Eifer anderer Informanten bremsen und künftige Anwerbungen zusätzlich erschweren würde. In der Anklagebehörde selbst gehen die Meinungen auseinander. Staatsanwältin Edna Arbel widerspricht der Auffassung, daß Raviv Immunität genieße, doch ihre Kollegen, die als Berater der Jüdischen Abteilung des Shabak fungierten, gelangten in diesem Punkt zu keiner Einigung. Sollte Raviv irgendwann vor Gericht gestellt werden, dann wegen unterlassener Anzeige eines Verbrechens. Der Prozeß wird dann zweifellos hinter verschlossenen Türen stattfinden. Die Arbeitsweise des Shabak ist bislang noch nie in einer öffentlichen Verhandlung untersucht worden.

Am 13. November 1997, zwei Wochen nach dem Erscheinen des Artikels in *Hatsofeh*, der wilde Spekulationen und eine hitzige Debatte ausgelöst hatte, wurden Auszüge aus dem geheimen Anhang des Berichts der Shamgar-Kommission veröffentlicht. Sie enthielten keine Überraschungen und vermochten die Rechte nicht zu entlasten. Das Material bestätigte, daß die Kommission keinerlei Hinweise auf eine Verschwörung zwischen Raviv und dem Shabak oder zwischen Raviv und Amir gefunden hatte. Dafür übte sie herbe Kritik an der Art und Weise, wie der Sicherheitsdienst Raviv geführt hatte: Sie bezeichnet Raviv als Doppelagenten, der den Shabak getäuscht und an der Nase herumgeführt habe. Sein Wert als nachrichtendienstliche Quelle sei überschätzt worden, und gleichzeitig habe der Schutz vor Strafverfolgung Raviv die Möglichkeit eröffnet, Gewalttaten zu verüben, psychischen und physischen Schaden anzurichten, die palästinensische Bevölkerung einzuschüchtern und den Ruf der israelischen Rechten zu schädigen. Seinen Führungsoffizieren könne dies nicht verborgen geblieben sein.

Soviel zu Ravivs Verhalten unter der schützenden Hand des Shabak. Keine Klärung bringen die veröffentlichten Auszüge aus dem Anhang indes in der Frage, wie der Sicherheitsdienst seinen unberechenbaren Agenten führte. Die Kommission konstatiert, daß die Führungsoffiziere Raviv erlaubten, an radikalen Aktivitäten teilzunehmen, um seine Glaubwürdigkeit unter Extremisten zu festigen. Unerwähnt aber bleibt, wie weit er dabei offiziell gehen durfte. Wir wissen, daß er erst im nachhinein über die Gründung der Eyal-Gruppe berichtete und dafür scharf gerügt wurde. Doch was geschah danach? Informierte er seine Führungsoffiziere über die Zerstörungen, die auf das Konto von Eyal gingen? Und wenn ja, warum hinderten sie ihn nicht daran, an der Spitze von Randalierern durch Hebron zu ziehen? Oder Araber mit Schlagringen zu traktieren? Oder überhaupt Menschen anzugreifen und fremdes Eigentum zu beschädigen? Wortführer der Opposition waren gleich mit dem Vorwurf bei der Hand, daß der Shabak Raviv als Agent provocateur benutzt habe, um «die halbe Nation» zu verunglimpfen. Doch sie fragten nicht danach, welchen Preis Palästinenser dafür bezahlen mußten, daß der Shabak seinen Informanten innerhalb der radikalen Rechten schützte. Oder, schlimmer noch, ob der Shabak die Aktionen von Eyal nicht nur tolerierte, sondern sogar plante.

«Normalerweise darf ein Agent nicht zu Aktionen anstiften», beschreibt Chaim Zadok, ein früherer israelischer Justizminister, die Richtlinien für Agenten, die in subversive Organisationen eingeschleust werden. «Er darf Mitglied einer Gruppe werden und, wenn es seine Tarnung erfordert, an ihren Operationen teilnehmen. Doch er darf nicht als Agent provocateur fungieren. Der Bericht der Shamgar-Kommission zeigt, daß Ravivs Führungsoffiziere gegen diese Kardinalsregel verstießen.»

«Die unzureichende Überwachung des Agenten», heißt es im Anhang, «und die totale Rückendeckung, die er erhielt, erweckten den irreführenden Eindruck, daß er und seine Führungsoffiziere übereinstimmende Interessen verfolgten, und dieser Eindruck fügte dem Sicherheitsdienst unmittelbaren Schaden zu... Man muß sich vor Provokateuren hüten, die den Schutz, den sie genießen, in böswilliger Absicht oder aufgrund einer gestörten Persönlichkeit mißbrauchen und zu gesetzeswidrigen Handlungen anstiften... und das mit Rückendeckung der Regierung. Solche Personen neigen überdies zur Leichtfertigkeit, weil sie wissen, daß sie nicht belangt werden. Den Schaden hat der Staat als Ganzes zu tragen. Daraus folgt, daß ein Agent wirkungsvoll kontrolliert werden muß und daß ihm nicht gestattet werden darf, sich an Straftaten wie schwerer Körperverletzung zu beteiligen.»

Von all den Ergebnissen, zu denen die Shamgar-Kommission in dem geheimen Zusatz gelangte, pickte sich die Rechte jedoch die Feststellung heraus, daß Ravivs Aktivitäten dazu beigetragen hätten, «legalen und identifizierbaren politischen Organisationen indirekten, aber offenkundigen Schaden zuzufügen», und rechtfertigte damit die Behauptung, daß sie an der Hetzkampagne gegen Jitzhak Rabin schuldlos gewesen sei. Sie zog eine zweite Kampagne auf, die zum einen darauf abzielte, die Aufmerksamkeit der Öffentlichkeit davon abzulenken, in welchem Klima der Mord geschehen war, und statt dessen die nebensächliche Frage in den Mittelpunkt zu rücken, wie nachlässig der Shabak seinen Agenten geführt hatte. Zum anderen sollte die Kampagne auch die Meinung festigen, daß die Hetze gegen Rabin auf Geheiß des Geheimdienstes von Raviv direkt gesteuert worden sei. «Avishai Raviv fungierte als eine Art Aufwiegler, und da er von Carmi Gillon gesteuert wurde, verwundert es nicht, daß Gillon jetzt versucht, Ravivs Aktivitäten herunterzuspielen», behauptete Eitan in einem Fernsehinterview, und zwei andere Knessetabgeordnete (Shaul Yahalom von der NRP und Pinni Badash von der Tsomet-Partei) forderten, Gillon vor Gericht zu stellen, weil er «Raviv gegen die Rechte eingesetzt» habe. Der Zerfall des logischen Denkens gipfelte in dem noch absurderen Gerede von der «poetischen Gerechtigkeit» der ganzen Affäre, insbesondere in der Behauptung, daß Jitzhak Rabin, als der für den Shabak unmittelbar verantwortliche Minister, den wohlverdienten Lohn dafür empfangen habe, daß er die Behörde zur Diffamierung der Opposition mißbraucht habe – die bösartigste Variante der Behauptung, daß Rabin sich seinen Tod selbst zuzuschreiben habe.

Erbost über diese Vorwürfe, konfrontierte Carmi Gillon ihre Urheber mit den Fakten: «Avishai Raviv als einen Mann darzustellen, der bei der Ra'anana-Kreuzung einen Sarg auf seinem Rücken trug, Zehntausende auf den Zionsplatz lockte und die Lautsprecher abstellte, als Rabin in Jerusalem sprach, das geht zu weit. Das ist nur ein Versuch, vom Aktionszentrum abzulenken und die ganze Hetzkampagne, einschließlich *Din Rodef* und *Din Moser*, einem sehr zweifelhaften jungen Mann anzuhängen. Das ist lächerlich.»

Die Öffentlichkeit teilte diese Meinung. Zwei Jahre nach dem Mord wußte man auch ohne die Auszüge aus dem geheimen Anhang, daß Raviv bestenfalls ein Rädchen in einem Propagandagetriebe war, dessen Einfluß sich von den Büros der Opposition in der Knesset bis zu den Plätzen und Straßenecken in Israel erstreckte. Raviv operierte weitgehend am Rande dieses komplizierten Apparats, und der größte Teil seiner Energie richtete sich gegen Araber. Er unterhielt keinen Kontakt zum Politischen Leitungszentrum, zum Gemeinsamen Führungsstab oder auch nur zu Gleichgesinnten im Aktionszentrum (mit Ausnahme vielleicht von Baruch Marzel). Der Yesha-Rat konsultierte ihn nicht, und die Rabbiner weihten ihn nicht in ihre Diskussionen über das *Din Rodef* ein. Im Gegenteil, in den turbulenten Monaten vor dem Mord argwöhnten viele Siedler, daß Raviv für den Shabak arbeite, und gingen zu ihm auf Distanz. Nach der Veröffentlichung des geheimen Anhangs des Shamgar-Berichts hätte die Behauptung, Raviv sei seinen schmutzigen Aktivitäten auf Geheiß des Shabak nachgegangen, eigentlich ein für allemal vom Tisch sein müssen. Dem war nicht so. Doch der Text erteilte den Verschwörungstheorien eine Absage, indem er nachwies, daß Avishai Raviv kein Agent provocateur war, der dazu benutzt wurde, Rabins Widersacher in Mißkredit zu bringen. Im Licht der gerichtlichen Untersuchung entpuppte er sich als das, was er auch auf der Straße war: ein fanatischer Faschist, der viel mehr aus Überzeugung denn aus Gewinnsucht handelte. Was die Rolle des Shabak bei der Führung Ravivs angeht, so war der Sicherheitsdienst wahrscheinlich mehr Opfer als Täter, doch dürfte dieser Punkt nie ganz geklärt werden.

Als die Aufregung, die *Hatsofeh* ausgelöst hatte, sich wieder legte, blieb eigentlich nur noch ein Punkt zu klären: Amnon Abramovichs ursprüngliche Enthüllung, daß Avishai Raviv für den Shabak arbeite. Die Enttarnung eines Geheimdienstagenten ist kein Kavaliersdelikt. Abramovichs Enthüllung war beispiellos in der Geschichte der israelischen Presse, insbesondere angesichts der strengen Zensur sensibler Informationen über IDF, Shabak und Mossad. Die Folge war, daß gegen den Journalisten selbst ermittelt wurde. Unter dem Verdacht, gegen die Zensurbestimmungen verstoßen zu haben, wurde er bei seiner Vernehmung durch eine Sondergruppe der Staatsanwaltschaft gefragt, woher er seine Information über Ravivs Verbindung zum Shabak habe. Als er die Auskunft verweigerte, empfahl die Gruppe, ein Verfahren gegen ihn einzuleiten. Schließlich wurde der Fall an den Generalstaatsanwalt weitergeleitet, der Abramovich eine Sonderanhörung gewährte, bei der ein Kompromiß erzielt wurde: Der Journalist sollte sich schriftlich für sein Vergehen entschuldigen, und dafür wollte der Staat von einer strafrechtlichen Verfolgung absehen.

«Ich erkannte die ganze Tragweite der Affäre», heißt es in seiner Entschuldigung, «und habe mir auch die Ermittlungen in dieser Sache zu Herzen genommen, in deren Verlauf ich vernommen und verwarnt wurde. Ich gebe zu, daß es sich um eine schwerwiegende Angelegenheit handelt.» Am Ende drückte Abramovich sein Bedauern darüber aus, daß er sensible Informationen enthüllt habe, und um die Zeit, als der Mord sich zum zweiten Mal jährte, wurde das Verfahren gegen ihn eingestellt. Tatsächlich ging sein Bedauern weiter, als sein Schreiben an den Generalstaatsanwalt vermuten läßt.

«Hätte ich vorher gewußt, daß die Rechte die Hetzkampagne Raviv anhängen würde», gestand er einem Kollegen nur Tage nach der Enttarnung von «Champagner», «hätte ich den Bericht nicht gebracht.»

9 Versagen

«Das war's. Gillon ist erledigt», hieß es in den Reihen der
Journalisten, die im piekfeinen Jerusalemer Viertel Talbieh vor
dem Shalom-Haus warteten, in dem die Shamgar-Untersuchungskommission fünf Monate lang getagt hatte. Videokameras wurden
geschultert, Mikrofone und Kassettenrecorder den Beamten ent-
gegengestreckt, die mit grimmigen Mienen ins Freie traten. Man
schrieb den 28. März 1996, und der Mord war längst in die
unterste Schublade des öffentlichen Bewußtseins verbannt, wo
Alpträume mit der Zeit ihren Schrecken verlieren. In einer einzigen
Woche wurden zwei der zahlreichen Fragen, welche die Tragödie
aufgeworfen hatte, gelöst. Tags zuvor war Yigal Amirs Prozeß, wie
vorauszusehen, mit einer Verurteilung wegen vorsätzlichen Mordes
zu Ende gegangen. Jetzt trat die hochkarätige Kommission, die im
Auftrag der Regierung die Hintergründe des Anschlags untersucht
hatte, mit ihren Ergebnissen an die Öffentlichkeit. Alle Sitzungen
der Kommission hatten unter Ausschluß der Öffentlichkeit stattgefunden. Zwar waren immer wieder Einzelheiten durchgesickert,
doch dies war nicht der einzige Grund, warum die Ergebnisse der
Kommission fast ebenso vorhersagbar waren wie das Urteil gegen
den geständigen Mörder Amir.

Vorsitzender des dreiköpfigen Gremiums war der pensionierte
Präsident des Obersten Gerichtshofs Meir Shamgar, der zwei Jahre
zuvor bereits die Untersuchung des Massakers in der Höhle der
Patriarchen geleitet und somit Erfahrung in dieser Rolle hatte. Ihm
zur Seite standen der einundsiebzigjährige Generalmajor a. D. Zvi
Zamir, ein früherer Mossad-Chef, und der einundfünfzigjährige
Ariel Rosen-Zvi, Juraprofessor an der Universität Tel Aviv. Die
Kommission war politisch ausgewogen besetzt und insofern über
jeden Zweifel erhaben: Zamir stand der Linken nahe, Shamgar der

Rechten, Rosen-Zvi den modernen Orthodoxen. Sie hatten einundsechzig Sitzungen abgehalten und zweiundsiebzig Zeugen befragt, deren Aussagen 6387 Seiten füllten. Der Bericht, den sie am 28. März veröffentlichten, umfaßte 214 Seiten, ergänzt durch einen 188 Seiten starken geheimen Anhang.

Der Bericht der Shamgar-Kommission hätte ein fesselndes Dokument werden können, denn die Regierung Peres hatte ihren Auftrag so formuliert, daß den Mitgliedern genügend Spielraum blieb, den Umfang der Untersuchung selbst zu bestimmen. Die Kommission hatte also die Möglichkeit, über eine detaillierte Prüfung der von Shabak und Polizei gesammelten Informationen und der von ihnen ergriffenen Sicherheitsmaßnahmen vor und während des Mordanschlags weit hinauszugehen. Doch leider zügelten Richter Shamgar und seine Kollegen ihre Neugier aus taktischen, wenn nicht sogar politischen, Erwägungen. Sie verzichteten bewußt darauf, die Hetzkampagne gegen Jitzhak Rabin zu untersuchen und sich mit ihren Initiatoren zu beschäftigen. Sie dehnten ihre Ermittlungen nicht auf die Rabbiner aus, die das *Din Rodef* auf Rabin angewendet hatten. Und vor allem verkniffen sie sich die Frage, wie eine Gesellschaft, die «ein Licht unter den Nationen» sein wollte, so weit von ihrem Selbstverständnis hatte abrücken können, daß sie Gebietsansprüchen mehr Gewicht beimaß als den Menschenrechten und stillschweigend darüber hinwegsah, wie zu einem gesetzwidrigen Verhalten aufgerufen wurde, das in der äußersten Form politischer Gewalt gipfelte.

«Nach dem Mord an Ministerpräsident Jitzhak Rabin wird der Staat Israel nie wieder so sein wie früher», erklärte die Shamgar-Kommission in ihrem Bericht – und wenige widersprachen. Doch die Faktoren, die für diesen beklagenswerten Wandel maßgebend waren, blieben weitgehend unbeleuchtet. Statt die historische Gelegenheit beim Schopf zu packen und die tieferen Gründe für den Mord zu erörtern und zu benennen, verfaßte die Shamgar-Kommission einen gestelzten Bericht, in dem sie die praktischen Versäumnisse beschrieb, die dem Mörder die Ausführung der angekündigten Tat erleichtert hatten. Sie richtete ihr Augenmerk auf die Fehler der Sicherheitsorgane, insbesondere des Shabak, und rückte sie dadurch über Gebühr in den Mittelpunkt der Untersuchung. Statt den Mord am Ministerpräsidenten als ein Phänomen zu betrachten, bei dem eine ganze Reihe gesellschaftlicher und politischer Faktoren im Spiel waren, reduzierte sie ihn auf einen Zwischenfall, für den eine Lücke im Sicherheitssystem verantwortlich war. Im übrigen begnügte sich die Kommission mit der Empfehlung, die Gesellschaft solle sich über ihr Verhalten Rechenschaft ablegen, indem sie schrieb:

«Die Arbeit der Untersuchungskommission entbindet die israelische Gesellschaft nicht von der Notwendigkeit, selbstkritisch nach Antworten auf die Frage zu suchen, wie es dazu kommen konnte, daß ein Ministerpräsident von einem Extremisten ermordet wird, und wie Gewalt zum Mittel der politischen Auseinandersetzung geworden ist. Ohne Zweifel muß eine solche Selbstprüfung von verschiedenen Teilen der Gesellschaft durchgeführt werden, insbesondere von sozialen und kulturellen Gruppen ... Die Gesellschaft als Ganzes, und insbesondere ihre Erziehungseinrichtungen, müssen Anstrengungen unternehmen und sich einer gründlichen Gewissensprüfung unterziehen.»

Dies war nicht das erste Mal, daß Richter Shamgar schwierigeren und heiklen Themen auswich und es vorzog, die Umstände, die zu einer nationalen Katastrophe geführt hatten, unter einem engeren Blickwinkel zu betrachten. Zwei Jahre zuvor, als er der Kommission vorsaß, die Baruch Goldsteins Massaker in der Höhle der Patriarchen untersuchte, hatte sich das Gremium in ähnlicher Weise damit begnügt, die Fakten zu klären und das Verhalten des Sicherheitspersonals unter die Lupe zu nehmen, statt nach den religiösen, sozialen und politischen Hintergründen zu fragen, die für den schlimmsten Gewaltausbruch auf jüdischer Seite in den besetzten Gebieten seit Beginn der Okkupation mitverantwortlich waren. Es ist durchaus verständlich, daß Richter Shamgar und seine angesehenen Kollegen ihre Untersuchung auf einen überschaubaren Rahmen beschränken wollten, und doch kann man sich des Gefühls nicht erwehren, daß sie mit ihrer Entscheidung, den Mord an dem Ministerpräsidenten nur unter technischen Gesichtspunkten zu betrachten, der Sache einen Bärendienst erwiesen haben.

Zu dem Punkt, den sie untersuchte – die Leistung der Polizei und insbesondere des Shabak im Zusammenhang mit dem Mord –, veröffentlichte die Shamgar-Kommission den strengsten Bericht, der in der Geschichte des Staates je über eine Behörde geschrieben worden war, einen Bericht, in dessen Mittelpunkt die vernichtende Kritik an Shabak-Chef Carmi Gillon stand. So stellte sie fest, daß Gillons Rücktritt (der bereits eingereicht und angenommen worden war) die einzig logische Konsequenz aus den Ereignissen gewesen sei, denn er habe die ihm vorliegenden nachrichtendienstlichen Erkenntnisse falsch interpretiert und trage somit die Verantwortung für die unzureichenden Maßnahmen zum Schutz des Ministerpräsidenten. Zusammen mit Gillon wurde der Leiter der Shabak-Sicherheitsabteilung entlassen; drei weitere leitende Agenten wurden ihrer Posten enthoben.

Daß der Shabak nicht in der Lage gewesen war, den Mordanschlag zu verhindern, war nach Ansicht der Kommission nicht auf einen bestimmten Irrtum oder Fehler, sondern auf allgemeine Mängel in den Führungsstrukturen und im Sicherheitskonzept für den Ministerpräsidenten zurückzuführen. Kurzum, der Sicherheitsdienst habe um die Gefahr gewußt, die führenden Persönlichkeiten drohte, es jedoch versäumt, ihr in angemessener Weise zu begegnen. Zu den Anforderungen, die man an einen Mann in Gillons damaliger Position stellen müsse, gehörten ein klares Verständnis der strategischen Bedingungen, unter denen der Shabak operiere, sowie die Fähigkeit, zwei Schritte vorauszudenken und auf Gefahren unverzüglich zu reagieren. Diesen elementaren Anforderungen habe er nicht genügt. So habe die Nachrichtenabteilung des Shabak die von radikalen Gegnern der Regierung ausgehende Bedrohung durchaus richtig eingeschätzt, doch habe es Gillon versäumt, seine Leute in angemessener Form auf die Gefahr hinzuweisen. Einige Leibwächter Rabins, so die Kommission, seien nicht instruiert worden, auf einen potentiellen, mit einer Pistole bewaffneten jüdischen Attentäter zu achten. Überhaupt habe man den Eindruck, daß sie sich «mehr auf eine Bedrohung durch Steine und Tomaten konzentriert haben». In einem persönlichen Gespräch faßte ein Mitglied der Kommission seinen Eindruck in die einfachen und betrüblichen Worte: «Der Chef des Personenschutzes schlief. Darum wurde der Ministerpräsident ermordet.»

Niemand in Israel war über das Urteil der Shamgar-Kommission besonders überrascht, außer vielleicht Carmi Gillon. So trat er, als er blaß und angespannt vor Wut das Shalom-Haus verließ, vor die wartenden Kameras und Mikrofone und verlas eine vorbereitete Erklärung, in der er der Kommission vorwarf, sie hätte sich «weder eingehend mit der großen Verantwortung befaßt, die der Shabak und seine Führung trägt, noch mit den besonderen Problemen, die mit der Erfüllung ihrer Aufgaben verbunden sind, insbesondere im Hinblick auf einen jüdischen Terroristen und Mörder, der Fleisch von unserem Fleisch, Blut von unserem Blut als Bürger eines demokratischen Staates ist... Ich grüße die Mitarbeiter des Shabak und ihre Vorgesetzten, die in Anbetracht des Terrorismus aller Art eine enorme Verantwortung tragen. Ich grüße auch meine ehemaligen Untergebenen, denen diese staatliche Untersuchungskommission so übel mitgespielt hat, und zwar zu Unrecht, wie ich meine.»

Mit dieser Klage spielte er indirekt auf die Ergebnisse des internen Untersuchungsausschusses an, den der Shabak am Tag nach dem Mord eingesetzt hatte. Der Ausschuß hatte ohne Pause durchgearbeitet – den Tatort besichtigt, den Parkplatz inspiziert, den Wachplan studiert, alle an dem Einsatz beteiligten Beamten befragt und das Verhalten der Leibwächter und ihrer Vorgesetzten vor und an dem verhängnisvollen Abend rekonstruiert – und innerhalb von 36 Stunden seine Ergebnisse vorgelegt und Empfehlungen ausgesprochen. Der Ausschuß monierte Unzulänglichkeiten in der Planung und Umsetzung der Sicherheitsmaßnahmen bei der Kundgebung und lastete diese Fehler dem Leiter der Sicherheitsabteilung des Shabak, dem Chef der VIP-Schutzeinheit, deren Einsatzleiter und dem Beamten an, der die Leibwächter am fraglichen Abend vor Ort befehligte. Alle vier wurden ihres Postens enthoben. Von jeder Schuld an der Katastrophe freigesprochen wurde hingegen der Chef des Shabak selbst. Außenstehende protestierten gegen dieses Urteil. Allen voran Ya'akov Perry, Gillons unmittelbarer Vorgänger, der ihn öffentlich aufforderte, die Verantwortung für das Debakel zu übernehmen und zurückzutreten. Gillon war erbost über den Mann, der ein Jahr zuvor, damals sein größter Fürsprecher, noch maßgeblich zu seiner Ernennung zum Chef des Shabak beigetragen hatte. Perry, so klagte er wütend einem Freund, sei für die Strategie des Shabak im VIP-Schutz ebenso verantwortlich, zumal er, Gillon, den Posten erst seit knapp einem Jahr bekleide und kaum die Zeit gefunden hätte, das Konzept zu ändern – selbst wenn er es für nötig befunden hätte. Dennoch ging Gillon am 7. November in Shimon Peres' Büro und reichte seinen Rücktritt ein. Sein Gesuch wurde abgelehnt, und Peres schlug vor, das Urteil der Shamgar-Kommission abzuwarten. Zunächst beugte sich Gillon. Zwei Monate später, als sich abzeichnete, zu welchen Ergebnissen die Kommission gelangen würde, änderte er jedoch seine Meinung. Am 5. Januar 1996, als er die Bestätigung erhielt, daß der Mordanschlag auf den «Ingenieur», den palästinensischen Terroristen Yihye Ayyash, geglückt war, bot Gillon Peres abermals seinen Rücktritt an. Diesmal nahm Peres an.

Carmi Gillon ist siebenundvierzig Jahre alt, wirkt aber viel jünger. Groß und drahtig, hat er sich ein jugendliches Aussehen bewahrt, und seine tiefe, angenehme Stimme vermittelt Autorität und Selbstsicherheit. Seine Herkunft ist unzweifelhaft einer der Gründe für sein selbstbewußtes Auftreten in der Öffentlichkeit. Als

Sproß zweier Familien, die seit langem in Jerusalem verwurzelt sind und drei Generationen hoher Beamter hervorgebracht haben, kann er seinen Stammbaum bis zu den Anfängen der zionistischen Bewegung zurückverfolgen. Sein Großvaer war der einzige jüdische Richter am Obersten Gericht unter britischem Mandat, sein Vater in den fünfziger Jahren israelischer Staatsanwalt, seine Mutter stellvertretende Generalstaatsanwältin, und sein Bruder ist am Obersten Gericht beschäftigt. Gillon wuchs, wenige Straßen vom Shalom-Haus entfernt, in Rehavia auf, einem Viertel, in dem die herrschende Elite lebt. In dieser Familie von Erfolgsmenschen war Carmi ein Spätstarter. Am Rehavia-Gymnasium, zu seiner Zeit die renommierteste Oberschule Jerusalems, war er ein so schwacher Schüler, daß er zweimal sitzenblieb. Er schlug weder eine Offizierslaufbahn bei der Armee ein, noch strebte er nach seiner Entlassung aus dem Militärdienst eine Karriere als Jurist an. Statt dessen trat er dem Shabak bei und spezialisierte sich zunächst auf den Schutz diplomatischer Vertretungen im Ausland, ehe sich sein Interesse auf subversive Gruppen verlagerte. Nach dem Wechsel in die Jüdische Abteilung des Shabak studierte er an der Universität Haifa, schrieb eine Dissertation über das Thema *Ideologisch motivierte Rechtsverletzungen durch die radikale Rechte in Israel* und avancierte zum Leiter der Abteilung.

Am 1. März 1995, als Gillon zum Chef des Shabak ernannt wurde, runzelte so mancher Kenner der Szene die Stirn. Der vierundvierzigjährige Leiter der relativ unbedeutenden Jüdischen Abteilung war als Kandidat für diesen heiklen Posten von Anfang an umstritten gewesen. Er hatte nie eine große, komplizierte Organisation geleitet, und seine praktischen Erfahrungen, speziell in Sicherheitsoperationen, waren begrenzt. Doch Perry, der Gillon gefördert (wenn nicht sogar als seinen Nachfolger aufgebaut) hatte und ihn erfahreneren Anwärtern vorzog, empfahl ihn Rabin als hervorragenden Fachmann: er sei eifrig, umsichtig und bei den Kollegen beliebt. Rabin schwankte. Er selbst favorisierte einen Armeegeneral a. D., doch am Ende machte er sich das Argument zu eigen, daß es klug sei, einen Mann aus den Reihen des Shabak zu ernennen.

Wie andere Sicherheitspannen in der Geschichte Israels – namentlich im Yom-Kippur-Krieg und beim Ausbruch der Intifada – war das Versagen des Shabak beim Mord an Rabin auf mangelnde geistige Flexibilität gepaart mit Überheblichkeit zurückzuführen. Nach herkömmlicher Überzeugung war die Gefahr, die Rabin von der Hand eines Juden drohte, gering. Diese Überzeugung stützte sich weder auf zuverlässige nachrichtendienstliche Erkenntnisse noch auf sorgfältige Analysen der Verhältnisse, sondern auf einen selbstgefälligen nationalen Mythos, wonach es undenkbar war, daß ein Jude so niederträchtig oder dreist sein könnte, den Ministerpräsidenten kaltblütig zu ermorden. Sollte also irgendwo ein Attentäter Rabin auflauern, dann selbstverständlich nur ein Araber. Diese Auffassung deckte sich mit einer anderen Prämisse des Shabak: daß nämlich jüdische Extremisten nur dann von der Waffe Gebrauch machen würden, wenn die Regierung den offiziellen Befehl zur Räumung der Siedlungen in den besetzten Gebieten gäbe. Ein solcher Befehl, so glaubte man, würde eine neue Phase der Konfrontation einleiten, die intern ganz offen als «Bürgerkrieg»* bezeichnet wurde.

Daß der Shabak sein «Grundkonzept» auf diese unbegründeten Hypothesen stützte, war sein größter Fehler. Doch statt ihn zuzugeben, attackierte Gillon die Shamgar-Kommission und warf ihr vor, die überaus verständlichen Gründe für diesen Fehler nicht zu berücksichtigen. In der vorbereiteten Erklärung, die er am 28. März vor dem Shalom-Haus verlas, versuchte er, sich herauszureden und den Grund für das Versagen des Shabak in der Person des Attentäters zu suchen, indem er behauptete: «Es empfiehlt sich, den Blick für die Proportionen nicht zu verlieren, und wir sollten

---

* Nach dem Mord hat der Shabak die Bedingungen, die einen solchen Konflikt auslösen könnten, weiter gefaßt. So teilte er der Regierung Netanjahu im Februar 1998 mit, daß die Schließung des Piratensenders Arutz 7 zu einer Konfrontation «mit den Merkmalen eines Bürgerkriegs» führen könnte.

nicht vergessen, daß Jitzhak Rabins Mörder nicht einer der Leibwächter des verstorbenen Ministerpräsidenten war, sondern Yigal Amir, der bis heute beteuert, daß er die Tat jederzeit wiederholen würde. Wie Yigal Amir gibt es andere Juden, wenn auch nicht viele, die mit uns in der Golani-Brigade, bei den Fallschirmjägern oder in den Panzerkorps dienen, die mit uns an der Universität studieren, im Kino neben uns in der Schlange stehen oder im selben Supermarkt einkaufen und die bereit sind, einen Ministerpräsidenten und führenden israelischen Politiker zu ermorden. Und ich spreche jetzt nicht als Unheilsprophet, sondern als nüchtern denkender Mensch, der so etwas in der Vergangenheit schon erlebt hat und die Dinge so sieht, wie sie momentan sind.»

In derselben Erklärung behauptet Gillon, der Mörder sei ein anonymes Gesicht in der Menge gewesen und habe daher nicht entdeckt werden können. Hier täuschte er die Öffentlichkeit in zwei Punkten. Der Mörder verbarg sich keineswegs in der riesigen Menschenmenge, die sich am Abend des 4. November auf dem Platz versammelte; er lungerte allein in einem abgesperrten Bereich herum und wurde mindestens zweimal von Polizisten angesprochen. Und er war auch kein unbekannter Einzelgänger, der den verschiedenen israelischen Sicherheitsorganen aus einleuchtenden Gründen nicht auffallen konnte. Er gehörte einer kleinen, klar definierten Gruppe an, sein Name war dem Shabak mindestens zweimal von Avishai Raviv genannt worden, und der Sicherheitsdienst führte eine Akte über ihn. Dennoch wurde er nie zum Verhör vorgeladen, denn er paßte nicht in das Täterprofil eines potentiellen jüdischen Mörders, der nach Ansicht des Shabak ein verhetzter geistesgestörter Einzelgänger sein mußte. Nur eines dieser drei erforderlichen Merkmale traf auf Yigal Amir zu: Er war verhetzt. Der mitteilsame Jurastudent war beileibe kein Einzelgänger, sondern Anführer einer Verschwörergruppe und obendrein ein unermüdlicher Aktivist auf dem Campus. Die Sicherheitsüberprüfungen, denen er in der Armee und vor seiner Entsendung nach Litauen unterzogen wurde, lieferten keinen Hinweis auf psychische

Labilität. Tatsächlich beging Yigal Amir das Verbrechen im vollen und klaren Bewußtsein seiner Konsequenzen. Er schätzte wiederholt seine Aussichten ein, nahe genug an Rabin heranzukommen, um ihn mit einer Handfeuerwaffe zu erschießen, und kalkulierte die damit verbundenen Risiken, und seine Überlegungen erwiesen sich als absolut richtig. Er wurde nicht durch Wahnvorstellungen zur Tat getrieben, sondern handelte aus Prinzipien, die er sich im ideologischen Treibhaus der nationalistisch-haredischen Gemeinde zu eigen gemacht hatte. Daß der Shabak schlichten politischen Fanatismus von der Liste der typischen Merkmale eines potentiellen jüdischen Attentäters gestrichen hatte, hieß nicht, daß Fanatismus nicht dazu gehörte.

Leute wie Amir wurden vom Shabak nicht als potentielle Täter betrachtet. Der Grund für diese Fehleinschätzung war die Verkennung der Tatsache, daß das Osloer Abkommen neue Voraussetzungen geschaffen hatte: die Möglichkeit, daß die nationalistische und messianistische Indoktrination der national-religiösen Jugend nach zwanzig Jahren schließlich Früchte trug und zumindest einige dazu bewegte, den Grundsatz demokratischer Herrschaft abzulehnen und mit allen verfügbaren Mitteln für ihre Überzeugungen zu kämpfen, auch mit Gewalt. Der Shabak hingegen war selbst das Produkt einer Gesellschaft, die in der fixen Idee, die besetzten Gebiete mit jüdischen Siedlungen zu überziehen, ein natürliches politisches Phänomen und in den Siedlern jüdische Patrioten sah. Viele führende Vertreter der beiden großen Parteien Israels hatten die Siedler aktiv unterstützt und über ihre Gesetzesverstöße stillschweigend hinweggesehen. «Böswillige Gruppen genießen in der Knesset Unterstützung», klagte Moshe Shahal, Minister für Innere Sicherheit, nach dem Mord. «Die politische Ebene hat den Sicherheitsorganen nicht signalisiert, daß eine Untersuchung subversiver politischer Aktivitäten oberste Priorität genießen sollte, folglich wurde das Problem nicht energisch angegangen. Ich möchte sogar behaupten, daß solche Gruppen und Leute in den Ermittlungsbehörden Sympathien genießen.»

378

Carmi Gillon und sein Anwalt, Eli Zohar, bemühten sich nach Kräften, die Shamgar-Kommission zu einer stärkeren Berücksichtigung dieses sozialen und politischen Kontextes zu bewegen. Dies war der Kern ihrer Verteidigungsstrategie. Gillon wies in seiner Aussage nachdrücklich darauf hin, daß das Klima der Gesetzlosigkeit in den besetzten Gebieten subversiven Elementen die Chance eröffnet hatte, frei zu agieren. Er behauptete sogar, daß Generalstaatsanwalt Michael Ben-Ya'ir die Siedler in dem Gefühl bestärkt habe, über dem Gesetz zu stehen, als er im April 1994 entschied, daß israelisches Recht für die Bewohner der besetzten Gebiete, Israelis wie Palästinenser, nicht gelte, und so die Einrichtung von Zivilgerichten für die jenseits der Grünen Linie lebenden Israelis verhinderte.* Doch die Kommission ließ sich nicht auf schlüpfriges politisches Terrain locken, und Gillon mühte sich in diesem Punkt vergebens.

Gillon machte aus mehreren Gründen, zu denen auch persönliche zählten, abfällige Bemerkungen über Entscheidungen der Kommission. Er wollte eine stärkere Einbeziehung der Medien, um so den Druck auf die Kommission zu verstärken, den Umfang der Untersuchung auszuweiten. Shamgar und Zamir waren mit Rabin eng befreundet gewesen, und Gillon hatte das Gefühl, daß sie wegen des Verlustes des Freundes eine persönliche Rechnung mit ihm begleichen wollten. Er war über seine Behandlung durch sie so empört, daß er sogar erwog, ihre Ablösung zu verlangen. Sein Anwalt riet ihm dringend davon ab. Er räumte aber ein, daß er ein

---

* Ben-Ya'ir hatte damit auf Behauptungen reagiert, daß israelische Bürger, die in den besetzten Gebieten lebten, nicht der dortigen Militärverwaltung unterstünden. Der rechtliche Status der Siedler war seit langem ein heikles Thema. Die Regierung stellte israelische Siedler ungern vor Militärgerichte, was sie mit Palästinensern regelmäßig tat. Ben-Ya'ir empfahl, diese Praxis aufzugeben und Siedler ebenfalls vor Militärgerichte zu bringen, doch Rabin und die Armee waren dagegen. Im Mai 1995 schlug Shahal die Einrichtung eines speziellen Friedensgerichts vor, vor dem sich Israelis für Verbrechen verantworten sollten, die in den besetzten Gebieten begangen worden waren, doch sein Vorschlag wurde nie verwirklicht.

Gericht mit derselben Zusammensetzung wegen Befangenheit ablehnen würde, falls Gillon sich vor ihm verantworten müßte. Es kam auch zu erbitterten Streitigkeiten über Indiskretionen gegenüber der Presse. Die Kommission verdächtigte Gillon, wiederholt Informationen weiterzugeben, und wies ihn dafür zweimal öffentlich zurecht. Als Gillon im Gegenzug der Kommission vorwarf, sie lasse tendenziös gefärbte Informationen durchsickern, antwortete Shamgar mit einer scharfen öffentlichen Erklärung, in der er die Anschuldigung energisch zurückwies. Zudem sah er ostentativ davon ab, sich auf den Rechtsgrundsatz *sub iudice** zu berufen (wie es frühere, unter Ausschluß der Öffentlichkeit tagende Untersuchungskommissionen getan hatten), und teilte Gillon statt dessen mit, daß es ausschließlich eine Sache zwischen ihm und den Medien sei, wenn er glaube, daß die Presseberichte seinen Fall beeinflußten. Doch der Chef des Shabak geriet immer wieder mit den drei Kommissionsmitgliedern aneinander. Er war überzeugt, daß sie ihm von Anfang an feindlich gesonnen waren.

Als sie ihr Urteil veröffentlichten, fühlte sich Gillon als Opfer einer schreienden Ungerechtigkeit. Da er persönlich wenig Erfahrung im VIP-Schutz gehabt habe, so Gillon, habe er sich auf das Urteil und die Kompetenz seiner Untergebenen verlassen müssen, und die hätten ihm versichert, daß niemand mit einer Handfeuerwaffe bis auf Schußweite an den Ministerpräsidenten herankommen könne. Aus diesem Grund müsse er die Verantwortung für den Mordanschlag ablehnen. Gillon beteuerte, daß der Shabak alles Notwendige getan habe, um ein Attentat, von welcher Seite auch immer, zu verhindern. Die Panne am Abend des 4. November habe spezifische operative Ursachen und sei nicht auf Mängel im Sicherheitskonzept oder -system zurückzuführen. Der Grund für die

---

* Ein Gesetz, das die Veröffentlichung irgendwelcher Details über einen Gerichtsfall mit Ausnahme von Zitaten aus der Verhandlung selbst verbietet. Da die Shamgar-Kommission hinter verschlossenen Türen tagte, hätte eine Berufung auf *sub iudice* der Presse unter Androhung von Strafe untersagen können, Indiskretionen jedweder Art zu veröffentlichen.

Tragödie sei in der schieren Nachlässigkeit der Agenten zu suchen, die den Plan zum Schutz Rabins bei der Kundgebung entwickelt und ausgeführt hätten. Die Mitglieder der VIP-Schutzeinheit seien dafür ausgebildet worden, einen Anschlag unter genau den Bedingungen, die auf dem Parkplatz herrschten, zu vereiteln. Zudem, so Gillon, habe er sich im Vorfeld der Kundgebung zweimal mit den für diesen Einsatz vorgesehenen Leibwächtern zusammengesetzt, sie für die Aufgabe instruiert, zu höchster Wachsamkeit angehalten und angewiesen, sich den besonderen Verhältnissen anzupassen. Die Leibwächter hätten ihm versichert, daß sie in der Lage seien, einen Angriff mit einer Handfeuerwaffe aus kurzer Entfernung abzuwehren. «Die Tragödie war ein Einzelfall», sagte Gillon der Kommission. «Sie ist kein Beweis für Schwächen in Organisation und Verteilung, mangelnde Einsatzbereitschaft und Wachsamkeit oder unkorrektes Verhalten der Einheit.»

Die Kommission freilich glaubte lieber den Argumenten von Experten – darunter Untergebene Gillons und ehemalige Shabak-Agenten –, die behaupteten, daß die Maßnahmen zum Schutz des Ministerpräsidenten nicht mehr zeitgemäß gewesen seien, da sich das politische Klima seit der Unterzeichnung des Osloer Grundsatzabkommens radikal verändert habe, und daß Unzulänglichkeiten in der obersten Führung der Grund für das Versagen des Shabak gewesen seien. Mit anderen Worten: Daß ein erstklassiger Sicherheitsdienst gegen einen Amateurschützen den kürzeren gezogen hatte, war ihres Erachtens die Schuld seines Kommandeurs, Carmi Gillon. Nicht von ungefähr, so erklärten sie, habe der Shabak auf Empfehlung seines eigenen Untersuchungsausschusses seine Strategie beim VIP-Schutz bereits überarbeitet. Hätten Gillon und der Chef der Shabak-Sicherheitsabteilung früher auf die unverkennbar zunehmende Gefahr reagiert und die notwendigen Anpassungen vorgenommen, wäre Rabin noch am Leben.

Gillon schug zurück, sowohl bei den Anhörungen vor der Kommission als auch nach der Veröffentlichung ihres Berichts. Er beharrte darauf, daß seine Verfasser die vielfältigen Probleme, die der Schutz wichtiger Persönlichkeiten in einem demokratischen Land mit sich brächte, nicht gebührend berücksichtigt hätten. Selbst nach der Ermordung Kennedys, so erinnerte sein Anwalt die Kommission, habe der Secret Service in den Vereinigten Staaten nicht verhindern können, daß zwei Mordanschläge auf Präsident Ford verübt worden seien und ein einzelner Attentäter aus kurzer Entfernung auf Präsident Reagan geschossen habe. Israel sei in der Vergangenheit von solchen Fällen verschont geblieben, deshalb habe sich das politische Leben einen offenen, legeren Stil bewahrt. Jitzhak Rabin, so der Anwalt weiter, sei trotz einer gewissen Scheu ein Mann des Volkes gewesen. Er habe keine Schranken zwischen dem Volk und seinem Regierungschef gewollt und sich über seine strenge Bewachung geärgert. Samstags habe er regelmäßig auf einem privaten Tennisplatz in Tel Aviv Tennis gespielt und es abgelehnt, sich von mehr als einem Leibwächter begleiten zu lassen. Er habe keine kugelsichere Weste getragen und stets den Kontakt zu Gruppen von Anhängern gesucht. Ebensowenig habe er sich von einem feindseligen Empfang einschüchtern lassen. Bei seinem letzten Besuch in New York, ein paar Wochen vor seiner Ermordung, hätten ihn vor seinem Hotel Demonstranten erwartet und «Rabin ist ein Verräter» gerufen: Als er Anstalten gemacht habe, aus dem Wagen zu steigen, hätten ihn seine Leibwächter aufgefordert, die andere, den Demonstranten abgewandte Tür zu nehmen. Doch er sei bewußt auf die Schreier zugegangen und habe sie aufgefordert zu verschwinden. Rabin sei das gewesen, was seine Landsleute einen *jinji*** nennen, ein leicht aufbrausender, willensstarker Mann, teilte Gillon den ehrwürdigen Mitgliedern der Kommission mit. Sie taten dieses Argument als albern ab und betonten in ihrem Bericht: «Die Einführung verbesserter Sicherheitsvorkehrungen ist nicht an dem Bedürfnis des Staatsmanns gescheitert, im engen Kontakt mit der Bevölkerung zu bleiben, sondern an konzeptioneller Unbeweglichkeit.»

---

* Ein Rotschopf, abgeleitet vom englischen *ginger*.

Alle anderen Versuche, das Sicherheitskonzept des Shabak zu verteidigen, erfuhren ein ähnliches Schicksal. Drei Monate lang hörte die Kommission Zeugen an und gewichtete ihre Aussagen, ehe sie zu dem Schluß gelangte, daß das Versagen der Behörde auf Mängel im Sicherheitskonzept und auf das Fehlverhalten einzelner Mitarbeiter zurückzuführen sei – und für beides sei Carmi Gillon verantwortlich. Wäre das Konzept und die Führungsphilosophie des Shabak nicht fehlerhaft gewesen, so die Kommission, wären die Leibwächter des Ministerpräsidenten in der Lage gewesen, der von einem einzelnen Schützen ausgehenden Gefahr zu begegnen. Und wären die Verteilung und das Verhalten der Agenten bei der Kundgebung nicht mangelhaft gewesen, hätte der Mord trotz des fehlerhaften Sicherheitskonzepts vermutlich verhindert werden können. Da sowohl auf der Führungsebene als auch beim Einsatz vor Ort Fehler begangen worden seien, sei das ganze System im entscheidenden Moment wie ein Kartenhaus in sich zusammengestürzt.

Ein zentraler Punkt im Abschlußbericht war, daß die Kommission wiederholt Carmi Gillons professionelles Urteilsvermögen in Frage stellte. Nach ihrer Auffassung hatte er gewußt, daß die Nachrichtenabteilung des Shabak nicht in der Lage war, im voraus vor einem Mordversuch zu warnen oder einen potentiellen Attentäter zu identifizieren, und er hatte gewußt, daß man dieses Manko nur durch einen verstärkten Schutz der VIPs wettmachen konnte. Dennoch habe er nicht einmal die naheliegendsten Gegenmaßnahmen ergriffen. Er habe seine Mitarbeiter nicht aufgefordert, die Sicherheitsvorkehrungen für den Ministerpräsidenten zu überprüfen, den neuen Gegebenheiten anzupassen oder unter realistischen Bedingungen zu testen. Unter seiner Führung habe der Sicherheitsdienst in Selbstgefälligkeit geschwelgt, sich in ausgefahrenen Gleisen bewegt und zur Nachlässigkeit geneigt. Die Beschaffung und Auswertung nachrichtendienstlicher Informationen habe man vernachlässigt, operative Aufgaben in schwerfälliger, bürokratischer Manier gehandhabt. Den Leibwächtern sei nicht eingeschärft worden, daß das Leben des Ministerpräsidenten akut bedroht sei, deshalb hätten sie ihn nicht ausreichend abgeschirmt. Obwohl ein Anschlag auf Rabin immer wahrscheinlicher geworden sei, habe Gillon keine «substantielle, methodische, gründliche und umfassende Diskussion mit dem gesamten Personal in den Bereichen Sicherheit und Nachrichtenbeschaffung geführt», um «das Sicherheitskonzept zu überprüfen». Er habe weder neue Direktiven gegeben, noch daran erinnert, die bestehenden einzuhalten. Seine Mitarbeiter habe er nicht in erforderlichem Maße zur Wachsamkeit angehalten, und er habe sich kein Bild davon gemacht, wie Sicherheitsprobleme in der Praxis angepackt werden.

Aus der Sicht seines Anwalts hatte sich Gillon korrekt verhalten. Der Schutz des Ministerpräsidenten sei von zwei Faktoren abhängig gewesen: von der Beschaffung nachrichtendienstlicher Informationen und den Sicherheitsvorkehrungen vor Ort. Wäre beides mangelhaft gewesen, so hätte sein Mandant selbstverständlich die Pflicht, die Schuld auf sich zu nehmen und zurückzutreten. Dies sei jedoch nicht der Fall, argumentierte Zohar. Die Nachrichtenabteilung des Shabak habe ihre Aufgabe erfüllt; daran bestehe kein Zweifel. Die Frage sei vielmehr, ob die VIP-Schutzeinheit ihre Maßnahmen den vorliegenden Erkenntnissen entsprechend geändert habe. Dies sei die entscheidende Frage, sagte Zohar, und seine Antwort darauf lautete ja. Gillon selbst hatte der Kommission erklärt, daß die Sicherheitsvorkehrungen führender Regierungsmitglieder in den vergangenen Jahren verstärkt worden seien. Man habe neue Ausrüstung erworben, darunter auch den gepanzerten Cadillac für den Ministerpräsidenten, und die Zahl der Leibwächter aufgestockt – wenn auch nicht in dem vom Shabak gewünschten Umfang. «Als ich die Zahl der Leibwächter um ein Drittel erhöhen wollte, verweigerte mir das Finanzministerium die dafür nötigen Mittel», sagte er bei seiner detaillierten Analyse der Operationen dieser Einheit in den zehn Monaten seiner Amtszeit. Um jeden Verdacht der Nachlässigkeit auszuräumen, wies er ferner darauf hin, daß er 22 Prozent seiner Zeit

Fragen des VIP-Schutzes gewidmet habe und daß bei der Kundgebung fünfzehn Leibwächter zu Rabins Schutz aufgeboten worden seien.

Die Kommission nahm alle diese Maßnahmen zur Kenntnis und bezeichnete sie als ungenügend. Doch bei dem Streit zwischen Gillon und seinen Kritikern ging es im Kern nicht um quantitative Details, sondern um das «Führungskonzept» des Shabak-Chefs. Gillon behauptete, daß die Behörde schon immer nach einem Konzept geleitet wurde, bei dem die Chefs ihre Prioritäten und Ziele vorgaben und ihren Untergebenen die Verantwortung übertrugen, sie zu verwirklichen. Er beharrte darauf, daß es nicht seine Aufgabe gewesen sei, nachzuprüfen, ob seine Anweisungen ausgeführt worden seien. «Der Chef trägt die Gesamtverantwortung für die Vorgänge innerhalb des hierarchisch gegliederten Sicherheitsdienstes», erläuterte er der Kommission. «Er gibt die allgemeine Richtung vor, wie die von der Politik gesteckten Ziele erfüllt werden sollen.» Angenommen, er glaubte tatsächlich an diese Führungsphilosophie, so ging er also davon aus, daß er nur das Gespenst eines aus der Menge auftauchenden jüdischen Attentäters an die Wand zu malen brauchte, und schon zogen seine Untergebenen daraus die richtigen Schlüsse und handelten entsprechend. So gesehen pflegte er einen Führungsstil, der eher zum Aufsichtsrat eines Wirtschaftsunternehmens passen würde als zu einem Sicherheitsdienst. Doch sein Anwalt versuchte, die Kommission davon zu überzeugen, daß dieser Stil beim Shabak tatsächlich die Norm gewesen sei.

Ya'akov Perry, Gillons Vorgänger, widersprach dieser Darstellung der Shabak-Befehlsstruktur energisch. Das Befehlsforum des Sicherheitsdienstes, so betonte er nachdrücklich, fungiere nicht als eine Art Aufsichtsrat, der nur Ziele vorgebe, sondern als Führungsteam, das auf zwei Ebenen arbeite: Es treffe strategische Entscheidungen, ganz ähnlich wie ein Aufsichtsrat, *und* einzelne operative Entscheidungen, an denen ein Aufsichtsrat niemals mitwirken würde. In der Tat hielt die Kommission Gillons Führungsstil für unvernünftig und erinnerte daran, daß eine erfolgreiche Leitung gleichbedeutend sei mit der «wohlüberlegten Übertragung von Vollmachten in Verbindung mit Führung, Überwachung und Kontrolle».

«Gillon wurde nicht wegen eines Fehlers gefeuert», bemerkte ein hoher Offizier, der erst kurz zuvor aus der Armee ausgeschieden war. «Seine Entlassung war keine Bestrafung, sondern eine notwendige organisatorische Maßnahme. In einem Land, in dem man von Offizieren und Managern in aller Regel verlangt, daß sie persönlich die Verantwortung [für Fehler] übernehmen, hätte Gillon wegen Fahrlässigkeit, sogar wegen grober Fahrlässigkeit angeklagt werden können. Doch in Israel kommt es selten vor, daß ein leitender Beamter für seine Fehler teuer bezahlen muß, selbst wenn sie tödliche Folgen haben.»

Natürlich ist es möglich, daß Carmi Gillon, als er die Führung des Shabak übernahm, das Opfer von Prinzipien wurde. Immerhin wurde ihm ein Sicherheitsapparat anvertraut, der für ein kleines und demokratisches Land wie Israel riesig ist. Der Shabak richtete den größten Teil der Energien und Mittel auf ein einziges Ziel: die Bekämpfung des palästinensischen Terrorismus. Bis zum Sechstagekrieg war er ein kleiner, überschaubarer Geheimdienst mit der Aufgabe, subversive Aktivitäten von israelischen Kommunisten und Arabern aufzudecken, die in jenen Jahren, als der Ostblock die arabischen Länder ideologisch und materiell unterstützte, meist ein und dieselben Personen waren. Bis zum Dezember 1966 wurden die 400 000 arabischen Bürger Israels als potentielle Spione behandelt, unterstanden einer Militärverwaltung und benötigten für Reisen im Inland eine Genehmigung. Auch dieses System überwachte der Shabak. Nach dem Sechstagekrieg erfuhr der Sicherheitsdienst, was Größe, Struktur und Aufgaben anging, radikale Veränderungen. Israels Entscheidung, das Leben der eineinhalb Millionen Palästinenser im Westjordanland und im Gazastreifen genau zu überwachen, ließ einen aufgeblähten bürokratischen Apparat entstehen, der euphemistisch Zivilverwaltung genannt wurde. Gleichzeitig verwandelte sich der Shabak von einer kompakten Behörde in ein krakenhaftes Gebilde, dessen Mitarbeiterzahl im selben Maße wuchs, wie das Sammeln nachrichtendienstlicher Informationen professioneller wurde. Hunderte von Shabak-Agenten infiltrierten die palästinensische Gesellschaft und machten sich in jedem Dorf und jeder Stadt bemerkbar. Sie warben Kollaborateure an, perfektionierten die Praxis des Teile und Herrsche und schalteten mit Erfolg zahlreiche Terrorzellen aus. Mit den Jahren erwarb sich der Sicherheitsdienst durch seine raffinierten und einfallsreichen Methoden einen guten Ruf, und seine spektakuläreren Operationen sorgten weltweit für Schlagzeilen. Mindestens dreimal bewahrte er israelische Verkehrsflugzeuge vor Bombenanschlägen in der Luft, und einmal, auf kenianischem Boden, verhinderte er einen Angriff deutscher Terroristen auf eine El-Al-Maschine.

Bevor das Osloer Abkommen die Gemüter in Wallung brachte, hatte der Shabak zuletzt 1984 einen Coup gegen subversive Kräfte gelandet, als seine Agenten den Jüdischen Untergrund zerschlugen und den Plan einer seiner Zellen, fünf arabische Busse in die Luft zu sprengen, vereitelte.

Doch danach waren fast alle seine Bemühungen, in die geheimen Zellen jüdischer Extremisten einzudringen, gescheitert. Er überwachte Mitglieder der Kach und verhinderte den Versuch der Kahalani-Brüder, aus «nationalistischen» Gründen einen Araber zu ermorden. Doch das tragische Goldstein-Massaker in der Höhle der Patriarchen vermochte er nicht zu vereiteln, obwohl Zvi Katzover, der Leiter des Siedlerrats von Kiryat Arba, eine solche Aktion mit geradezu beängstigender Präzision vorausgesagt hatte. Und trotz verschiedener Hinweise, die dem Shabak gewissermaßen in den Schoß fielen, gelang es ihm nicht, die Verschwörung gegen Jitzhak Rabin aufzudecken. Im Grunde reihte sich Fehleinschätzung an Fehleinschätzung, und mit jeder neuen entfernte er sich weiter von seinem Ziel. Seine falsche Bewertung des gewalttätigen Klimas, gepaart mit einer gewissen Zögerlichkeit, rechte Gruppen

387

auszuforschen, führte dazu, daß er die in den Siedlungen, Jeschiwas und Synagogen herrschende Wut auf Rabin und die von ihr ausgehende Gefahr unterschätzte. Dies wiederum hatte zur Folge, daß er sich ein falsches Bild vom potentiellen jüdischen Attentäter machte. So wußte der Shabak beispielsweise nicht, daß bei den Seminaren, die Yigal Amir an Wochenenden für Studenten der Bar-Ilan-Universität veranstaltete, über die Ermordung des Ministerpräsidenten gesprochen wurde. Ebensowenig wußte er, daß Rabbiner Todesurteile gefällt hatten. Von den fanatischen Gruppen, die sich bekanntermaßen in den Siedlungen und Jeschiwas eingenistet hatten, erklärte er kaum eine zum nachrichtendienstlichen Ziel. Und während er weiter gewisse Kach-Aktivisten überwachte, zeigte er nur wenig Interesse an anderen Personen und Gruppen, abgesehen von jenen, die sich durch ihre Militanz und Hetze ohnehin besonders hervortaten.

Yigal Amir umgaben konzentrische Kreise von Menschen, die sein Weltbild teilten. Einige unterstützten sogar seine Pläne. Der erste Kreis der Verschwörung gegen Rabin umfaßte neun Studenten, darunter Margalit Har-Shefi, Aryeh Schwartz und Ohad Skornik. Keiner von ihnen war dem Shabak bekannt. Der zweite Kreis umfaßte (wie Nachforschungen ergaben, die parallel zu den geheimdienstlichen Ermittlungen des Shabak durchgeführt wurden) Hunderte von religiösen Nationalisten und Haredim, die offen ihre Bereitschaft bekundeten, an linken Politikern Gewalttaten zu verüben. Der Shabak zeigte kein Interesse an ihnen. Der dritte Kreis bestand aus Tausenden von rechten Aktivisten, die systematisch an der Hetze mitwirkten, die Zehntausende von Sympathisanten begierig in sich aufnahmen. Gemeinsam schufen sie ein Klima, das die von Yigal Amir geplante Tat legitimierte. Doch an einer so großen Gruppe jüdischer Bürger geheimdienstliches Interesse zu zeigen war nach Auffassung des Shabak politisch nicht korrekt.

Geht man der Frage nach, was der Shabak in den drei Monaten vor dem Mord tat, so gelangt man zu dem betrüblichen Schluß, daß er, was die Sicherheit des Ministerpräsidenten anging, in Tiefschlaf gefallen war. Mindestens viermal ertönte in dieser Zeit ein Weckruf in Form alarmierender Zwischenfälle und Informationen, die er zum Anlaß hätte nehmen müssen, die Sicherheitsmaßnahmen für Rabin zu verstärken. Gillon reagierte mit Worten, nicht mit Taten.

Der erste Alarm wurde durch Daten ausgelöst, die der Soziologe Kalman Gayer, der als Rabins persönlicher Demoskop fungierte und ihm direkt unterstellt war, im Sommer 1995 zusammengetragen hatte. Bis zum zweiten Amtsantritt Rabins hatten sich Israels Regierungschefs bei ihrer Politik auf Informationen und Analysen gestützt, die sie von offiziellen nachrichtendienstlichen Organen erhielten – und auf eine gehörige Portion Intuition. Selten wurden Entscheidungen auf der Grundlage unabhängiger Forschungen getroffen, die eigens für das Büro des Ministerpräsidenten durchgeführt wurden. In Rabins erster Amtszeit erwies sich das Fehlen unabhängiger politischer Instrumente als Handicap. Als er nach Golda Meirs Rücktritt am 4. Juni 1974 plötzlich Ministerpräsident wurde, verfügte er als ehemaliger israelischer Stabschef und Botschafter in den Vereinigten Staaten zwar über sehr viel Erfahrung auf militärischem und außenpolitischem Gebiet, doch auf Kabinettsebene war er noch unerfahren. Er mußte vieles erst lernen, und darunter litt seine Amtsführung. Als umsichtiger und methodisch vorgehender Mann zog Rabin daraus seine Lehren, und als er 1992 ins Amt des Ministerpräsidenten zurückkehrte, wies er seine Mitarbeiter an, einen neuen Apparat für Planung und Beurteilung zu schaffen, der ihm direkt zuarbeitete.

Kalman Gayer war Teil dieses neuen Apparats. Offiziell beschäftigte ihn das Büro des Ministerpräsidenten als freien Berater, doch in der Praxis war er einer von Rabins Vertrauten und arbeitete eng mit ihm zusammen. Diese Arbeitsweise bevorzugte Rabin; er hielt Beratungen in größerer Runde grundsätzlich für Zeitverschwendung und sprach mit den meisten Beratern lieber unter vier Augen. Rabin war ein guter Zuhörer, nahm eine

Unmenge von Fakten in sich auf und vertraute auf seine Fähigkeit, selbst die richtigen Schlußfolgerungen zu ziehen. Jede Einschätzung seiner Berater überprüfte und analysierte er noch einmal selbst. Nach dieser Methode verfuhr er auch in der Zusammenarbeit mit Gayer.

In Rabins Auftrag nahm Gayer eine statistische Analyse der öffentlichen Reaktion auf die Friedenspolitik der Regierung vor und richtete dabei sein besonderes Augenmerk auf das Gewaltpotential im Lager derer, die das Osloer Abkommen ablehnten. Nach der ersten Untersuchung dieser Art, die er im März 1994, also vor dem Abzug israelischer Truppen aus Gaza und Jericho, durchführte, war dieses Gewaltpotential noch gering. Im August 1995, nach den gewalttätigen Demonstrationen von Zo Artzenu und einen Monat vor der Ratifizierung des Abkommens Oslo II in der Knesset, zeigte eine zweite Umfrage jedoch, daß eine hohe Bereitschaft zu Gewaltaktionen gegen die Regierung und Rabin bestand. Ausgehend von diesen Daten kam Gayer zu dem Schluß, daß nicht weniger als 800 Israelis bereit waren, einen Mord zu begehen, wenn sich der Friedensprozeß dadurch aufhalten ließ. Nicht alle von ihnen waren Siedler, und viele lebten innerhalb der Grünen Linie in Orten, die mit den Hochburgen des politischen Fanatismus in keinerlei Verbindung standen. Der Anteil der Israelis, die Mord als Mittel der politischen Auseinandersetzung guthießen, war nicht weniger schockierend: 12 bis 15 Prozent der Befragten. Die Mehrheit von ihnen war nach eigener Aussage bereit, politische Gewalttaten zu begehen oder zu legitimieren, und begründete dies damit, daß die Regierung die Sicherheitsbedürfnisse der Siedler mißachte, kein Verständnis für ihre verzweifelte Lage aufbringe und ihrem Schicksal gleichgültig gegenüberstehe. Schließlich schätzte Gayer, daß rund 6000 Israelis, etwa ein Drittel davon Bewohner der besetzten Gebiete, bereit waren, gegen Armee und Polizei die Waffe zu erheben. Und er sah sich zu dem Schluß gezwungen, daß die Gewaltbereitschaft der Regierungsgegner noch größer war, als die nackten Zahlen verrieten, denn die Umfragen repräsentierten die untere Schwelle dessen, was der Statistiker Mindestwerte nennt.

Gayer eilte mit den Resultaten der zweiten Erhebung zu Rabin. «Wir reden über eine große Anzahl von Menschen und ein hohes Maß an Extremismus», betonte er. «Ich schätze, daß 800 bis 1000 Leute mit dem Gedanken an irgendeine Art von Aktion spielen.» «Hören Sie, Kalman», erwiderte Rabin trocken. «Nach den Daten ist es ein signifikantes Phänomen, gewiß. Aber um damit fertig zu werden, brauche ich Instrumente, in erster Linie professionelle Teams – und das ist Sache des Shabak.»

Rabin war über die Ergebnisse der Untersuchung nicht schokkiert und sah keinen unmittelbaren Handlungsbedarf. «Ein Großteil der Öffentlichkeit wird Oslo II unterstützen», beruhigte er den Soziologen. «Denken Sie daran, daß selbst nach dem Anschlag in Beit Lid* die Zahl der Befürworter und der Gegner des [ersten Osloer] Abkommens unverändert blieb.» Da sich die öffentliche Meinung nach dem blutigen Bombenanschlag von Beit Lid nicht vehement gegen die Übereinkunft von Oslo gewandt hatte, war Rabin davon überzeugt, daß der Friedensprozeß eine solide Unterstützung hatte.

Nach dem Treffen mit Gayer ließ Rabin die Daten seinem Bürochef Eitan Haber zukommen, der sie wiederum Shimon Peres vorlegte. Dann informierte Rabin persönlich Carmi Gillon. Gayer hatte um ein persönliches Gespräch mit den Nachrichtenspezialisten des Shabak gebeten. «Ihre Nachrichtenbeschaffung beschränkt sich auf bestimmte Sektoren und wird von Agenten durchgeführt», erklärte er, «während ich statistische Umfragen mache. Wenn wir beides kombinieren, könnten wir ein klareres Bild bekommen.» Doch Rabin verwarf die Idee. Anscheinend verspürte er keine Lust, der Führung des Sicherheitsdienstes seine persönlichen Informationsquellen preiszugeben.

---

* Terroranschlag vom 22. Januar 1995, bei dem sich zwei Selbstmordattentäter der Hamas neben einem Straßenkiosk inmitten einer Gruppe von Soldaten in die Luft sprengten und neunzehn Menschen töteten.

Wie nach dem Mord bekannt wurde, deckte sich Gayers Einschätzung weitgehend mit der des Shabak, allerdings wurde Gayer in seinen Schlußfolgerungen deutlicher. Dies geht auch aus dem Bericht der Shamgar-Kommission hervor. Die Nachrichtenabteilung des Shabak berichtete den operativen Einheiten des Sicherheitsdienstes pflichtgemäß über das Gewaltpotential. Doch der Stil dieser Berichte war nicht dazu angetan, die Agenten aus ihrer Lethargie zu reißen, schon gar nicht angesichts einer Bedrohung, die aus einer unerwarteten Ecke kam. Hier stand der Scharfsinn des Shabak-Chefs auf dem Prüfstand. Als Gillon von Gayers Ergebnissen erfuhr, mußte er entscheiden, ob das Ausmaß der Bedrohung taktische oder methodische Veränderungen rechtfertigte. Wie wir noch sehen werden, unternahm er mehrere Schritte, die der Abschreckung dienen sollten: Er warnte rechte Politiker vor den möglichen Folgen der Hetzkampagne und erläuterte der Presse grob, worum es ihm ging. Ob diese Warnungen das politische Klima positiv beeinflußten, lag natürlich nicht in seiner Macht. Doch das ist auch gar nicht der Punkt. Entscheidend ist, daß sie die Versäumnisse, die er sich in seinem Zuständigkeitsbereich zuschulden kommen ließ, nicht wettmachen konnten. Weder versetzte Gillon die VIP-Schutzeinheit in erhöhte Alarmbereitschaft, noch befahl er, die Sicherheitsmaßnahmen für den Ministerpräsidenten zu überprüfen. Und er wies die Jüdische Abteilung nicht an, systematisch ihre Akten zu durchkämmen und den nebulösen Begriff «Gewaltpotential» mit Namen und Gesichtern zu verknüpfen.

Allein diese letzte Maßnahme hätte den Shabak auf Yigal Amirs Spur bringen und somit den Mord verhindern können, zumal der Sicherheitsdienst bereits einen, wenn auch sehr vagen, Hinweis auf den späteren Mörder erhalten hatte. Er stammte von Shlomi Halevy, einem Studenten der Bar-Ilan-Universität, dessen Referenzen als Veteran des IDF-Nachrichtendienstes Anlaß genug hätten sein müssen, der Sache ernsthafter nachzugehen. Halevy studierte seit 1993 an der Bar-Ilan Jura und hatte sich dort mit Yigal Amir angefreundet. Wie Amir trug er ein Häkelkäppchen, doch im Gegensatz zu seinem Freund vertrat er gemäßigte politische Ansichten und begrüßte das Osloer Abkommen. Dennoch meldete er sich, aus Neugier und vermutlich weil es an der Bar-Ilan ein beliebter Zeitvertrieb war, zu mehreren Wochenendseminaren in den besetzten Gebieten an. Dabei hatte er Gelegenheit, Amirs Ansichten über den Friedensprozeß kennenzulernen, und obwohl er sich nicht überzeugen ließ, war er von der Intelligenz seines Freundes und seiner Ergebenheit gegenüber dem Land Israel beeindruckt.

Bei einem dieser Seminare lernte er Hila Frank kennen, die zu dem Kreis junger Frauen gehörte, die sich um Amir scharten und ihm bei der Organisation der Seminare halfen. (Sie wurde in den beiden Briefen, die Amir der inhaftierten Margalit Har-Shefi schrieb, als eine aus der «Clique» erwähnt.) Hila Frank und Shlomi Halevy freundeten sich an, und im Juni 1995 machte sie ihm eine beunruhigende Mitteilung, die ein neues Licht auf Yigal Amir warf: Amir habe davon gesprochen, Jitzhak Rabin zu ermorden. Halevy war überrascht. Er quetschte sie aus: Was genau hatte Yigal gesagt, in welchem Zusammenhang, in welchem Ton. Er dachte lange über die Sache nach und kam zu dem Schluß, daß Yigal nur prahlte.

Doch das Paar blieb beunruhigt. «Ich dachte mir, vielleicht irrst du dich», erinnerte sich Halevy. «Andererseits wollte ich nicht, daß Amir wegen einer Äußerung, die nicht ernst gemeint schien, Schwierigkeiten bekam. Hätte ich gewußt, daß ich mit meiner Information den Mord hätte verhindern können, hätte ich nicht gezögert, dem Shabak alles, was ich wußte, zu erzählen. Doch ich fürchtete, einen Unschuldigen zu belasten, und entschied mich für einen Mittelweg.»

Halevy dachte sich eine Geschichte aus, die von seiner Informationsquelle ablenkte und ihn selbst nicht mit der Sache in Verbindung brachte, aber doch genug wahre Fakten enthielt, um den Shabak auf den Plan zu rufen. Im Juni 1995 ging er zu dem

Kommandeur seiner Reserveeinheit bei der Militäraufklärung und erzählte ihm folgende Geschichte:

«Ich ging auf die Toilette des zentralen Busbahnhofs von Tel Aviv und hörte zwei junge Männer über die Ermordung des Ministerpräsidenten reden. Beide hatten einen normalen hebräischen Akzent. Einer der beiden – ein kleiner, junger Jemenit mit Häkelkäppchen – äußerte die Absicht, den Ministerpräsidenten bei der erstbesten Gelegenheit zu erschießen. Der Jemenit sagte, daß er sich bereits Waffen beschafft habe, daß er zweimal am Tag ein Beichtgebet spreche und sich der *mikvah** unterzogen habe, um sich für den Fall, daß er bei dem Anschlag ums Leben komme, zu reinigen.»

Der Offizier notierte sich die Beschreibung des Jemeniten und schickte sie dem Chef der Sonderpolizei von Jerusalem. Die Polizei informierte den Shabak, doch Halevy wurde von keiner der beiden Behörden zum Verhör geladen.

«Ich war sicher», sagte Halevy später, «daß sie Amir mit Hilfe meiner Beschreibung ausfindig gemacht hatten und mich darum nicht vorluden. Zwei Tage nach meinem Gespräch mit dem Offizier von der Militäraufklärung vergaß ich die ganze Geschichte. Später war ich bei dem Wochenende, das Amir in Netsarim [im Gazastreifen] veranstaltete ... Ich sah Amir, und ich hielt es für ausgeschlossen, daß einer wie er den Ministerpräsidenten umbringen könnte.»

Daß Halevy vom Shabak nicht vernommen wurde, läßt sich nur mit Trägheit erklären. Hätte man ihn gezwungen, seine Geschichte vor erfahrenen Verhörspezialisten zu wiederholen, hätte er ohne Zweifel die Wahrheit gesagt. Und hätte man Amir festgenommen und sein Haus durchsucht, hätte man mit ziemlicher Sicherheit den Sprengstoff gefunden, der hinter dem Kindergarten der Mutter versteckt war.

* Rituelles Bad, bei dem orthodoxe Juden zum Zwecke der spirituellen Reinigung unter Wasser tauchen.

Doch nichts davon wurde getan. Statt dessen wurde die Information, die der Aufklärungsoffizier weitergeleitet hatte, nur flüchtig zur Kenntnis genommen, weil der Shabak die Gefahr eines jüdischen Mordanschlags als geringfügig einstufte. Niemand im Sicherheitsdienst empfand es als Widerspruch, daß Gillon die Öffentlichkeit darüber informiert hatte, daß ein Mordanschlag durch einen Juden durchaus realistisch sei, und gleichzeitig niemand einem Hinweis nachging, der genau dieses Problem betraf. Später erklärten die dafür Verantwortlichen vor der Shamgar-Kommission, daß sie Halevy, da er Feldwebel bei der Militäraufklärung sei, beim Wort genommen hätten und davon ausgegangen seien, daß er ihnen über das zufällig auf einer öffentlichen Toilette mitgehörte Gespräch nicht mehr würde sagen können, als er bereits gesagt habe. «Hätte uns Halevy wahrheitsgemäß berichtet, was Hila Frank von Amir gehört hatte, hätten wir unverzüglich gehandelt», sagte der Chef der Nachrichtenabteilung vor der Kommission.

Merkwürdig auch, daß die Kommission sich in diesem einen Punkt mit der Erklärung des Shabak zufriedengab. Sie nahm Shlomi Halevy streng ins Gebet, weil er nicht die volle Wahrheit gesagt und dadurch den Shabak weit mehr in die Irre geführt hatte als von ihm eigentlich beabsichtigt. «Es ist davon auszugehen, daß eine gründliche Befragung Halevys ... alles ans Licht gebracht hätte, was er wußte», schrieb die Kommission. «Aber dies schmälert nicht die Veranwortung Halevys, der die Informationen, über die er verfügte, nicht preisgab.» Halevy wurde unmittelbar nach dem Mord von Polizei und Shabak vernommen und gegen Kaution freigelassen. Er wurde nicht unter Anklage gestellt, und ein Jahr später wurde seine Akte geschlossen.

Carmi Gillon wußte nichts von Halevys Hinweis, denn selbst so interessante Informationen gelangten nicht in die Chefetage. Dafür lenkte Aliza Goren, der Medienberater des Ministerpräsidenten, die Aufmerksamkeit des Shabak-Chefs auf die Drohungen, die telefonisch oder per Post im Büro des Regierungschefs eingingen (darunter ein Paket mit toten Tauben), und auf andere unheilvolle

Vorzeichen wie die wütenden Attacken gegen Rabin in der haredischen Presse. Anfang August sprach Gillon bei ihrer wöchentlichen Sitzung über die Möglichkeit eines Mordversuchs an Rabin. Bei dieser Gelegenheit schlug er erstmals vor, mit einigen Führern der Rechten über die wachsende Gefahr politischer Gewalttaten zu sprechen und eine inoffizielle Pressekonferenz abzuhalten. Rabin war von der Idee nicht begeistert (er hatte allen Grund, die Wirkung solcher Warnungen skeptisch zu beurteilen), gab aber schließlich grünes Licht. Nicht weniger als viermal traf Gillon sich daraufhin mit Vertretern des Yesha-Rats und warnte sie vor den «fanatischen Randgruppen», die mit ihrer Wählerschaft in Verbindung stünden. Er führte gesonderte Gespräche mit Benjamin Netanjahu und Ariel Sharon vom Likud und traf sich anschließend mit Zevulun Hammer von der Nationalreligiösen Partei, berichtete ausführlich über die Erkenntnisse, die dem Shabak vorlagen, und skizzierte sein Täterprofil eines potentiellen Attentäters.

Netanjahu reagierte schroff. «Damit sind Sie bei mir an der falschen Adresse. Ich achte bei jeder Kundgebung und Versammlung darauf, daß die Hetzer angeprangert werden», erwiderte er und beklagte sich anschließend bei einem Mitarbeiter, daß «der Chef des Shabak von der Arbeitspartei rekrutiert worden ist». Sharon antwortete öffentlich in einem Artikel, der unter der Überschrift «Tyrannen vor den Toren» in *Yediot Aharonot* erschien. Darin bezichtigte er die Regierung, Verleumdungen über die Opposition zu verbreiten:

> «Man sollte sich vor Vergleichen hüten, aber erinnern wir uns an Stalins blutige Verleumdungen, mit deren Hilfe er in den dreißiger Jahren die großen Säuberungen durchführte, die alte [politische] Führung und die höchsten Offiziere der Roten Armee eliminierte? Er liquidierte in den vierziger Jahren und im Gefolge der ‹Ärzte-Verschwörung› in den frühen fünfziger Jahren viele jüdische Intellektuelle. Alles begann damals mit ‹Informationen› oder ‹Erkenntnissen›

über angebliche Absichten, den Despoten zu ermorden … Was bezwecken sie mit den neuen Verleumdungen, die sie verbreiten? Wollen sie das nationale Lager verunglimpfen, die Siedler in der Yesha im Stich lassen oder vielleicht einen Bürgerkrieg heraufbeschwören?»

Daß Gillon mit seiner Initiative auf wenig Gegenliebe stieß, war keine Überraschung, denn viele Führer der Rechten hatten ihm, unabhängig von ihrer gestörten Beziehung zu Rabin, seit seiner Ernennung zum Chef des Shabak feindselig gegenübergestanden. Immerhin hatte er bei der Zerschlagung des Jüdischen Untergrunds 1984 eine Schlüsselrolle gespielt, und durch die Veröffentlichung seiner Magisterarbeit über subversive rechte Gruppen hatte er sich bei den radikaleren Vertretern dieses Lagers kaum beliebt gemacht. Sie beschimpften ihn als «Liberalen» und «Lakaien» der Arbeitspartei, der sich von Rabin als politisches Werkzeug im Dienste seiner törichten Friedenspolitik mißbrauchen lasse. Einige Adressaten von Gillons Appell taten seine Informationen verächtlich ab; andere höhnten, er sei hysterisch.

Auch sein Gespräch mit der Presse endete enttäuschend, obwohl seine Botschaft einmalig war. Treffen zwischen Journalisten und dem Chef des Shabak, dessen Name und Foto immer noch als «Staatsgeheimnis» behandelt wurden, waren so selten, daß sie schon allein deshalb eine besondere Beachtung und Würdigung verdienten. Gillon hatte eine Gruppe führender israelischer Journalisten ausgewählt, und die meisten Medien berichteten über seine Warnung an exponierter Stelle. *Yediot Aharonot,* die Zeitung mit der größten Verbreitung in Israel, widmete dem Thema eine Schlagzeile auf der ersten Seite, während Kanal Eins den Minister für Innere Sicherheit Shahal interviewte (der sich auf die wichtigsten Punkte beschränkte, die Gillon bereits genannt hatte). Doch darin erschöpfte sich die Berichterstattung. Ob Presse, Rundfunk oder Fernsehen, niemand befand es für nötig, eigene Recherchen anzustellen, das Porträt eines potentiellen Attentaters zu zeichnen oder auch nur darüber nachzudenken, ob die Warnung des Shabak gerechtfertigt war. Niemand wurde losgeschickt, um die «üblichen Verdächtigen» in Hebron, Kiryat Arba oder Tapuach auszuhorchen. Keinerlei Versuche wurden unternommen, die Stimmung in den radikaleren Jeschiwas oder an der Bar-Ilan auszuloten. Wie beim Shabak ging man auch in den Medien wie selbstverständlich davon aus, daß kein Jude so weit gehen würde, einen anderen Juden aus politischen oder ideologischen Gründen zu ermorden.

Den ganzen Sommer über hatten die Medien routinemäßig über rechte Demonstrationen berichtet, aber selten bemerkt (bis die berüchtigte Fotomontage auftauchte), daß die Hetze gegen Rabin unerträgliche Formen angenommen hatte. Die meisten haßerfüllten Äußerungen wurden erst nach dem Mord «ausgegraben». Wenige verfolgten die Sendungen von Arutz 7. Noch weniger beachteten die ehrenrührigen Artikel in der haredischen Presse und den Flugblättern, die in den Synagogen zirkulierten. (Der Shabak selbst las nur einen bescheidenen Teil dieses Materials.) Von Zeit zu Zeit beklagte der eine oder andere Kommentator müde, daß das Niveau der öffentlichen Debatte in Israel – einer Gesellschaft, in der gute Umgangsformen ohnehin zur Zielscheibe der Satire werden – auf einen Tiefpunkt gesunken sei. Auch die Verleumdungen, mit denen sich die gegnerischen politischen Lager gegenseitig unablässig überschütteten, wurden als harmlos abgetan. Selbst als die Worte in die Tat umgesetzt wurden, sah der Shabak davon ab, Alarm zu schlagen. Und dazu hätte guter Grund bestanden, denn im September und Oktober 1995 gelang es Demonstranten zweimal, bis auf Pistolenschußweite an den Ministerpräsidenten heranzukommen.

Der Vorfall vom 11. September 1995 bei Kfar Shmaryahu war der peinlichere, wenn auch weniger bedrohliche der beiden. Er ereignete sich, als Rabin nördlich von Tel Aviv ein Autobahnkreuz einweihte, mit dem ein berüchtigtes Nadelöhr – ein täglicher Alptraum für Pendler, die ins Stadtgebiet von Tel Aviv fahren mußten – beseitigt werden sollte. Die Zeremonie war eine banale

Angelegenheit, doch das Projekt selbst hatte einen enormen politischen Stellenwert. Mehr als alles andere symbolisierten die umfangreichen Straßenbaumaßnahmen, die Israel durchführte, den von Rabin versprochenen «Prioritätenwechsel» und den Willen der Regierung, wieder verstärkt innerhalb der Grünen Linie statt in den besetzten Gebieten zu investieren. Das mit Nachdruck vorangetriebene Bauprogramm sollte der Wirtschaft helfen, das ausländische Kapital, das seit Beginn des Friedensprozesses verstärkt ins Land strömte, zu nutzen. Und es verdeutlichte die Bemühungen der Arbeitspartei, etwas für Israels «schweigende Mehrheit» zu tun. Von daher kam der Einweihung eine größere Bedeutung zu, als es zunächst scheinen mochte.

Auf der anderen Seite war das Drama, das sich an diesem Tag abspielte, weit harmloser, als es hätte werden können. Zum dritten Mal in diesem Jahr hatte Yigal Amir seine Waffe geladen und sich darauf vorbereitet zu handeln. Doch als er die kurze Strecke von seinem Haus in Herzliya zurückgelegt hatte, stellte er fest, daß er ein paar Stunden zu früh gekommen war, und da er fürchtete aufzufallen, wenn er in der Gegend herumlungerte, gab er sein Vorhaben auf und kehrte nach Hause zurück. Als die Zeremonie begann und der Ministerpräsident das Rednerpodest erklomm, wurde er von zweihundert Zuhörern erwartet, ausschließlich geladenen Gästen. Plötzlich sprang ein unbekannter junger Mann, nur wenige Meter von Rabin entfernt, von seinem Stuhl auf, fuchtelte mit den Armen und schrie: «Verräter!» Ein Polizist stürzte herbei, lieferte sich mit dem jungen Mann ein kurzes Handgemenge und schleppte ihn fort.

Die Ordnung war wiederhergestellt, und die Feier verlief ohne weiteren Zwischenfall. Doch Kalman Gayer, der den Vorfall mitangesehen hatte, war zutiefst beunruhigt darüber, daß es einem Störer gelungen war, in einen Bereich einzudringen, den man für handverlesene Gäste reserviert hatte, und daß die Zone unmittelbar um den Ministerpräsidenten nicht geschützt wurde. «In Kfar Shmaryahu wurde mir klar, daß ein Mordanschlag im Bereich des

399

Möglichen lag», erklärte Gayer später. Tags darauf begleitete er
Rabin zu einer weiteren öffentlichen Zeremonie – diesmal in
Nesher, vor den Toren Haifas, wo dem Ministerpräsidenten die
Ehrenbürgerschaft verliehen werden sollte. Vor Beginn der Veranstaltung schlenderte Gayer durch die Menge der Schaulustigen, die
das Ereignis angelockt hatte. «Ich hörte, wie Verwünschungen
gegen Rabin ausgestoßen wurden, und bekam es mit der Angst zu
tun», erinnerte er sich. «Doch dann bemerkte ich, daß die Sicher-
heitsleute einen dichten Ring um ihn gezogen hatten, und beruhigte
mich wieder. Ich verließ den Ort in dem Gefühl, daß die Situation
doch nicht so schlimm sei. Erst später, im Wingate-Institut, sah ich,
wie auch dieser Sicherheitsring durchbrochen wurde.»

Der Zwischenfall mit Dr. Natan Ophir im Wingate-Institut ist
in diesem Buch bereits geschildert worden. Hätte er in dem
Moment, als er auf Rabin losging, eine Waffe gezückt, ist es
fraglich, ob der Ministerpräsident einer Verletzung oder Schlimmerem entgangen wäre. Gayer war entsetzt. «Ich weiß, daß wir alle
auf Araber fixiert waren, und auch ich fürchtete vor allem einen
arabischen Attentäter. Doch hier hatte es ein Jude geschafft, ganz
nahe an den Ministerpräsidenten heranzukommen.»

Die nächstliegende Konsequenz, die sich aus den beiden Vorfällen ziehen ließ, war, politisch gesprochen, die unattraktivste:
daß Rabin Auftritte bei größeren öffentlichen Veranstaltungen
meiden sollte. Justizminister David Liba'i flehte den Ministerpräsidenten an, mehr auf seine Sicherheit zu achten. Gayer ebenfalls.

«Als ich merkte», berichtete Gayer später, «daß Rabin entschlossen war, an der Kundgebung in Tel Aviv teilzunehmen, rief
ich ihn an und fragte: ‹Warum gehen Sie dahin?› Rabin murmelte
etwas vor sich hin. Ich hatte keine Hinweise auf einen bevor-
stehenden Mordanschlag, und trotzdem fürchtete ich um sein
Leben. Wenige Tage zuvor war Fahti Shkaki, der Ideologe des
Islamischen Dschihad, auf Malta erschossen worden. Die ausländischen Medien vermuteten den Mossad hinter dem Mord, und
ich hielt es für möglich, daß der Islamische Dschihad darauf mit

einem Bombenanschlag bei der Kundgebung in Tel Aviv reagieren würde.»

Quälende Befürchtungen veranlaßten Gayer, am Samstag, dem 4. November, wenige Stunden vor der Kundgebung, abermals bei Rabin anzurufen und einen allerletzten Versuch zu machen, ihm die Teilnahme auszureden. Er hatte damit ebensowenig Erfolg wie der Generaldirektor des Büros des Ministerpräsidenten, Rabins enger Freund und Mitarbeiter Shimon Sheves. Um acht Uhr abends stand der Ministerpräsident gutgelaunt auf der Rednertribüne auf dem Platz der Könige Israels, obwohl es Hinweise gab, die die Befürchtungen seiner Freunde rechtfertigten. Zur selben Zeit warnte der Shabak die Polizei vor einem möglichen Terroranschlag der Hamas an diesem Abend. Ya'akov Shoval, der Einsatzleiter der Polizei vor Ort, stieg zur Rednertribüne hinauf und informierte den Organisator der Veranstaltung, Shlomo Lahat, der Rabin unterrichtete. Der Ministerpräsident zeigte keine Anzeichen von Besorgnis. Er kannte den Unterschied zwischen einer pauschalen Warnung (die schließlich nur ein Trick sein konnte, um die Veranstaltung zu sprengen) und konkreten Informationen aus gesicherter Quelle, die den Shabak veranlaßt hätte, auf seine sofortige Abfahrt zu drängen. Gleichwohl ging er zu seiner Frau hinüber und fragte sie ruhig, ob sie nach Hause wolle.

«Nein. Warum?» fragte sie. «Hier gehören doch alle zur Familie.»

In der Tat erschien an diesem Abend kein Hamas-Terrorist, doch irgendwie wurde man das Gefühl nicht los, daß es jemand auf den Ministerpräsidenten abgesehen hatte. Kurz vor dem Ende der Kundgebung trat ein Journalist zu Leah Rabin und fragte beiläufig, ob ihr Mann eine kugelsichere Weste trage.

«Sind Sie verrückt?» fuhr sie ihn an. «Leben wir in einer Bananenrepublik?»

Rückblickend muß man sich in Anbetracht der Warnung vor einem möglichen Terroranschlag über das Verhalten des Shabak bei der Kundgebung wundern. Natürlich rechtfertigte die Art der

Warnung nach seiner Einschätzung nicht die Räumung eines Platzes, auf dem sich 100 000 Menschen versammelt hatten. Doch wenn Grund zu der Annahme bestand, daß einer der Menschen auf der Bühne in Gefahr schwebte, ist es doch merkwürdig, daß der Parkplatz unter der Bühne – zu dem Rabin nach der Kundgebung zurückkehren sollte – und insbesondere die umliegenden Dächer nicht besonders scharf bewacht wurden.

Was diese beiden Bereiche miteinander verband, wurde drei Tage nach dem Mordanschlag deutlich, als Kanal Zwei des israelischen Fernsehens seine 20-Uhr-Nachrichten mit erstaunlichen Bildern einleitete: einem Videoband, auf dem zu sehen war, wie Yigal Amir Ministerpräsident Jitzhak Rabin in den Rücken schoß. Die Aufnahmen waren aus einiger Entfernung mit einem Zoomobjektiv gemacht worden, das vierundvierzig Minuten lang auf Amir gerichtet gewesen war, als er auf dem Parkplatz wartete. Sie zeigen, wie Amir auf dem Gehweg auf und ab geht und sich dann in der Nähe der Treppe, die zum Platz hinaufführt, auf einen Pflanztopf aus Beton setzt. Als Rabin diese Treppe herunterkommt, steht der schmächtige junge Mann auf, geht rasch von hinten auf ihn zu und zückt seine Waffe. Auf dem Band sind zwei Schüsse zu hören und ein Mündungsblitz zu sehen. Dann verschwindet Rabin aus dem Bild, als er auf dem Gehweg zusammenbricht und die Leibwächter ihn mit ihren Leibern abschirmen. An diesem Punkt verlor der Kameramann offensichtlich die Fassung, denn die Kamera schwenkt vom Tatort weg, das Bild wird verschwommen, der Film bricht ab.

Im Gegensatz zu Zapruders Aufnahmen vom Kennedy-Mord gab das Video, das Kanal Zwei ausstrahlte, den Verschwörungstheorien keine neue Nahrung. Es warf aber eine Reihe von Fragen auf, die den Amateurfilmer Ronni Kempler betrafen, einen siebenunddreißigjährigen Wirtschaftsprüfer beim Finanzministerium, der sich auf einem Dach über dem Parkplatz postiert hatte. Abgesehen von der Frage, wie er unbehelligt auf diesem Dach stehen konnte, den Wagen des Ministerpräsidenten direkt im Blickfeld (hätte Kempler ein Gewehr statt einer Kamera bei sich gehabt, hätte er

Rabin ebenso leicht erschießen können, wie er seine Ermordung filmte), verwunderte Kemplers Motivwahl. 100 000 Menschen drängten sich auf dem Platz unter ihm. Und zu ihnen sprachen, unter sehr ungewöhnlichen Umständen, der Ministerpräsident, der Außenminister und andere prominente Persönlichkeiten, die gegen Ende der Kundgebung mit der Menge bewegt das «Friedenslied» sangen. Doch Ronni Kempler filmte nichts davon. Statt dessen war seine Kamera über eine halbe Stunde lang auf einen unbekannten jungen Mann auf einem schlecht beleuchteten Parkplatz gerichtet.

Warum filmte der Wirtschaftsprüfer so lange einen Mann, den geschulte Polizisten für einen Kollegen in Zivil hielten? In einem Interview in *Yediot Aharonot* sprach er von einer «unbestimmten Ahnung, daß etwas Schlimmes passieren würde … Es lag etwas Beklemmendes in der Luft. Vielleicht habe ich dafür ein feineres Gespür, weil ich bei Reserveübungen mit Sicherheitsproblemen zu tun habe.» Ebenso einleuchtend klang Kemplers Erklärung, warum er die Polizei von seinen Bedenken nicht informiert hatte. «Zuerst kam er mir verdächtig vor, als er neben der Pflanze saß», erinnerte er sich in einem Interview Monate nach dem Mord. «Er benahm sich auffällig, und nach all dem Gerede über politische Attentate und Anschläge sah er für mich wie ein potentieller Killer aus. Dann sagte ich mir, daß er wahrscheinlich ein Geheimpolizist sei, denn sonst hätte sich ja die Polizei mit ihm befaßt.»

Bei Kemplers Vernehmung, die ans Licht bringen sollte, ob er im voraus von dem Mordkomplott gewußt hatte, gab sich der Shabak mit seiner einfachen Erklärung zufrieden. Sie spiegelte ein Verhaltensmuster wider, das den Sicherheitsdienst selbst gekennzeichnet hatte: Er war beunruhigt gewesen, hatte aber nicht danach gehandelt – zumindest nicht in angemessener Form. Obwohl etwas Bedrohliches in der Luft lag, das ein einfacher Bürger wie Kempler spürte, hatte Shabak-Chef Gillon einige Tage vor der Kundgebung eine geplante Europareise angetreten. D. Y., der Leiter der Sicherheitsabteilung, hätte ihn eigentlich begleiten sollen, änderte jedoch seine Pläne, weil er seine Anwesenheit bei der Großkundgebung unter freiem Himmel für erforderlich hielt, und verbrachte den Abend des 4. November damit, den Bereich unter der Rednertribüne auszukundschaften. D. Y. war nervös. Gegen Ende der Veranstaltung ging er auf den Parkplatz hinunter und entdeckte dort eine Anzahl unbefugter Personen. Vor der Shamgar-Kommission sagte er aus, daß er einen Polizeibeamten aufgefordert habe, den Platz zu räumen. Die Polizei widersprach dieser Darstellung und erklärte, daß keine solche Aufforderung an sie ergangen sei, und die Kommission schenkte ihr Glauben. Grundsätzlich machte die Kommission den Shabak für die, wie sie es nannte, «minimale» Kooperation zwischen Sicherheitsdienst und Polizei verantwortlich. Ebenso gab sie dem Shabak die Hauptschuld daran, daß der sensible Parkplatz nicht «steril» war. Die dort postierten Polizisten waren über den umfassenden Sicherheitsplan nicht informiert worden. Ebensowenig hatte der Shabak die Polizei davon unterrichtet, daß ein Mordanschlag auf Rabin durch einen jüdischen Attentäter zu befürchten sei. Diese Unterlassungen, so die Kommission, seien der Grund dafür, daß der Parkplatz nicht von allen Personen, die sich unerlaubterweise dort aufhielten, geräumt worden sei. Hätte die Polizei die Weisung erhalten, den Platz absolut «steril» zu halten, hätte sie Amir aufgefordert, sich auszuweisen, oder ihn, so vermutete die Kommission, zumindest weiter von Rabins Wagen weggebracht und so die Gefahr für Rabin vemindert.

Selbst der Hauptfehler, der in der «sterilen Zone» begangen wurde, hätte korrigiert werden können, wenn man die Zahl der Leibwächter erhöht und den aktuellen Erfordernissen angepaßt hätte. Bei seinen früheren Versuchen, bis auf Schußweite an den Ministerpräsidenten heranzukommen, hatte Amir seine Chancen jedesmal sorgfältig eingeschätzt und war kein Risiko eingegangen. Wäre Rabin von fünf oder sechs Leibwächtern umringt gewesen, und nicht nur von den dreien, die ihn die Treppe herunterbegleiteten, hätte Amir möglicherweise auch diesmal abgeschreckt werden können. Und selbst wenn er beschlossen hätte zu schießen, wäre es leichter gewesen, ihn unschädlich zu machen.

Für all diese Unterlassungssünden wurde der Chef der Sicherheitsabteilung persönlich verantwortlich gemacht. D. Y. hatte sich im VIP-Personenschutz nach oben gearbeitet, hatte Posten im Außendienst und Führungsposten bekleidet und galt als erfahrener Fachmann. Vor der Shamgar-Kommission beschrieb er sich selbst (wie Gillon vor ihm) als Strategen, der sich nicht mit den Details einzelner Operationen beschäftige. «In der Behörde ist es nicht üblich, daß die Chefs und Abteilungsleiter Operationen kontrollieren», sagte er der Kommission und reichte den Schwarzen Peter nach unten weiter. Doch wie schon bei Gillon war die Kommission auch diesmal nicht bereit, eine solche Dienstauffassung zu akzeptieren, und befand, daß seine Arbeit in strategischer und taktischer Hinsicht zu wünschen übriggelassen habe. Der Chef der Sicherheitsabteilung, so ihr Argument, hätte auf die Gefahr, die dem Ministerpräsidenten von einem jüdischen Attentäter drohte, sensibler reagieren müssen und, als er sah, daß Gillon trotz der Bedrohung keine Sitzung einberief, um den Einsatz der Einheit zu überdenken, selbst die Initiative ergreifen müssen. In Anbetracht des Kontingents, das bei der Kundgebung zum Einsatz kam (fünfzehn Agenten), und der Gefahr eines terroristischen Anschlags hätte man erwarten dürfen, daß D. Y. persönlich den Sicherheitsplan für diesen Abend aufstellte. Da er das nicht getan habe, sei er sowohl für die taktischen Mängel des Plans wie auch für seine fehlerhafte Umsetzung verantwortlich.

D. Y. hatte Gillon zwei Tage nach dem Mord seinen Rücktritt angeboten. Nach Meinung der Kommission ein «notwendiger» Schritt.

B. L., der Chef der VIP-Schutzeinheit, war ebenfalls ein überaus erfahrener Agent, der als Einundzwanzigjähriger dem Shabak beigetreten war und seit zweiundzwanzig Jahren im VIP-Schutz arbeitete. Seine Beförderung zum Kommandeur der Einheit war seinerzeit von Ya'akov Perry abgelehnt worden, doch Gillon schätzte seine Erfahrung und bewilligte ihm den ersehnten Aufstieg. B. L. folgte dem Beispiel seiner Vorgesetzten und lehnte jede

Verantwortung für das Fiasko ab. Doch während Gillon und D. Y. versucht hatten, die Schuld auf ihre Untergebenen abzuwälzen, ging B. L. den umgekehrten Weg und tat alles, um die Schuld auf seine Vorgesetzten zu schieben. «Die Führung des Sicherheitsdienstes wies mich in keiner Weise an, für ein erhöhtes Maß an Sicherheit zu sorgen oder die Schutzmaßnahmen zu ändern», beteuerte er vor der Shamgar-Kommission. Seine Vorgesetzten hätten zwar von der Gefahr eines Anschlags durch einen jüdischen Attentäter gewußt, sie jedoch als gering eingestuft, da undefinierte Grenzen nicht überschritten worden seien. Und dennoch, so verteidigte sich B. L., habe er «das Sicherheitsniveau verbessert».

Nach Ansicht der Kommission war diese Behauptung unhaltbar. B. L. habe es in krasser Weise an der nötigen Wachsamkeit fehlen lassen und sei daher für die meisten Fehler am Mordabend verantwortlich. Er habe das Sicherheitskontingent bei der Kundgebung einem unerfahrenen Mitarbeiter unterstellt, der die Männer vor Ort nicht in der erforderlichen Weise beaufsichtigt habe. Er habe es unterlassen, seine Leute zur Wachsamkeit anzuhalten; den von Y. S. (der das Shabak-Kontingent bei der Kundgebung befehligte) ausgearbeiteten Einsatzplan zu prüfen; die Sicherheitsmaßnahmen für den Parkplatz und die Dächer der angrenzenden Gebäude zu kontrollieren; und sich zu vergewissern, daß der Gesamtplan ohne Mängel sei.

Gillon hatte B. L. wegen der vom internen Untersuchungsausschuß des Shabak vorgelegten Ergebnisse im November vom Dienst suspendieren wollen, doch sein eigener Rücktritt machte diese Maßnahme überflüssig.

A. A., der Leiter der Operationsabteilung der VIP-Schutzeinheit und B. L.s unmittelbarer Untergebener, galt ebenfalls als erstklassiger Profi. Er war auf Empfehlung des Shabak-Untersuchungsausschusses seines Postens enthoben worden und versuchte, seine Rolle vor der Shamgar-Kommission herunterzuspielen. A. A. begann seine Aussage mit einer Reihe technischer Ausführungen und

406

erklärte, daß er seinen Posten bei der VIP-Schutzeinheit (nachdem er deren Ausbildungsabteilung geleitet hatte) erst dreieinhalb Monate vor dem Mord übernommen habe und erst neun Tage vor der Kundgebung von dem Einsatz unterrichtet worden sei. Wenige Minuten bevor die Schüsse fielen, sei er mit einem der Leibwächter zum Parkplatz hinuntergegangen und habe nachgesehen, ob er wirklich «steril» sei. Die Kommission zweifelte die Richtigkeit dieser Aussage natürlich an, denn Amir hatte sich zu dem Zeitpunkt auf dem Parkplatz aufgehalten, war aber nicht angesprochen worden. In ihrem Bericht warf sie A. A. mangelhafte Planung der Operation vor und machte ihn für die Probleme im Bereich des Parkplatzes voll verantwortlich. «Er hat es versäumt, die Aufgaben der Polizei zu definieren; die Bedingungen vor Ort und die Lichtverhältnisse bei Nacht zu prüfen; sich zu vergewissern, daß die Polizei die Beschlüsse der Vorbereitungssitzung [des Shabak, die an die Polizeizentrale geschickt worden waren] beherzigt hatte; den Parkplatz in der Einsatzleitung zu erwähnen.» Aus all diesen Gründen sprach ihm die Kommission für mindestens vier Jahre die Befähigung ab, einen leitenden Posten zu bekleiden. A. A. wurde in eine andere Abteilung des Shabak versetzt.

Eines der aufschlußreichsten Details im Bericht der Shamgar-Kommission war, daß der größte Teil der Vorarbeit für die Sicherung der Kundgebung dem dreißigjährigen Y. S. übertragen worden war, einem Mann am unteren Ende der Hierarchie, der mit der Planung von Sicherheitsmaßnahmen bei Großereignissen keine Erfahrung hatte. Seine Vorgesetzten hatten erwartet, daß die Kommission ihm die Hauptschuld geben würde, mußten zu ihrer Überraschung aber feststellen, daß sie das Gegenteil tat und sie dafür kritisierte, daß sie ihn mit der Aufgabe betraut hatten. Y. S. hatte sich im Sicherheitsdienst rasch nach oben gearbeitet und war nach nicht einmal fünf Jahren auf einen Lehrgang für Führungskräfte geschickt worden. Bevor er das Kommando über die bei der Kundgebung eingesetzte Einheit übernahm, hatte er die Leibwächter des Ministerpräsidenten befehligt (er war es, der im Wingate-

Institut mit Natan Ophir gerauft hatte). Dennoch, so sagte Y. S. vor der Shamgar-Kommission aus, sei er nicht ausreichend vor einem drohenden Mordanschlag auf den Ministerpräsidenten gewarnt worden. Mit einem bewaffneten Attentäter habe er weniger gerechnet. «Am meisten fürchtete ich, daß Eier oder Tomaten geworfen werden könnten.»

Carmi Gillon war natürlich darauf bedacht, diese Aussage zu widerlegen. «Wir wußten um die Gefahr eines Mordanschlags», versicherte er der Kommission und berichtete, daß Shlomi Halevys Aussage den Akten aller Leibwächter beigefügt worden sei und der Befehlshaber einer der Leibwächter-Einheiten bei einer Besprechung gefragt habe: «Und was ist mit dem Jemeniten in der Toilette?» Bei einer Sitzung der Kommission gerieten Gillon und Y. S. in einen heftigen Streit über Führungsfehler. Y. S. behauptete, daß er mit dem Sicherheitsplan für die Kundgebung nicht zufrieden gewesen sei.

«Mit fehlten [die nötigen] Mittel», beklagte er sich.

«Warum haben Sie dann nicht den Mund aufgemacht?» knurrte Gillon. «Hat man Sie am Sprechen gehindert? Sie wurden zum Einsatzleiter ernannt und hatten etwas zu kritisieren? Hat Sie jemand abgehalten, Ihre Kritik zu äußern? Was soll das? Sind wir in der Wehrmacht, daß Sie sich peinlich genau an Befehle halten?»

Der Streit zwischen Gillon und Y. S. war für die Kommission besonders interessant, weil sie den Verdacht hegte, daß Beweismittel, die ihre Rolle bei den Ereignissen betrafen, manipuliert worden waren. Etwa eine Woche nach dem Mord, als sämtliche Mitglieder der Sicherheitsabteilung zusammenkamen und über die Ergebnisse des internen Untersuchungsausschusses diskutierten, war es zu einer lautstarken Auseinandersetzung zwischen der Führung des Sicherheitsdienstes und ihren Agenten im operativen Bereich gekommen, von denen einige den Ausschuß als «Kriegsgericht» bezeichneten. Die Besprechung wurde auf Band aufgenommen, und eine Kopie der Kassette wurde später der Shamgar-Kommission übergeben, die feststellte, daß einige Sätze, die Y. S.

geäußert hatte, gelöscht worden waren. Empört über diesen Versuch, Beweismittel zu vernichten – und nichts anderes sah sie darin –, verlangte die Kommission ein vollständiges Protokoll der Besprechung, monierte «Widersprüche und Ungereimtheiten in den Aussagen der Kommandeure der VIP-Schutzeinheit» und rügte den Shabak, weil er «der Kommission nicht umgehend das gesamte, für ihre Arbeit relevante Material zukommen ließ».

Die Hauptschuld an den Versäumnissen des Shabak gab die Kommission den Vorgesetzten von Y. S., doch auch er selbst bekam sein Fett ab. Die Kommission lastete ihm an, daß er versäumt habe, sich zusammen mit der Polizei ein genaues Bild von den Verhältnissen vor Ort zu machen, ihren Einsatzplan für die Kundgebung zu prüfen und klare Absprachen mit ihr zu treffen. In Verkennung des sensiblen Charakters des Parkplatzes habe er weder dafür gesorgt, daß nur befugte Personen die «Randzone» um den Platz betreten durften, noch habe er diese «Randzone» räumen lassen, als sich am Fuß der Treppe eine Menge versammelt habe. Weder habe er die Leibwächter so postiert, daß die VIPs das Gelände sicher verlassen konnten, noch habe er für die Abfahrt des Ministerpräsidenten eine alternative Route erwogen. Daß die Dächer der Gebäude neben dem Parkplatz vernachlässigt wurden und die Beleuchtung des Parkplatzes vorher nicht geprüft worden war, wurde ebenfalls Y. S. angelastet.

Trotz dieser zahlreichen Versäumnisse durchkreuzte die Kommission die Absicht von Y. S.' Vorgesetzten, dem jüngsten und unerfahrensten Glied der Befehlshierarchie die Verantwortung für die Katastrophe zuzuschieben. Einer von ihnen hatte versucht, die Kommission in die Enge zu treiben – und Y. S. vor der Veröffentlichung ihres Berichts öffentlich vorzuverurteilen –, indem er der Presse mitteilte (unter der Bedingung, daß sie keine Namen nannte, versteht sich), daß Y. S. das Debakel verschuldet habe. Als Y. S. die Berichte in den Zeitungen las, brach er in Tränen aus und beschuldigte seine Kollegen der Perfidie. Die Kommission meinte es besser mit ihm – vielleicht auch aufgrund dieser Manipulationsversuche – und entschied, daß er zwei Jahre lang keine Führungsposition bekleiden sollte.

Mit einem blauen Auge kam schließlich die Nachrichtenabteilung des Shabak davon. Ihr Leiter, H. K., wurde (wie schon vom internen Untersuchungsausschuß des Shabak) gerügt, weil er es unterlassen hatte, den von Shlomi Halevy erhaltenen Hinweis an die Polizei weiterzuleiten. Zu seiner Verteidigung brachte er vor, daß die nachrichtendienstlichen Informationen, mit denen er zu tun habe, äußerst sensibel seien und nur einer begrenzten Zahl von Stellen zugänglich gemacht werden könnten. Doch habe er der Polizei eine Fülle von Informationen über drohende Anschläge auf Persönlichkeiten des öffentlichen Lebens zukommen lassen. Die Kommission gelangte zu dem Schluß, daß er mehr hätte tun können, empfahl aber keine disziplinarischen Maßnahmen gegen ihn.

Die Versäumnisse dieser Agenten sind aber nur Fußnoten zu dem Urteil, das über den Shabak-Chef Carmi Gillon wegen seiner nachlässigen Führung der Behörde gesprochen wurde. Wenn in Israel etwas schiefgeht, drischt man fast automatisch auf die verantwortliche Person oder Institution ein, statt sich zu fragen, *warum* es schiefgegangen ist. Die Shamgar-Kommission versuchte, diesen Fehler zu vermeiden, indem sie über methodische Aspekte nachdachte und darauf hinwies, daß ihre Analyse nicht nur auf den Shabak zutreffe. «In unseren Ergebnissen und Schlußfolgerungen … spiegeln sich konzeptionelle und operative Fehler in vielen Bereichen und Schwächen in der Führungskultur staatlicher Behörden wider», betonte sie. «In dieser Hinsicht dient dieser Bericht vielen anderen Institutionen als Wegweiser und zur Warnung.»

Mit diesen Worten griff die Kommission eine Kritik auf, die Rabin nicht lange vor seinem Tod an der israelischen Gesellschaft geübt hatte. Er hatte eine weitverbreitete Haltung des «Vertraut mir» moniert – ein Satz, in dem eine an Arroganz grenzende Selbstsicherheit zum Ausdruck kommt, ein chronischer Hang zur Improvisation und die Neigung, selbst wenn ein klares Procedere festgelegt ist, nur das absolute Minimum des Erforderlichen zu tun. Rabin beklagte den mystischen und in Israel fast allgegenwärtigen Glauben, daß, selbst wenn man nachlässig an eine gestellte Aufgabe herangeht, «schon alles gutgehen wird» – natürlich mit Gottes Hilfe. Es ist eine besondere Ironie des Schicksals, daß dieser umsichtige Mann mit seinem geradezu legendären Hunger nach Fakten sterben mußte, weil ausgerechnet die Männer, von denen er ein Höchstmaß an Professionalität erwartete, auf allen Ebenen oberflächlich und nachlässig zu Werke gingen.

Auf der praktischen Ebene gab sich der Shabak allergrößte Mühe, Konsequenzen aus dem Mordanschlag zu ziehen. Die VIP-Schutzeinheit wurde aufgeteilt: in eine Gruppe für den Ministerpräsidenten und eine zweite für alle anderen VIPs. Der Etat für die Bewachung des Ministerpräsidenten wurde um 500 Prozent aufgestockt, die Zahl der Leibwächter verdreifacht und das Sicherheitskonzept einer genauen Prüfung unterzogen. Viele neue Leibwächter wurden eingestellt und geschult, und Dutzende stehen jederzeit bereit, wenn der Ministerpräsident – der jetzt in der Öffentlichkeit stets eine kugelsichere Weste trägt – unterwegs ist. Die «sterile» Zone um den Ministerpräsidenten wurde neu definiert und erweitert.

Neue Methoden der Zusammenarbeit mit der Polizei sind eingeführt worden: Scharfschützen werden auf Dächern postiert; vor Ort werden strenge Kontrollen durchgeführt, und am Eingang zu allen Veranstaltungen, die der Ministerpräsident besucht, werden Metalldetektoren eingesetzt. Die Presse hielt diese Maßnahmen für «übertrieben», insbesondere angesichts der Verkehrsstaus, die der Autokonvoi des Ministerpräsidenten verursacht. Die Möglichkeiten der beiden Nachfolger Rabins im Amt des Ministerpräsidenten, mit der Bevölkerung in direkten Kontakt zu treten, wurden eingeschränkt. Peres ärgerte sich über seine Isolierung und klagte, er werde in einen Käfig gesperrt. Netanjahu nahm die manische Besorgnis des Shabak um seine Sicherheit als Vorwand, auf das Bad in der Menge zu verzichten, das vor allem in den Randgebieten Israels noch sehr beliebt ist.

Die neuen Maßnahmen bleiben jedoch unverzichtbar, denn die Sicherheit des Ministerpräsidenten ist nach wie vor bedroht. Im Winter 1997, als Israel (gemäß den Abmachungen von Oslo) der Palästinenserbehörde weitere Gebiete übergeben sollte, tauchten in Jerusalem Plakate auf, auf denen Ministerpräsident Netanjahu mit einer Kefiyah zu sehen war, und wieder erschollen die Rufe «Verräter» und «Kollaborateur». Am Ende des Jahres äußerte Staatsanwältin Edna Arbel vor der Presse die «Befürchtung, daß ein ähnlicher Mord stattfinden wird», und Ami Ayalon, der neue Chef des Shabak, sprach in den Siedlungen mit Rabbinern und warnte sie vor einer weiteren Hetzkampagne. Eine Zeitlang hatte man das bedrückende Gefühl, dies alles schon einmal erlebt zu haben, und mußte befürchten, daß das Land in alte Fehler verfallen würde. Mit dem Zusammenbruch des Friedensprozesses verstummten die Schmähungen von Netanjahus Gegnern am äußersten rechten Rand, doch es gibt keine Garantie, daß ihr Schweigen von langer Dauer sein wird.

«Als die Shamgar-Kommission ihre Untersuchung abschloß, kam ich enttäuscht heraus», bekannte Gillons Anwalt, Eli Zohar. «Die Kommission tagte monatelang, Tag für Tag, fünfmal in der Woche, in einem kleinen überfüllten Saal, in beklemmender Atmosphäre und drückender Hitze. Man kam sich vor wie in einem Quarantänelager ... abgeschnitten von der Außenwelt. Wir aßen und schliefen dort monatelang. Dann war es plötzlich vorbei, und wir gingen hinaus, und das Leben nahm seinen gewohnten Gang. Die israelische Öffentlichkeit hatte die schwere Krise nach dem dreizehnten Tag der Trauerzeit verdrängt und war wieder zur Tagesordnung übergegangen. Und die Untersuchungskommission hatte – statt die Diskussion zu einer ernsthaften und sorgfältigen Klärung der Hetze zu nutzen, die sozialen und politischen Prozesse zu untersuchen, die seit 1967 im Gange sind, oder der Frage nachzugehen, welche Rabbiner Rabin zum Tode verurteilt hatten – alles auf einen Fehler der Leibwächter reduziert.»

10 Flucht

Der 4. November 1995 könnte als Markstein in die jüdische Geschichte eingehen, von gleicher Bedeutung wie der Exodus aus Ägypten, die Zerstörung des Zweiten Tempels, die Vertreibung der Juden aus ihrer Heimat und ihre Rückkehr nach zweitausend Jahren. Vielleicht jedoch wird dieses Ereignis, mitsamt der zionistischen Revolution, bloß als eine von vielen Konvulsionen einer langen und unsteten Nationalgeschichte in Erinnerung bleiben, in der Vernunft, Zuversicht und Wirklichkeitssinn nur allzu oft die Niederlage drohte. Wir maßen uns nicht an, aus der Gegenwart darauf zu schließen, welches Urteil künftige Historiker fällen werden. Allerdings können wir uns vorstellen, daß es ihnen schwerfallen wird, unsere jüngste Geschichte als eine von Helden und Schurken, von Männern mit weißen und Männern mit schwarzen Hüten zu schreiben. Vielmehr wird man sie als vielschichtige und nuancenreiche Geschichte einer Gesellschaft begreifen, die sich gegen sich selbst gekehrt hat und die, als sie die Chance hatte, sich angesichts der Tragödie zu besinnen, in Windeseile die Flucht ergriff.

Eine mögliche Erklärung dafür liefert ein aufmerksamer Beobachter der israelischen Verhältnisse, der Staatssekretär im Außenministerium Martin Indyk, der nach dem Ende seines Dienstes als amerikanischer Botschafter in Israel im September 1997 in einem Interview mit der *Ha'aretz* auf die frenetische Hast des israelischen Lebens hinwies: «Man hat ständig das Gefühl, von einer Krise in die nächste zu stürzen», bemerkte Indyk. «Ich habe den Eindruck, daß ein Teil der Energie, mit deren Hilfe man von Krise zu Krise eilt, ein Teil des sprachlichen Aufwands, mit dem dies geschieht, dem Wunsch entspringt, einer allzu grausamen Lage zu entfliehen ... Ich glaube, dies gilt auch für den Mord an Rabin. Das Land hat sich zu rasch abgewandt, sich in die nächste Krise gestürzt, und sich so der Möglichkeit beraubt, das Geschehene zu verarbeiten und wirklich zu bewältigen.»

Indyk sieht und formuliert diplomatisch, was viele Israelis nur widerwillig zugeben: daß die israelische Gesellschaft – anstatt sich mit dem Attentat auf Rabin auseinanderzusetzen, darüber nachzudenken und sich zu läutern – den anderen Weg gegangen ist, den Mord verdrängt und fast ein nationales Tabu über jede ernsthafte Untersuchung des Geschehens verhängt hat. Die zugrundeliegenden Probleme sind in eine Art Büchse der Pandora gestopft und mit dem warnenden Stempel versehen worden: «Gefahr für die Zukunft des Landes». Gut geschützt vor einer ernsthaften Untersuchung hat man zudem jene Personen, Parteien und Organisationen, die den Hetzfeldzug gegen Rabin entfesselten und finanzierten: jene Rabbiner, die Rabin nach den Geboten *Din Moser* und *Din Rodef* aburteilten; jene Persönlichkeiten des öffentlichen Lebens, die mit kaum verhüllten Anspielungen auf das Schicksal eines «Verräters», «Nazis» und «Kollaborateurs» hausieren gingen; jene Extremisten, die dazu aufriefen, endlich Schluß zu machen mit der demokratischen Lebensweise; und jene Führer der gemäßigten Rechten, die sich ihr Handlungsprogramm von den radikalen Elementen vorschreiben ließen. Viele Wunden sind noch offen, doch die schicksalhaften Fragen wurden zusammen mit den sterblichen Überresten des ermordeten Ministerpräsidenten begraben. Das Attentat wurde so rasch von der Tagesordnung der Öffentlichkeit gestrichen, daß die Chance einer Katharsis, wie sie aus der Untersuchung und der Verurteilung der Hetzkampagne im Vorfeld des Mordes hätte entstehen können, und ein möglicher Schritt in Richtung Versöhnung und Reform schon im Ansatz erstickt wurden. Daher bleiben die Gräben so tief, daß die rivalisierenden Lager sich nicht einmal darüber einigen können, wie angemessen zu trauern wäre.

Und das, was Israel von dem Attentat in sich bewahrte, ist zum Anlaß weiteren Streits geworden, bei dem das wirkliche Opfer niedergetrampelt wurde im panischen Wettlauf der beiden politischen Lager um die – immer noch bequeme und beliebte – Opferrolle. Noch bevor Jitzhak Rabin zur letzten Ruhe gebettet war, begann die Rechte zu wehklagen, sie sei Opfer einer hinterhältigen Kampagne mit dem Ziel, ihr die Verantwortung für die Gewalt in die Schuhe zu schieben. Die offizielle Entrüstung ließ bald einen ganzen Schwall beliebter Verschwörungstheorien aufblühen, die aus dem Selbstmitleid die eine oder andere Variante des Vorwurfs bastelten, Rabin sei für seinen Tod doch selbst verantwortlich. Die Linke, durchdrungen von Scham über ihren Gleichmut und ihr Versagen, als es in der Zeit vor dem Attentat darum gegangen wäre, Rabin in Schutz zu nehmen und zu verteidigen, holte zum Gegenschlag aus und bezeichnete sich selbst und nicht die israelische Gesellschaft und Demokratie als die geschädigte Partei. Und beide Seiten hatten das Gefühl, eine vorbehaltlose Untersuchung des eigenen Verhaltens würde nicht reine Luft schaffen, sondern die Spaltungen innerhalb der israelischen Gesellschaft noch vertiefen, und müsse daher unterbleiben.

Und in der Tat, kaum war die Woche der nationalen Trauer zu Ende, verkündete man bereits die «nationale Einheit» als höchsten Wert, während doch offenkundig die Ermordung des Ministerpräsidenten nicht das Ereignis war, welches das Land zu solcher Einheit verschmelzen konnte. Denn um verstehen zu können, welchem Bann die Nation erlegen war, hätten die Israelis in die Bereiche von Religion und Politik vordringen müssen, sich grundlegenden Fragen der Halacha, des Verhältnisses von Religion und Staat und der Bindung des Landes an die elementaren demokratischen Werte zuwenden müssen. Paradoxerweise stellte der Mord an Rabin sie vor ebenjene Fragen, die sie als viel bedrohlicher und womöglich konfliktträchtiger als jede Politik empfanden, die er zu Lebzeiten vertreten hatte. Die Tat zeigte einer zornentbrannten, verwirrten und zersplitterten Gesellschaft ihr Spiegelbild, das sie jedoch nicht so genau betrachten wollte.

Auch Shimon Peres entschied sich für eine Strategie der Konflikt-

vermeidung, denn das Leben in Israel müsse um des Friedensprozesses willen «weitergehen» und dürfe nicht in politische Graben-
kämpfe versinken. Und aus seiner Sicht hatte er durchaus recht: In
den Wochen nach dem Attentat gelang es ihm, ohne ein Mucken
seitens der Opposition israelische Truppen aus sechs palästinensischen Städten des Westjordanlands abzuziehen. Benjamin Netanjahu billigte diesen Schritt geflissentlich und nahm damit die Gelegenheit beim Schopf, die eigene Verstrickung in die Hetzkampagne
vergessen zu machen. Beide Lager erklärten, man habe hier das
Heilmittel, das die Spaltung der Nation aufheben könne. In Wahrheit erreichte man nichts dergleichen, denn der Rückzug hat es den
verfeindeten Lagern nur ermöglicht, sich noch tiefer in ihre sand-
sackbefestigten Positionen einzugraben, aus denen heraus sie sich
von Zeit zu Zeit Wortgefechte liefern. Die Linke, wenn auch nicht
nur die klassische, beharrte auf ihrer Forderung, daß die Rabbiner,
Siedler und Politiker, die an der Hetzkampagne gegen Rabin teilgenommen hatten, ihre Fehler eingestehen und sich entschuldigen
müßten. Die Rechte bestand darauf, der Gegner müsse Schluß
machen mit seiner «Verleumdung der Hälfte der Bevölkerung» und
dem Aufruf zur «Blutrache». Und diese Wortgefechte, so könnte
man meinen, haben mit der Zeit noch an Schärfe gewonnen.

Zum zweiten Jahrestag des Attentats schrieb der Dichter Chaim
Guri – den man in der Mitte der politischen Landkarte ansiedeln
kann –, es falle ihm schwer, sich vorzustellen, Ministerpräsident
Netanjahu wäre dazu bereit, etwas zu sagen, was als «Entschuldigung und Bitte um Verzeihung» gedeutet werden könne: «Nicht als
einer, der schuld wäre am Tod von Jitzhak Rabin, sondern als einer,
dessen Revers ebenfalls durch einen Blutstropfen des Toten verun-
reinigt wurde … Die Zeit, die seither vergangen ist, hat diese
Wunde nicht geheilt, hat keine Reinigung gebracht und keine
Reue», schrieb Guri in *Yediot Aharonot*:

«Auch heute fällt es nicht wenigen Führern der religiösen
und weltlichen Rechten schwer, einzugestehen, daß das

Räderwerk der maßlosen Hetze gegen Jitzhak Rabin zu der vergifteten Atmosphäre beigetragen hat, die den Mord erst ermöglichte ... Als Johnson nach dem Mord an Kennedy im Flugzeug von Dallas nach Washington als neuer Präsident der Vereinigten Staaten vereidigt wurde, da erklärte er: ‹Ich würde alles dafür geben, heute nicht in dieser Lage zu sein.› Das Hebräische ist reichhaltig genug, um, zwei Jahre danach, Dinge zu sagen, die geeignet sind, [das Niveau] der in der Knesset anberaumten Gedenksitzung zu heben ... Eine solche Erklärung würde die harten Konflikte in Israel über Glaubensauffassungen, über Ideen und eine schicksalhafte politische Entscheidung nicht beenden, doch sie würde einen ökologischen Beitrag leisten, der die Luftverschmutzung ein wenig verringern würde.»

Hingegen schrieb Asa Kasher, Philosophieprofessor an der Universität Tel Aviv und Verfasser der ethischen Grundregeln für die IDF:

«Ein Händedruck nützt dem inneren Frieden nicht, solange 350000 Bürger den Mord unterstützen; solange 150000 Bürger Rabins Mörder unterstützen; solange Tausende bereit sind, unter ähnlichen Umständen ebenfalls zu morden. Versöhnung ist nur möglich, wenn Netanjahu von diesen Gestalten verlangt, ihn nicht mehr zu unterstützen.»

Doch zur selben Zeit fiel Yisrael Harel, ein Siedler und politischer Kommentator für die liberale Tageszeitung *Ha'aretz*, auf die Position des «Sie haben damit angefangen» zurück:

«Die angegriffene Seite, die sich in einer Zelle mit Yigal Amir wiederfindet, wird, wenn die pauschalen Angriffe losgehen, dazu gezwungen sein, sich zu verteidigen, indem sie die Methoden der Angreifer übernimmt, das heißt, mit Polemik und Schuldvorwürfen antwortet. Das ist das einzige, was mit

Gewißheit dabei herauskommen wird, wenn man seit nunmehr zwei Jahren ein ganzes politisches Lager der kollektiven Verantwortung beschuldigt.»

In diesem Konflikt hatte es nur eine kurze Atempause gegeben. In seiner Siegesrede nach der Wahl versprach Netanjahu, er wolle der Ministerpräsident aller Menschen Israels sein. Anderthalb Jahre später allerdings wurde er durch ein offenes Radiomikrofon dabei ertappt, wie er in das Ohr eines einflußreichen sephardischen Mystikers flüsterte: «Die Linken haben vergessen, was es heißt, jüdisch zu sein.» Kein Wunder also, daß am zweiten Jahrestag des Attentats, vor dem Hintergrund der ständigen Reibereien und der Ausbeutung der Tragödie als politische Waffe, Shlomo Ben-Ami, Historiker und führender Intellektueller der Arbeitspartei, den Ernst der Krise mit folgenden Worten beschrieb:

«Die Bande, die Israel als eine Gesellschaft zusammenhalten, befinden sich schon seit langem in einem tragischen Auflösungsprozeß. Was wir haben, ist keine Gesellschaft, sondern eine Ansammlung von Zellen, die sich in einem möglichen Bürgerkrieg befehden werden. Israel wird nicht in der Lage sein, in diesem Zustand vor einem Feind zu bestehen oder sich den schwierigen Herausforderungen des Friedens zu stellen ... Zwei Jahre nach dem Attentat haben wir nichts gelernt und nichts vergessen; wir treten immer noch auf der Stelle. Diese Nation ist nicht einmal in der Lage, gemeinsam zu trauern.»

Und in der Tat, die Einladung zur offiziellen Trauerfeier 1997 begann mit den Worten: «Zwei Jahre nach dem Tod von Ministerpräsident und Verteidigungsminister ...», als ob Rabin eines natürlichen Todes gestorben wäre. Verantwortlich dafür war das Informationszentrum, ein dem Büro des Ministerpräsidenten unterstelltes Regierungsorgan. Die irreführende Formulierung war, wie sich herausstellte, eine Unbedachtheit und sollte keine Provokation der Linken sein. Doch innerhalb der Linken und unter den engen Vertrauten Rabins wurde sie als abermaliger Versuch gewertet, die Geschichte umzuschreiben, der die Gemüter nur noch weiter verhärtete.

Man wird einwenden, und zu Recht, daß Israel unter Rabins Führung nicht weniger in sich bekämpfende Faktionen zerfallen war. Doch noch während diese sich über den Friedensprozeß in den Haaren lagen, pflückte das Land als Ganzes dessen Früchte. Nach dem Osloer Abkommen konnte sich Israel aus der diplomatischen Isolation der achtziger Jahre befreien und sah sich plötzlich überschwemmt mit offiziellen Besuchern aus Amerika, der Europäischen Union, dem Commonwealth, aus Fernost und der arabischen Welt. Israelische Geschäftsleute pilgerten über die Straßen zwischen Tel Aviv und Ägypten, Jordanien, Nordafrika und dem Persischen Golf und erschlossen sich neue Märkte, während die Mauern des arabischen Boykotts in sich zusammenfielen und die arabischen Regime diplomatische Bande mit Jerusalem knüpften. Ausländische Investitionen flossen ins Land, das als künftige technologische und finanzielle Drehscheibe des «neuen Nahen Ostens» galt, und ließen das jährliche Wirtschaftswachstum um 5 bis 6 Prozent hochschnellen. Die Israelis begannen sich sogar Sorgen um das ökologische Wohl ihres Landes zu machen, das nun zum Knotenpunkt des Handelsverkehrs zwischen der Levante und Ägypten, den Mittelmeerhäfen, Jordanien und weiteren Ländern werden sollte.

Zwei Jahre nach dem knappen Wahlsieg des «nationalen Lagers» von 1996 bleibt wenig von diesem Bild übrig. Der Friedensprozeß wurde zum Stillstand gebracht, die Osloer Abkommen eingefroren, die Verhandlungen mit Syrien sind nicht wiederaufgenommen worden, die arabische Welt hat ihre Verbindungen nach Israel gekappt, die Wachstumsrate ist auf 1 bis 2 Prozent gefallen, und der Optimismus, der ein aufblühendes Israel in das 21. Jahrhundert katapultieren sollte, ist verpufft. Die Wirtschaft ist in eine tiefe Rezession geraten. Letztlich ist das Land wieder abgerutscht in die Vorstellungswelt der «Festung Israel», das von den arabischen Staaten gemieden wird, mit der Europäischen Union im Streit liegt und sich mit seinem wackersten Verbündeten Amerika zankt, weil dessen Regierung entschlossen ist, den Friedensprozeß am Leben zu halten.

Innenpolitisch hat die breite politische Mitte sich nicht darauf einigen können, die Extremisten in die Schranken zu verweisen – eigentlich die nächstliegende Konsequenz aus einem politischen Mord. Zugleich scheint das Attentat auf die führende Persönlichkeit des Landes zu einem gesellschaftlichen Dammbruch geführt zu haben: Die Zahl der Morde und anderer Gewalttaten ist seither deutlich gestiegen. Die Stimmung ist gereizter denn je; das Leben in Israel ist unruhiger geworden (wenn es denn je als ruhig bezeichnet werden konnte). Praktisch jeder Teil der Gesellschaft, von den religiösen und politischen Gruppen bis zu den neuen Einwanderern, den Frauen und den Arabern, klagt über mangelnde Toleranz. Auch die Hetze gegen die Regierung geht weiter, besonders wenn die Möglichkeit eines weiteren Rückzugs aus den besetzten Gebieten wieder in den Schlagzeilen auftaucht. Erneut werden Drohungen von Fanatikern laut, und entlang der Straßen sah man schon Schilder mit Netanjahu in einem Palästinensertuch, darunter das Wort «Verräter».

In dieser Situation werden ständig Vergleiche gezogen mit früheren Epochen innerjüdischer Kämpfe, darunter Geschehnisse, die den meisten heutigen Juden kaum bekannt sind. Die Shamgar-Kommission warnte bereits: «Die Geschichte des alten Judentums kennt den politischen Mord über die Generationen hinweg. In verschiedenen Perioden unserer Nationalgeschichte hatte dieses Mittel auch den Weg in die Königreiche Israel und Juda gefunden. Der erneuerte Staat Israel muß die Lektion aus der jüdischen Geschichte lernen.» Gemeint war das Schicksal von Gedalia Ben Ahikam, der vom babylonischen König Nebukadnezar zum Statthalter von Judäa ernannt worden war, nachdem dessen Heere 586

v. Chr. den Ersten Tempel niedergebrannt, weite Teile der Provinz in Schutt und Asche gelegt und den Großteil der Bevölkerung ins Exil nach Babylon getrieben hatten. Unter Gedalia genossen die in Juda verbliebenen Juden, meist Bauern, ein gewisses Maß an politischer Eigenständigkeit. Doch Radikale unter den überlebenden Mitgliedern der judäischen Dynastie hielten den neuen Statthalter für eine Art Quisling; ein Mitglied der königlichen Familie ermordete ihn und setzte damit der jüdischen Autonomie ein Ende.

Diese Tat und ihre Folgen galten als so furchtbare Tragödie, daß ihrer durch ein Bußfasten am dritten Tag des jüdischen Jahres gedacht wurde, das orthodoxe Juden heute noch befolgen. Im Vorfeld des ersten Jahrestags der Ermordung Rabins kam aus gemäßigten religiösen Kreisen in Israel der Vorschlag, diesen Brauch wiederzubeleben und die Trauer um den Ministerpräsidenten mit einen Fastentag zu begehen. Das religiöse Establishment, sonst immer für die Bewahrung alter Bräuche, wollte davon nichts hören. Doch eine kleine Gruppe religiöser und weltlicher Juden – darunter Rabins Sohn Yuval und Rabbiner Yoel Bin-Nun – errichteten auf dem Rabin-Platz ein «Trauerzelt» und hielten ihren eigenen Fastentag ab.

Zwar betreiben verschiedene Gruppen und Institutionen Öffentlichkeitskampagnen für mehr Toleranz und ein stärkeres Engagement für demokratische Werte, doch von durchdringendem Erfolg läßt sich kaum reden. Hingegen finden sich reichlich Belege dafür, daß rassistische und separatistische Denkweisen in Israel an Boden gewinnen, besonders unter den Haredim und der national-religiösen Bevölkerung. Eine besonders beunruhigende Entwicklung ist die jüngste Welle verbaler Attacken gegen den Obersten Gerichtshof seitens religiöser Kreise beider Glaubensrichtungen. Die Drohungen gegen dessen Präsidenten Aharon Barak haben wir schon erwähnt. Im Mai 1997 kam ein beispielloser körperlicher Übergriff hinzu: Eine Gruppe junger haredischer Demonstranten stürmte das Gebäude des Obersten Gerichtshofes an dem Tag, da dort Einsprüche unter anderem gegen die Entscheidung angehört wurden, einen führenden haredischen Politiker anzuklagen. Knessetmitglied Aharon Cohen von der ultraorthodoxen Shas-Partei, die sich im vergangenen Jahrzehnt von einer randständigen politischen Gruppierung zu einem politischen Machtzentrum entwickelt hat, bezeichnete die Richter als «fremde Priester eines modern-primitiven Götzendienstes». Der geistige Mentor der Partei, der einstige sephardische Oberrabbiner Ovadiah Yosef, ging noch einen Schritt weiter und forderte alle Israelis auf, die weltlichen Gerichte zu boykottieren, die «nicht für Juden» seien, und sich nur dem Urteil rabbinischer Tribunale zu unterwerfen.

Seit der Wahl von 1996, bei der die drei religiösen Parteien insgesamt dreiundzwanzig Knessetsitze gewannen, wird das Bestreben, Israel als halachischen Staat neu zu begründen, ebenfalls wieder unverblümt in der Öffentlichkeit kundgetan. Mit der Folge, daß über ein Fünftel der israelischen Volksvertreter einer Weltanschauung anhängt, welche die Knesset letztlich ausschalten will. Im vergangenen Jahr hat der Aufruhr über einen Gesetzesentwurf, nach dem nur jene Übertritte zum Judentum formell anzuerkennen seien, die in Israel durch orthodoxe Rabbiner vollzogen werden, die größte Aufmerksamkeit erregt, vor allem wegen des heftigen Widerstands, den er unter den mehrheitlich konservativen und reformerischen Strömungen des Judentums in den Vereinigten Staaten ausgelöst hat. Doch in Israel selbst ist die schleichende rechtliche Durchsetzung eines halachischen Staates das alarmierendere Phänomen, wenn man sich ansieht, wer sich heute dafür ausspricht.

Eine dieser Stimmen ist Rabbiner Jitzhak Levy, der Anfang 1998, nach dem Tod von Zevulun Hammer, Vorsitzender der Nationalreligiösen Partei wurde. Als Transportminister in Netanjahus Regierung und Vertreter der Rechtsaußenfraktion der NRP hielt es der sanftzüngige Levy für angebracht, der Jeschiwa am Josefsgrab in Nablus und der Siedlung Bracha seine Aufwartung zu machen, um den zelotischen Eiferern, die dort studieren oder leben, unter die Arme zu greifen. Im November 1997 erklärte er gegenüber der *Ha'aretz,* auch er teile die Vorstellung, Israel müsse ein Staat werden, der unter dem Gesetz der Halacha stehe (vorausgesetzt, dies ließe sich im Konsens herbeiführen), und fügte hinzu, er sehe keinen Widerstreit zwischen einem halachischen Staat und einem demokratischen, denn das alte Gesetz gewähre dem einzelnen hinreichenden rechtlichen Schutz. Diese Denkweise, vor fünfzig Jahren noch auf die Ränder des politischen Gemeinwesens beschränkt, wird nun mitten im Herzen des politischen Establishments verfochten. Rabbiner Levy ist heute israelischer Bildungsminister. Sein Kollege Hanan Porat ist ebenfalls strategisch günstig plaziert als Vorsitzender des Knesset-Ausschusses für Verfassung, Recht und Justiz, mit beträchtlichem Einfluß auf das künftige Schicksal der bürgerlichen Rechte.

Ein weiteres Symptom der zwiespältigen Haltung der Israelis, wenn es um die Unversehrtheit von Demokratie und Rechtsstaatlichkeit geht, ist die Tatsache, daß die fanatischen Gruppen, die sich an der Hetzkampagne gegen Ministerpräsident Rabin beteiligt hatten, immer noch kräftigen Zulauf finden. Kach und Kahane Chai, nach dem Massaker in der Höhle der Stammesväter im März 1994 von der Regierung Rabin verboten, betreiben ihre Machenschaften unter neuen Namen. Beide haben in der Jeschiwa der Jüdischen Idee in Jerusalem eine neue Heimat gefunden. Die meisten Mitglieder des harten Kerns der Kahane Chai leben in der Siedlung Tapuach in Samaria, wo sie einen wöchentlichen Informationsbrief, *Der Weg der Thora,* herausgeben, der in den Synagogen herumgereicht und an Kiosken mit viel Publikumsverkehr verteilt wird, etwa auf dem Mahane-Yehuda-Markt in Jerusalem. Seit dem Mord an Rabin verpackt Kahane Chai ihre Botschaften etwas behutsamer. Doch in allen Veröffentlichungen streut sie Gerüchte über eine Fortsetzung des Friedensprozesses und erhebt Drohungen gegen die Regierung, besonders gegen Netanjahu, zumeist in der Maske von Bibelversen.

Um das Verbot der beiden Organisationen zu umgehen, taten sich im November 1996 einige ihrer Mitglieder zusammen und schufen eine neue Gruppierung namens Ideologische Front. Vierhundert Leute erschienen zum Gründungstreffen, darunter Itamar Ben-Gvir, der das Cadillac-Symbol von Rabins Wagen gerissen und gedroht hatte, den Premier werde er «auch noch kriegen»; Natan Levy, der Avishai Ravivs Stellvertreter in Eyal war; Rabbiner Jitzhak Ginzburg von der Jeschiwa am Josefsgrab; und Shmuel Sackett von Zo Artzenu. Einige Anführer der Gruppe wurden später von der Polizei verhört im Zusammenhang mit einem Angriff auf hochrangige Vertreter der Palästinensischen Autonomiebehörde.

Avigdor Eskin, der den *Pulsa-Da-Nura*-Fluch gegen Rabin ausgesprochen hatte, setzt seine provozierenden Machenschaften ebenfalls fort. Gemeinsam mit einer Handvoll Anhänger hat Eskin einen neuen Brauch eingeführt. Alljährlich feiert man champagnerselig Yigal Amirs Geburtstag vor den Toren des Gefängnisses, in dem der Mörder seine lebenslängliche Haft absitzt, und fordert seine sofortige Freilassung. Einen Taxifahrer aus Beersheba, der es wagte, gegen die Feier zu protestieren, hat Eskin zusammengeschlagen.

Auch das Aktionszentrum gibt es noch, mit einem ständig alarmbereiten Ya'akov Novick, für den Fall, daß die Regierung Netanjahu sich entschließt, gemäß dem Osloer Abkommen weitere Gebiete zu räumen. Novicks Freund Baruch Marzel hat nichts von seinem Einfluß in Hebron verloren, wo die Spannungen sich regelmäßig in Gewaltausbrüchen entladen. Die neueste Strategie der jüdischen Siedler besteht darin, israelische Soldaten in den palästinensischen Teil der Stadt zu locken und auf diese Weise das von Netanjahu unterzeichnete Rückzugsabkommen zunichte zu machen. Elyakim Ha'etzni aus Kiryat Arba schließlich, der Rabin unermüdlich mit Marschall Pétain verglichen hatte, richtet inzwischen sein Augenmerk auf Netanjahu und greift weit hinter die französische Geschichte auf den Talmud zurück. In einem Interview mit *Yediot Aharonot* mahnte er:

«Sollte Netanjahu, der Himmel möge es verhüten, die Verantwortung für Gebiete in Judäa und Samaria an Arafat abtreten
... ist nach einfacher Logik zu erwarten, daß das, was Rabin
und Peres passiert ist, auch ihm passieren wird. Wenn das
Land Israel verlorengeht, werden wir ihn ebenso bekämpfen
wie seinen Vorgänger. Laut Talmud muß ein Ochse, der
dreimal mit den Hörnern zugestoßen hat, getötet werden.
Der Likud hat in Camp David und in Madrid zugestoßen,
und wenn er in Oslo zustößt, muß er getötet werden.»

Sollte man derlei Sprachgebrauch angesichts der Erfahrung vom
November 1995 als Anstiftung zum Mord betrachten? Dem
israelischen Gesetzgeber und der Justiz fällt die Entscheidung
darüber schwer. Allgemeiner gefaßt geht es darum, das Recht auf
freie Meinungsäußerung von der Praxis rechtswidriger Drohungen
und Verhetzung abzugrenzen. Vor dem Mord an Rabin gingen die
Strafverfolgungsbehörden mit generöser Vorsicht und Zurückhaltung an das Problem heran, aus Furcht, man könnte das hochrangige Recht auf demokratischen Protest zertrampeln. Generalstaatsanwalt Michael Ben-Ya'ir vertrat zudem die pragmatische
Auffassung, Missetäter wegen Hetze vor Gericht zu stellen hieße
nur, ihnen eine Plattform zu liefern, von der aus sie ihre Ansichten
noch besser verbreiten könnten. Nach dem Mord hagelte es Kritik,
die Behörden seien zu lax mit Straftätern umgegangen und hätten
den starken Einfluß der Fanatiker falsch eingeschätzt. In einer
Überreaktion verfiel man zunächst ins andere Extrem und verhaftete etwa einen Siedler aus der Gegend von Hebron, der weiterhin
gegenüber ausländischen Reportern seine Befriedigung über den
Mord erklärte. Man hielt ihn eine Woche lang unter Ausschluß
einer Kaution fest.

Einige Zeit nach dem Attentat fühlten sich manche Oppositionsführer, die inzwischen wieder an der Macht waren, sicher
genug, um einzugestehen, daß die Kritik an der Regierung Rabin
bis an die Grenzen des in einer demokratischen Gesellschaft Er-

laubten gegangen sei. Doch viele behaupten weiterhin steif und fest, ihre Aktivitäten hätten diese Grenze niemals überschritten. Sie beschönigen das von der extremen Rechten erzeugte Klima aus Verfolgungswahn und Fremdenfeindlichkeit und verharmlosen die Fanatiker im eigenen Lager zu Randfiguren: eine Handvoll irregeleiteter Seelen, über die sie keine Macht hätten. Die Meinungsumfragen seit dem Attentat strafen zumindest die erste Hälfte dieser Behauptung eindeutig Lügen, doch weder die gemäßigte Rechte noch die nationalreligiöse Gemeinschaft setzen sich entschlossen mit diesem Problem auseinander.

Einige Juristen und Parlamentarier hingegen wollen die Unklarheiten, die die Strafverfolgung lähmt, per Gesetz beenden und eine klarere Grenze zwischen dem Recht auf freie Meinungsäußerung und dessen Mißbrauch ziehen. Sie definierten Hetze und Aufwiegelung als explizite Aufrufe zur Gewalt oder zu Verbrechen gegen die Regierung, als Erzeugung eines Klimas, das zu solchen Verbrechen führt, und als offene Mißachtung der demokratischen und politischen Ordnung. Natürlich dürften Kritik an der Regierung oder passiver Widerstand gegen ihre Politik nicht als Straftaten eingestuft werden, da es bei dieser neuen rechtlichen Regelung gerade darum gehe, die demokratische Ordnung zu schützen und nicht, sie zu unterhöhlen.

Ein Verfechter dieser Gesetzesreform ist Mordechai Kremnitzer, Juraprofessor an der Hebräischen Universität. Kremnitzer ist zwar als Liberaler bekannt, dennoch aber überzeugt, daß in Zeiten des Notstands, etwa wenn die demokratische Ordnung selbst in Gefahr ist, die Gesellschaft das Recht hat, der freien Meinungsäußerung Schranken aufzuerlegen, «um sich selbst und das Leben unerschrocken zu schützen». Er hat in verschiedenen Artikeln seine tiefe Besorgnis über die Stabilität der Demokratie in Israel zum Ausdruck gebracht. In einem davon führt er aus:

«Jitzhak Rabin wurde ermordet aufgrund der Schwäche der israelischen Demokratie und weil man der Regierung, die er führte, und der politischen Linie, die er vertrat, die Legitimität abgesprochen hat. Ich rede nicht von Kritik, die das tägliche Brot der Demokratie ist, sondern von der Leugnung der Legitimität, von wo aus der Weg zum politischen Mord nicht mehr weit ist ... Das Attentat hat nicht nur die Schwäche der israelischen Demokratie ins Rampenlicht gerückt, es hat dieser Demokratie noch weitere Kräfte entzogen, und die – durchaus beträchtliche – Unterstützung für den Mord und den Mörder entkräftet sie noch weiter. Die israelische Demokratie von heute ist keine Selbstverständlichkeit; sie ist angeschlagen und zerbrechlich.»

Im Gegensatz zu den Erwartungen also hat der Mord an Jitzhak Rabin kurzfristig zu noch mehr Gewalt geführt und nicht zu einer nüchternen Betrachtung ihrer Auswirkungen. Damit einher ging eine Schwächung des Selbstvertrauens der Nation. Das Land, so sehen es die Israelis immer wieder, sitze auf einem Pulverfaß mit brennender Lunte. Als größte Bedrohung gilt ihnen nicht der fundamentalistische Terrorismus oder ein Krieg mit den Nachbarn, sondern die Auflösung von innen her. Die Israelis, trauriger, aber nicht unbedingt weiser seit der Erfahrung vom 4. November 1995, sind bereit, das Schlimmste von sich selbst zu glauben. Nicht weniger als 70 bis 80 Prozent glauben Umfragen zufolge, es könne abermals zu einem politischen Mord kommen – und mit guten Gründen, denn laut anderen Erhebungen bekunden zwischen 18 und 24 Prozent der Befragten, sie unterstützten oder seien zumindest nicht gegen Yigal Amir. Über 50 Prozent der israelischen Bürger sind der Überzeugung, daß die Führung des Landes aus dem Mord an Rabin nicht die notwendigen Konsequenzen gezogen hat, und als bei einer Gallup-Erhebung für *Ma'ariv* am zweiten Jahrestag des Attentats die Frage gestellt wurde, ob das Land der Einheit oder dem Bürgerkrieg näher sei, urteilten mehr als doppelt so viele Israelis (56 gegenüber 21 Prozent), es sei dem nationalen Geschwistermord näher als dem inneren Frieden. Vier Monate später, im März 1998, bat das Tami-Steinmetz-Zentrum für Friedensforschung um Antwort auf die Frage, anläßlich welcher Probleme es «mit hoher Wahrscheinlichkeit zu Gewaltausbrüchen» kommen werde. Fast vier Fünftel (79 Prozent) nannten das Verhältnis von Religiösen und Weltlichen, während das Verhältnis von Linken und Rechten knapp dahinter (70 Prozent) auf dem zweiten Platz landete.

Markiert der Mord an Jitzhak Rabin also das Ende der zionistischen Revolution und den Anbruch eines Zeitalters, in dem Israel sich klammheimlich auf den Weg zu anderen Wegen und Zielen macht als zu denen seiner Visionäre und Gründer? Während der Staat seinen fünfzigsten Geburtstag feiert, können wir nur sagen, daß Kenner der jüdischen Vergangenheit und Gegenwart in ihrer Einschätzung der Zukunft gespalten sind. Die einen sehen im Mord an Premier Rabin, der Wahl von Netanjahu und der Abkehr vom Osloer Friedensprozeß eine Schrittfolge, die den Niedergang des Zionismus als klassisch weltlicher und demokratischer Bewegung einläutet und, mit ihr, das Scheitern des jüdischen Experiments, das vor einem Jahrhundert begann. Der messianische Zug im israelischen Leben nehme zunehmend militante Gestalt an, und seine Anhänger setzten auf den umfassenden Sieg. Ein Kompromiß mit ihnen sei daher unwahrscheinlich. Ein Jahr nach dem Attentat schrieb Moshe Link, Soziologieprofessor an der Hebräischen Universität: «Der Staat, den [die Zionisten] hier aufzubauen versucht haben, bleibt zu weiten Teilen nur eine Episode. Der neue Zionismus hat für absehbare Zukunft die Hegemonie verloren. Er muß Nachhutgefechte gegen neue Kulturen führen, die selbst nach der Hegemonie greifen.»

Die anderen sind zuversichtlicher und verweisen auf die immer wiederkehrenden Krisen, die der Zionismus erlebt. Die gegenwärtige Identitätskrise sei zwar besonders ernst, doch nicht notwendig ein Vorbote des Zusammenbruchs. Am Ende der Krise werde sich der weltliche Zionismus wieder fangen, einen Kompromiß mit den fundamentalistischen Kräften im Judentum erzielen und sich neuen gesellschaftlichen und politischen Entwicklungen anpassen. Am Ende werde es zu einer Synthese kommen zwischen der weltlichen zionistischen Revolution, die ihren Höhepunkt in den sechziger Jahren erlebte, und der messianischen Reaktion, die ihren stärksten Ausdruck in der Ermordung von Jitzhak Rabin fand. Professor Yaron Ezrachi, Politikwissenschaftler an der Hebräischen Universität, schreibt in seinem 1997 erschienenen Buch *Rubber Bullets*:

«Wenn die Vereinbarungen mit unseren arabischen Nachbarn tatsächlich die regionalen Spannungen und die Belagerungsängste in Israel lindern, kann sich der Schwerpunkt der Beziehungen von Religion und Politik wegbewegen von den Problemen der besetzten Gebiete, der Siedlungen und der Macht, hin zu freilich noch komplexeren Fragen wie Werten, Kulturen und Identitäten. Als Zivilisation kann das Judentum nicht auf Religion reduziert werden (und gewiß nicht auf das orthodoxe Judentum) und die Demokratie als Lebensform nicht auf eine Reihe politischer und rechtlicher Verfahren. Eine direktere Begegnung von Judentum und Demokratie in Israel wird vermutlich Selektions- und Anpassungsprozesse auslösen, die beider Gestalt verwandeln könnten.»

Doch auch dieser Prozeß hängt von der entscheidenden Voraussetzung ab, daß Israel die Konflikte mit seinen Nachbarn beilegen muß, bevor es den Streit mit sich selbst lösen kann.

Die Optimisten sehen dies mit größerer Wahrscheinlichkeit eintreten, als die gegenwärtig düstere Stimmung vermuten läßt. Eine Versöhnung zwischen den Ländern der Region sei unvermeidlich, weil zumindest auf israelischer Seite jene Hardliner, die sich unnachgiebig gegen weitere territoriale Zugeständnisse wehren, an Boden verlieren und sich am Ende mit einer politischen Lösung abfinden würden. Die israelischen Eliten, so die Optimisten, hatten

Rabins historische Entscheidung, das Land Israel mit den Palästinensern zu teilen, im wesentlichen anerkannt. Die Debatte unter ihnen drehe sich heute nicht mehr ums Prinzip, sondern nur noch um den Preis, nämlich wieviel Land für Frieden herzugeben sei.

Aryeh Naor, als Staatssekretär unter Ministerpräsident Begin noch lautstarker Verteidiger der Siedlerbewegung, inzwischen jedoch anderen Sinnes, ist ein herausragendes Beispiel für diese Sichtweise. Er ist davon überzeugt, daß Yigal Amirs Versuch, mit drei Kugeln den Lauf der Geschichte zu verändern, sich bereits als gescheitert erwiesen hat. Denn nicht nur bleibt es bei der Anerkennung der PLO durch Israel, die Rechtsregierung hat im Gefolge der Osloer Verträge den größten Teil Hebrons geräumt – die Stadt der Stammesväter und damit aus jüdischer Sicht der begehrenswerteste Teil des Westjordanlands – und weitere Teilräumungen der besetzten Gebiete in Aussicht gestellt. Am zweiten Jahrestag des Attentats fühlte sich Naor daher veranlaßt, einen zuversichtlichen Lobgesang auf den Triumph des Pragmatismus anzustimmen:

«Die in den Osloer Abkommen erzielte gegenseitige Anerkennung ist eine Anerkennung der Realität. Der Frieden entspringt dieser Anerkennung der Realität, ist ein Erfordernis der Realität und wird daher alle Hürden und Hemmnisse überwinden. Die Sonne wird abermals aufgehen und den Morgen bringen, und wenn wir gemeinsam den ersehnten Tag herbeiführen, werden wir alle – Juden und Araber, Israelis und Palästinenser – vor dem Grab Jitzhak Rabins stehen, des Siegers im Krieg und im Frieden, und sagen: Wir danken dir.»

Sollte dieser Tag und dieser schlichte Ausdruck des Danks einmal Wirklichkeit werden, dann zu spät für den Menschen, den sehr sterblichen Jitzhak Rabin. Doch die Sage von Rabin, dem Symbol und Wahrer eines Vermächtnisses, knüpft sich im stillen fort, mit offenem Ende. Wir können nicht wissen, wie das eigene Land seiner gedenken wird, wir wissen nur, daß sein Bild fest mit der Zukunft der Nation, der er sein Leben widmete, verbunden sein wird. Den Revisionisten zum Trotz genießen die Sieger in jedem Kampf immer den großen Vorteil, die Geschichte prägen zu können, und die Tinte des Biographen ist unweigerlich von der nachträglichen Einsicht des Historikers gefärbt. Im Juli 1994 gab Rabin einen Hinweis auf den Nachruf, den er für sich selbst geschrieben hätte, als er vor dem amerikanischen Kongreß sagte: «Ich, Militärausweisnummer 30743, General im Ruhestand der israelischen Armee, betrachte mich heute als Soldat in der Armee des Friedens.» Allerdings schreiben große Führer einer Nation selten ihre eigenen Nachrufe. Ob Jitzhak Rabin als Soldat des Friedens in Erinnerung bleiben wird, als kühner Staatsmann, der schwere Entscheidungen traf, um das Leben seiner Landsleute im Hier und Jetzt ebenso wie um die Zukunft des Landes willen, oder als Feigling und Despot, der sein Volk und sein Erbe verraten hat, wird weitgehend von dem Land abhängen, das die Israelis für sich und ihre Nachkommen schaffen.